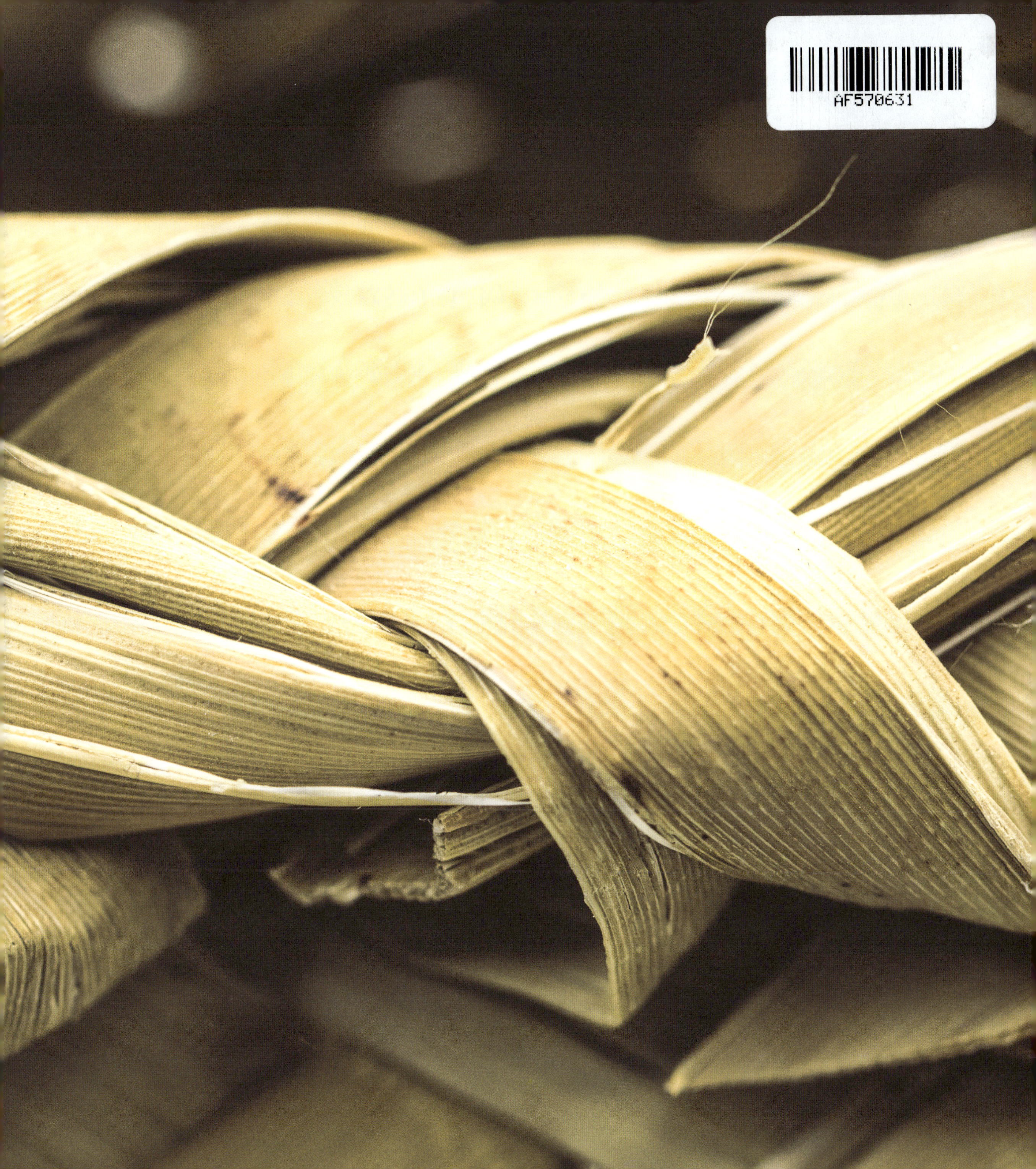

Monika Künti

Aus Streifen geflochten

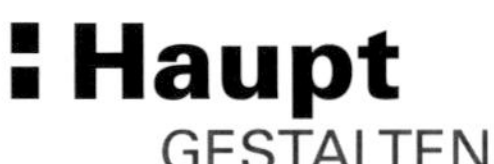

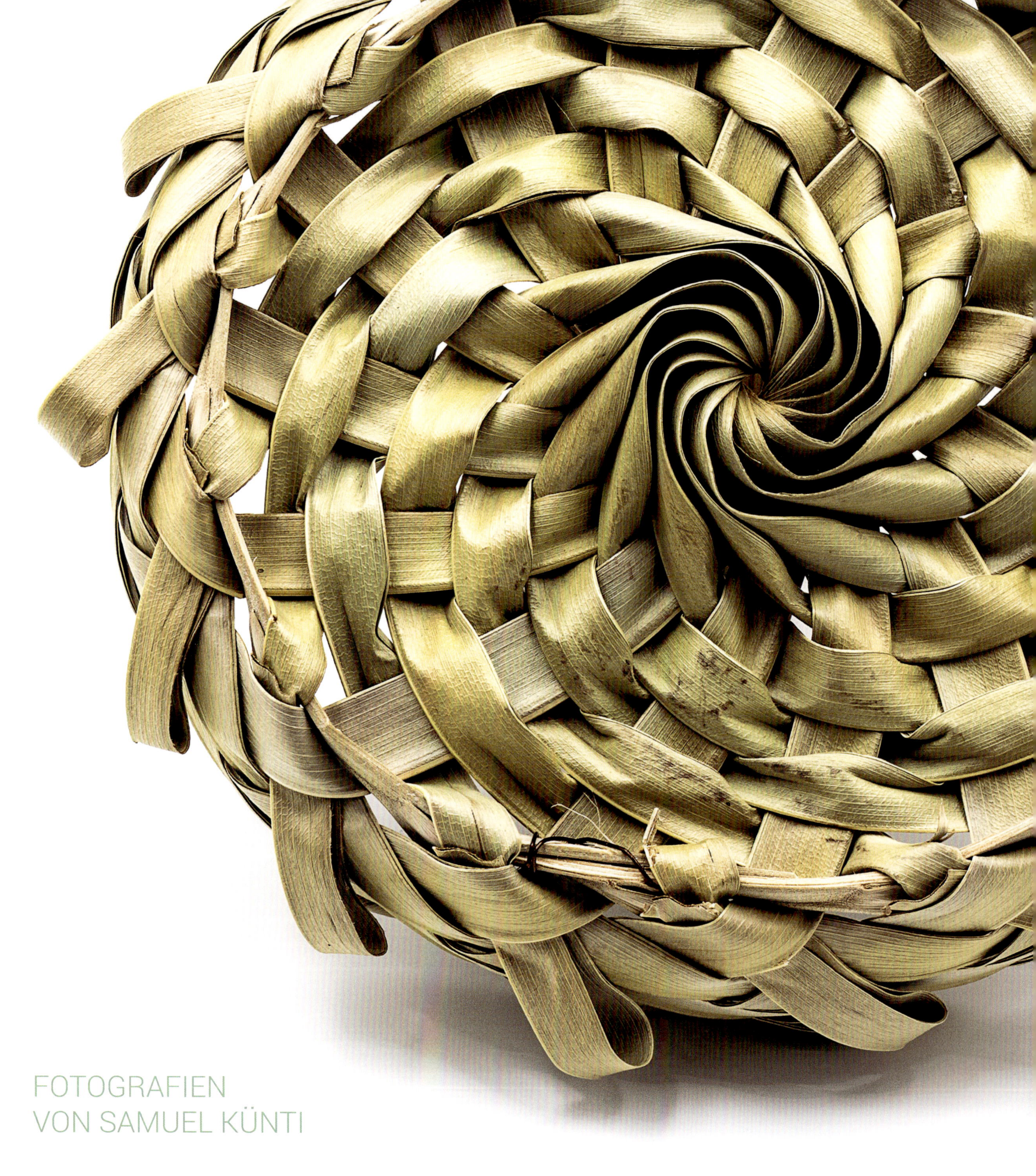

FOTOGRAFIEN
VON SAMUEL KÜNTI

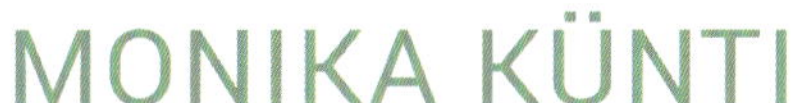

MONIKA KÜNTI

Aus Streifen geflochten

GESCHICHTE, TECHNIKEN, PROJEKTE

HAUPT VERLAG

FÜR NOÉMI SPEISER UND THERESE LEUTWYLER UND FÜR ALL DIE HILFREICHEN GUTEN GEISTER IN DEN MUSEEN ÜBERALL AUF DER WELT

Dank

Ohne die berühmten Beziehungsfäden (Networking ist auch eine textile Disziplin!) hätte dieses Buch nicht entstehen können: Ich danke Adela und Matthias Haupt und ihrem Verlagsteam für das Vertrauen in meine Themen. Mein Dank geht an Heidi Müller, Eva Hauck und Christina Diwold für die kompetente Betreuung, das sorgfältige Lektorat und die Gestaltung des Buches. Und besonders herzlich danke ich Samuel Künti für das wiederum herausragende Fotomaterial – ohne diese fabelhaften Bilder wäre ein Anleitungsbuch schlichtweg „unverdaulich". Ein großer Dank geht an die ungezählten Kursteilnehmenden der vergangenen Jahre – ihre Rückmeldungen sind enorm wichtig für mich. Für ergänzendes Bildmaterial bedanke ich mich bei: Margrit Linder; Prof. Dr. Mareile Flitsch, Dr. Alexis Malefakis und Kathrin Kocher im Museum für Völkerkunde Zürich; Josef Gisler von der Kantonsarchäologie Zürich; Dr. Beatrice Voirol, Doris Kähli und Regina Mathez im Museum der Kulturen Basel; Anna Hegi im Strohmuseum im Park Wohlen; Christine Zbinden; Christian Mühlethaler; Anna Sonderegger; Franz R. Schmid und Peter Santschi.

Und last, but not least danke ich Hans Künti für die geduldige computertechnische Rückendeckung – ohne ihn wäre ich sehr oft und hoffnungslos verloren gewesen.

Inhalt

03

Einleitung

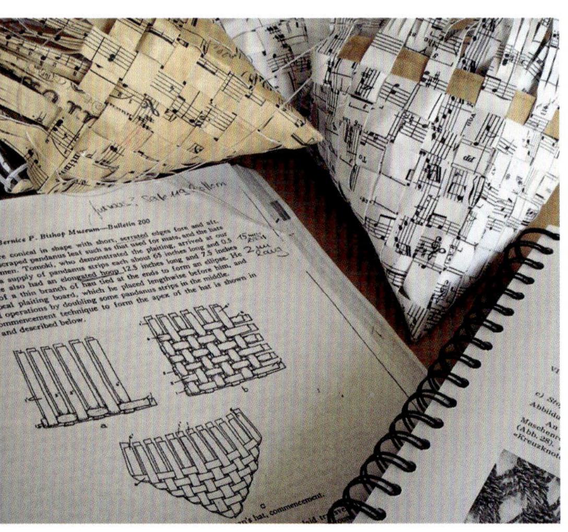

Bibliotheksbücher und Arbeitsproben

Ein Buch wie dieses hätte ich selbst gerne gehabt, als ich vor rund einem Vierteljahrhundert begonnen habe, mich intensiv mit Flechttechniken zu befassen.

Im Museum der Kulturen Basel waren – neben der damaligen Dauerausstellung zur „Systematik der Textilen Techniken" – zwei große Abteilungen zentral für mein Lernen: Ozeanien und Südamerika. Aus Streifen geflochtene Objekte übten eine große Anziehungskraft auf mich aus. Leider fand ich nirgendwo Anleitungsbücher oder Kurse dazu. Also machte ich es wie der Textildesigner Jack Lenor Larsen, der gesagt hat: „Ich liebe es, das zu tun, was ich noch nicht kann!" – eine intensive Phase begann, die ich gerne meine „autodidaktischen Lehr- und Wanderjahre" nenne.

Ich liebe es, das zu tun, was ich noch nicht kann.

Später lernte ich Noémi Speiser kennen und schätzen, sie wurde meine Lernbegleiterin und mein Selbststudium gewann an Konturen. Neben dem Experimentieren wurde das systematische Denken zunehmend wichtig. Bald stellte sich die Frage, ob ich das einst unterbrochene Ethnologiestudium fortsetzen und mich später auf Flechttechniken spezialisieren sollte oder ob ich – auch im vorgerückten Alter – eine Lehre als Korbflechterin machen könnte.

Es ist tatsächlich auch heute noch möglich, diesen Beruf zu erlernen, und so kam es, dass ich bei Therese Leutwyler für drei Jahre in die Lehre gehen durfte. Therese ist eine passionierte Korbmacherin in dritter Generation und ich war in allerbesten Händen, um das wunderbare Handwerk von der Pike auf zu erlernen.

Während dieser Zeit realisierte ich, wie ausbeuterisch der Welthandel und die Arbeitsbedingungen in Billiglohnländern sind – wie sonst könnten all die Körbe und Möbel für so wenig Geld bei uns angeboten werden? Flechtarbeiten sind nämlich reine Handarbeit: Ein Element

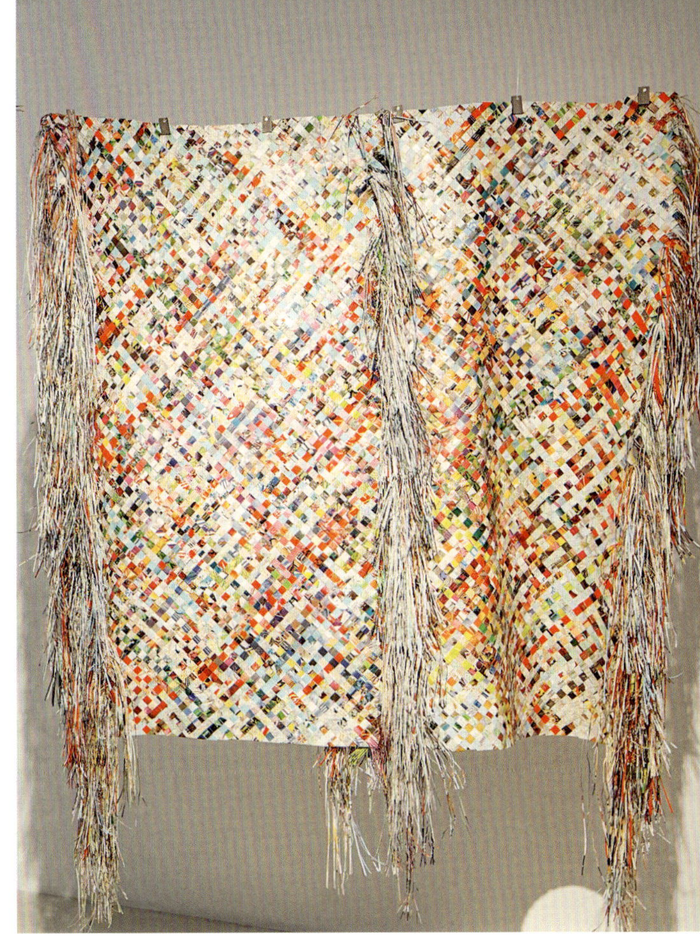

ums andere wird zu einer tragfähigen und klug aufgebauten Konstruktion zusammengefügt – Arbeitsabläufe, die mich immer wieder aufs Neue begeistern!

2003 machte ich mich in der Altstadt von Bern in einem wunderschönen Atelier selbstständig. Eine spannende und erfüllende Zeit begann: außereuropäische Techniken erforschen, Flechthandwerk im europäischen Stil produzieren, Werkstücke reparieren, Neues entwerfen, ausstellen, unterrichten und Tee trinken – für all dies bot meine Ladenwerkstatt den geeigneten Rahmen. In meiner eigenen „Handschrift" entstanden unzählige Korbobjekte aus Naturmaterialien, Matten aus Papier, geflochtene Flickenteppiche, Ausstellungs- und Wettbewerbsarbeiten sowie Kursunterlagen und mein erstes Buch*.

2015 in der Ausstellung „StrohGold" im Museum der Kulturen Basel: Ich stelle dort aus, wo alles angefangen hat! Dialog von zwei in gleicher Technik geflochtenen Matten, die eine ein kunstvoll bedrucktes Original aus Vanuatu (Pandanus), die andere eine Arbeit von mir (100 % Papier). Foto: Derek Li Wan Po, Museum der Kulturen Basel

Das vorliegende Buch schreiben zu dürfen ist eine wunderbare Form, meine Arbeit weiterzuführen. Ich teile gerne, was ich entdecke – ein bisschen auch mit der Absicht, andere mit meiner Begeisterung anzustecken, ihnen die Augen für die Schönheit von Flechtwerk zu öffnen, sodass sie womöglich Lust bekommen, selbst Hand anzulegen. Somit ist dieses Buch eine Einladung, einzutauchen in die fabelhaften Möglichkeiten, aus simplen Streifen höchst erstaunliche Strukturen aufzubauen.

Frohes Schaffen wünscht
Monika Künti

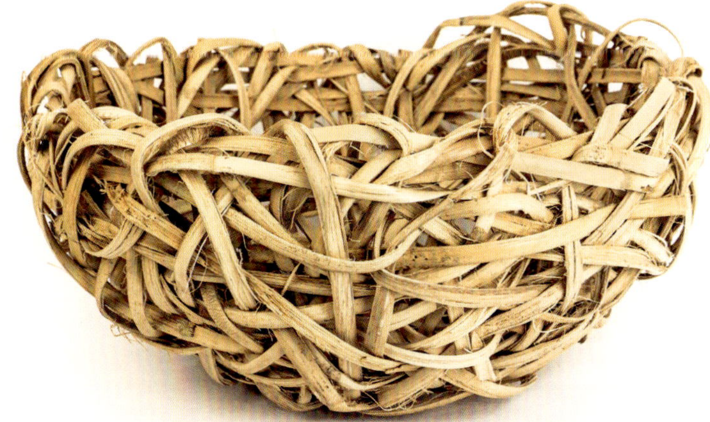

Freestyle-Korbschale von Monika Künti, Rattan-Rohrbast

* einhängen & verschlingen. Maschenbildung mit vorangeführtem Fadenende. Haupt 2014

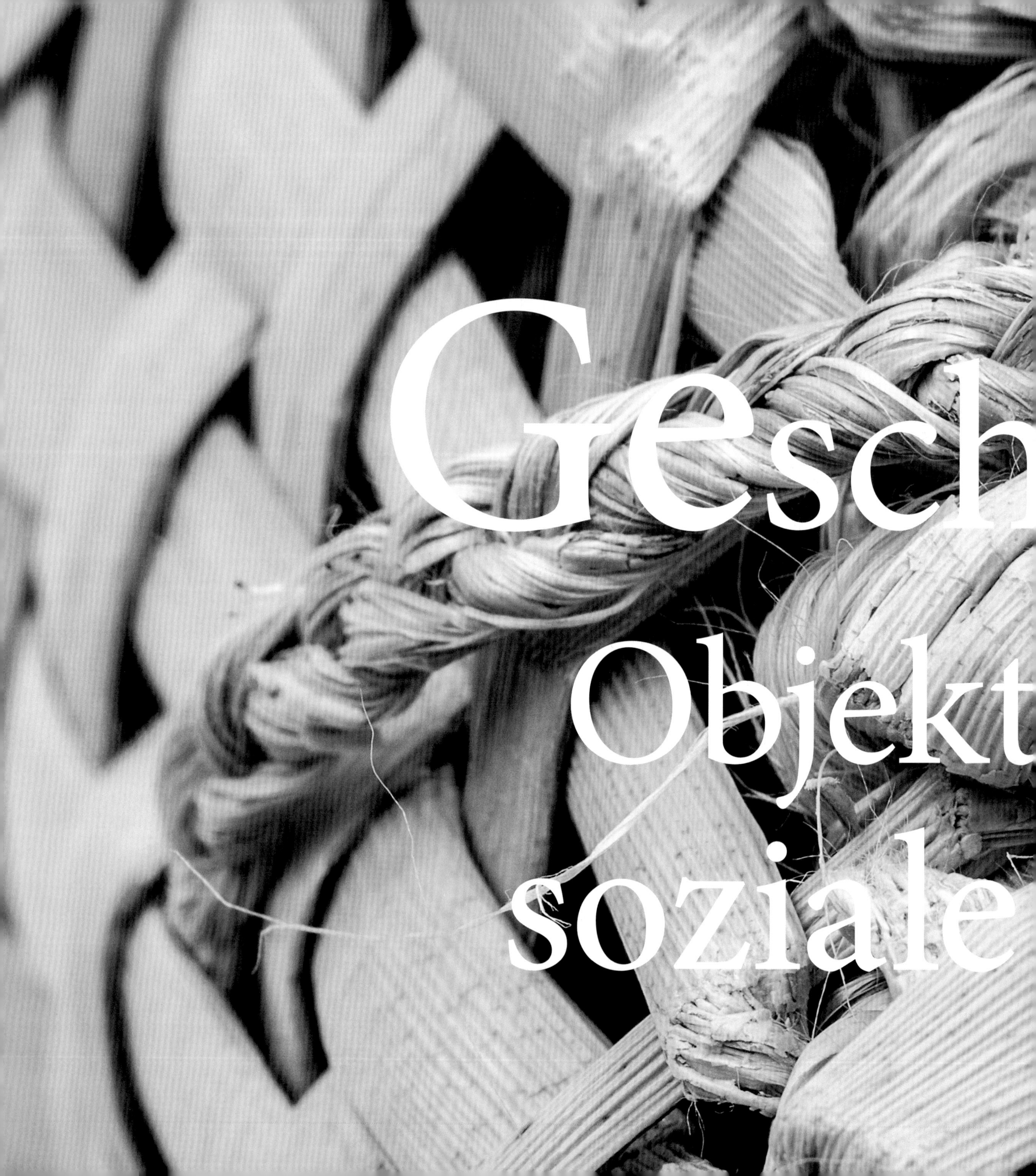
Gesch
Objekt
soziale

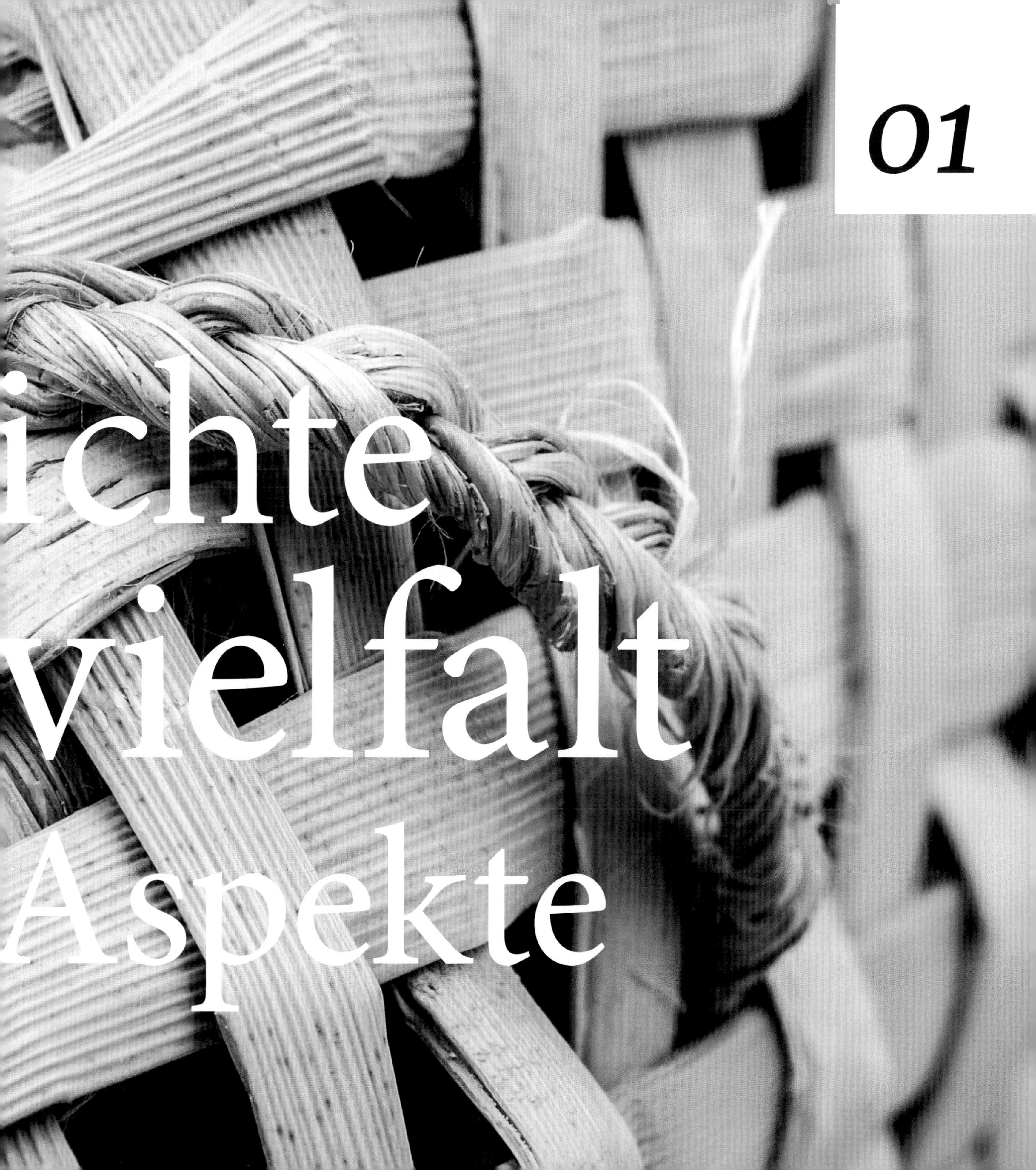
01
ichte
vielfalt
Aspekte

01 Geschichte – Objektvielfalt – soziale Aspekte

Ursprünge der Flechttechniken

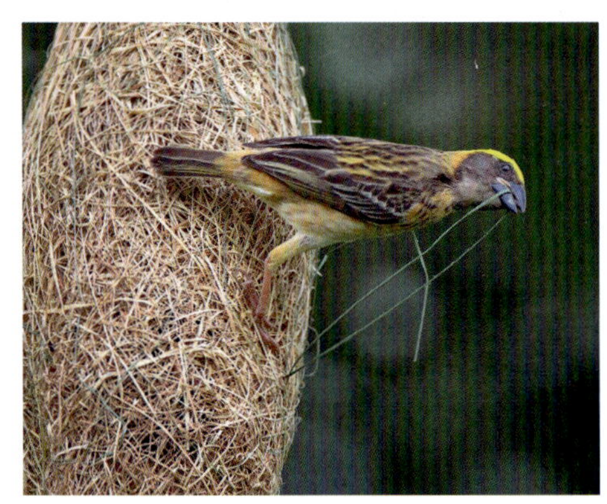

Ein Vogel als Flechtvirtuose,
© Ingo Arndt Photography

Es ist nicht möglich, genau zu sagen, wer wann wo welches Geflecht erfunden hat. Die zunehmende Mobilität im Laufe der Menschheitsgeschichte (Völkerwanderungen, Seereisen, Kolonisation, Mission usw.) ermöglichte und förderte die Verbreitung von Flechttechniken und den Austausch von Wissen und Fertigkeiten. Aber auch ohne dass man einen direkten Kontakt der Kulturen nachweisen könnte, haben sich viele Flechttechniken auf mehreren Kontinenten gleichartig oder ähnlich entwickelt.

Flechttechniken werden zu den ältesten Kulturtechniken der Menschheit gezählt. Schon immer brauchten Menschen Behältnisse, um etwas sammeln, tragen oder aufbewahren zu können. Es war naheliegend, sich an Vorbildern aus der Natur zu orientieren, beispielsweise an Vogelnestern oder miteinander verschlungenen Pflanzenteilen. Die Entwicklung der Techniken stand in direktem Zusammenhang mit dem zur Verfügung stehenden Material – jeder Kontinent, jede Region, jede Kultur hatte andere zu Flechtzwecken geeignete Materialien.

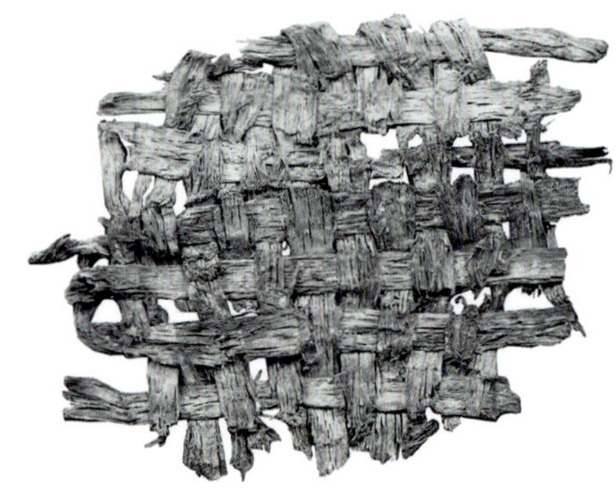

Geflecht aus Meilen – Feldmeilen/Vorderfeld (Zürich), orthogonal geflochten, Eichenbast.
Foto: Kantonsarchäologie Zürich/ Martin Bachmann, im Maßstab 1 : 2 aufgenommen

Anders als Objekte aus Stein, Ton, Metall oder Glas sind Textilien (zu denen auch Geflechte zählen) aus leicht vergänglichen Materialien gefertigt. Das bedeutet, dass sie nicht unbegrenzt haltbar sind, es sei denn, sie wären unter besonderen Umständen (z. B. durch den Einschluss in Eis, Sand, Salz oder Gewässerböden) konserviert worden. Die ältesten bekannten Funde sind einige Tausend Jahre alt und stammen aus ur- und frühgeschichtlichen Epochen.

Was Flechttechniken so einmalig macht, ist die Tatsache, dass Menschen heutzutage den Boden für einen Korb aus Weide oder eine Matte

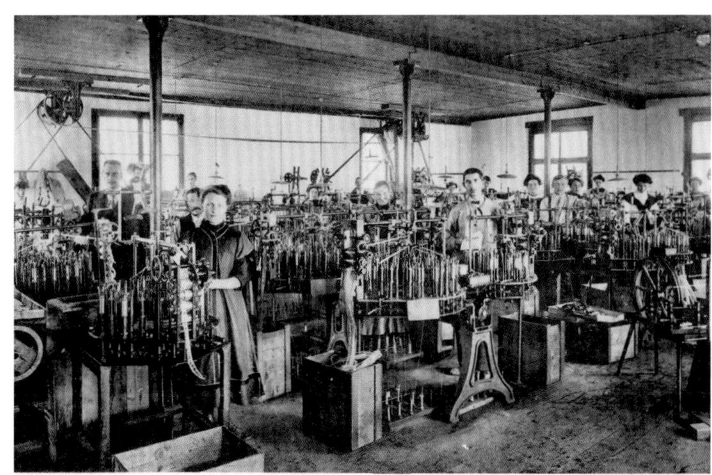

Strohgeflechte entstehen auf einfachen Maschinen. Blick in einen Maschinensaal der Hutgeflechtindustrie, Firma Bruggisser, um 1910.
Foto: Strohmuseum im Park, Wohlen AG

aus Palmblatt noch genauso flechten wie ihre Vorfahren vor Tausenden von Jahren. Materialien und Techniken sind in ihren Grundzügen gleich geblieben. Zum Flechten sind außer den Händen fast keine Werkzeuge und Hilfsmittel nötig. Und mit wenigen Ausnahmen (Stuhlgeflechte, Drahtgeflechte, schmale Strohborten) können Geflechte bis heute nicht industriell hergestellt werden. Anders als etwa beim Töpfern oder Drechseln konnte der Mensch beim Flechthandwerk bisher nicht durch Maschinen ersetzt werden – noch heute ist jeder Korb auf der Welt vollständig handgemacht!

Das alles deutet darauf hin, dass das Flechten eine herausragende zivilisatorische Leistung der Menschheit war. Sammeln, transportieren, aufbewahren, entwerfen, verwerfen, konstruieren, zählen, zuordnen, rechnen, aus Einzelteilen aufbauen, Muster bilden, Materialien kennen, vermarkten – das sind nur einige Stichworte, die direkt mit dem Flechten zusammenhängen.

Flechttechniken erfordern Aufmerksamkeit und die Koordination von Intellekt und Körper. Der Körper schwingt mit den Bewegungen, es gibt rhythmische Wiederholungen, man macht haptische Erfahrungen. Die einzelnen Tätigkeiten werden vom Einfachen zum Komplexen erlernt und geübt, der Schwierigkeitsgrad lässt sich individuell anpassen. Wenn der Einstieg in die Grundfertigkeiten gelungen ist, kann sich beim Tun eine große Ruhe ausbreiten.

Flechttechniken sind unglaublich vielfältig. Keine andere Gruppe unter den Textiltechniken weist eine so große Bandbreite bezüglich Materialien, Techniken, Formen und Funktionen auf. Es ist gar nicht möglich, all dies vollständig aufzulisten.

Flechttechniken sind unglaublich vielfältig.

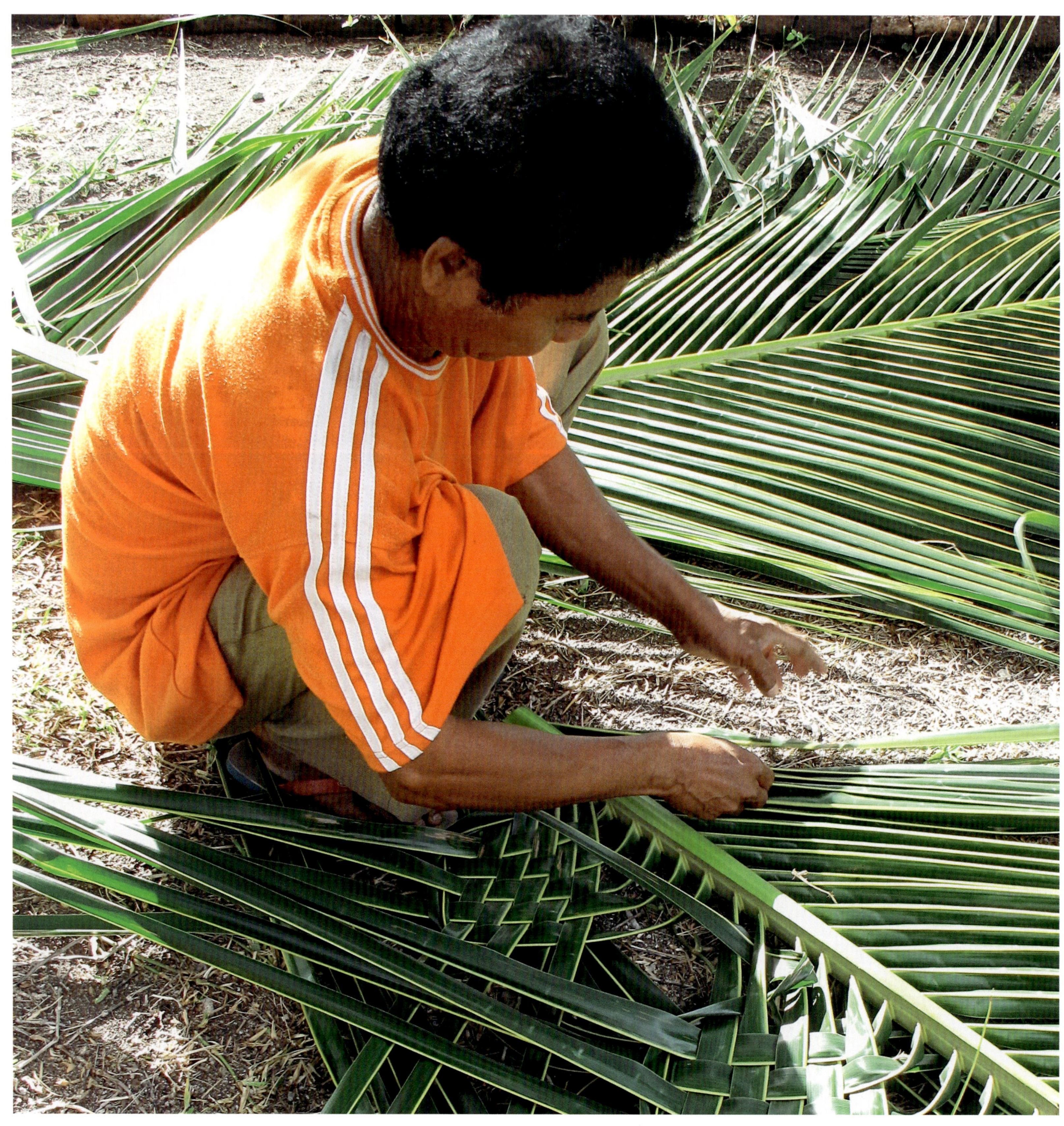

In Maumere im Nordosten von Flores, Indonesien, flicht Pak Goa einen traditionellen Korb aus Palmblättern für den täglichen Transport zum Markt.
Foto: Margrit Linder

Verwendung von Flechtwerk

Die im Folgenden vorgestellten Objekte sollen nicht nur die Vielfalt und Schönheit von Flechtwerk illustrieren, sondern auch herausragende technische Eigenschaften wie Elastizität, Flexibilität, Stabilität und Leichtigkeit.

SAMMELN UND TRAGEN

Zum Sammeln und Transportieren sind Körbe geeignet, die es in unendlich vielen Variationen gibt. Man trägt sie in der Hand, am Arm, auf dem Rücken, auf den Schultern oder auf dem Kopf.

Instantkörbe

So nenne ich die Behältnisse, die ruck, zuck aus vor Ort vorgefundenem Material gefertigt werden. Sie dienen beispielsweise zum Transport von Ernteerzeugnissen oder von lebenden Tieren und sind sozusagen Einwegverpackungen, die nur kurzzeitig eingesetzt und nach Gebrauch wieder entsorgt werden. Solche Objekte sind heute auch beliebte Souvenirartikel für Touristen.

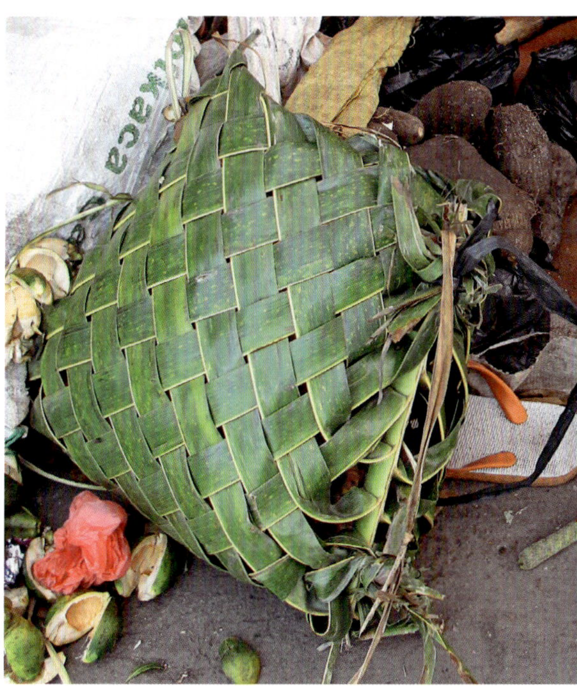

Der fertige Korb bei seinem Einsatz auf dem Markt in Maumere im Nordosten von Flores.
Foto: Margrit Linder

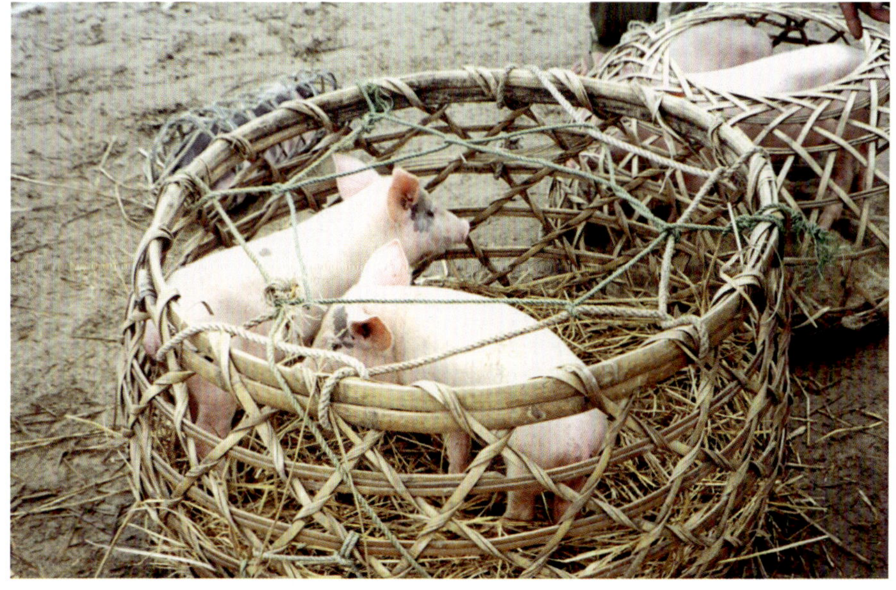

Transportkorb für den Markt, offenes Dreirichtungsgeflecht.
Foto: Christine Zbinden

Henkelkörbe, Korbtaschen, Rückentragekörbe

In dieser Sparte gibt es eine große Auswahl.

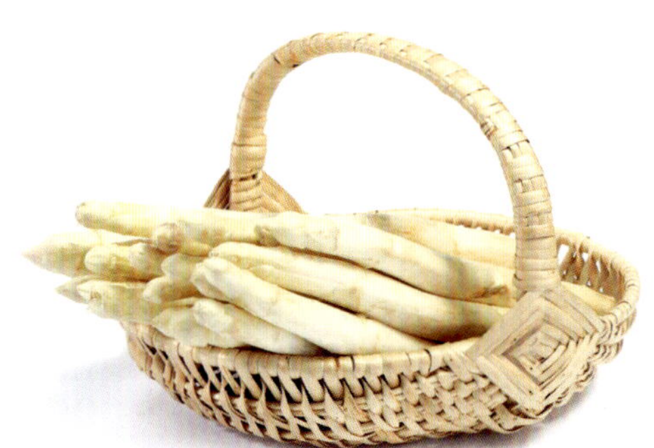

Schwingen- oder Rahmenkorb,
Fotolia, H. Brauer

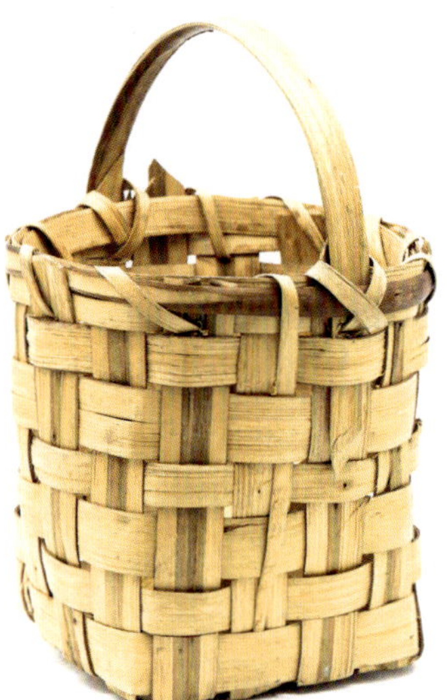

Henkelkorb aus Kastanienholzspan,
orthogonal geflochten

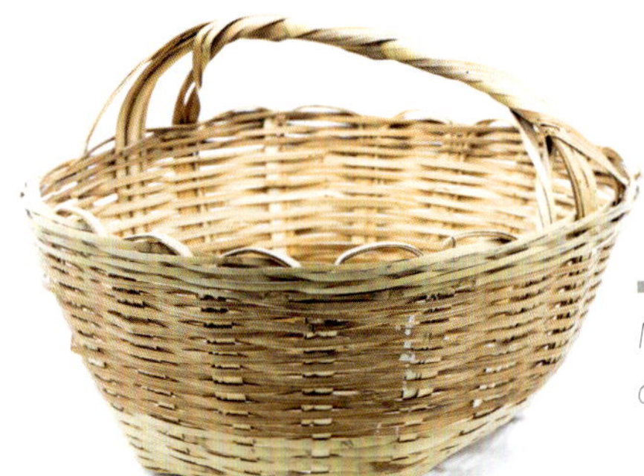

Marktkorb aus Paraguay,
orthogonal geflochten

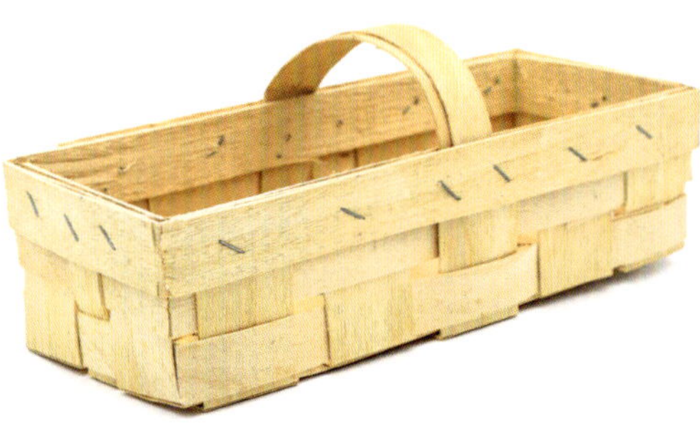

Obstkorb aus dem Mittelmeerraum,
Holzspan, orthogonal geflochten

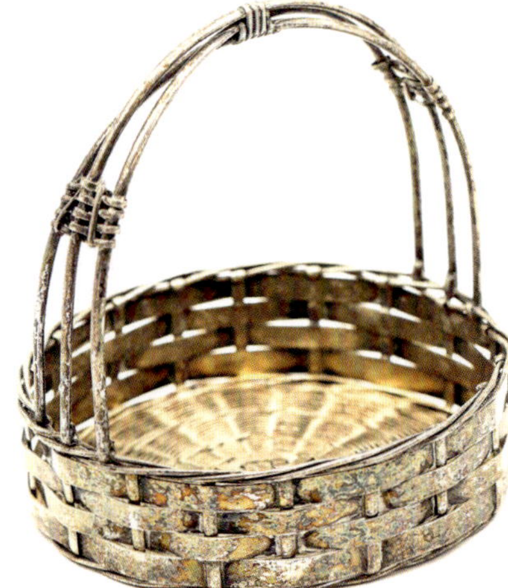

Henkelkörbchen für den Tisch,
Metall, orthogonal geflochten

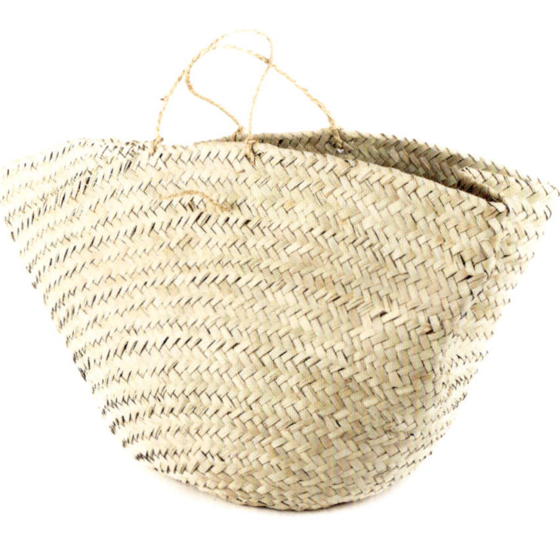

Korbtasche aus Tansania, Palmblatt,
diagonal geflochten, Köpermuster

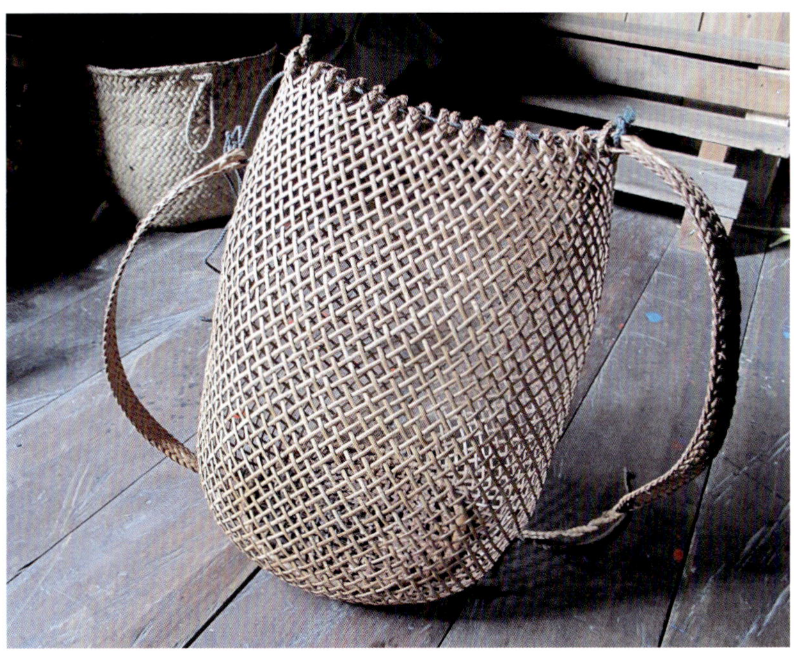

Anjat, Tragekorb aus Rattan der Kenyah-Dayak, Setulang, Nordkalimantan, Indonesien. Foto: Margrit Linder

Frauen der Lundayeh-Dayak beim Ernten von Waldgemüsen mit diagonal geflochtenen Rückentragekörben aus Bambus, Rattan und roter Acrylfarbe, Long Layu, Krayan, Nordkalimantan, Indonesien. Foto: Margrit Linder

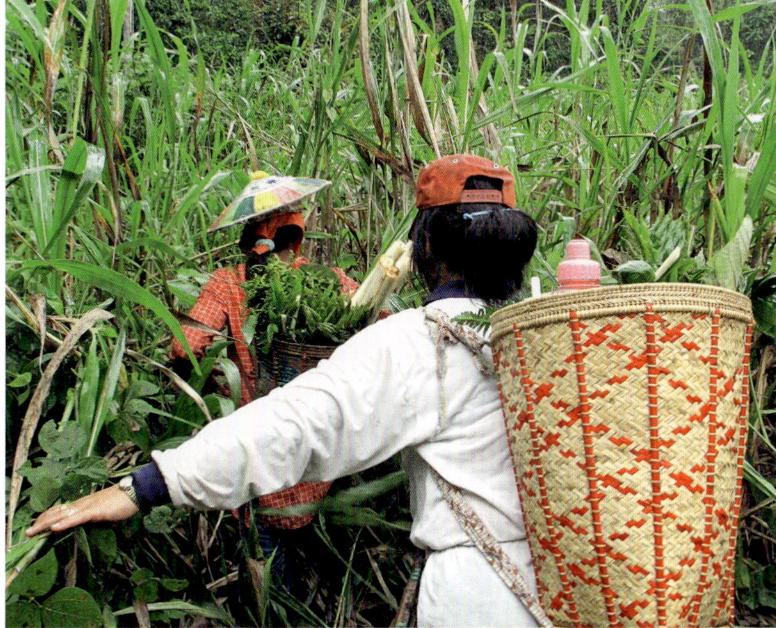

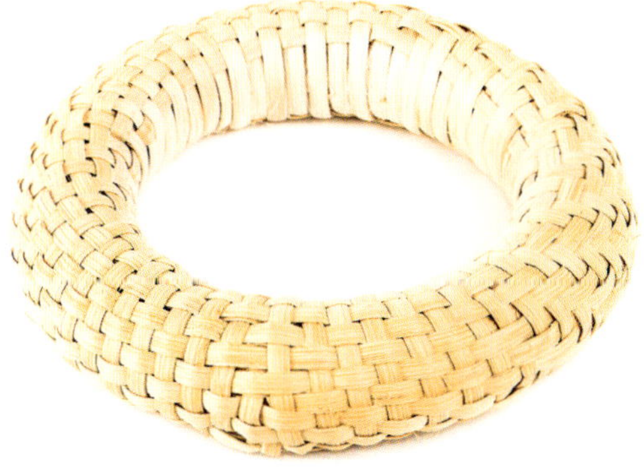

Reproduktion eines im Museum gesehenen Lastentragerings

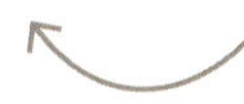

Tragehilfen

Diese Ringe haben mich immer fasziniert; sie dienen in vielen Kulturen als Unterlage fur Korbe, die schwer beladen auf dem Kopf getragen werden. Die Ringe sind über eine feste Unterlage geflochten.

Körbe zum Aufbewahren sind in allen Formen, Materialien und Flechttechniken in allen Kulturen rund um die Welt vertreten.

AUFBEWAHREN

Es gibt kaum etwas, was nicht in einem geflochtenen Behältnis aufbewahrt werden könnte. Körbe zum Aufbewahren sind in allen Formen, Materialien und Flechttechniken in allen Kulturen rund um die Welt vertreten. Dabei beweisen die Flechtenden ihr Können im Umgang mit Formensprache, Material und Technik. Sie stellen raffinierte Überlegungen an, wie ein Korb bestimmte Funktionen erfüllen soll: Ein Vorratskorb kann beispielsweise auf Füße gestellt werden, damit keine Feuchtigkeit ins aufbewahrte Gut gelangen kann. Oder man versieht ihn mit einer Lackschicht, um ihn vor Nässe zu schützen.

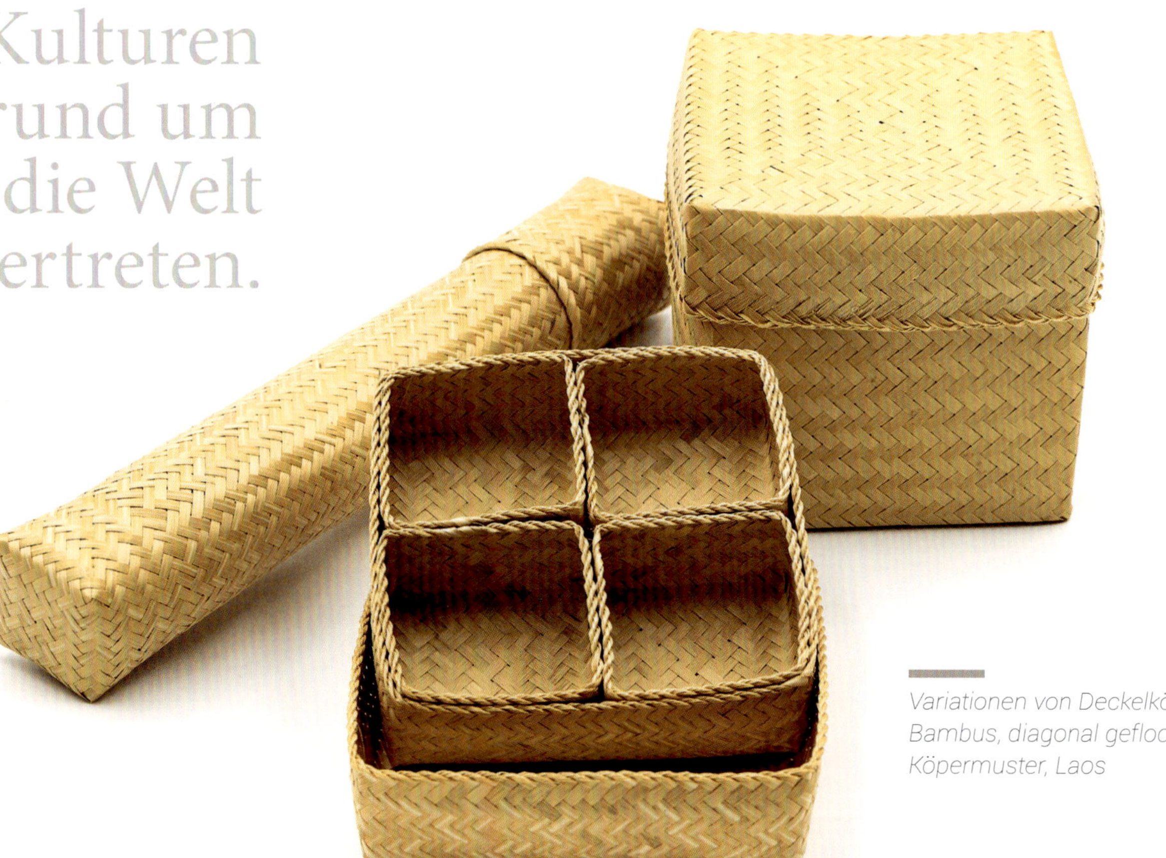

Variationen von Deckelkörben, Bambus, diagonal geflochten, Köpermuster, Laos

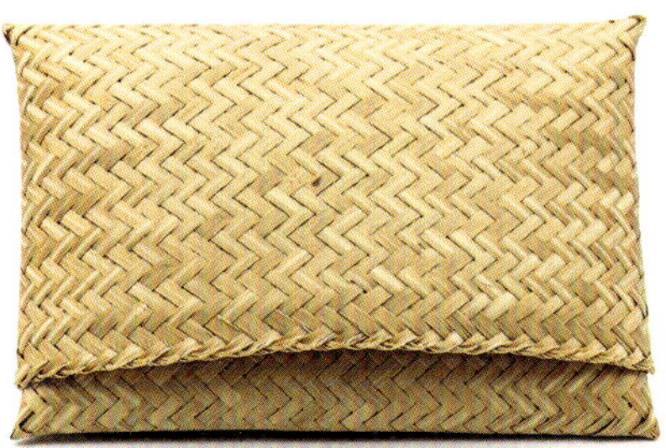

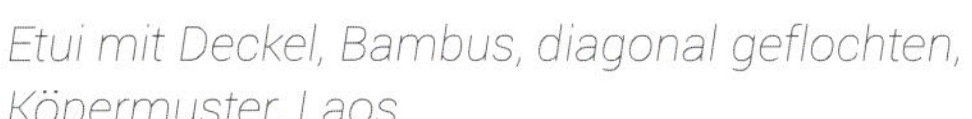

Etui mit Deckel, Bambus, diagonal geflochten, Köpermuster, Laos

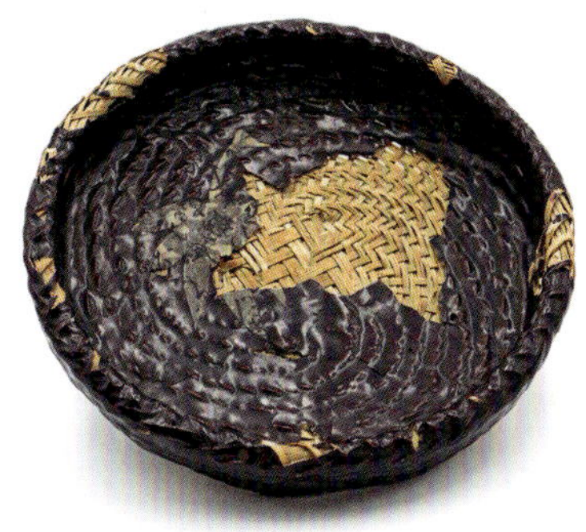

Korbschale, mit lackiertem Papier überzogen (abblätternd), Bambus, Drachenblut (Harz), diagonal geflochten, Köpermuster, Japan

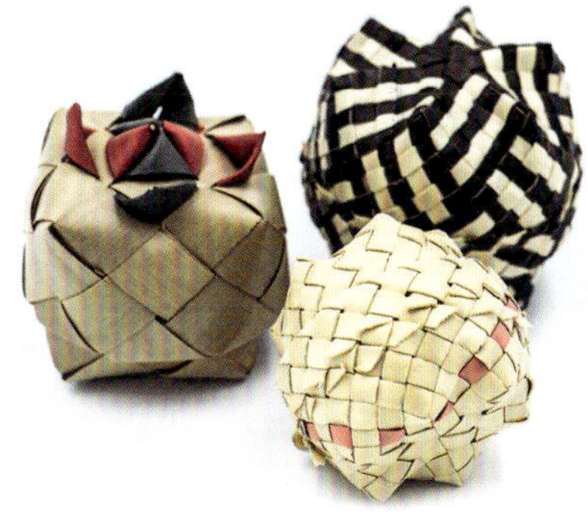

Serie von Miniatur-Deckelkörbchen, Palmblatt, diagonal geflochten, Südostasien

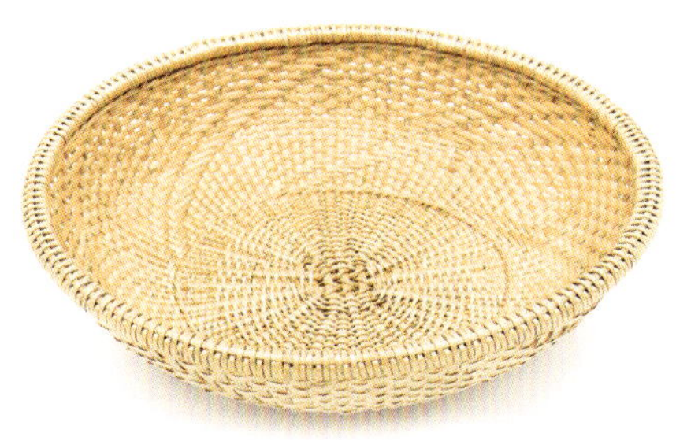

Flache Korbschale, geschälte Weide, orthogonal geflochten, Köpermuster, Feinflechttechnik

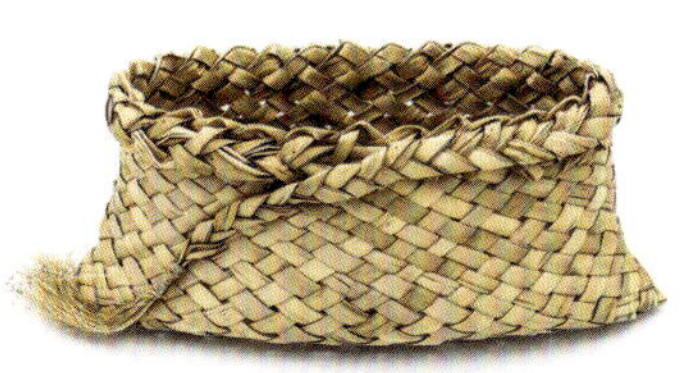

Etuikorb mit Zopfrand, Neuseelandflachs, diagonal geflochten, Neuseeland

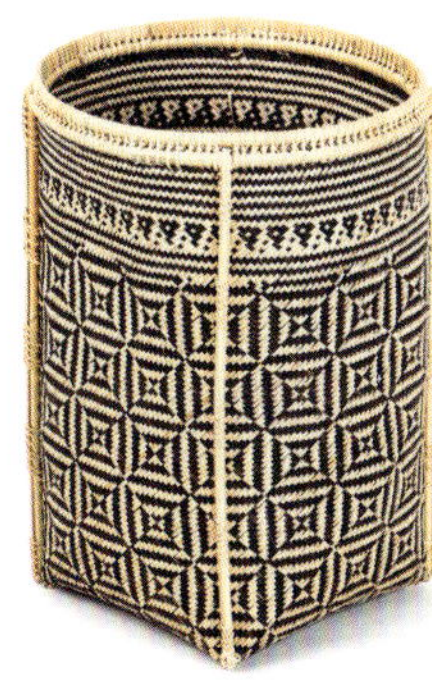

Vorratskorb, diagonal geflochten, Rattan, Kalimantan, Indonesien

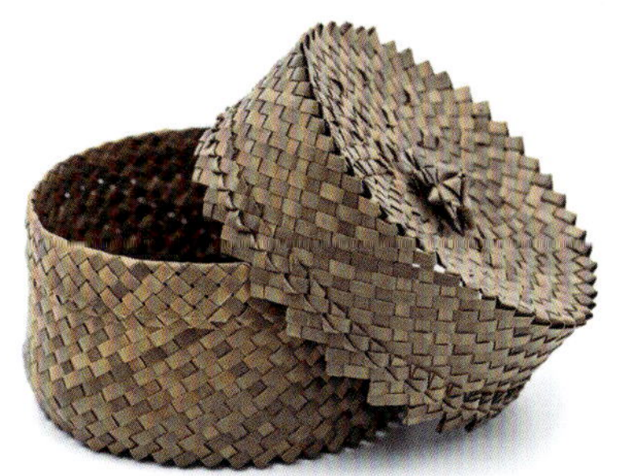

Dose mit Deckel mit vielen speziellen Details, diagonal geflochten

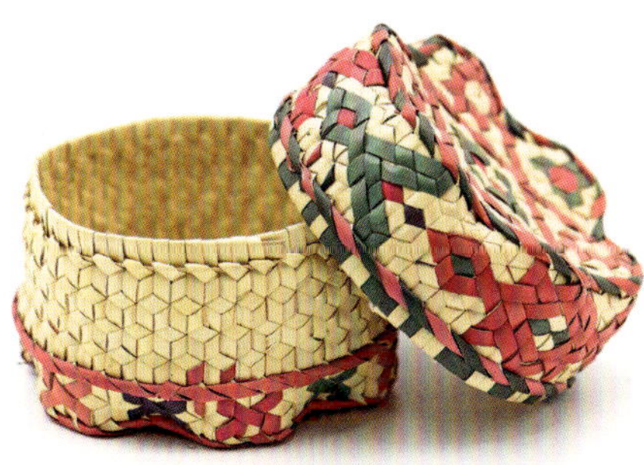

Verzierte Dose mit Deckel, in drei Richtungen geflochten

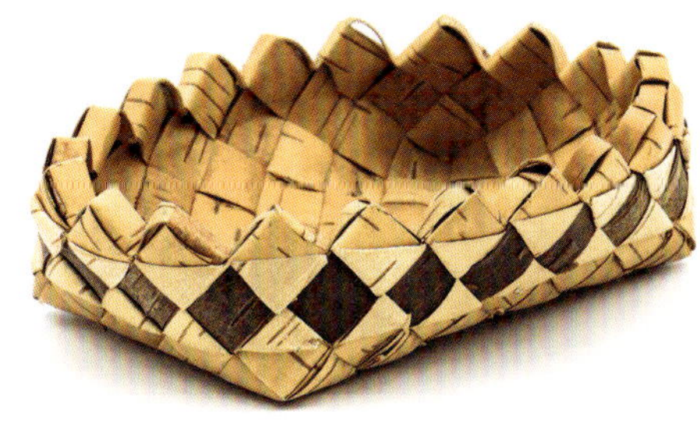

Flache Schale, Birkenrinde, diagonal geflochten

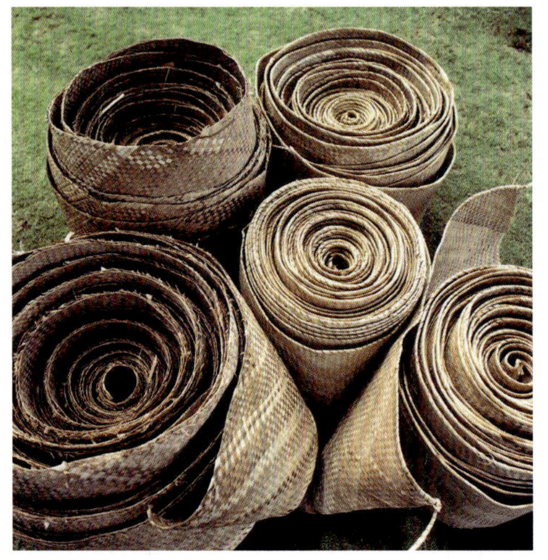

Geflochtene Bänder zur Herstellung von Segeln, Alamy, Photo Resource Hawaii

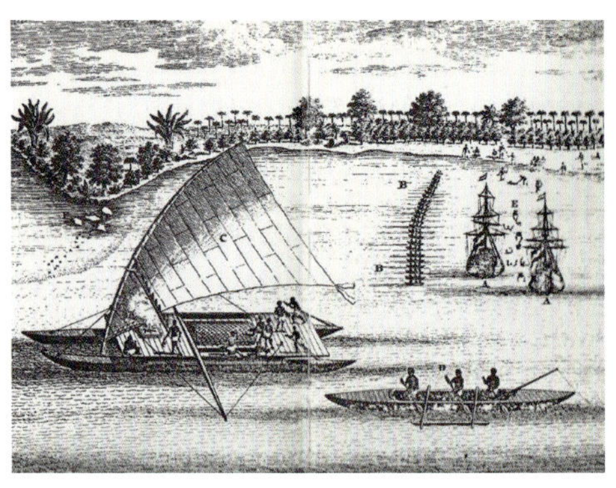

Segelboot aus Tonga.
Gezeichnet von William Hodges, graviert von W. Watts. Alexander Turnbull Library, Wikimedia Commons, PD

REISEN UND VERPACKEN

Segel

Die eindrücklichsten aus Streifen geflochtenen Beispiele, die ich kenne, sind die geflochtenen Segel von polynesischen Auslegerbooten. Damit konnten unglaublich große Distanzen auf dem Meer zurückgelegt werden. Die großformatigen Segel wurden aus einzelnen schmalen Bändern zusammengenäht. Sowohl die Segeltechnik als auch die Segelherstellung wird zu bestimmten Anlässen noch heute gepflegt, beispielsweise auf Hawaii.

Boote

Weitere ungewöhnliche Beispiele sind aus Bambus geflochtene und mit Harz abgedichtete Rundboote. Man findet solche Zubringer-, Rettungs- und Küstenboote in den Küstenregionen Vietnams.

Verpackungsmaterial

Aufgrund ihres geringen Gewichts, der hohen Stoßfestigkeit und ihrer allgemeinen Verfügbarkeit waren Geflechte seit jeher als Verpackungsmaterial attraktiv. Beispielsweise gingen Flechtprodukte aus Fernost in große Matten genäht auf Reisen. Und Porzellan aus China gelangte in geflochtenen Schutzhüllen nach Europa. Auch heute werden Geflechte als Verpackungen genutzt – so ist z. B. die Verpackung meines Lieblingstees aus Palmblattstreifen zum Wegwerfen viel zu schade!

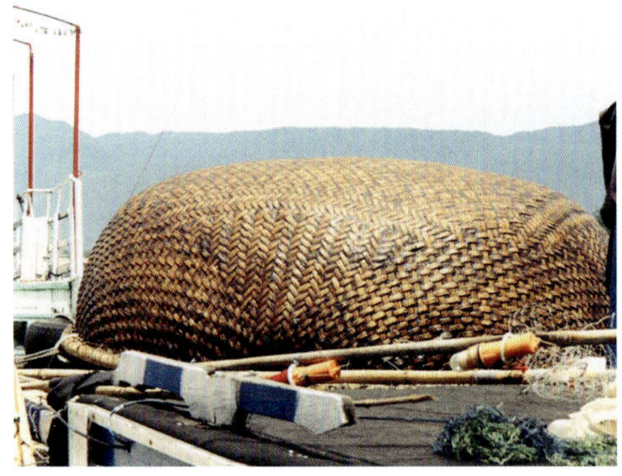

Rundboot aus Bambus, Vietnam.
Foto: Christine Zbinden

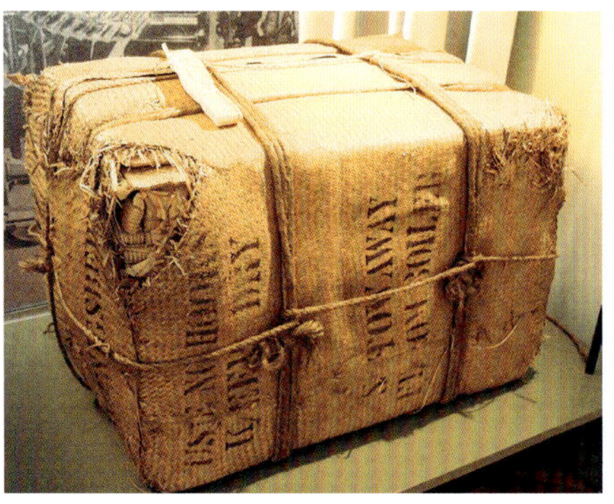

Matte als Verpackungsmaterial für Strohborten aus China

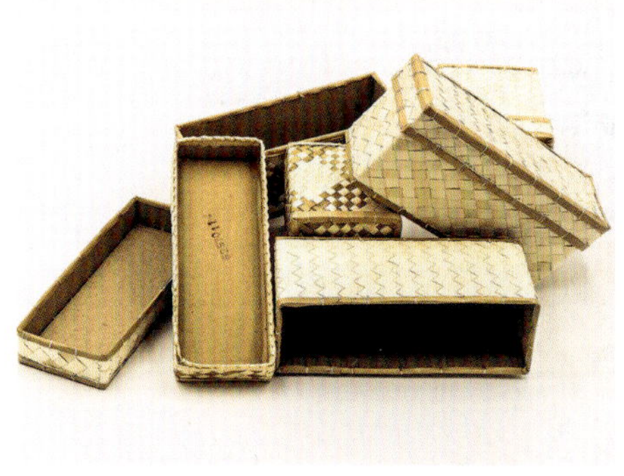

Verpackungen für Tee, Palmblatt, geflochten, mit Karton gefüttert

BAUEN UND WOHNEN

Baumaterial

Das Flechten kommt auch beim Bauen und Konstruieren zur Anwendung. Mithilfe von Flechttechniken entstehen Brücken, Zäune, Wände und andere Gebäudeteile etc.

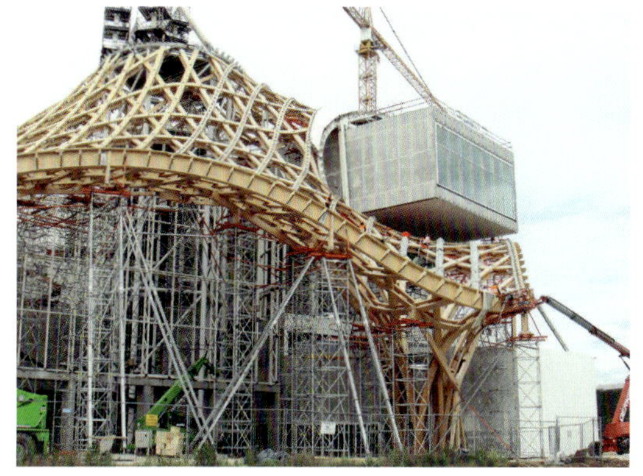

Bauarbeiten am Centre Pompidou-Metz.
Foto: Mossot, Wikimedia Commons CC-SA-3.0

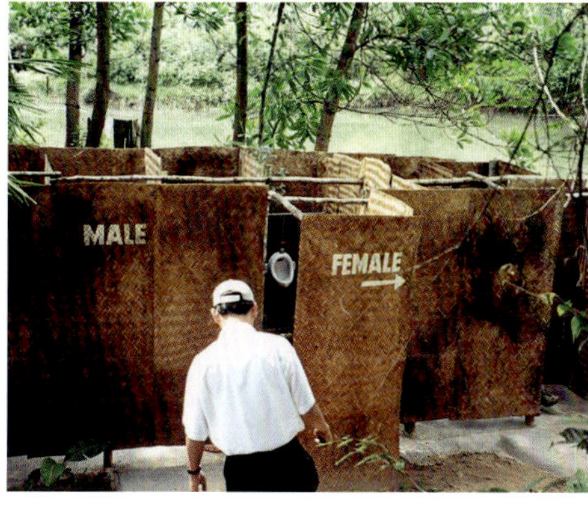

WC-Häuschen in Vietnam.
Foto: Christine Zbinden

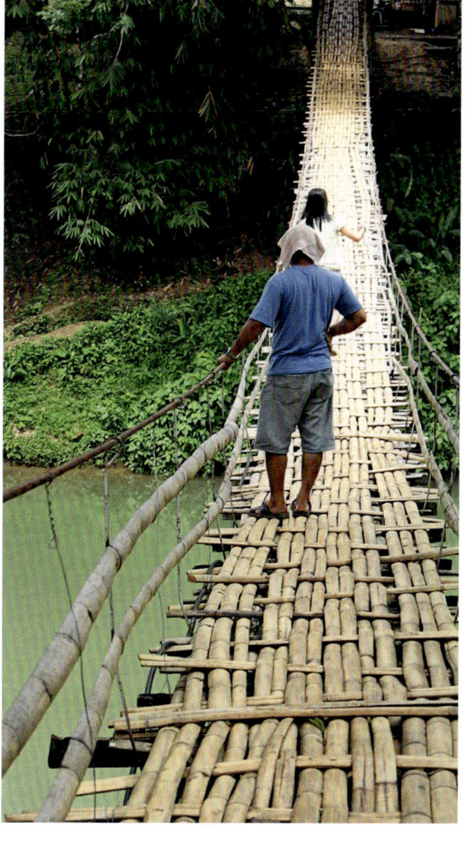

Bambusbrücke über den Loboc River in der Provinz Bohol auf den Philippinen.
Paul Lewin, Wikimedia Commons CC-SA-2.0

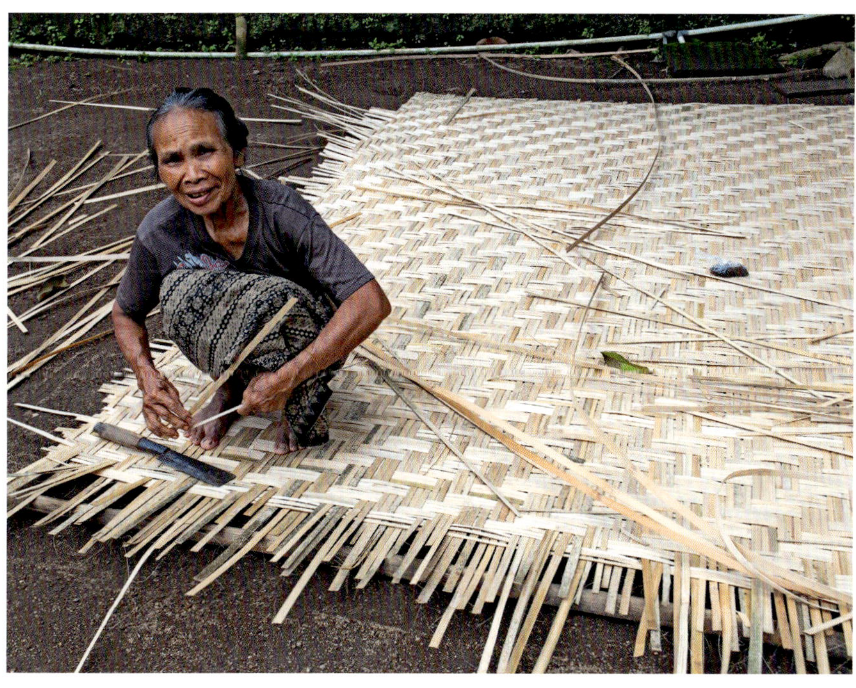

Arbeit an orthogonal geflochtener Matte für Hauswand.
Foto: Alamy Stock, Rob Walls

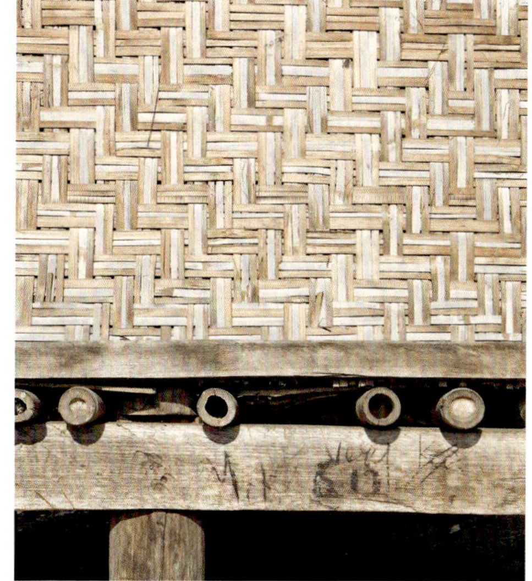

Ausschnitt Hauswand,
Foto: Alamy Stock, image BROKER

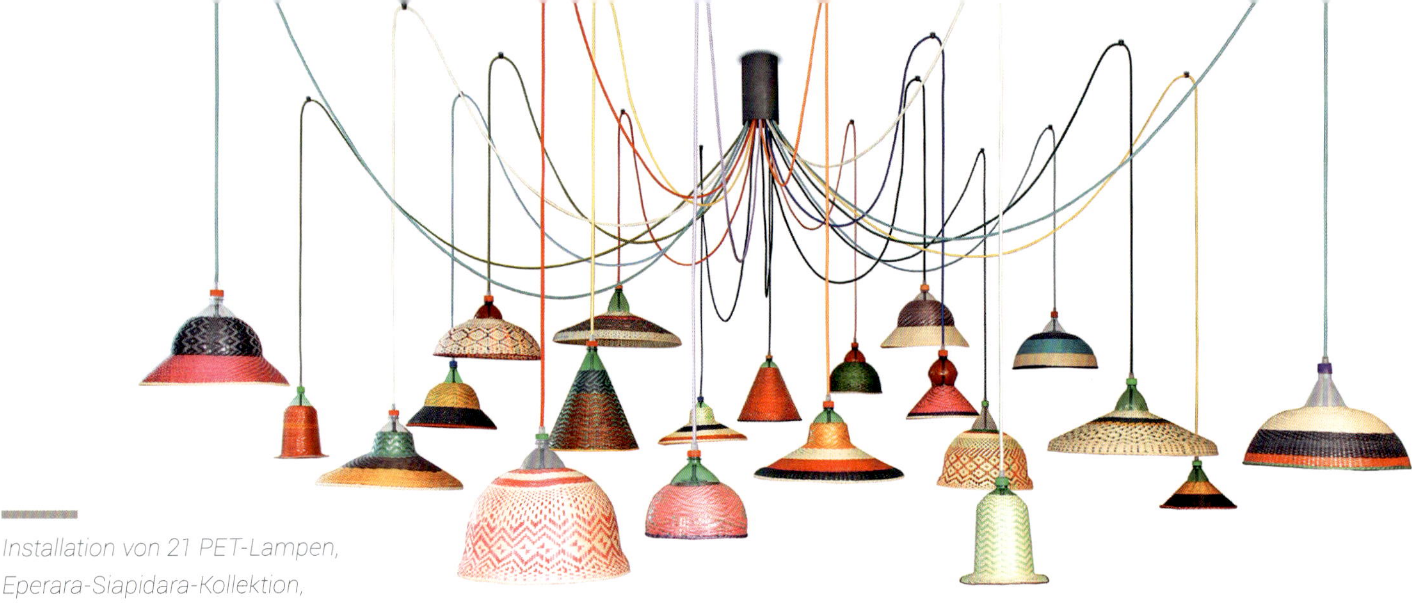

Installation von 21 PET-Lampen, Eperara-Siapidara-Kollektion, Kolumbien
Foto: © ACdO

Wohnen

Im Wohnbereich finden sich Geflechte bei uns in Mitteleuropa hauptsächlich im Zusammenhang mit Sitzmöbeln und Lampen. Klassiker wie die Stühle der Firma Thonet und der von Marcel Breuer entworfene Sessel B35 weisen u. a. geflochtene Sitzflächen aus Rattan auf.

Gerade groß in Mode sind sogenannte Loungemöbel – vorfabrizierte Gestelle, mit maschinell verwobenem Kunststoff bespannt. Mit traditionellem Flechthandwerk hat das aber nicht mehr viel zu tun.

Matten als Bodenbelag, Wandverkleidung, Raumteiler oder Sitz- und Schlafunterlage gehören in vielen Ländern noch zur üblichen Ausstattung von Innenräumen. Als Flechtstreifen werden beispielsweise Bambus, Rattan, Palmblatt oder Pandanus verarbeitet.

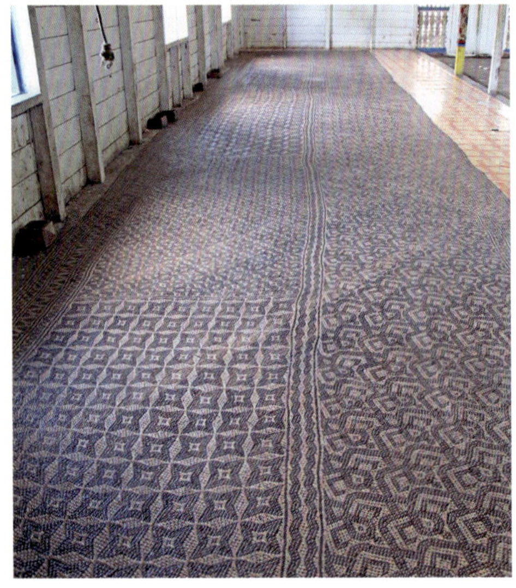

Ayam-Matte im Baloy Adat von Pagun Labuk, einer Versammlungshalle der Agabag-Dayak, 15,4 x 2 m, Tanjung Langsat, Nordkalimantan, Indonesien.
Foto: Margrit Linder

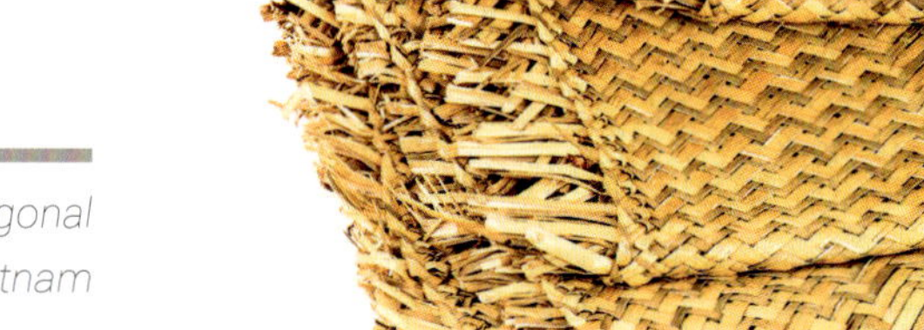

Matte als Bodenbelag, diagonal geflochten, Köpermuster, Vietnam

Haushalt und Küche

Neben Trage- und Aufbewahrungskörben gibt es geflochtene Regal- und Papierkörbe, Pflanzenübertöpfe, Tischsets, Brot- und Obstkörbe, Siebe, Pressen, Fliegenklatschen, Insektenschutzkörbe, Fächer, Teller, Dosen, Untersetzer, Schlüsselanhänger etc.

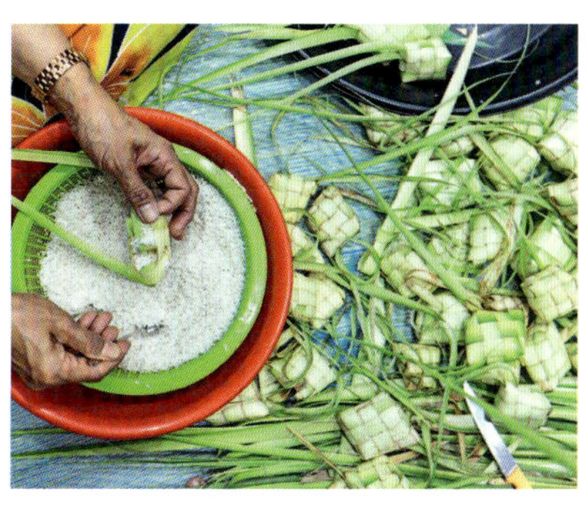

Ketupat genannte südostasiatische Reisspeise, in geflochtenen jungen Kokosblättern gekocht.

Foto: Alamy, 500px

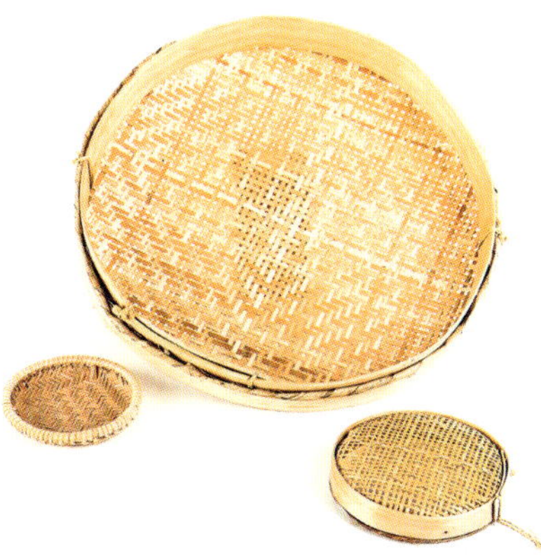

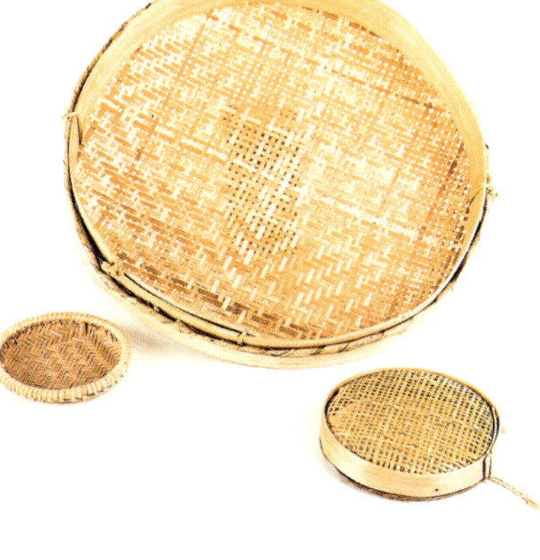

Sieb- und Tellerkörbe, orthogonal geflochten, Köpermuster, Körbe Mitte und rechts aus Paraguay

Fächer, aus Palmwedeln diagonal geflochten, Köpermuster, Paraguay

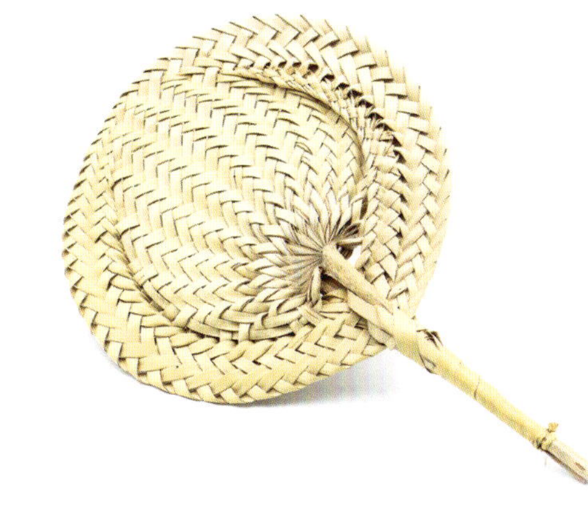

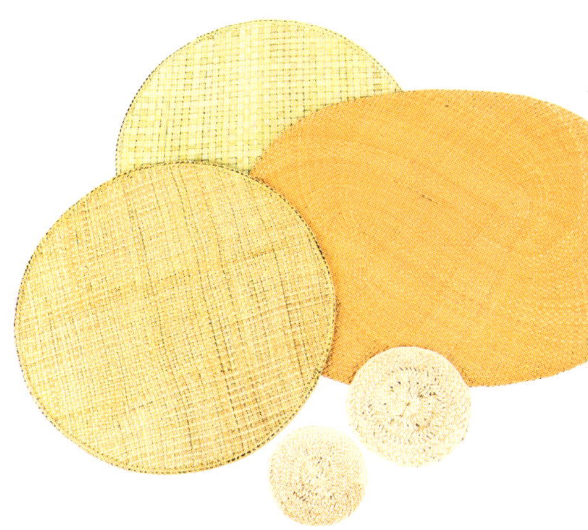

Tischsets und Untersetzer, diverse Techniken und Materialien

Käsepresse, Espartogras (zu Streifen gelegt), diagonal geflochten, Köpermuster, Spanien

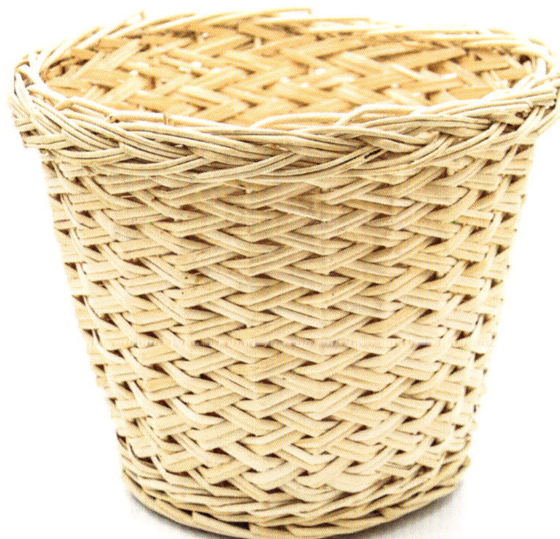

Papierkorb aus Weidenschienen

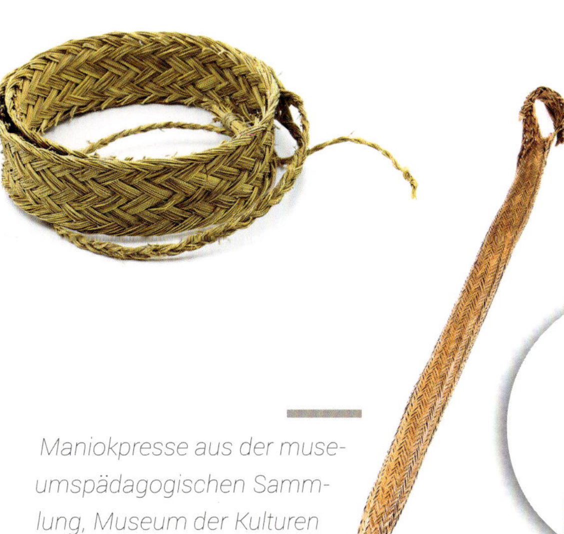

Maniokpresse aus der museumspädagogischen Sammlung, Museum der Kulturen Basel, Palmblatt, diagonal geflochten, Köpermuster

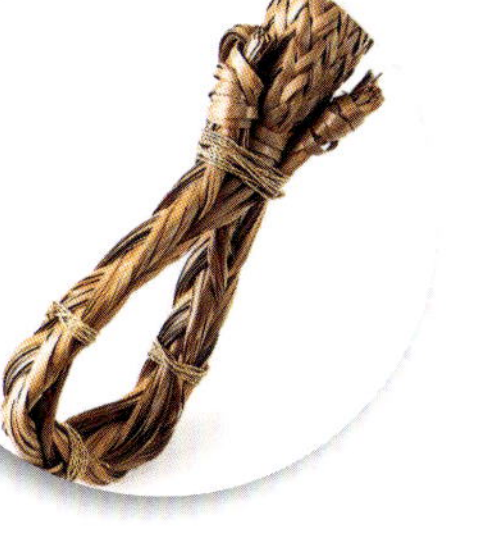

Detail der Maniokpresse

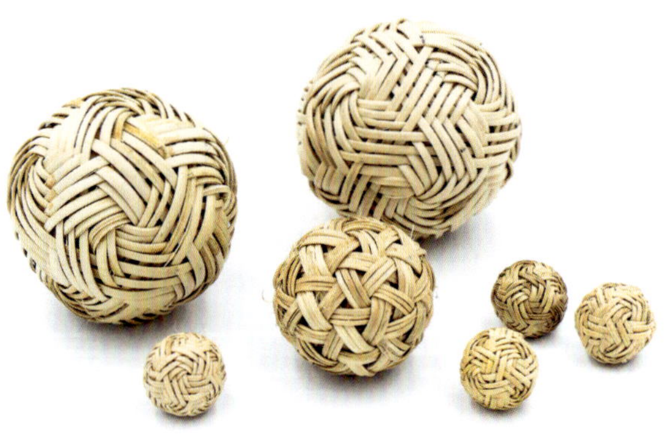

Bälle, dicht in drei Richtungen geflochten, Rattan, Laos

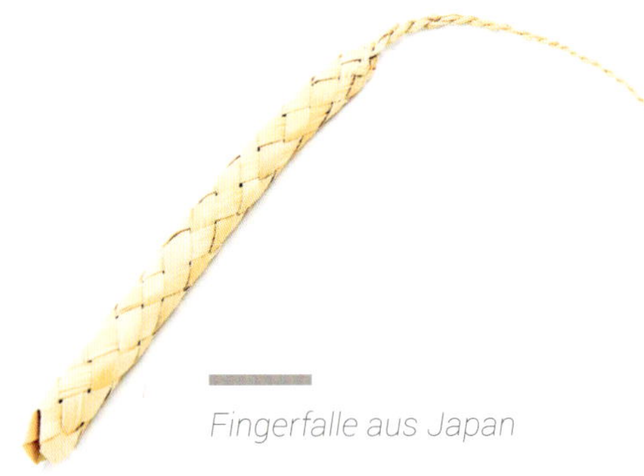

Fingerfalle aus Japan

SPIELE UND RITUALE

Spielzeug

Flechtwerk ist nicht nur nützlich, man kann damit auch herrlich spielen und sich die Zeit vertreiben. Die Objekte sind schnell gefertigt und bei Verschleiß einfach zu ersetzen. Haben Sie in Ihrer Kindheit Fröbelsterne oder Mobiles mit geflochtenen Fischen kennengelernt? Auf genau die gleiche Weise wird in Polynesien Spielzeug geflochten!

In Thailand spielt man ein „Sepak Takraw" genanntes Ballspiel, bei dem kunstvoll geflochtene Bälle aus Rattan zum Einsatz kommen.

In vielen Ländern kennt man diese Schlauchobjekte, Fingerfallen genannt. Man bekommt die Fingerfalle an einen Finger gesteckt und muss erfahren, dass sich das Geflecht fest um den Finger schließt, wenn man versucht, die Hand wegzuziehen – anstatt wie erwartet den Finger freizugeben.

Rituelle Gegenstände

Der Gebrauch von geflochtenen Gegenständen bei Zeremonien oder wiederkehrenden Festen ist in sehr vielen Kulturen auch heute noch üblich.

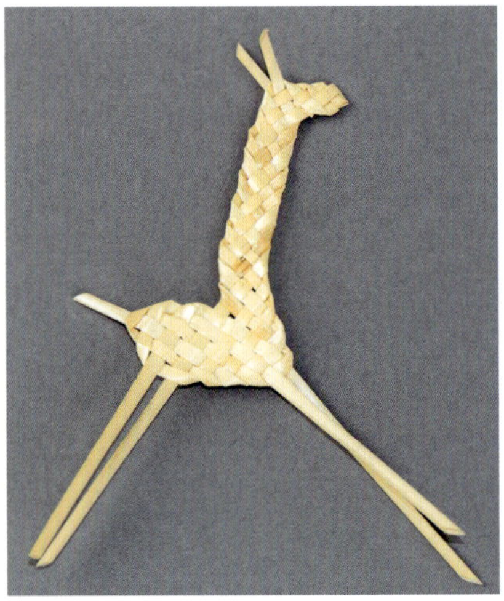

Giraffe, diagonal geflochten, Stroh

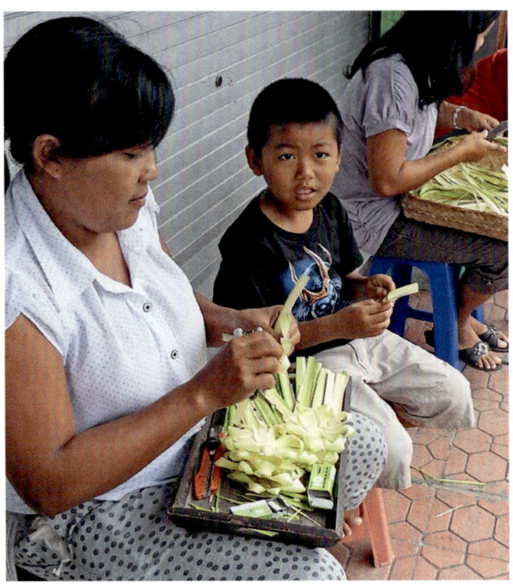

Herstellung von Dekorationsgeflechten, Bali.
Foto: Christian Mühlethaler

Dekorationsgeflecht in Drachenform, diagonal geflochten, Palmblatt, Bali.
Foto: Christian Mühlethaler

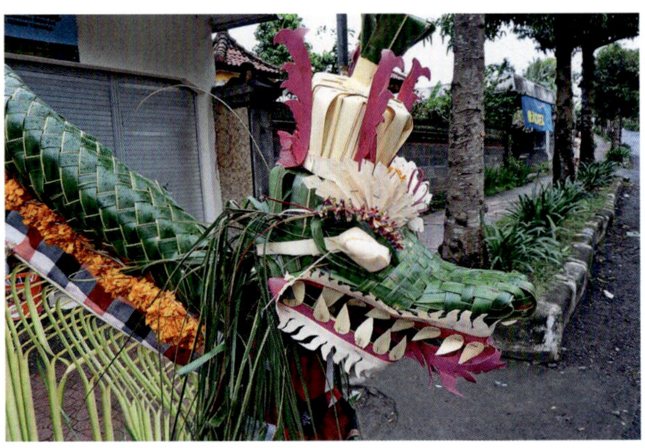

KLEIDUNG UND SCHMUCK

Matten als Bekleidungsstoff

In Indonesien, Südostasien und Polynesien werden anlässlich bestimmter Feste Matten wie Kleidung am Körper getragen. Das hat auf mich immer einen großen Eindruck gemacht – wie können Strukturen so weich geflochten werden, dass sie fast wie gewobene Stoffe fallen?

Mein Lieblingsobjekt ist eine „Kleidmatte" aus Tonga, die im 18. Jahrhundert mit einer der Expeditionen von James Cook nach England gelangt ist. In einer Ausstellung im Historischen Museum Bern habe ich das schöne Stück 2011 erstmals gesehen. Was für eine Meisterschaft steckt hinter dieser gefiederten Struktur!

Kleidmatte vala aus Tonga, 18. Jh., © Ethnologische Sammlung der Georg-August-Universität Göttingen (Oz 143). Foto: Harry Haase

Hüte, Taschen, Gürtel und Schuhe

Geflochtene Hüte, Taschen oder Schuhe gibt es seit urgeschichtlichen Zeiten. Zu den traditionellen Materialien wie Leder, Stroh, Rindenbast oder Palmblatt kommen modernere wie Zellophan, Viskosebast, Papier oder Kunststoffe.

Das Thema Hut ist unerschöpflich. Kaum zu glauben, wie viele Techniken und Materialien sich zur Herstellung von Kopfbedeckungen eignen! Bis in die Mitte des 20. Jahrhunderts gab es auch in der Schweiz, im aargauischen Freiamt, eine blühende Hutgeflechtindustrie. Diese Hüte schafften einen Siegeszug rund um Welt. Im Strohmuseum im Park in Wohlen (Kanton Aargau) wird dieses Kapitel der Kulturgeschichte ganz wunderbar nacherzählt.

Der berühmteste geflochtene Hut ist wohl der Panamahut – entgegen seinem Namen wird er in Ecuador geflochten. In meisterhafter Qualität wird dieses Produkt noch heute aus sehr feinem sogenanntem Toquillastroh gefertigt.

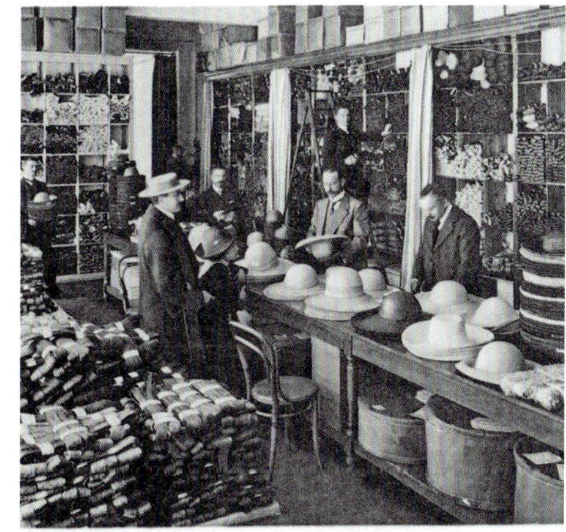

Einblick in ein Fachgeschäft für Hutbedarf, Berlin 1910. Foto: Strohmuseum im Park, Wohlen AG

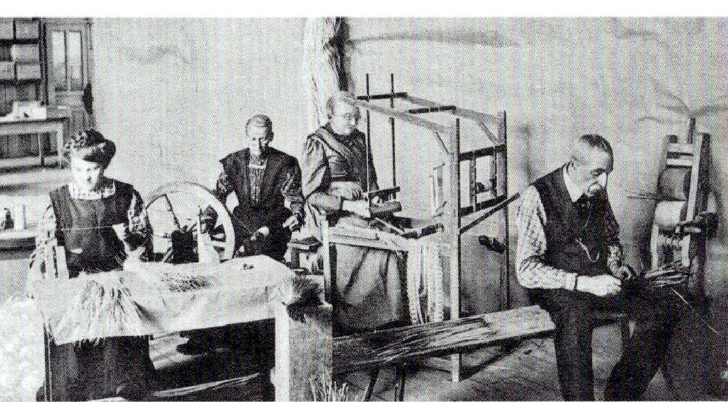

Herstellung von Strohgeflechten in Heimarbeit, Kanton Aargau, um 1910. Foto: Strohmuseum im Park, Wohlen AG

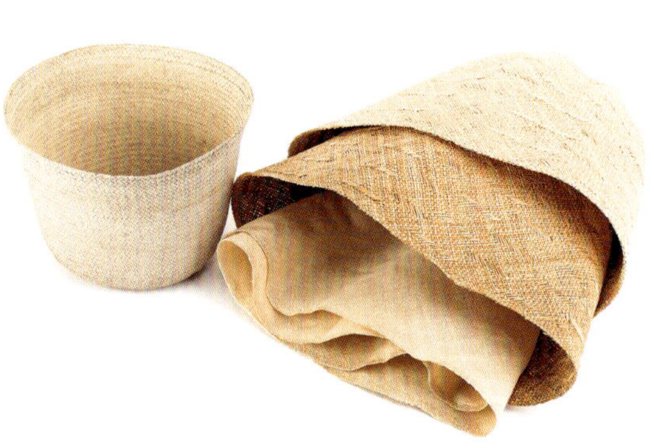

Hutstumpen (Rohlinge für Hüte), diagonal geflochten, Köpermuster, Naturmaterial und synthetische Materialien

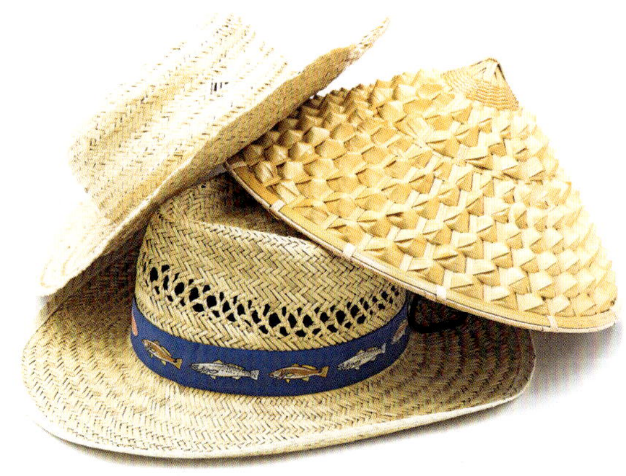

Gruppe von Hüten aus Südostasien, Palmblatt, Bambus

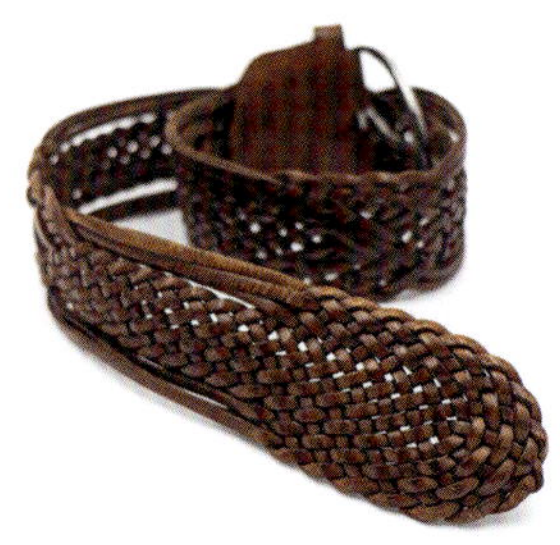

Ledergurt, diagonal geflochten, Italien

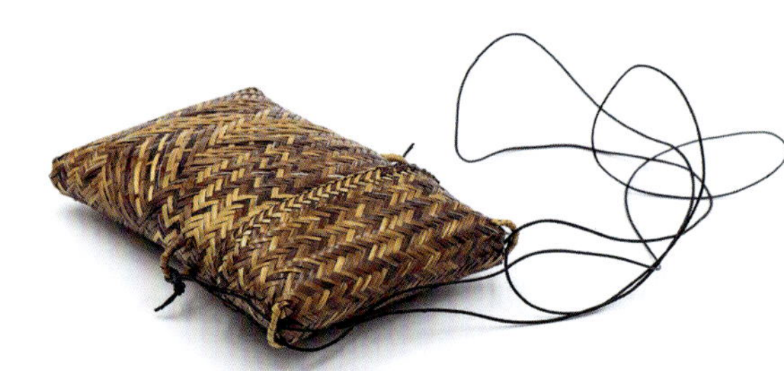

Kleine Umhängetasche, Köper- und Atlasbindung

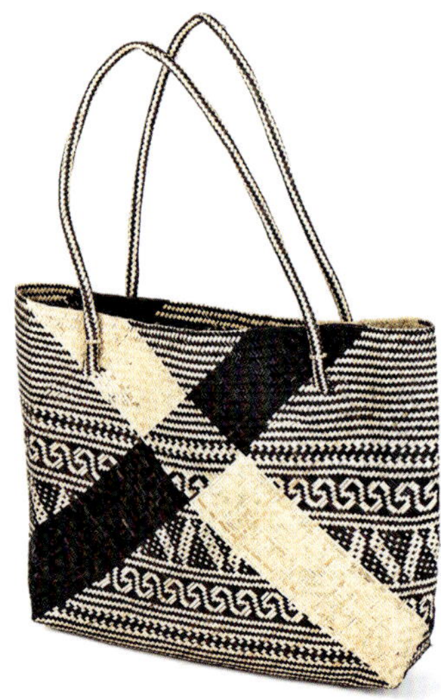

Kunstvoll gemusterte Umhängetasche aus dem Projekt „Fashion From the Forest", Rattan, diagonal geflochten, Köpermuster

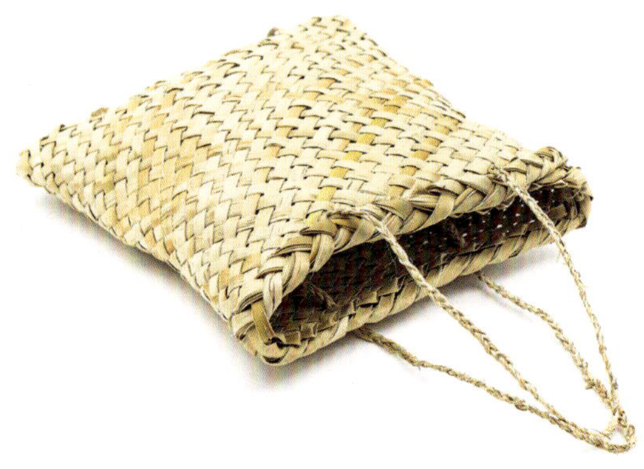

Handtasche, diagonal geflochten, Neuseelandflachs, Neuseeland

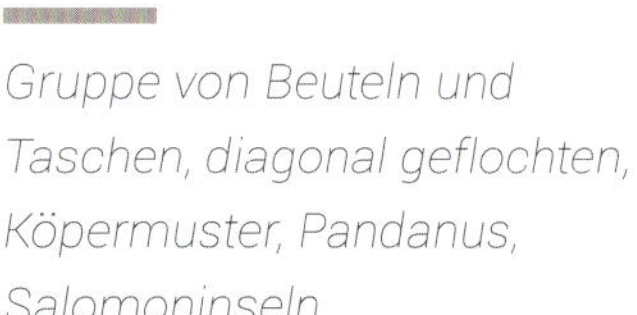

Gruppe von Beuteln und Taschen, diagonal geflochten, Köpermuster, Pandanus, Salomoninseln

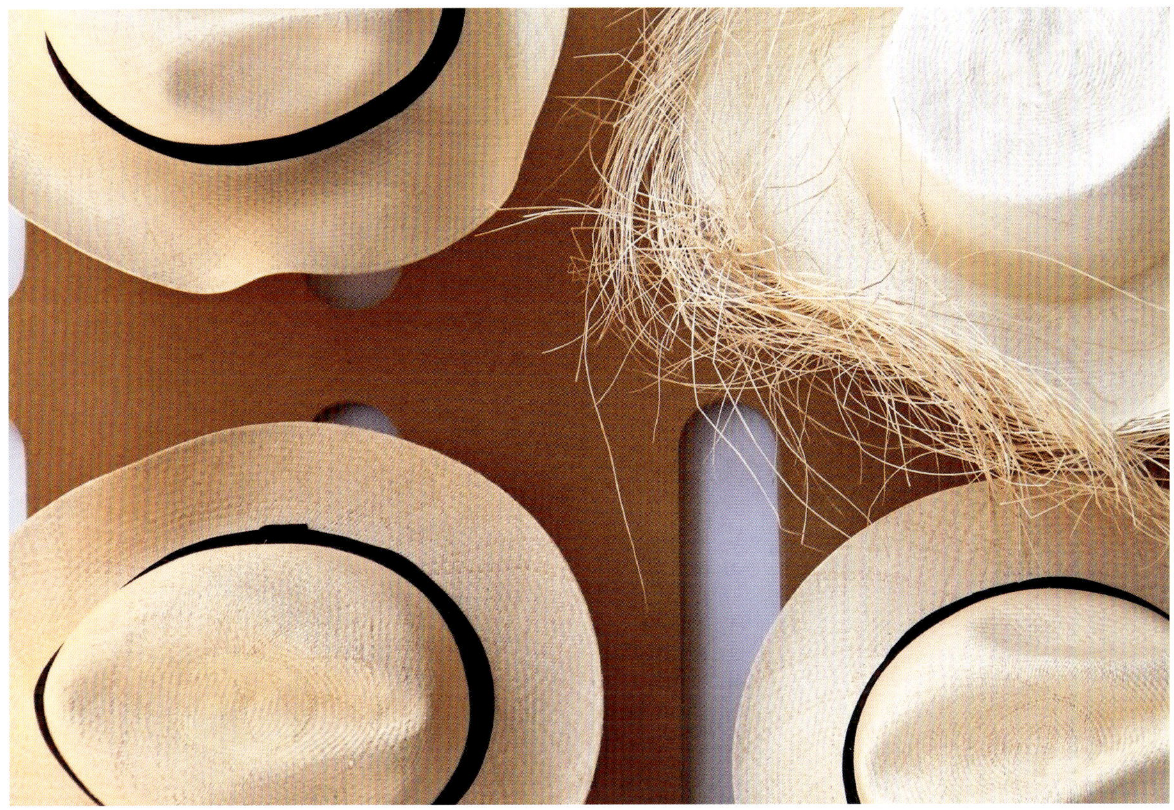

Panamahüte.
Foto: Sarah Stierch, Wikimedia Commons CC-SA-4.0

Schmuck

Um Schmuck herzustellen, wurde die Vielseitigkeit von Flechttechniken zu allen Zeiten geschätzt – früher wie heute ein Tummelplatz für kreative Köpfe!

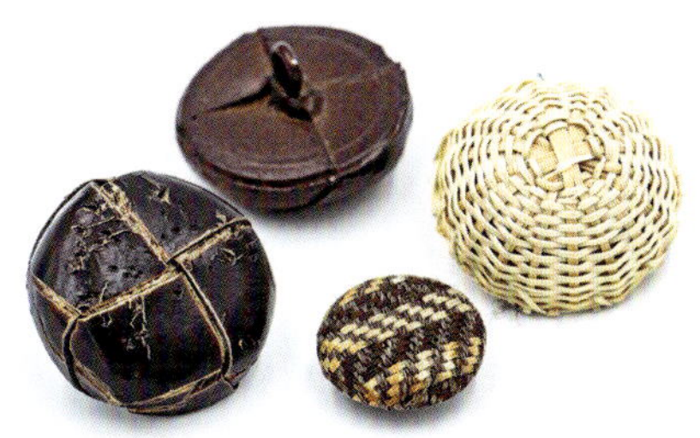

Schmuckknöpfe

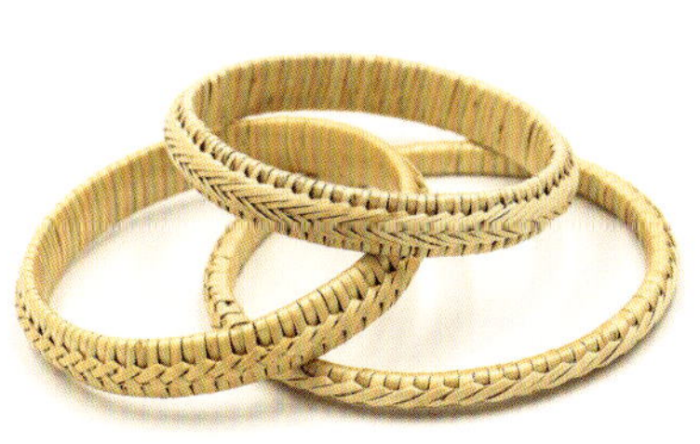

Armreife, feinste Weidenschienen, verschiedene Techniken, Deutschland

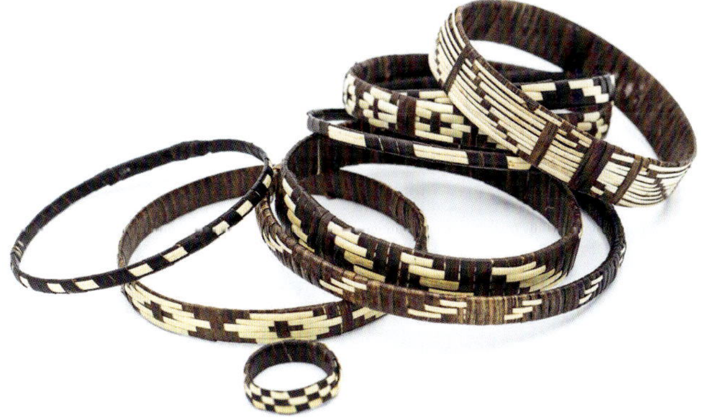

Armreife und Fingerringe, orthogonal geflochten, Argentinien

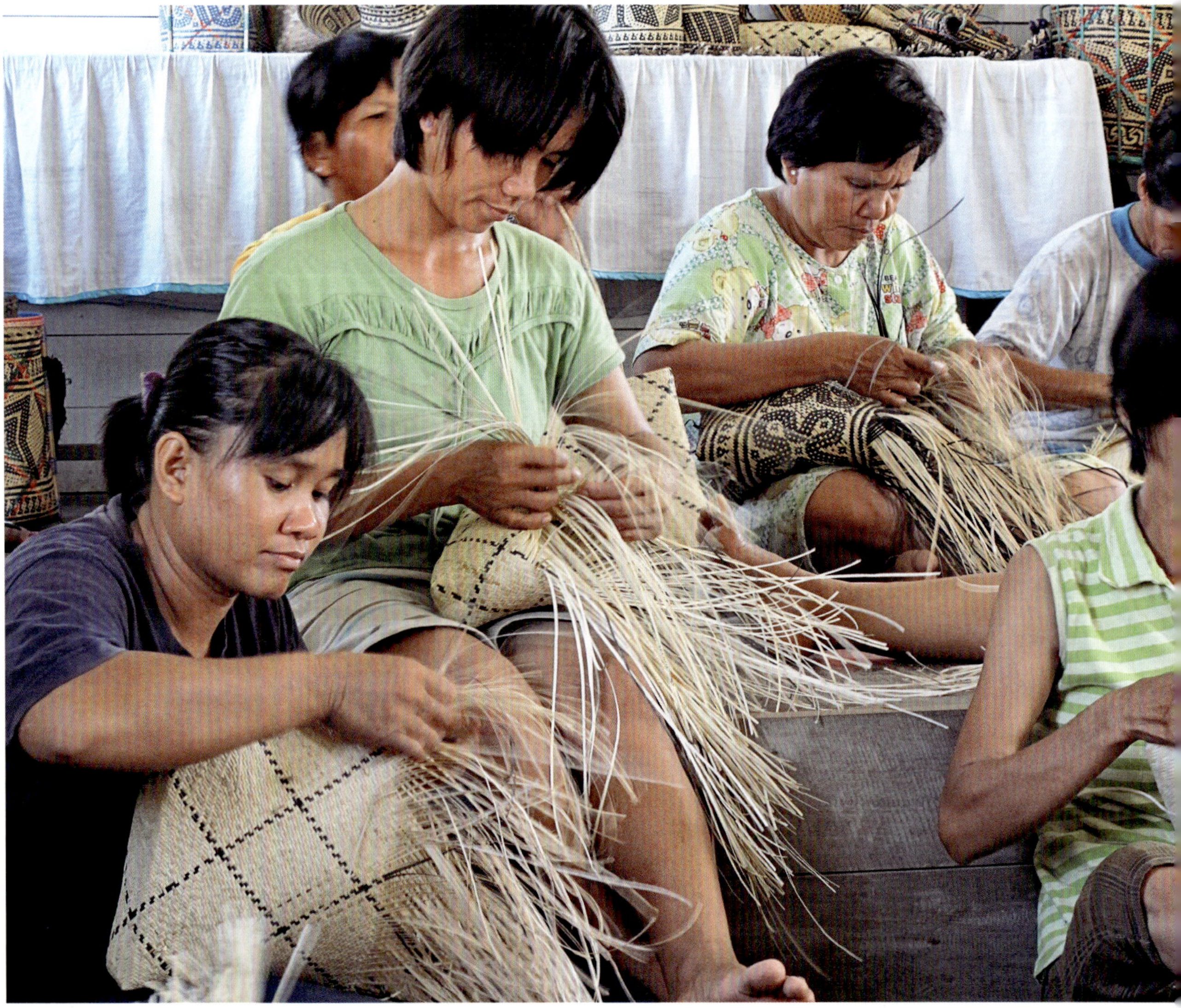

Miteinander arbeiten und lernen: Ibu Dormia, Ibu Polena, Ibu Salina, Ibu Martina – Agabag-Flechterinnen in einem Trainings-Workshop 2010 in Tanjung Langsat, Nordkalimantan, Indonesien.
Foto: Margrit Linder

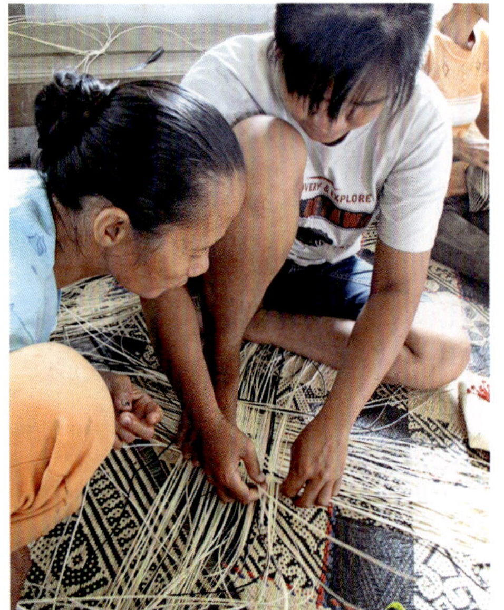

Einander zeigen, wie es geht: Ibu Dormia zeigt Ibu Linting, wie ein orthogonal geflochtener Taschenboden begonnen wird, Untergrund: Ayam-Matte der Agabag-Leute, Rattan, natürlich gefärbt, Tanjung Langsat, Nordkalimantan, Indonesien.
Foto: Margrit Linder

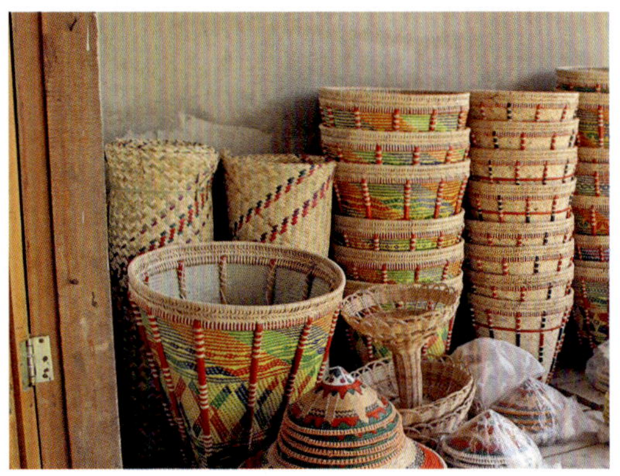

Reing- und Tayen-Körbe sowie Raung-Basung-Hüte der Lundaye-Leute in einem Laden in Long Bawan, Kerayan, Nordkalimantan, Indonesien.
Foto: Margrit Linder

Flechten verbindet

Flechterinnen und Flechter sind in vielen Kulturen hoch angesehen und gelten als Hüter von wichtigem Know-how und von Traditionen. Komplexe und wunderschöne Geschichten erzählende Muster werden von Generation zu Generation weitergegeben. Glücklicherweise gibt es Projekte, die engagiert versuchen, das drohende Verschwinden des Flechthandwerks zu verhindern. Margrit Linder dokumentiert mit ihren Fotografien beispielsweise ein Projekt in Indonesien. Unter dem Titel „Fashion From The Forest" werden Rattanprodukte aus Nordkalimantan unter fairen Bedingungen hergestellt und vertrieben. Es geht darum, traditionelles Flechthandwerk zu bewahren, weiterzugeben und der Nachfrage auf dem internationalen Markt anzupassen. Indigene Frauen erwirtschaften auf diese Weise ein regelmäßiges Einkommen und erhalten das Handwerk und das Wissen über die Gewinnung der Rohstoffe am Leben.

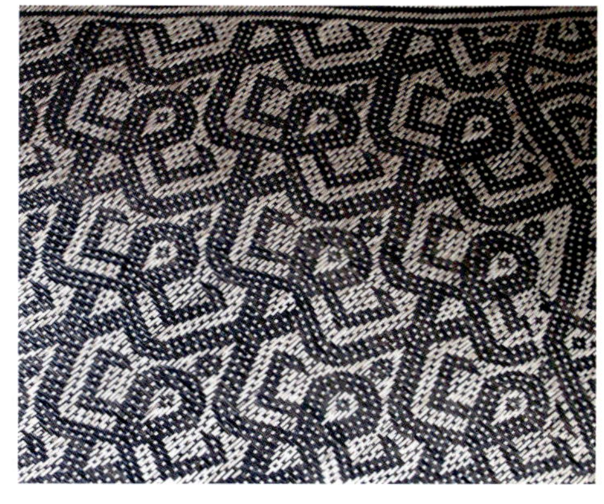

Ausschnitt aus einer Agabag-Matte aus Rattan, natürlich gefärbt, Muster: tiningo'ulun, Tanjung Langsat, Nordkalimantan, Indonesien.
Foto: Margrit Linder

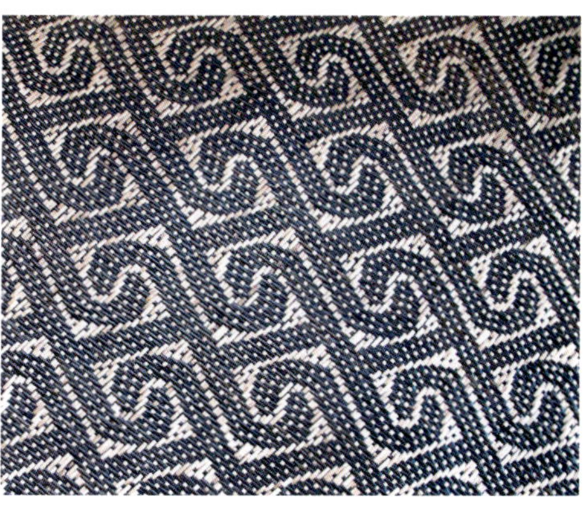

Ausschnitt aus einer Agabag-Matte aus Rattan, natürlich gefärbt, Muster: sinangau, Tanjung Langsat, Nordkalimantan, Indonesien.
Foto: Margrit Linder

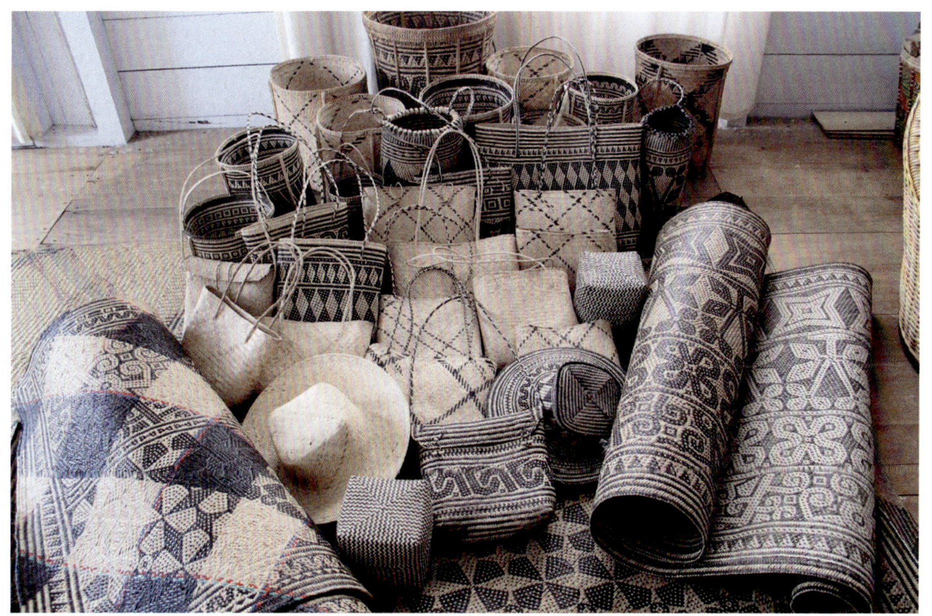

Ayam-Matten, Taschen und Budui-Körbe der Agabag-Leute, Tanjung Langsat, Nordkalimantan, Indonesien.
Foto: Margrit Linder

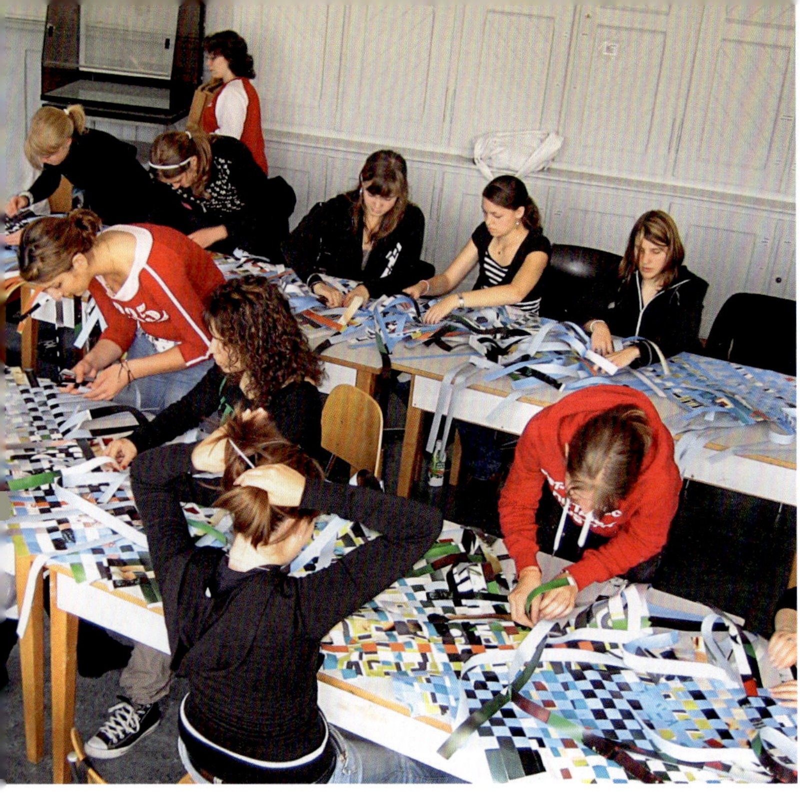

Projektwoche in einer Schulklasse, Gemeinschaftsmatte, Plakatpapier, diagonal geflochten.
Foto: Peter Santschi

Flechten verbindet. Das erlebt man überall, wo Menschen sich mit Flechtwerk befassen – sei es beim Flechten in der Gemeinschaft, bei der Beschäftigung mit Flechttechniken in Kunst und Wissenschaft oder im Unterricht. Um miteinander zu flechten, ist es noch nicht einmal erforderlich, dass man die gleiche Sprache spricht.

Mathematiker, Chemiker, Biologen und andere Wissenschaftler befassen sich mit flechtartigen Strukturen und Mustern – im Mikrokosmos genauso wie im Makrokosmos. Franz R. Schmid erforscht beispielsweise seit Jahren pentagonale Gitterstrukturen, die er analysiert, rekonstruiert und künstlerisch darstellt.

Ich schließe diesen „Rundgang" mit der Erinnerung an eine Ausstellung über Volkskunst aus Lateinamerika mit dem wunderbaren Titel „Design ohne Designer", die ich vor Jahren in Langenthal gesehen habe. Ein Text zur Ausstellung enthielt folgende Zeilen von Valentin Jaquet:

Eine populäre Selbstverständlichkeit ist auf ihre Art auch die Volkskunst. Ihre perfekten Gebrauchsformen, deren Schönheit nicht allein auf ihrer Funktionalität beruht, lassen sich mit der Kreativität des Designers durchaus vergleichen. [...] Volkskunst hat von jeher das Schaffen von Designern inspiriert, um nicht zu sagen, dass sie oft und ungeniert kopiert hat. [...]

Seither mache auch ich keinen wertenden Unterschied mehr zwischen Design, Kunsthandwerk, angewandter Kunst und Kunst. Kulturschaffende rund um die Welt gestalten Tag für Tag interessante Dinge. Hinsehen, staunen, anerkennen und mit anderen darüber reden – das sollten wir tun!

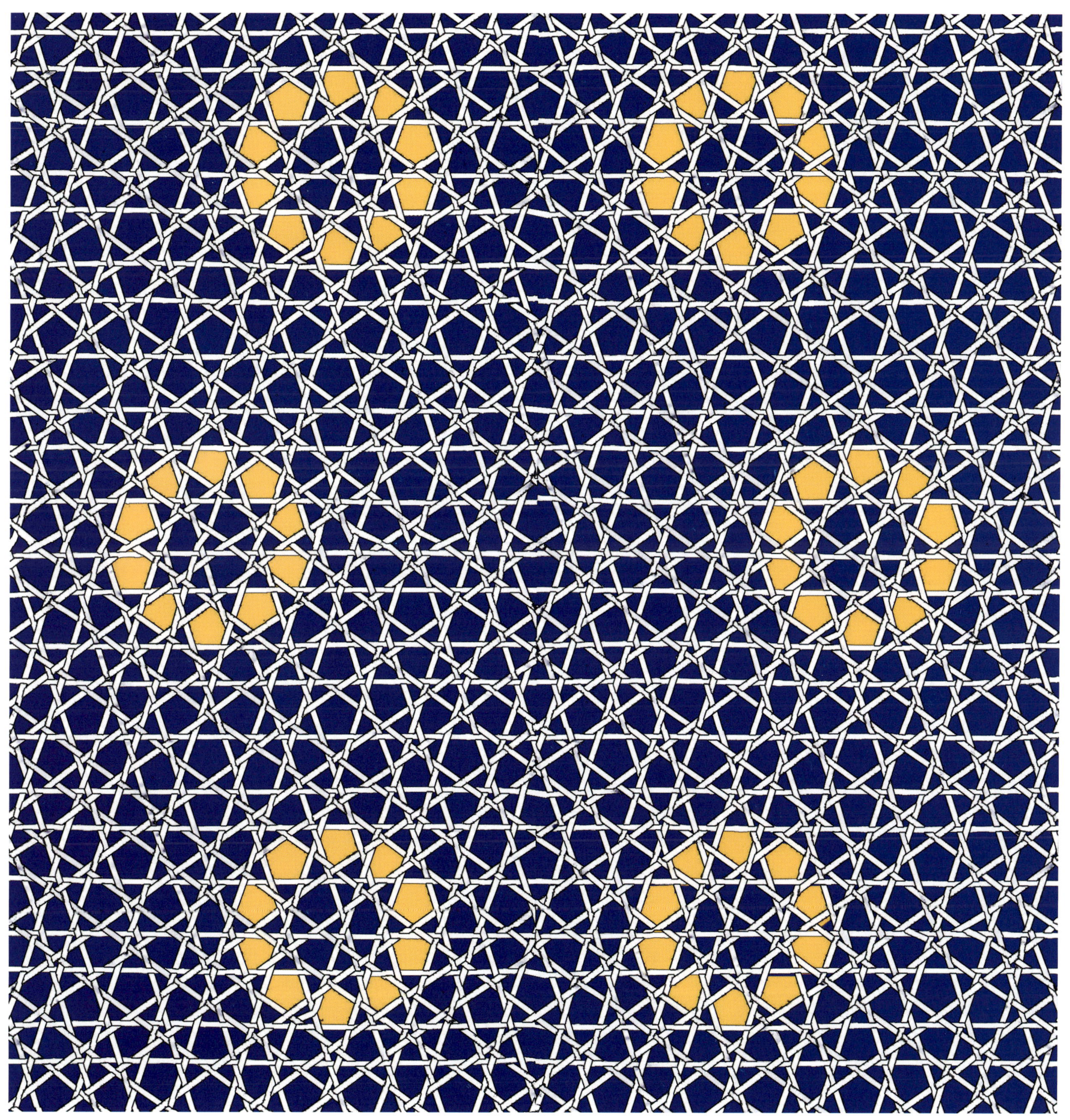

Titel: pentagitter 173/178 vom 24.6.2011, Arbeit und Foto von Franz R. Schmid

Wisse

W

vorab

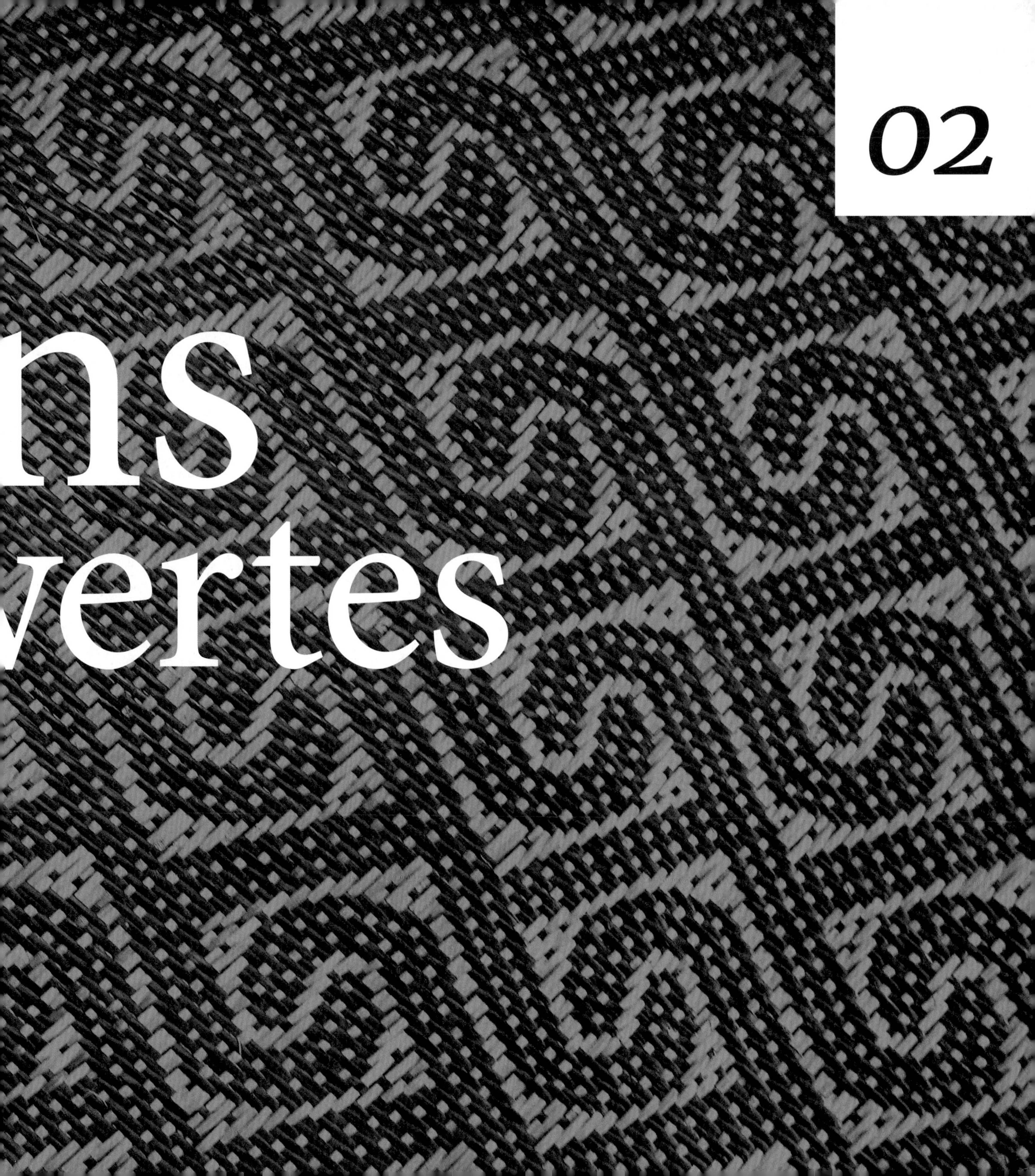
02
ns
vertes

02

Wissenswertes vorab

Begriffe und Definitionen

Wie in anderen Bereichen der textilen Techniken gibt es auch für Flechttechniken keinerlei allgemeingültige und gebräuchliche Begriffe und Definitionen. Korbflechtende in ihren Werkstätten benutzen andere Wörter als das Fachpersonal im Museum und auch Übersetzungen aus anderen Sprachen helfen kaum weiter. Die folgenden Begriffe und Definitionen gelten für die Flechttechniken in diesem Buch. Wo es mir sinnvoll erscheint, ergänzen Piktogramme die vorgestellten Sachverhalte.

Faden

- Ausgangsmaterial zur Herstellung von Textilien aller Art
- Biegsames, schmales, linienförmiges Material, das durch optimale Beweglichkeit haltbare Verbindungen mit sich selbst oder mit weiterem Material erlaubt
- Kann im Querschnitt flach, rund, oval oder hohl sein

Flechtelement

Ein Faden nach oben stehender Definition, der in Flechttechnik zu einer geflochtenen Struktur verarbeitet wird

Fadenverbindungen

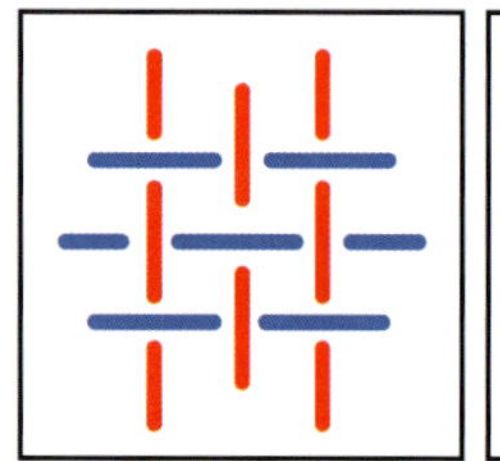

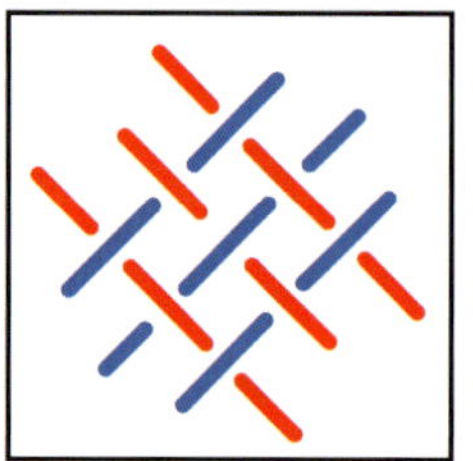

Zwei Beispiele für Strukturen aus gekreuzten Fadenelementen

Fäden können mit sich selbst oder mit anderen Fäden Verbindungen schaffen, indem ein Faden oder Fadenteil über, unter oder durch andere Fäden oder Fadenteile hindurchgeführt wird. So entstehende Kreuzungspunkte sind verantwortlich für die Stabilität einer Struktur.

Die vier möglichen Richtungen des Fadenlaufs

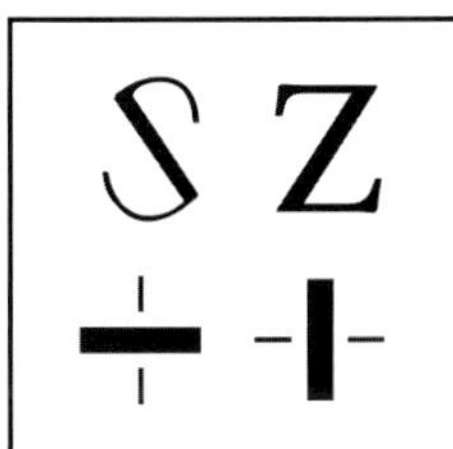

Lauf der Flechtelemente

Der Lauf der Flechtelemente (Fadenlauf) bezeichnet die Richtung, in der die einzelnen Flechtelemente während des Arbeitsprozesses durch die entstehende Struktur laufen.

Es gibt vier Möglichkeiten:

› Waagerecht
› Senkrecht
› Diagonal S-gerichtet
› Diagonal Z-gerichtet

(Um die diagonale Richtung der Flechtelemente zu benennen, greift man auf die Buchstaben S und Z zurück, deren Mittellinien von links oben nach rechts unten bzw. von rechts oben nach links unten verlaufen.)

Textile Technik

Gemäß der „Basler Systematik der Textilen Techniken" gehören sämtliche Verfahren zur Herstellung, Verarbeitung und Verzierung von Fäden und Stoffen aller Art zu den textilen Techniken, z. B. das Spinnen, Stricken, **Flechten,** Weben, Nähen, Sticken, Färben usw.

Stoff

Die oben genannte Systematik definiert Stoffe als „zwei- oder dreidimensionale Produkte, bei denen Einzelfäden oder Fadengruppen mittels textiler Techniken untereinander verbunden werden". Angewendet auf die oben getroffene Definition von Faden, gilt somit ein Korb aus Weidenruten ebenso als Stoff wie ein Stück feinste Seidengaze oder ein gestrickter Pullover. In diesem Buch verwende ich die Begriffe **Struktur** und **Geflecht** gleichbedeutend mit **Stoff** und meine damit generell ein Gefüge, einen Aufbau aus einzelnen Elementen.

Geflecht

Eine **vollständig von Hand** gearbeitete, haltbare zwei- oder dreidimensionale Struktur aus mehr oder weniger geradlinig laufenden Fadenelementen von **begrenzter** Länge. Dabei kreuzen sich die Fäden nach festgelegten Regeln oder auch völlig frei. Während des Flechtprozesses dürfen die Elemente ihre Laufrichtung auch ändern, beispielsweise beim Wenden an einer Seitenkante.

Geradlinig

Damit meine ich, dass der Faden nicht wie bei einem Maschenstoff Schlingen und Schlaufen bildet, die sich untereinander verbinden, sondern dass die einzelnen Fäden auch nach dem Kreuzen von anderen Fäden mehr oder weniger ohne Kurven weiterlaufen.

Flechten

Der Arbeitsprozess, der erforderlich ist, um ein Geflecht herzustellen. Beim Flechten wird eine gewisse Anzahl von Flechtelementen so manipuliert, dass sie abwechselnd übereinander hinweg- bzw. untereinander hindurchgeführt werden und dabei eine haltbare Struktur bilden.

Im Unterschied zur genannten Definition für „Geflecht" gilt für das Fachgebiet Weben:

Gewebe

Eine mithilfe von **Geräten und Hilfsmitteln** gearbeitete, haltbare zweidimensionale Struktur aus geradlinig laufenden Fadenelementen von (fast) **beliebiger** Länge. Dabei kreuzen sich die Fäden längs und quer nach festgelegten Mustern. Beim Arbeitsprozess wird immer ein Teil der Fäden als sogenannte Kette fixiert und die Fachbildung erfolgt mechanisch.

Fertiggeflecht für Stuhlsitze und Dekorationen

Webstühle können auch mit steifen Streifen weben, die so hergestellten Stoffe werden zum Bespannen von Stuhlsitzen und Gartenmöbeln verwendet. Auf ein solches Grundgewebe können zusätzlich noch Diagonalen von Hand eingeflochten werden, beispielsweise für Meterware für sogenannte Thonet- oder Wiener Stühle.

Flechtmuster

Auch Flechtrhythmus, Flechtschritt oder Bindungsform genannt. Gemeint sind sich wiederholende, abzählbare Flechtbewegungen, oft mit Zahlenangaben präzisiert, beispielsweise über 2/unter 2, 2/2, 1/1 usw. Viele Flechtmuster haben Namen, die auch beim Weben gebräuchlich sind, beispielsweise Leinen- oder Leinwandbindung, Köperbindung, Atlas, Panama, Hahnentritt usw.

Fachbildung

Zur Vereinfachung der Arbeitsprozesse können beim Flechten und Weben Fäden der einen Richtung in bestimmter Reihenfolge abgezählt und temporär angehoben werden, um Platz zu schaffen für einen Faden, der in der anderen Richtung läuft (siehe Seite 66). Beim Flechten geschieht ein solches Abzählen vollständig von Hand, beim Weben auf dem Webstuhl mithilfe von sogenannten Schäften und Tritten.

Arbeitslinie/Arbeitsrand

Das ist die Grenzlinie zwischen den noch ungebundenen Fäden und dem bereits fertigen Stoff. Die Arbeitslinie oder der Arbeitsrand ist sozusagen der Ort des Geschehens – hier wird gerade jetzt in einer bestimmten Art und Weise praktisch gearbeitet.

Beim Flechten kann eine Arbeitslinie waagerecht, senkrecht, diagonal oder kreisförmig sein:

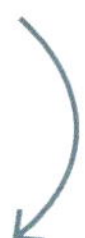

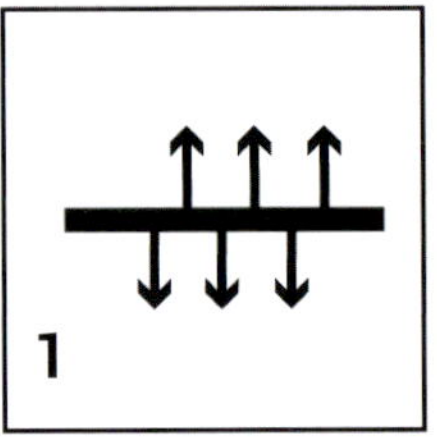

1 *Waagerechter Arbeitsrand bei orthogonal geflochtenen Strukturen*

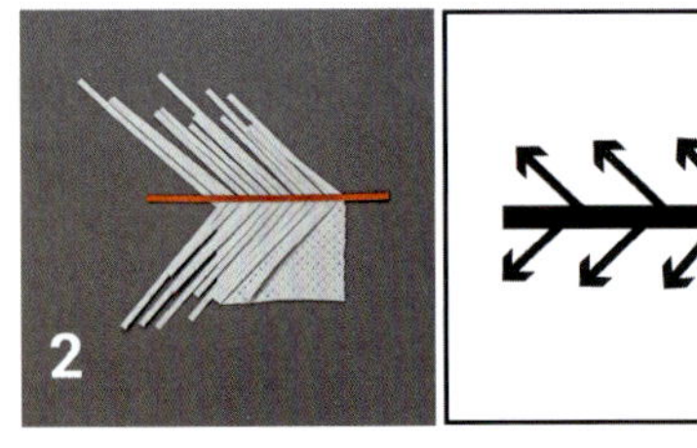

2 *Laufkreuzender, waagerechter Arbeitsrand bei diagonal geflochtenen Strukturen*

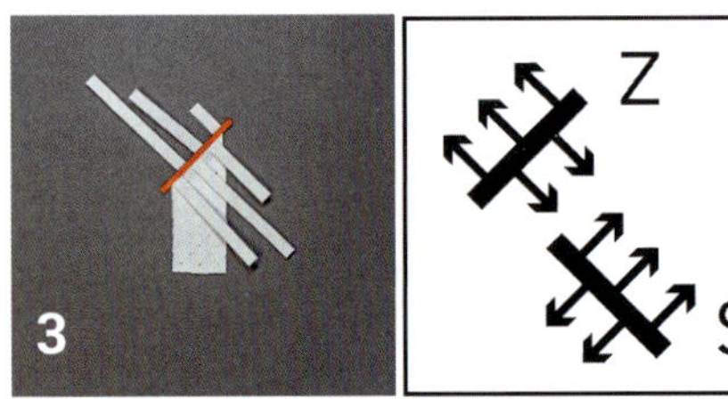

3 *Laufgerichteter, Z- oder S-förmiger Arbeitsrand bei diagonal geflochtenen Strukturen*

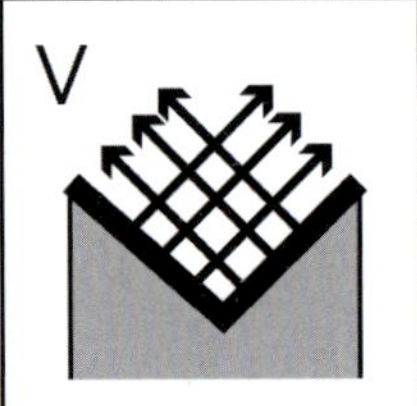

4 *V-förmiger Arbeitsrand bei diagonal geflochtenen Strukturen*

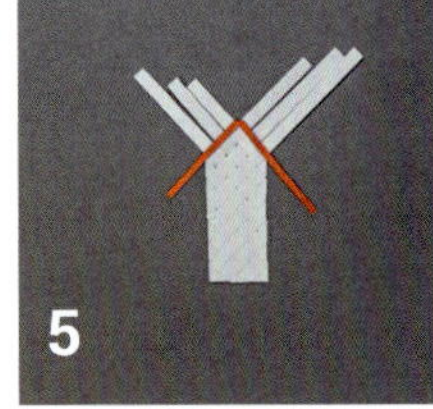

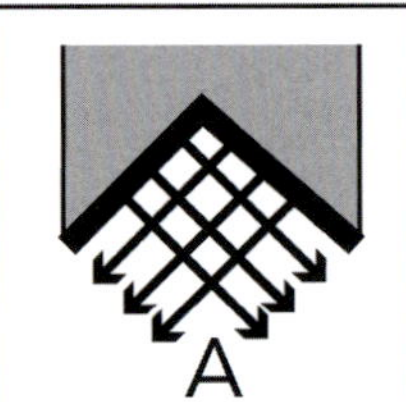

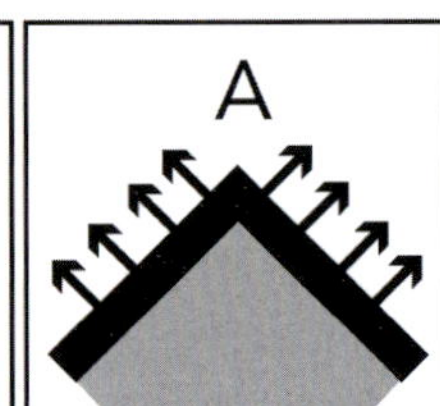

5 *A-förmiger Arbeitsrand bei diagonal geflochtenen Strukturen*

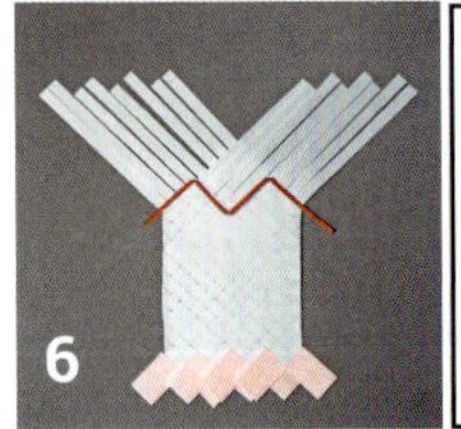

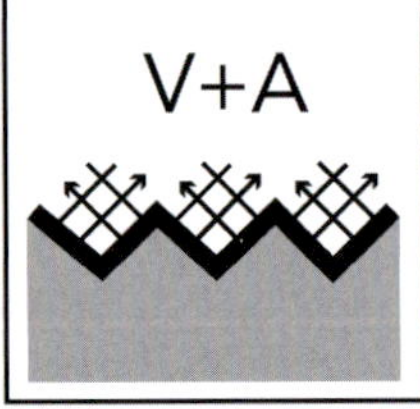

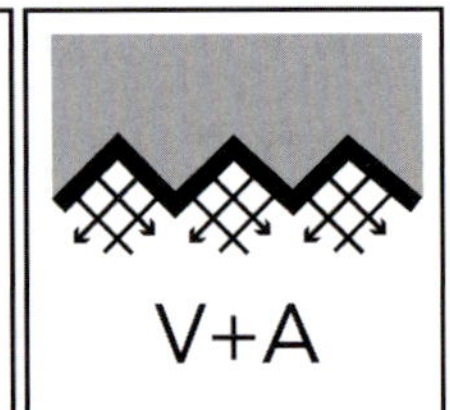

6 *Zickzackförmiger Arbeitsrand bei diagonal geflochtenen Strukturen, eine Kombination aus A- und V-förmigem Arbeitsrand*

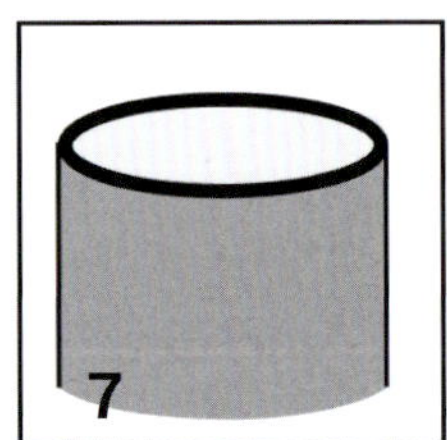

7 *O-förmiger/Kreisförmiger Arbeitsrand für laufkreuzend orthogonal oder diagonal geflochtene Strukturen.*

Die Namen einzelner Flechttechniken variieren ebenfalls. Mir erscheint es am genauesten zu beobachten, in wie viele Richtungen die Flechtelemente laufen und in welcher Art die an der Struktur beteiligten Flechtelemente miteinander verflochten sind.

Es gibt vier Hauptmöglichkeiten:

01. In zwei Richtungen orthogonal
02. In zwei Richtungen diagonal
03. In mehr als zwei Richtungen
04. Zwirnbindig

Orthogonal flechten, Orthogonalgeflecht

Definition von „orthogonal"

Um Situationen zu benennen, in denen die Flechtelemente waagerecht und senkrecht zueinander im Raum stehen, gebrauche ich das Wort „orthogonal".

› Bezüglich einer gedachten Längsachse durch das fertige Produkt laufen die Flechtelemente waagerecht und senkrecht bzw. orthogonal durch die Struktur.
› Während des Flechtprozesses kreuzen sich die Flechtelemente rechtwinklig.
› Während des Aufbaus der Struktur müssen fortlaufend Flechtelemente addiert werden.
› Die Arbeitsränder sind waagerecht oder senkrecht.
› Orthogonal geflochtene Strukturen sind ausgeprägt diagonalelastisch.

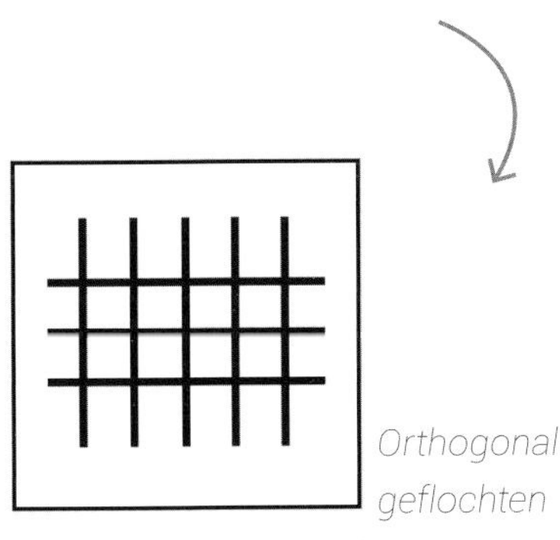

Orthogonal geflochten

Diagonal flechten, Diagonalgeflecht

› Bezüglich einer gedachten Längsachse durch das fertige Produkt laufen die Flechtelemente in zwei diagonalen Richtungen durch die Struktur.
› Die Elemente können sich rechtwinklig oder in steileren bzw. flacheren Winkeln kreuzen.
› Typisch für diese Flechtart ist die erstaunliche Tatsache, dass nach dem Start der Flechtarbeit keinerlei neues Material mehr hinzukommt (außer beim Zunehmen/Abnehmen). Die Flächen oder Körper bauen sich ausschließlich durch die bereits anwesenden Flechtelemente auf.
› Die Arbeitsränder können laufkreuzend, S-gerichtet, Z-gerichtet, A-förmig, V-förmig oder zickzackförmig sein.
› Diagonal geflochtene Strukturen sind ausgeprägt längs- und querelastisch.
› Je nach Arbeitsweise entstehen markante, gut sichtbare Kurvenlinien zwischen dichteren und lockereren Bereichen im Geflecht – bedingt durch den Drängeffekt.

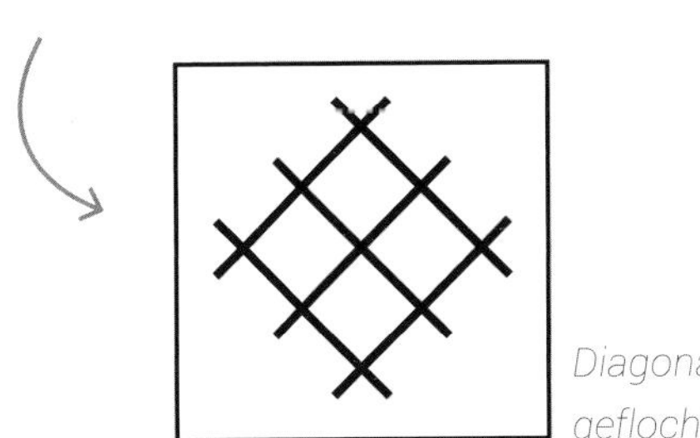

Diagonal geflochten

Drängeffekt

Dieses Phänomen hat Noémi Speiser unter dem Namen „Cramming-Spacing" erstmals beschrieben: Diagonal geflochtene Strukturen weisen manchmal Kurvenlinien auf, die nicht mit Absicht als spezielles Muster eingeflochten wurden, sondern sich einzig mit der Wahl der Arbeitsweise erklären lassen. Generell tendieren die zur Fachbildung als Gruppe angehobenen Elemente dazu, sich zusammenzudrängen, während die ins jeweilige Fach gelegten Einzelelemente weiter ausgestreckt zu liegen kommen. Arbeitet die flechtende Person auf einem diagonalen oder zickzackförmigen Arbeitsrand, so ändern die Flechtelemente ihre S- und Z-Richtung phasenweise, sodass mal die einen Elemente dichter gedrängt stehen, mal die anderen. Das erklärt die mehr oder weniger ausgeprägten Kurvenlinien. Am stärksten ist der Effekt, wenn in Leinwandbindung (über 1/unter 1) geflochten wird. Auf einer laufkreuzenden Arbeitslinie hingegen ist das Gleichgewicht zwischen S- und Z-Richtung stets ausgewogen, da sich die Flechtelemente nur auf einer ganz kurzen Strecke bewegen.

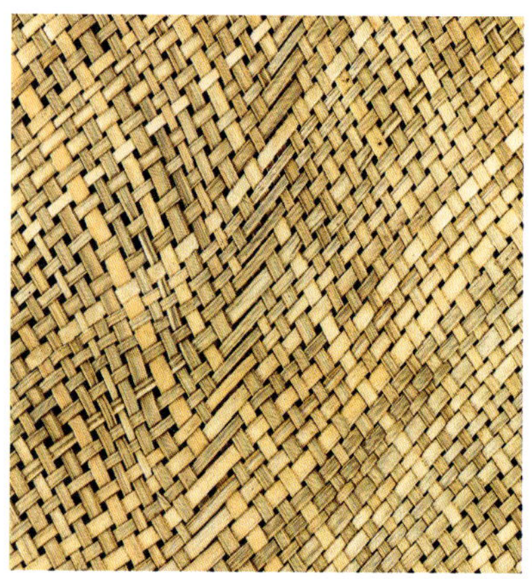

Auswirkung des Drängeffekts (1/1 diagonal geflochten), Ausschnitt aus einer Matte aus Pandanus, Vanuatu

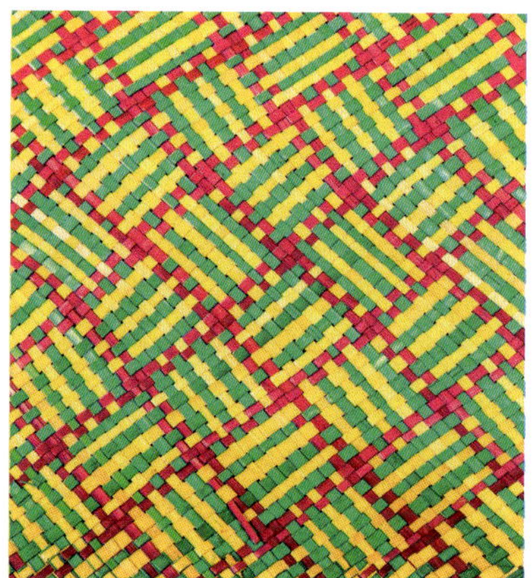

Auswirkung des Drängeffekts (mehrfarbig, 1/1 diagonal geflochten)

In mehrere Richtungen flechten, Mehrrichtungsgeflecht

- Hier kommen mehr als zwei Richtungen für die Flechtelemente ins Spiel. Darum spricht man auch von Mehrrichtungsgeflechten.
- Drei Richtungen: zwei Diagonalen plus eine Waagerechte
- Vier Richtungen: zwei Diagonalen plus eine Senkrechte plus eine Waagerechte; Beispiel: Sitzfläche eines Wiener Kaffeehausstuhls

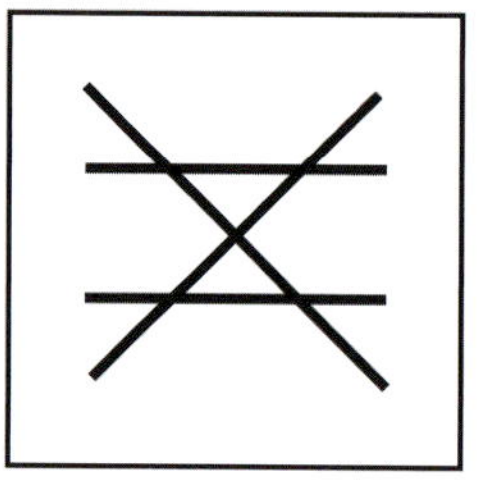

In drei Richtungen geflochten

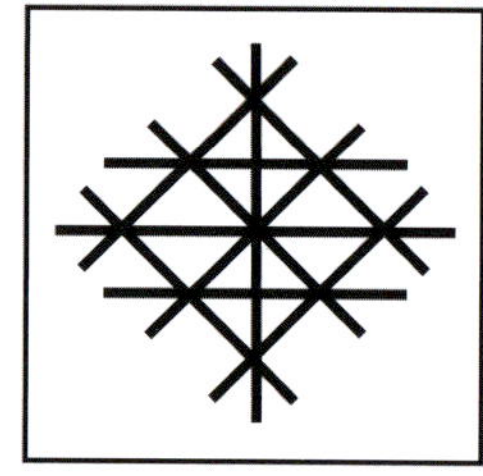

In vier Richtungen geflochten

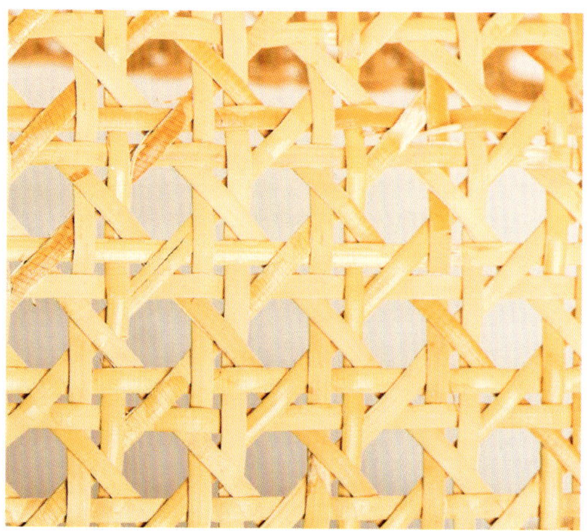

Ausschnitt aus dem Geflecht für einen Wiener Stuhl, Stuhlflechtrohr Rattan

Zwirnbindig flechten

Für diese umfangreiche Kategorie innerhalb der Flechttechniken gelten einige spezielle Bedingungen:

- Die Flechtelemente agieren nicht als Einzelfäden, sondern immer in Zweiergruppen oder in Teams von mehreren gleichlaufenden Fäden.
- Diese Paare oder Teams durchqueren andere zuvor montierte sogenannte Kettfäden. Zwischen jeweils zwei längs laufenden Kettfäden überkreuzen sich die Paare zusätzlich noch mit sich selbst.
- Somit ist das in der Definition von Seite 35 geforderte Merkmal (geradlinig durch die Struktur laufende Flechtelemente) nicht erfüllt.

Bedingt durch diese Komplexität und die Tatsache, dass vergleichsweise selten Streifen als Flechtmaterial verwendet werden, klammere ich in diesem Buch die zwirnbindigen Techniken aus. Einzig als Möglichkeit zum temporären Sichern einer Struktur werden wir dieser Technik begegnen.

Fertig geflochtene Objekte lassen sich in folgende Produktgruppen einteilen:

1 Zopf* oder Borte

Eine Borte ist ein langes, bandartiges, schmales Geflecht aus streifenförmigem Material, beispielsweise eine Strohborte. Eine Borte kann theoretisch beliebig lang werden.

* Der Begriff Zopf wird meistens im Zusammenhang mit rundquerschnittigem Material oder Materialsträngen gebraucht.

2 Matte

Eine Matte ist ein größeres zweidimensionales Geflecht (rechteckig, oval, rund) aus streifenförmigem Material. Die Matte kann (muss aber nicht) nach allen vier Seiten wachsen, das heißt, zumindest theoretisch kann eine Matte beliebig groß werden.

3 Korb

Ein Korb ist ein dreidimensionaler, nach einer Seite offener geflochtener Körper. Größe und Form können beliebig sein, es gibt kaum Grenzen.

4 Schlauch

Ein Schlauch ist ein zylinderförmiges Geflecht, welches auf einem kreisförmigen Arbeitsrand wächst. Eine Tube ist eine Sonderform des Schlauchs: ein Körper mit geschlossener, linearer Anfangspartie und kreisförmiger oberer Öffnung.

5 Geschlossene Objekte

Geschlossene Objekte können licht oder dicht geflochten sein (vgl. die Bälle auf Seite 24 + 174). Wenn ein Geflecht über eine Form geflochten wird, die im Geflecht verbleibt (siehe den Tragering auf Seite 115), könnte man von einem „umschließenden Geflecht" sprechen.

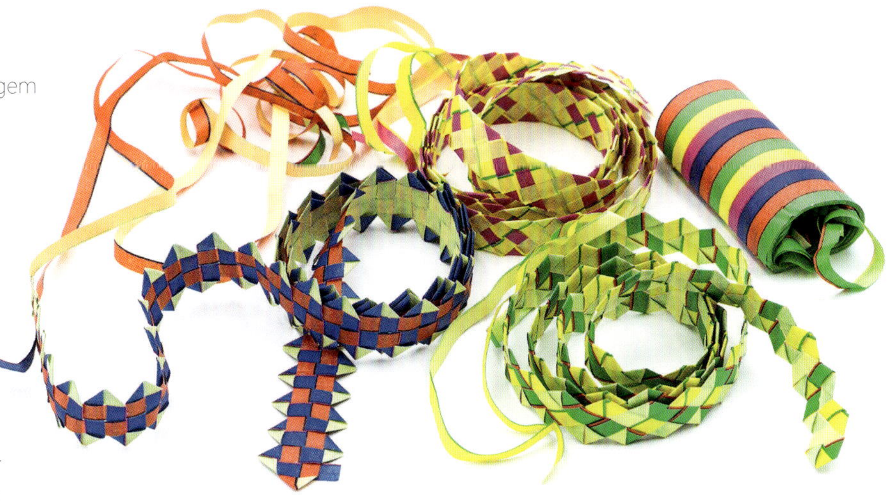

Verschiedene Borten aus Luftschlangen/Faschingsbändern

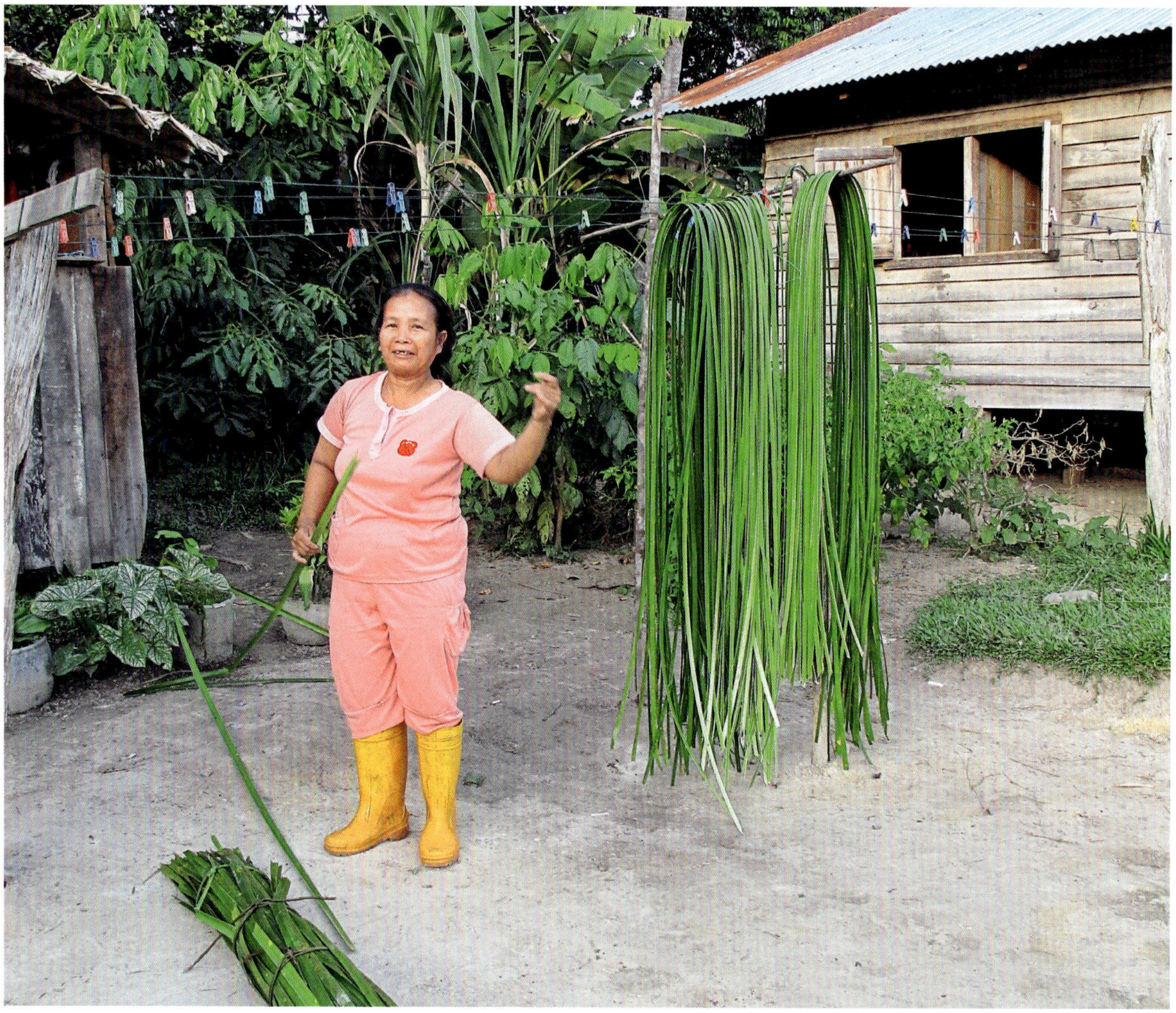

Ibu Nani schneidet die Pandanusblätter für eine Matte in Streifen, Krayan, Long Rungan, Nordkalimantan, Indonesien.

Foto: Margrit Linder

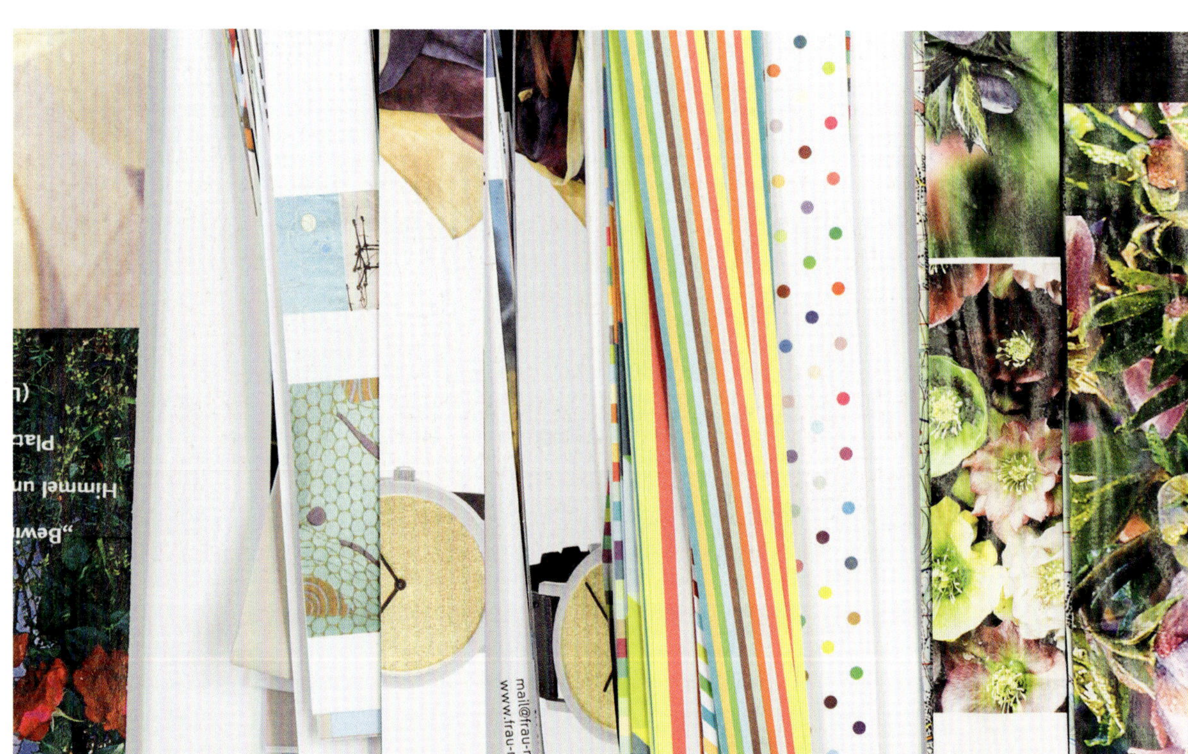

Streifen, selbst gemacht oder fertig gekauft

Material

ALLGEMEINE VORBEMERKUNGEN

Flechtmaterialien gibt es unzählige – alles, was einigermaßen lang und beweglich, also fadenförmig ist, kann infrage kommen. Einige Materialien wachsen so, dass sie sofort „flechtbereit“ sind, andere können fertig gekauft werden und wieder andere muss man mehr oder weniger aufwendig vorbereiten.

Kunststoff und Wellblech haben viele traditionelle Materialien verdrängt. So werden heute Dächer seltener mit „Palmblattziegeln“ gedeckt als früher und geflochtene Körbe werden weniger gebraucht als vor der Einführung von normierten Plastikbehältern. Interessanterweise wird aber bei vielen Ersatzprodukten für Korbwaren immer noch das Bild von Flechtwerk aus Naturmaterial imitiert – als ob die Menschen ihre Körbe einfach nicht missen möchten! Bänder und Streifen aus Kunststoff eignen sich gut zum Flechten.

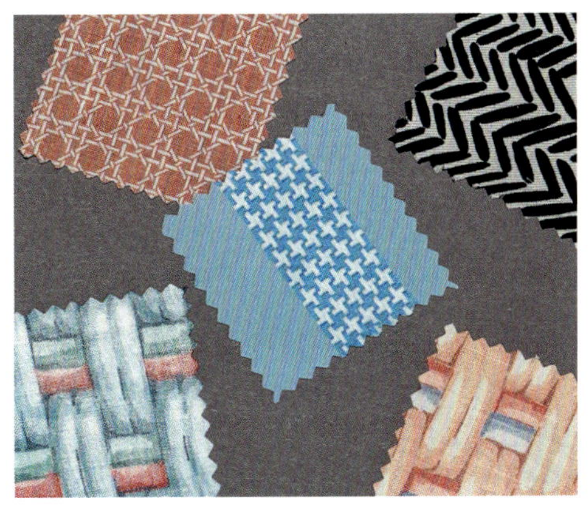

Geflecht als Motiv für Stoffdruck

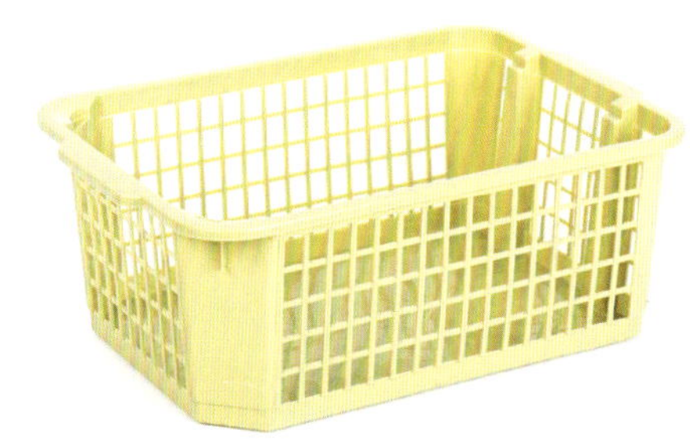

Aufbewahrungskorb aus Plastik, industrieller Spritzguss

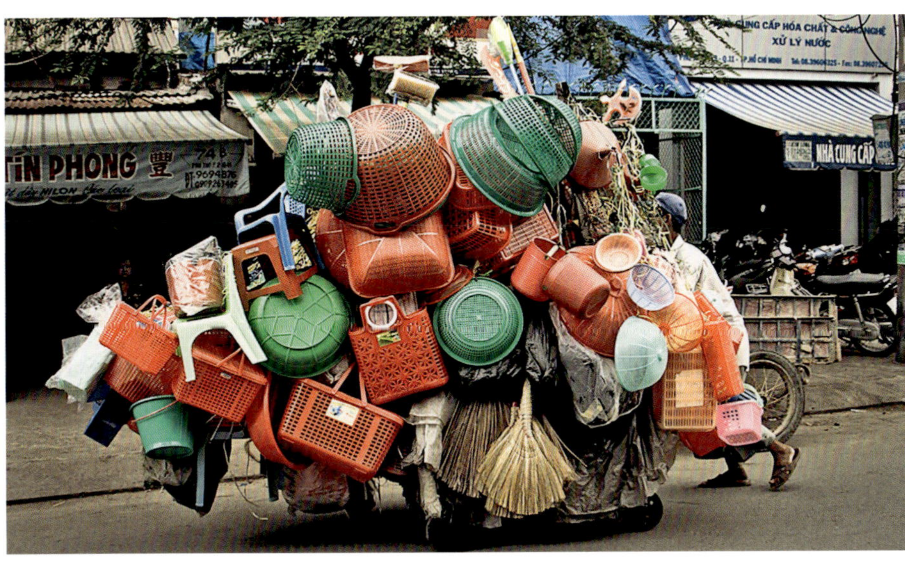

Korbwaren aus Plastik,
Staffan Scherz, Wikimedia Commons CC-SA-2.0

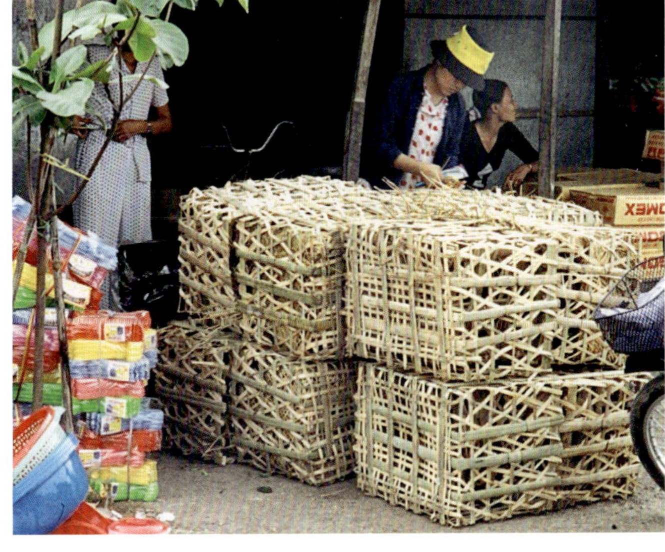

Koexistenz von traditionellem Material und Plastik, Vietnam.
Foto: Christine Zbinden

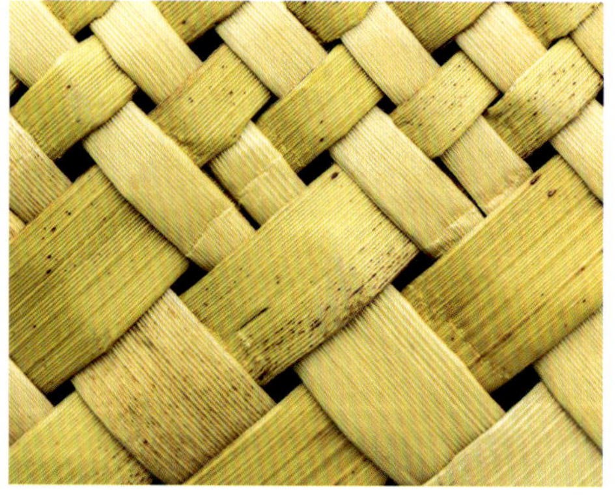

Das zunächst breitere Material wird in schmalere Streifen geschnitten.

PFLANZLICHES MATERIAL VORBEREITEN

Pflanzenmaterial kann frisch geschnitten oder getrocknet verarbeitet werden. Man beachte bitte Folgendes:

- Frisch verflochtenes Material schwindet nach dem Trocknen.
- Getrocknete Rinden, Strohhalme, Peddigband, Teichpflanzen u. a. müssen vor dem Flechten durch Anfeuchten oder Einweichen geschmeidig gemacht werden. Das Material auch während des Flechtprozesses feucht halten (mit nassem Schwamm, Spritzflasche).
- Blätter von Pflanzen mit dem Fingernagel oder einer Stecknadel in Streifen reißen.
- Halme von Gräsern flach drücken und glätten, Strohhalme spalten.
- Mehrere nebeneinandergelegte schmale Elemente wirken wie ein Streifen.
- Streifen können auch noch während des Flechtprozesses in schmalere Elemente geschnitten werden.

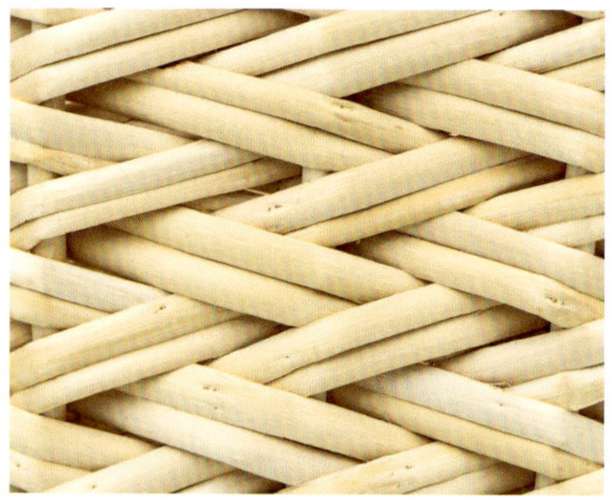

Streifenwirkung durch Nebeneinanderlegen von zwei Elementen

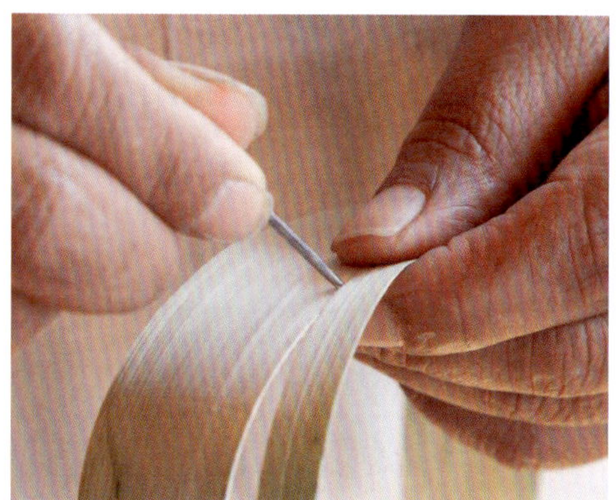

Ein Blatt der Ñocha-Pflanze (Eryngium paniculatum) in Streifen teilen, Ñocha-Malen, Kunsthandwerker und Kunsthandwerkerinnen, Chile

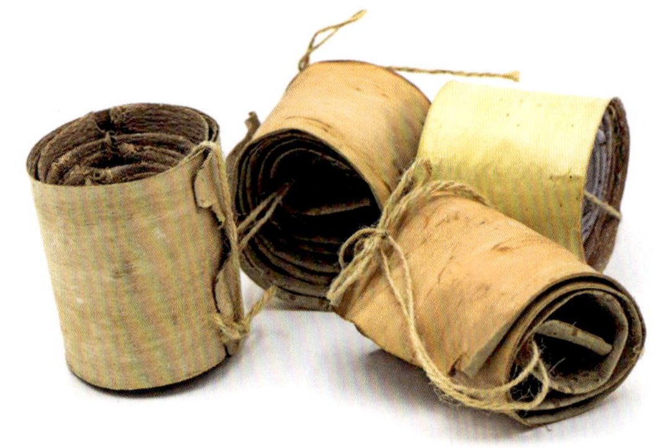

Getrocknete Weidenrinde, von Hand geschält

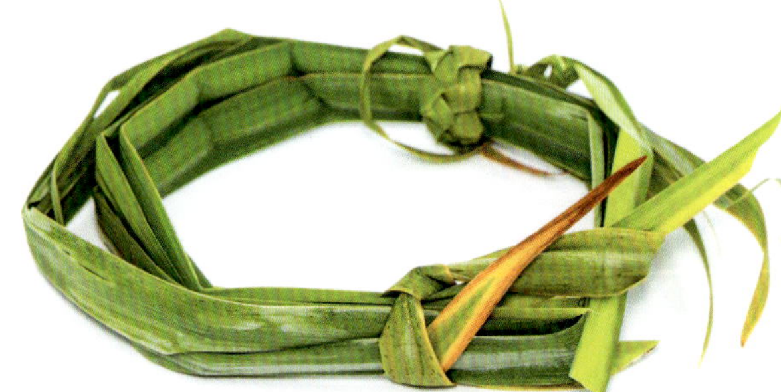

Frische Blätter von Phormium tenax (Neuseelandflachs)

PAPIER VORBEREITEN

Streifen von Papier ergeben ein ganz wunderbares Flechtmaterial. Es gibt verschiedene Möglichkeiten, Papier vorzubereiten, um es zum Flechten einzusetzen:

Streifen vierfach falten

Zu leichtes oder einseitig bedrucktes Papier kann gefaltet werden. Vierfach gefaltet hat es keine scharfen Kanten mehr, fühlt sich gut an und lässt sich gut verflechten.

› Erster Schritt: Streifen längs falten.
› Zweiter Schritt: Streifen wieder öffnen und glatt streichen.
› Dritter Schritt: Beide Längshälften von außen gegen die Mittellinie falten, dabei einen Abstand von ca. 1–2 mm zur Mitte einhalten.
› Vierter Schritt: Die so gefalteten Hälften übereinanderlegen.
› Solche Streifen können zum Verlängern ineinandergeschoben werden.

Weitere Möglichkeiten zur Vorbereitung von Papier

› Vor dem Zuschneiden Papier mit Kleister, Weißleim, Acryllack etc. versteifen.
› Auf die gleiche Art können Webstoffe versteift werden.
› Rückseiten von Plakaten, Landkarten usw. mit einer Collage aus Kleister und farbigem Zeitschriftenpapier aufwerten. Nach dem Trocknen bügeln (dabei Seiden- oder Backpapier unter das Bügeleisen legen).
› Streifen vor dem Flechten dekorieren (durch Nähte, Schrift, Muster etc.).
› Papierbogen selbst einfärben, bemalen oder bedrucken.
› Papier selbst schöpfen und in Streifen schneiden oder reißen.

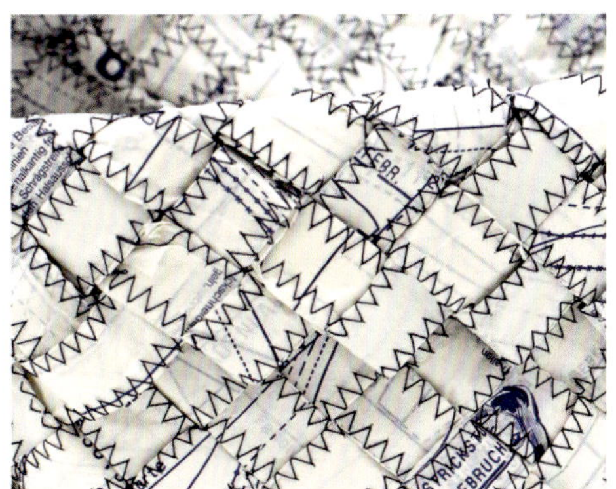

Papier, gefaltet und genäht

Papier vierfach falten.

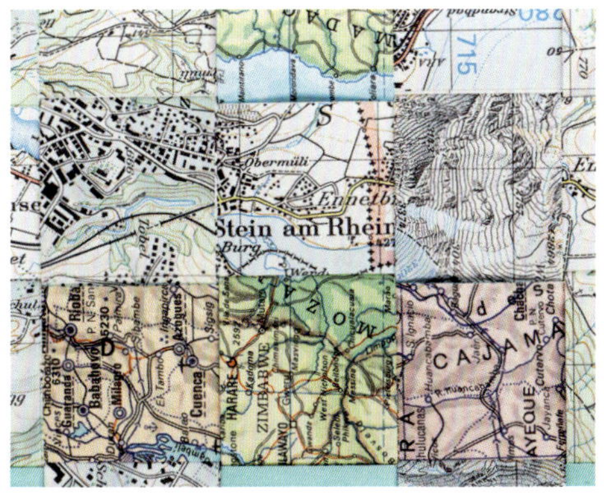

Geflochtene Streifen aus Landkarten, vierfach gefaltet

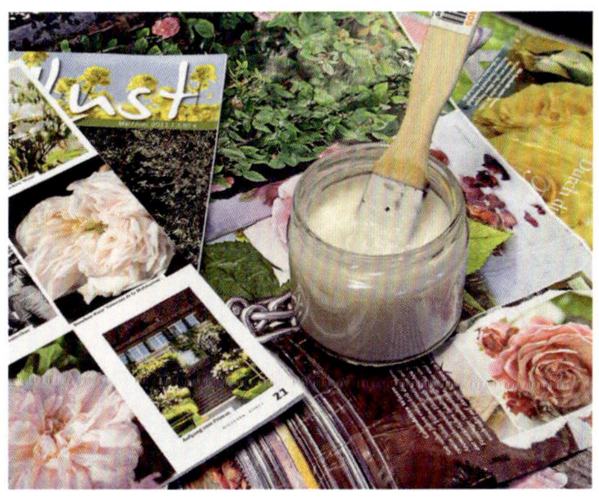

Collage aus Kleister und Zeitschriftenpapier

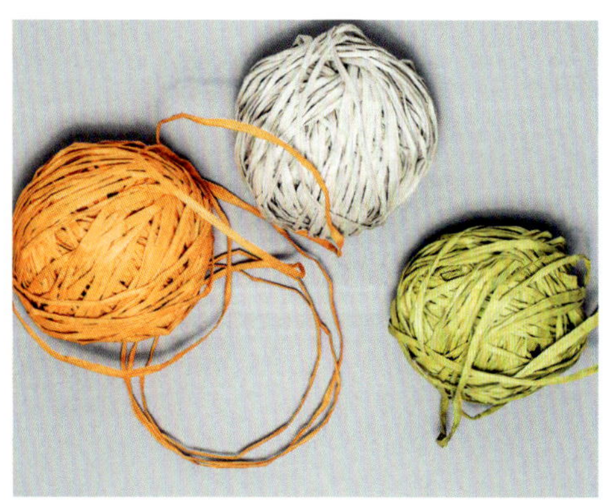

Bandförmiges Papiergarn

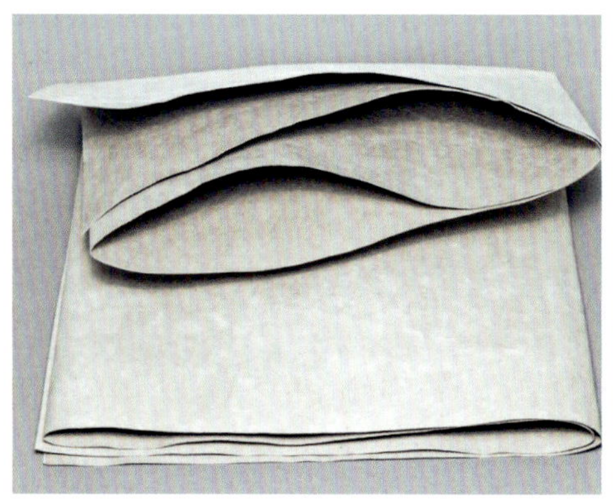

Veganes Leder, gewaschen und gebügelt

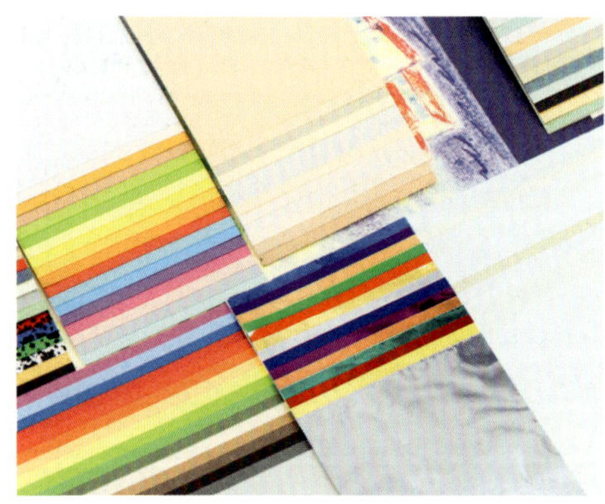

Papiere in Hülle und Fülle

Fertiges Streifenmaterial

- Papierstreifen für Quilling und Fröbelsterne
- Papierband (Papiergarnhandel)
- Geschenkband
- Viskosebast
- Holzspan, Furnierstreifen
- Peddigschienen, Peddigband, Weidenschienen etc.
- Saleenband
- Kunststoffverpackungsband
- Lederstreifen
- Fertige Strohborten
- Litzen, Flachdrähte, Metallbänder

Saleenband von der Rolle

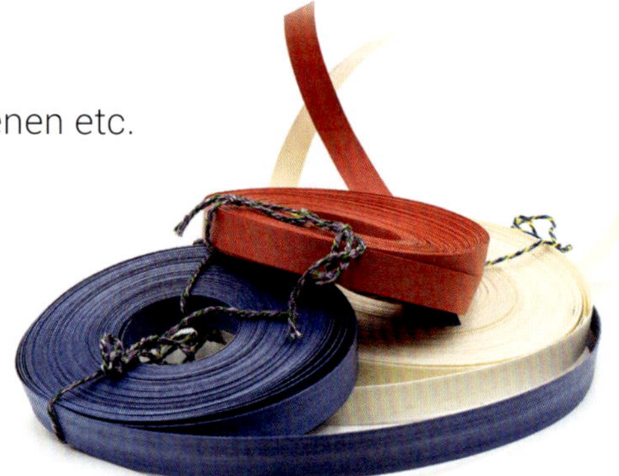

MATERIAL, DAS SICH ZUM ZERSCHNEIDEN IN STREIFEN EIGNET

- Papier aller Art als ganzer Bogen oder vom Block: Zeichenpapier, Ingrespapier, Tonzeichenpapier, Halbkarton, Skizzier- und Packpapier, Transparentpapier, Glanzpapier, Elefantenhautpapier, Bambuspapier, Landkartenpapier, Tapa usw.
- Tapeten von der Rolle oder Musterbücher
- Filz, Vliesstoffe
- Lastwagenplanen, Markisenstoff, Segeltuch, Tyvek
- Beschichtete Stoffe
- Folien aller Art
- Papier in Lederoptik (veganes Leder)
- Leder, Kunstleder

MATERIAL BESCHAFFEN

Kaufen oder sammeln? Brauchbares Material liegt oft unbeachtet als Abfall herum, beispielsweise Altpapier, Landkarten, Plakate, Elektrokabel, Verpackungsbänder, Abdeckfolien, lange Blätter aus Garten und Teich usw. Das Angebot in Bastelläden, Bau- und Hobbymärkten und auf Flohmärkten ist riesig und selbstverständlich gibt es streifenförmiges Material auch fix und fertig im Internet zum Bestellen.

Hinweis: Im Anhang auf Seite 197 finden Sie entsprechende Bezugsquellen.

DIE ÄUSSERE FORM DES FLECHTMATERIALS

Querschnitt

Grundsätzlich unterscheiden wir flaches und rundquerschnittiges Flechtmaterial. Nicht jeder Materialquerschnitt eignet sich für jede Flechttechnik und umgekehrt. Im praktischen Teil dieses Buches arbeiten wir mit steifem Material mit flachem Querschnitt – hier „Streifen" oder „Band" genannt. Der Querschnitt kann sich verändern, beispielsweise kann sich ein frisches, flaches Blatt beim Trocknen einrollen.

Definition „Streifen"

Flacher, eher steifer, aber gut beweglicher Faden mit einer gewissen Breite und begrenzter Länge, beispielsweise ein Papierstreifen von einem DIN-A4-Blatt

Definition „Band"

Flacher, eher steifer, aber gut beweglicher Faden mit einer gewissen Breite und (fast) beliebiger Länge, z. B. Geschenkband von der Rolle

Definition „Schiene"

Schienen sind eine Sonderform von Streifen. Werden rundquerschnittige Materialien längs in mehrere Teile aufgespalten und anschließend auf der Unterseite flach gehobelt, entstehen sogenannte Schienen. Schienen haben eine leicht gewölbte Oberseite. Beispiele: Peddigschienen, Weidenschienen, Haselschienen u. a.

Optischer Eindruck des Materials

- Manchmal (beispielsweise bei der Randbildung) wechselt Streifenmaterial während des Arbeitsprozesses seine Ober- und Unterseite. Beispiel: Papier mit verschiedenfarbiger Vorder- und Rückseite wechselt die Farbe beim Wenden an der Seitenkante.
- Bei vielen Pflanzen ist die Blattoberseite glänzender und glatter als die Unterseite.
- Bestimmte Materialbearbeitungsmethoden (siehe oben) bestimmen das Aussehen des Materials, vgl. beispielsweise die gewölbte Oberseite an Schienen, die Vierfachfaltung etc.
- Sind die Streifen nicht wirklich steif (z. B. Stoffstreifen), können sie während der Verarbeitung erheblich gestaucht und geknautscht werden. Folge: Die Flechtelemente sind nicht mehr klar als flache Streifen erkennbar, obwohl sie sich wie Streifen bewegen.

Für die Flechtarbeit sind unsere zehn Finger das wichtigste Werkzeug.

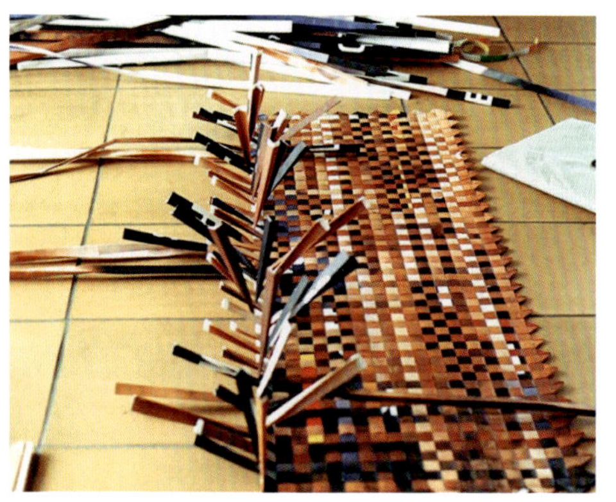

Der Boden als idealer Arbeitsplatz, im Hintergrund liegen vierfach gefaltete Streifen

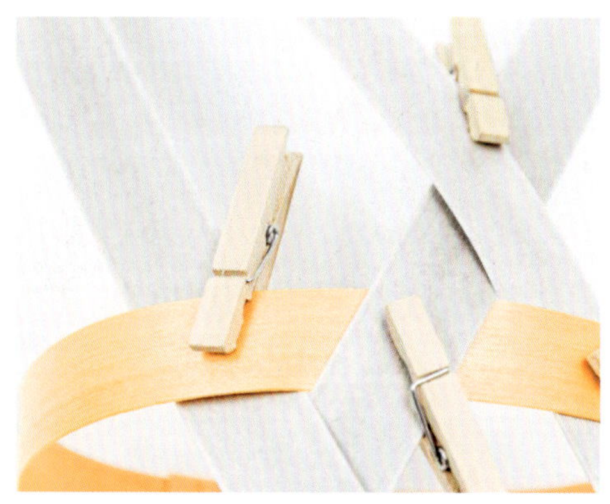

Wäscheklammern als Hilfsmittel

Werkzeug und Hilfsmittel

WERKZEUG

Für die eigentliche Flechtarbeit sind unsere zehn Finger das wichtigste Werkzeug. Beide Hände werden gleichberechtigt eingesetzt: Einmal arbeitet die eine Hand hauptsächlich flechtend und die andere Hand hält fest, dann ist es wieder umgekehrt. Viele Techniken werden sozusagen in die Luft gearbeitet und erfordern allenfalls noch eine Schere zum Einkürzen von zu langen Streifenenden.

Sofern das Material nicht schon streifenförmig ist, braucht man Werkzeug, um Streifen zu schneiden. Das zweitwichtigste Werkzeug ist somit ein Schneidegerät: eine Schere, ein Messer, eine Papierschneidemaschine etc. Wichtig bei allen Schneidewerkzeugen ist Sorgfalt im Umgang damit. Beachten Sie, dass mit dem Messer geschnittenes Papier scharfe Kanten haben kann.

HILFSMITTEL

Flache Unterlage

Das kann ein Tisch sein, ein Bügelbrett o. Ä., aber auch auf dem Boden lässt es sich hervorragend arbeiten, besonders wenn großformatige Geflechte hergestellt werden.

Hilfsfaden

Ein Stück simple Haushaltsschnur oder ein Fadenrest dienen bei gewissen Arbeiten als Hilfsfaden, z. B. wenn die Gefahr besteht, dass sich eine Fläche vorzeitig auflöst oder verschiebt. Hat der Hilfsfaden seinen Dienst getan, wird er entweder wieder entfernt oder bleibt dekorativ stehen.

Klammern

Kleine Wäscheklammern aus dem Bastelgeschäft (oder aus dem Kinderzimmer) sind Gold wert, wenn die Arbeit temporär vor Auflösung gesichert werden muss oder wenn ganz einfach eine dritte Hand fehlt.

Malerabdeckband

Dieses Klebeband hilft, Flechtelemente temporär zu sichern. Nicht zu fest angedrückt, lässt es sich leicht und rückstandslos wieder ablösen.

Doppelseitiges transparentes Klebeband

Es ist ideal, um Papierstreifen unsichtbar zu verlängern.

Haftnotizen

Haftnotizzettel eignen sich zum Gruppieren von Flechtelementen. Die temporär geklebten Anfangsbereiche der Flechtelemente können später problemlos vom Papier abgelöst und ins fertige Geflecht zurückgeflochten werden.

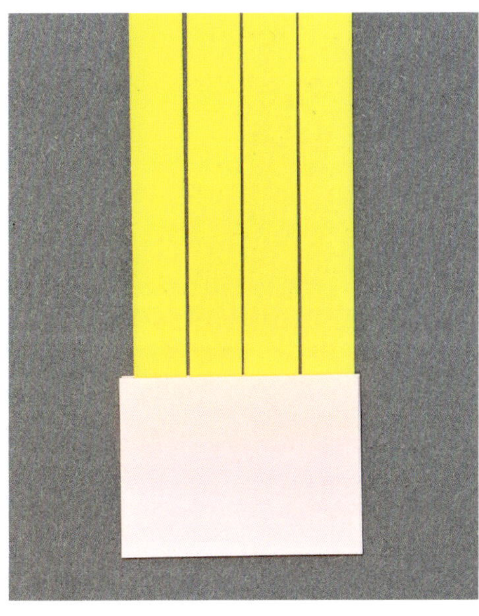

Vier Papierstreifen „im Sandwich" zwischen zwei Haftnotizblättern

Klebstoff

Zum Verlängern der Flechtelemente verwende ich Klebstoff nicht gerne, weil die Verbindungen beim Trocknen starr werden. Punktuell eingesetzt, beispielsweise beim Sichern der Streifenenden (Verstäten), ist es in Ordnung, Klebstoff einzusetzen: Einfach einen Klecks davon auf einen Papierrest geben und mit einem Zahnstocher auftragen.

Stecknadeln

Stecknadeln und eine dafür tauglichen Unterlage sind vor allem beim Start einer Flechtarbeit hilfreich, beispielsweise um eine Anfangslinie zu schaffen.

Formen

Soll eine ganz bestimmte Form erzielt werden, behilft man sich mit einer festen Vorlage, beispielsweise einer Büchse oder Kiste. Die Form darf oben nicht enger sein als unten, da sie sonst nicht mehr entfernt werden kann.

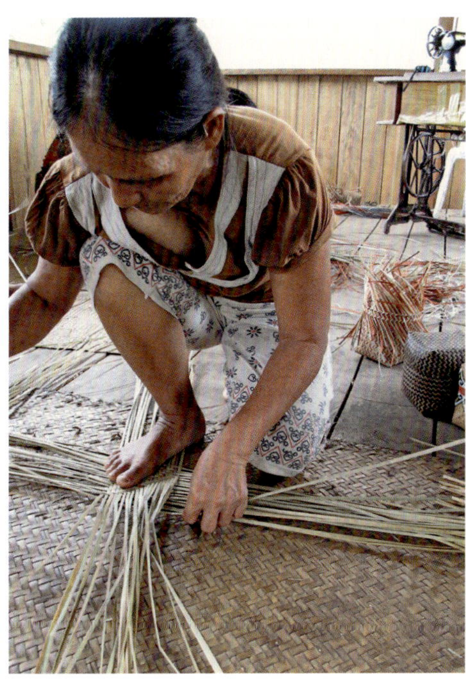

Beschweren der Arbeit mit dem eigenen Fuß, Köpermuster, orthogonal geflochten aus Purun/Riedgras (Lepironia articulata), Sempayang, Nordkalimantan, Indonesien.
Foto: Margrit Linder

Gewichte und Spannvorrichtungen

Manchmal ist es praktisch, wenn die entstehende Flechtarbeit unter leichter Spannung steht. Dies kann durch das Beschweren mit einem Gewicht (dem eigenen Fuß, einem Stein, einer gefüllten Flasche, einer vollen Konservendose etc.) erreicht werden.

Generelles zur praktischen Arbeit

Wenden

Damit ist das Umklappen einer ganzen Arbeit oder eines Flechtstreifens gemeint – wie beim Blättern in einem Buch. Dabei wird die vorherige Rückseite zur neuen Vorderseite.

Drehen/Rotieren

Die Arbeit wird auf der Arbeitsfläche gedreht, ohne dass dabei Vorder- und Rückseite vertauscht werden. Eine Drehung kann links- oder rechtsherum, im oder gegen den Uhrzeigersinn erfolgen.

Falten

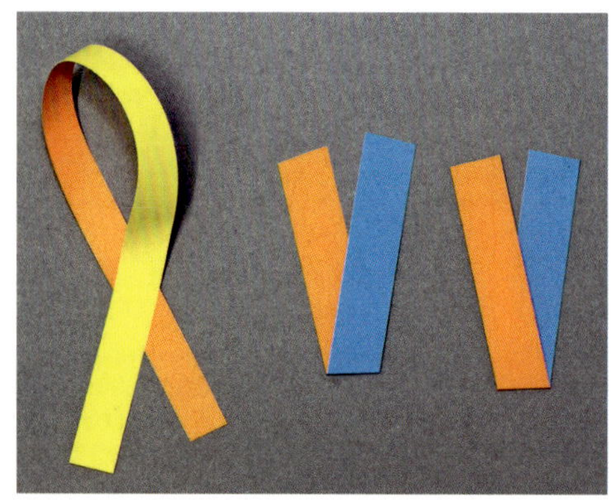

Streifen in Schlaufenform, Streifen vornüber-/hintenübergefaltet

Beim Falten wird das Manöver des Wendens durch festes Kniffen/Falzen verstärkt und stabilisiert. So präsentiert sich z. B. bei einem Papierstreifen der umgelegte Teil mit seiner Rückseite nach oben; die Spur des Faltens bleibt permanent sichtbar.
Dabei hat man mit einem Streifen grundsätzlich nur zwei Bewegungsmöglichkeiten:

01. Er wird vornüber- oder
02. er wird hintenübergefaltet.

Hinweis: Auf dem Bild sind die Faltungen wegen der Anschaulichkeit leicht schräg gezeigt. In der Praxis faltet man so, dass die Streifen entweder direkt aufeinander zu liegen kommen oder in einem rechten Winkel zueinander liegen.

Wird nur umgelegt, ohne zu falzen, ergibt sich eine lose Schlaufe, die nur vorübergehend stehen bleibt, beispielsweise um bestimmte Knoten zu bilden.

Streifenförmige Flechtelemente verlängern

Typisch beim Flechten ist, dass Materialien wegen ihrer begrenzten Länge während des Flechtprozesses fortlaufend verlängert werden müssen. Ausnahmen: kleinformatige Arbeiten, Meterware.

Möglichkeiten für das Verlängern:

- Verlängern durch Überlappen: Die Streifen werden einige Zentimeter doppelt geführt, dann wird nur noch mit dem neuen Element weitergeflochten. Die Enden stehen lassen oder abschneiden. **[1]**
- Verlängern durch Ankleben mit Klebstoff, Klebefilm (evtl. sichtbar) oder doppelseitigem Klebeband (nicht sichtbar) **[2]**
- Verlängern durch Heftklammern **[2]**
- Verlängern mit Steckverbindungen **[3]**

Wachstumsrichtung des fertigen Geflechts

Ein Geflecht wächst an der Arbeitslinie. Sich die Wachstumsrichtung vorzustellen ist etwas abstrakt, einfacher ist es, zu beobachten, wohin sich das fertige Geflecht bewegt: von Ihnen weg oder auf Sie zu?

Sollten Sie bei Anleitungen in diesem Buch einmal das Gefühl haben, Sie würden lieber andersherum (z. B. einen A-förmigen Arbeitsrand statt eines V-förmigen) flechten, dann probieren Sie das unbedingt aus! Oft haben Sie nämlich die Freiheit, unter verschiedenen Arbeitsweisen zu wählen, ohne dass man dies dem fertigen Geflecht noch ansehen könnte. Nehmen Sie als Vergleich eine Strickarbeit: Der fertige Maschenstoff wächst auf jeden Fall auf Sie zu, fällt Ihnen in den Schoß – Sie haben nicht die Möglichkeit, andersherum zu stricken.

Eine Flechtarbeit beginnen

Es gibt sehr viele verschiedene Möglichkeiten, eine Flechtarbeit zu beginnen. Ab Seite 68 werden Sie diese und die dazugehörigen Piktogramme kennenlernen.

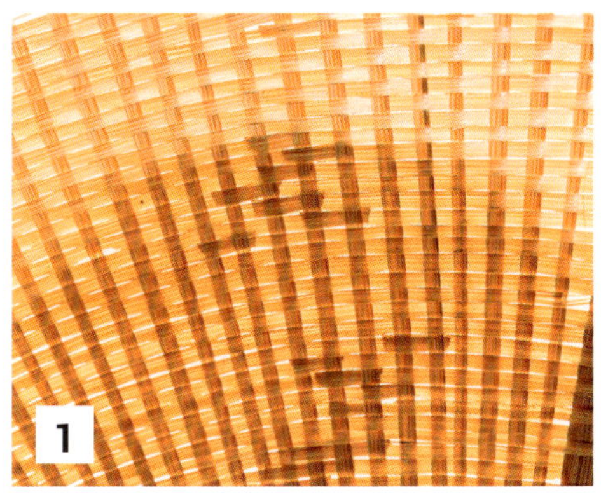

Überlappende Verlängerung im Gegenlicht, Fächer aus Indien

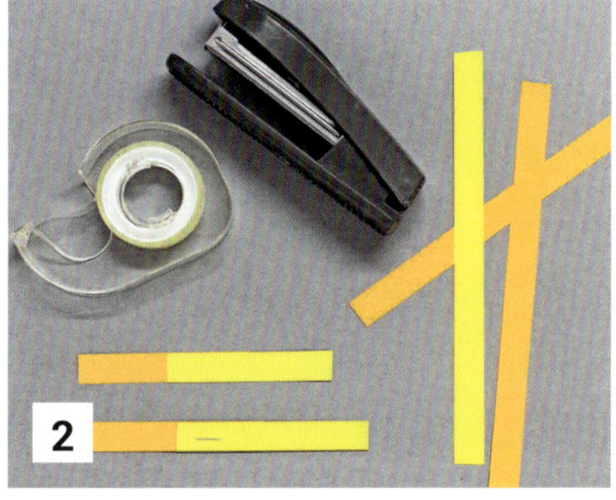

Hilfsmittel zum Verlängern

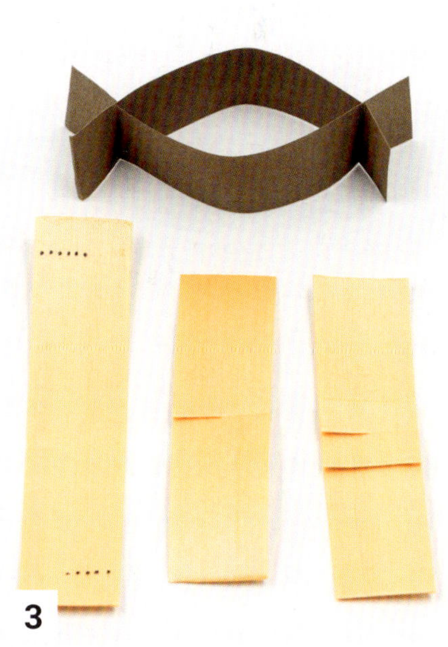

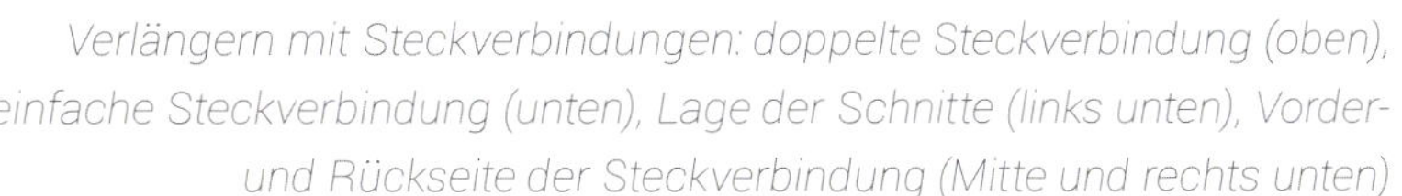

Verlängern mit Steckverbindungen: doppelte Steckverbindung (oben), einfache Steckverbindung (unten), Lage der Schnitte (links unten), Vorder- und Rückseite der Steckverbindung (Mitte und rechts unten)

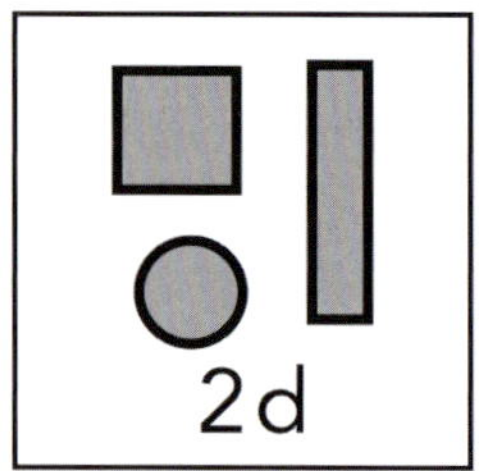

Bänder und Flächen aufbauen.

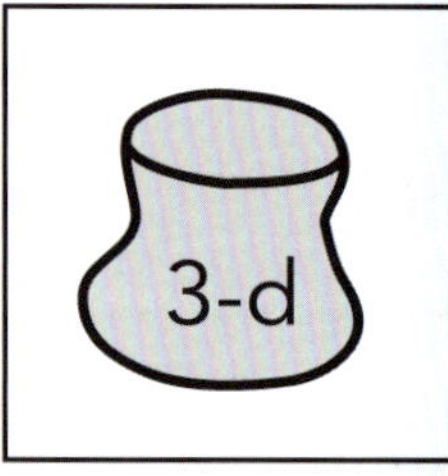

Dreidimensionaler Körper

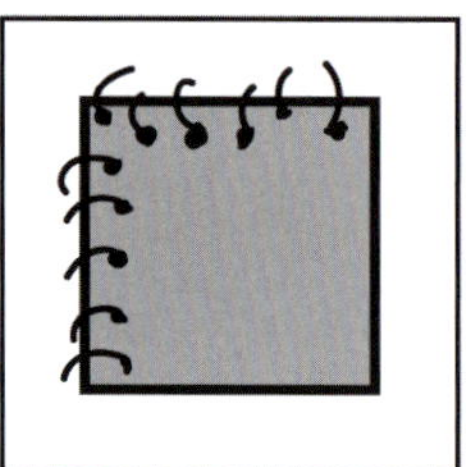

Freestyle-Rand

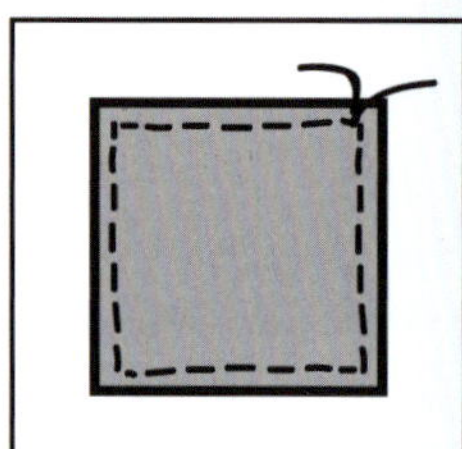

Genähte Abschlusskante

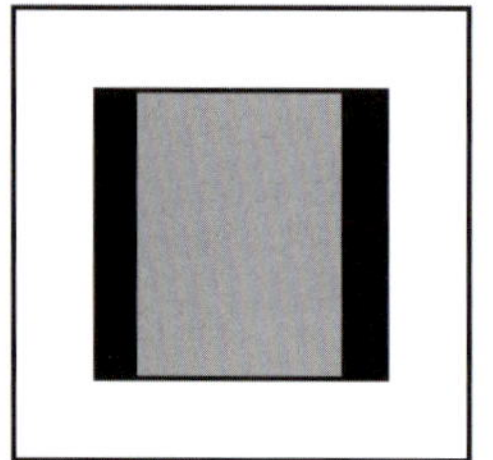

Gerade Seitenkanten

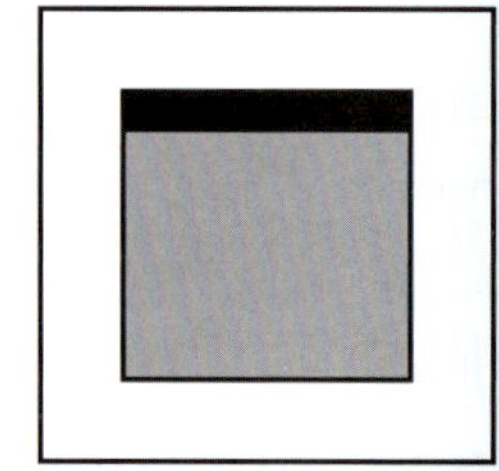

Gerade Abschlusskante

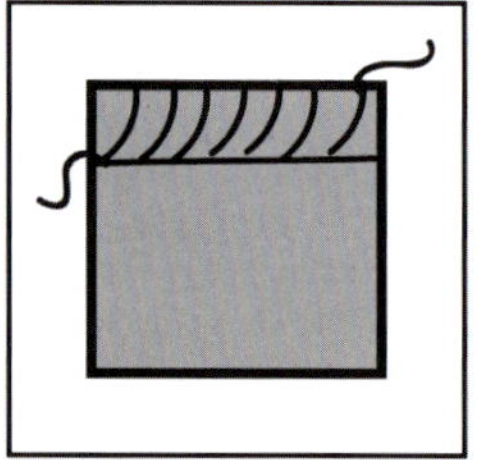

Abschlusskante mit Zusatzelement

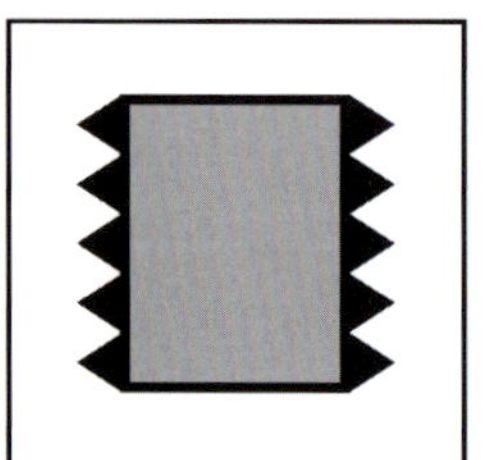

Gezackte Seitenkanten

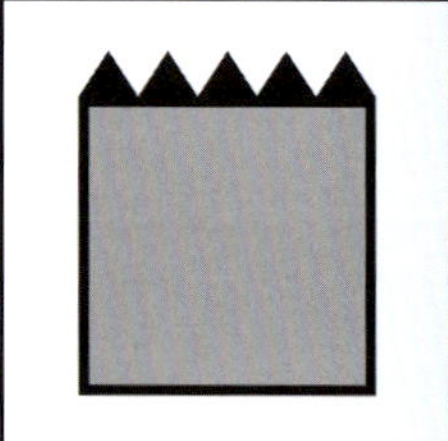

Gezackte Abschlusskante

Bänder, Flächen und Körper aufbauen

Wie Sie in den Kapiteln zu den Technikgruppen sehen werden, können Bänder, Flächen und Körper auf sehr unterschiedliche Art aufgebaut werden.

Ränder

Ränder an einer Flechtarbeit sind oft besondere Herausforderungen: Anfangsränder, Seitenränder, Abschlusskanten ... Es gibt meist mehrere Möglichkeiten, die sorgfältig auf die Art des fertigen Geflechts abgestimmt sein wollen. Wie sollen die Ränder aussehen – glatt, zackenförmig, fransig oder einfach geschnitten? Fertige Ränder bezeichnet man auch als Kanten und spricht beispielsweise von Seitenkanten (Details zu den Rändern werden in den jeweiligen Technikkapiteln erläutert).

Anzahl der Flechtelemente vergrößern oder verringern

Durch das Vergrößern und Verringern der Anzahl von Flechtelementen eröffnen sich vielfältige Möglichkeiten für die Formgebung. Man kann zusätzliche Elemente in die Struktur einfügen oder Elemente zusammenfassen und wie Einzelelemente führen. Dabei muss eine dem Material angemessene Lösung gefunden werden. Meisterhaft umgesetzt ist das Vergrößern oder Verringern von Flechtelementen bei vielen Hüten oder Tischsets.

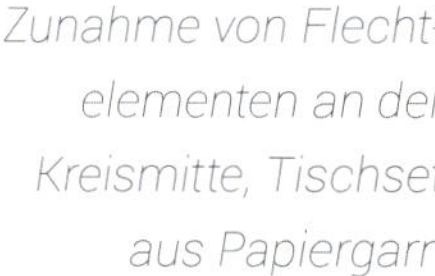

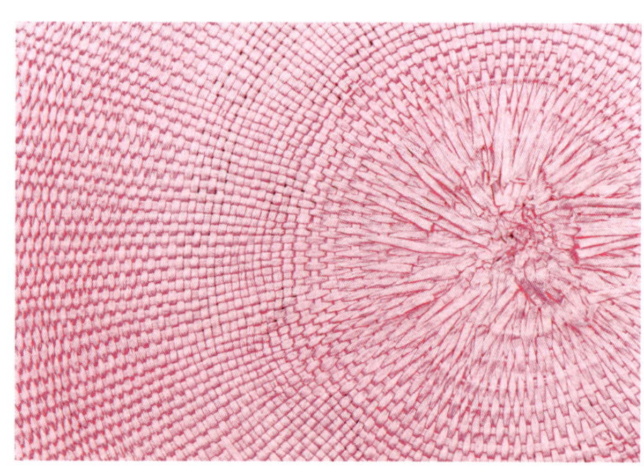

Zunahme von Flechtelementen an der Kreismitte, Tischset aus Papiergarn

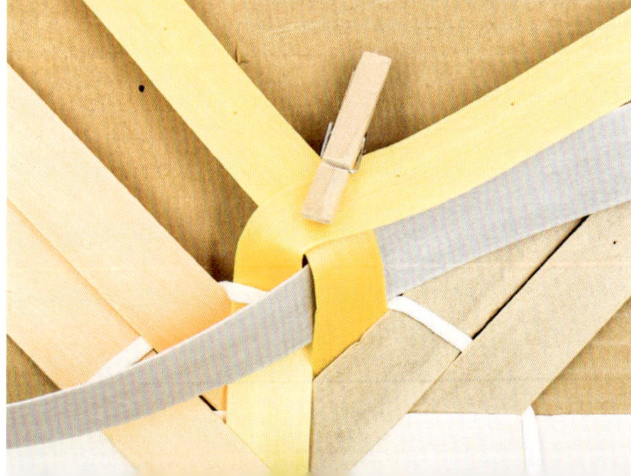

Einbezug eines neuen Flechtelements, Saleenband

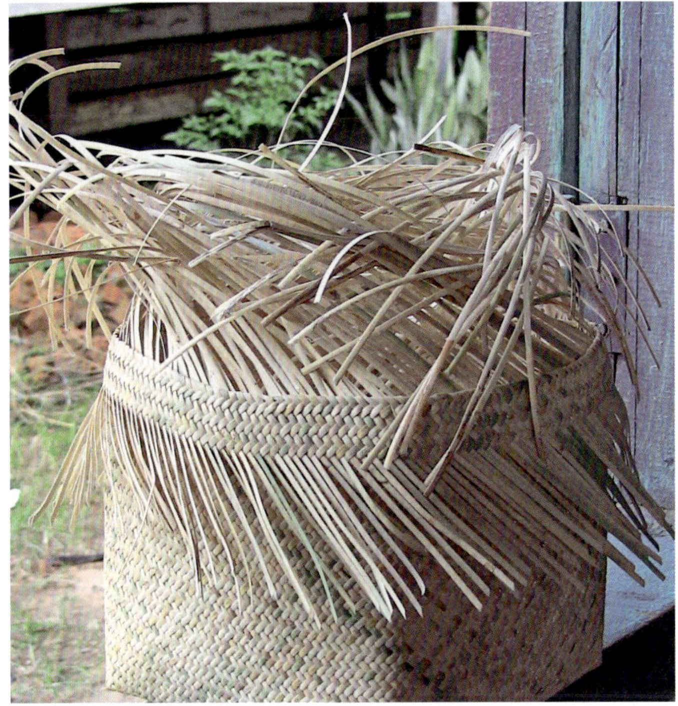

Viele, viele Enden zum Verstäten, Korb aus Rattan, diagonal geflochten, 15 x 15 x 15 cm, Agabag-Leute, Tanjung Harapan, Nordkalimantan, Indonesien.
Foto: Margrit Linder

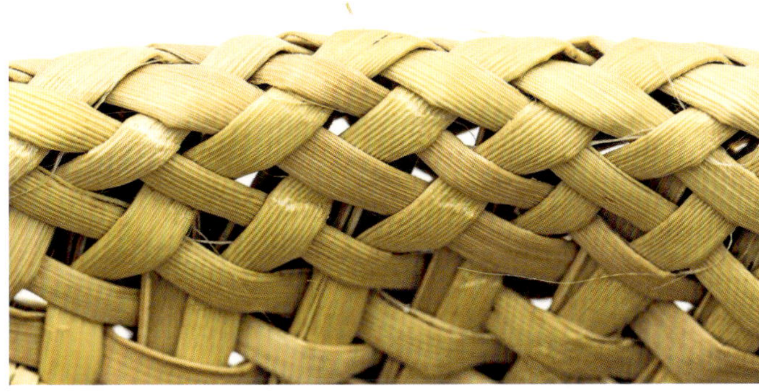

Flechtelemente, auf der Korbinnenseite verstätet

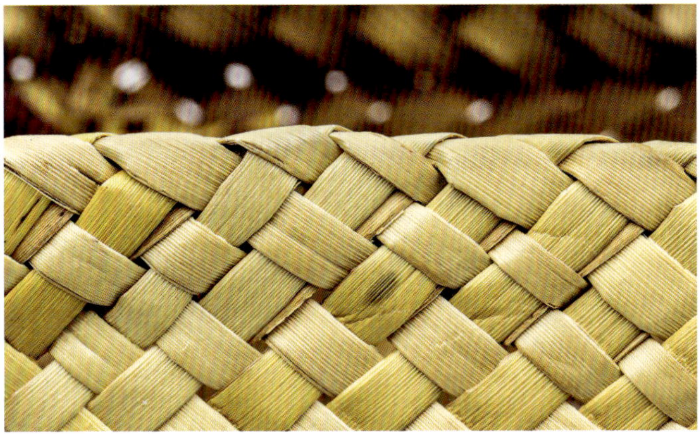

Eine Flechtarbeit beenden

Um eine Flechtarbeit zu beenden, gibt es wieder verschiedene Möglichkeiten:

- Die noch nicht verflochtenen Enden der Flechtelemente nach außen (oder innen, das ist aber umständlicher) umlegen und ins fertige Geflecht zurückführen. Dadurch wird der Randbereich der Struktur doppelwandig, also dicker und fester.
- Das fertige Geflecht mit Klammern, Klebstoff, durch Nähen o. Ä. sichern.
- Die Enden der Flechtelemente abschneiden.
- Die Enden der Flechtelemente als Fransen stehen lassen.
- Die Enden der Flechtelemente mit Zusatzelementen umfassen und mit Nähstichen sichern.

In der Schweiz kennen wir das Wort „verstäten“. Bei Näharbeiten wird es im Sinne von Vernähen oder Versäubern der Fadenenden gebraucht. Ich werde es in diesem Buch als Begriff für das Sichern überzähliger Flechtfadenenden verwenden.

Definition „verstäten“:

Flechtfadenenden ins fertige Geflecht zurückführen.

Die Enden kürzen

- Vor dem Abschneiden ein klein wenig am Ende des Elements ziehen und erst dann schneiden. Auf diese Weise zieht sich das verstätete Element ins Geflecht zurück.
- Statt sie abzuschneiden, die Enden in Fransen schneiden.
- Falls die Elemente noch lang genug sind, diese als „Locken“ weiterführen (siehe Seite 188).

Flechtelemente, auf der Korbaußenseite verstätet

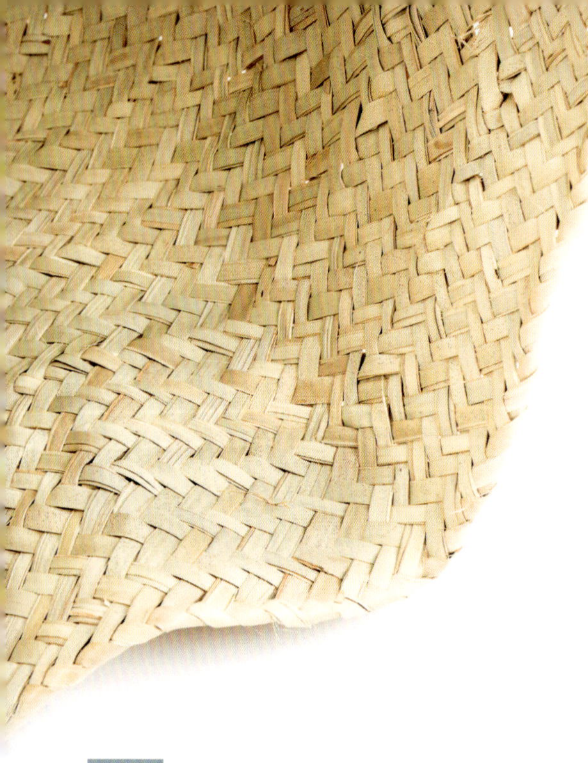

Perfektes Zusammenspiel von Material und Technik: weicher Fall an einer Korbtasche

Gestalterisches Potenzial

Meiner Meinung nach steckt in allen Flechttechniken ein enormes gestalterisches Potenzial. Neben den Kriterien Funktion, Konstruktion und Proportion können weitere Faktoren interessant sein, die ich Ihnen im Folgenden vorstellen möchte:

DIMENSION

Anders als auf einem Webstuhl ist man beim Flechten frei, sich in jede Dimension beliebig weit auszudehnen. Es gibt Techniken, die sich besser für lange, schmale Geflechte eignen, und welche, die bei kurzen, breiten Geflechten eine gute Wahl darstellen. Es gilt, abzuwägen, was für die Produktidee das Beste ist.

CHARAKTER DER STRUKTUR

Dichte

Streifenförmiges Material kann in vielen Techniken sowohl dicht als auch siebartig (offen bzw. licht) geflochten werden.

Technikbedingte Eigenschaften von Strukturen

Viele interessante Eigenschaften von fertigen Strukturen sind technikbedingt. Ist beispielsweise Elastizität in einem fertigen Geflecht gefordert, kommt es darauf an, ob die Struktur orthogonal, diagonal oder in mehrere Richtungen geflochten wird. Folgendes sollten Sie beachten:

› Orthogonal geflochtene Strukturen sind diagonalelastisch.
› Diagonal geflochtene Strukturen sind längs- und querelastisch.
› In mehrere Richtungen geflochtene Strukturen sind (fast) nicht elastisch.

Materialwahl

Neben der Technik beeinflusst das gewählte Material maßgeblich den Charakter der geflochtenen Struktur (wellig, weich, fließend, steif etc.).

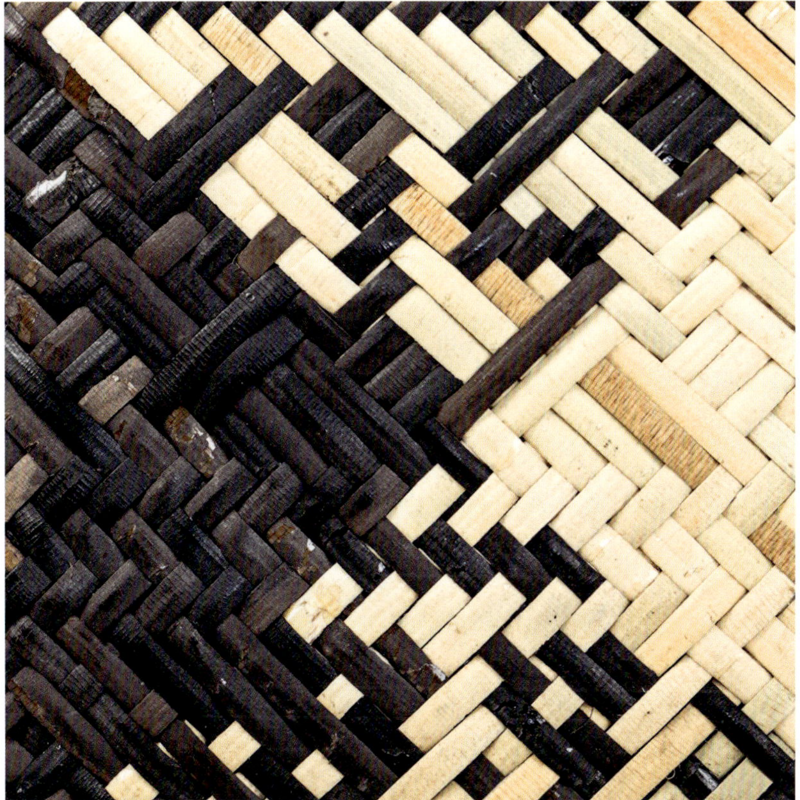

Musterbildung während des Flechtprozesses (Detail), Tasche aus Rattan, diagonal geflochten

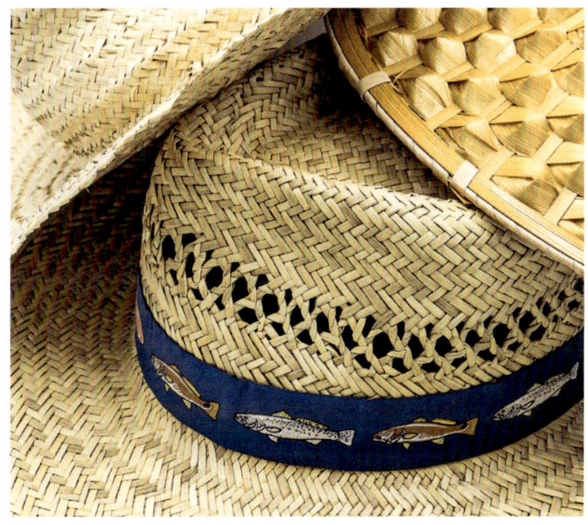

Lochmuster an einem Hut

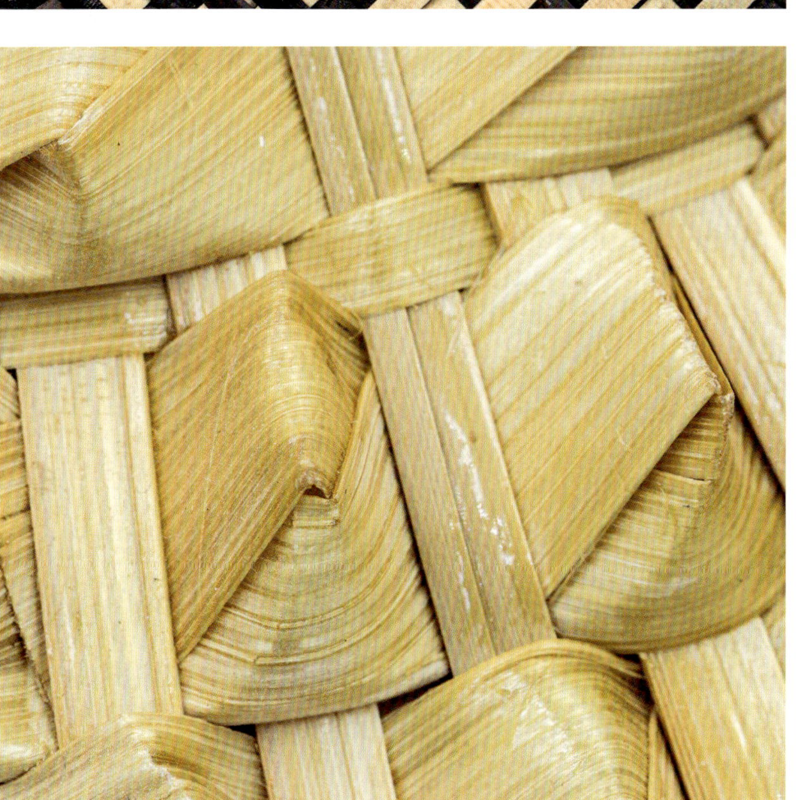

„Buckelbildung" bei einer 1/1 diagonal geflochtenen Struktur aus Bambus (Detail)

MUSTER UND DEKORATIONEN

Muster werden entweder bereits während des Flechtprozesses gebildet oder nachträglich auf die fertige Struktur aufgebracht.

EINE FLECHTARBEIT AUFHÄNGEN ODER AUFSTELLEN

- Die typischen kleinen Löcher in einem Geflecht aus Streifen erlauben den Einsatz von Nägeln oder Stecknadeln, um eine Arbeit aufzuhängen. Werden in der Breite mehrere Nägel gesetzt, können auch großflächige Geflechte ohne Zusatzstangen unkompliziert an die Wand gehängt werden.
- In ein fertiges Geflecht aus Streifen lassen sich leicht Zusatzstangen einziehen, die beispielsweise auf Nägel gehängt werden.
- Lange Geflechte lassen sich aufrollen und aufstellen, was interessante Anordnungen im Raum erlaubt.

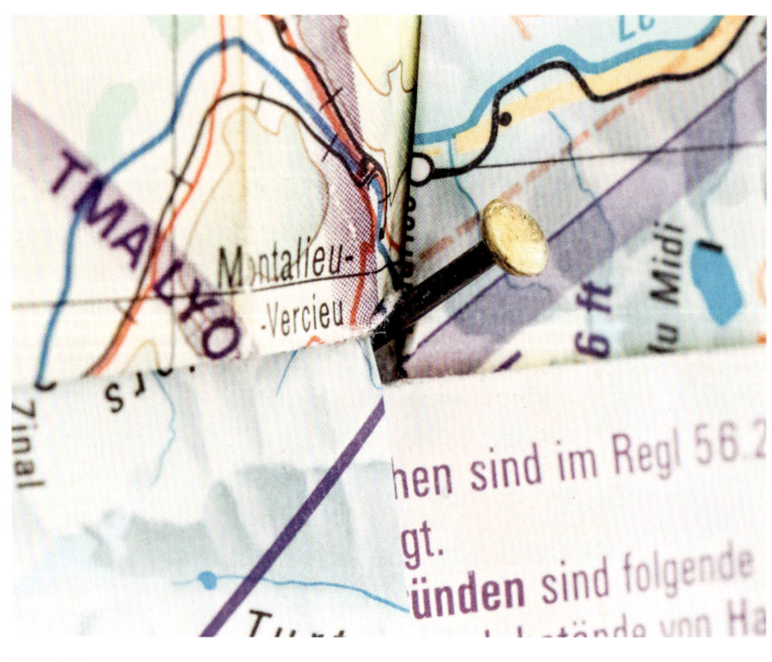

Aufhängung an einem Nagel, Matte aus Landkartenpapier, 1/1 orthogonal geflochten

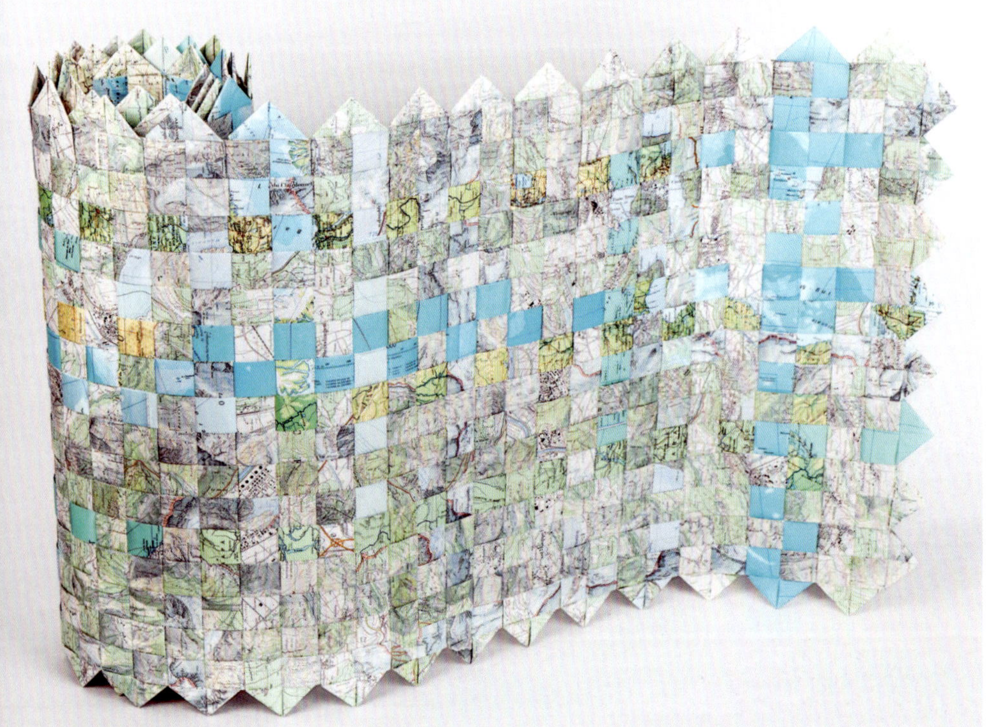

Matte aus Landkartenpapier, gerollt und aufgestellt, 1/1 orthogonal geflochten

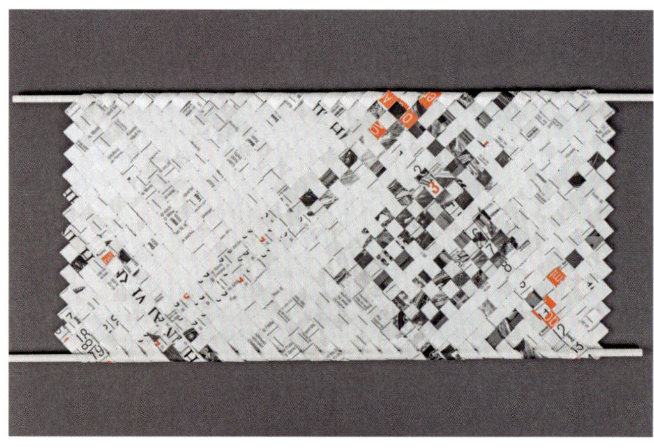

Eingeschobene Stäbe, Matte, 1/1 diagonal geflochten, Kalenderpapier

EINE FLECHTARBEIT VERSTÄRKEN

Um eine Flechtarbeit zu verstärken oder zu versteifen, gibt es verschiedene Möglichkeiten:

› Die Arbeit mit zusätzlichen Streifen, Streben oder Stützen an den Rändern versehen, die gelegentlich auch als Dekoration dienen können.
› Das fertig geflochtene Produkt versteifen (mit Farbe, Harz etc.).

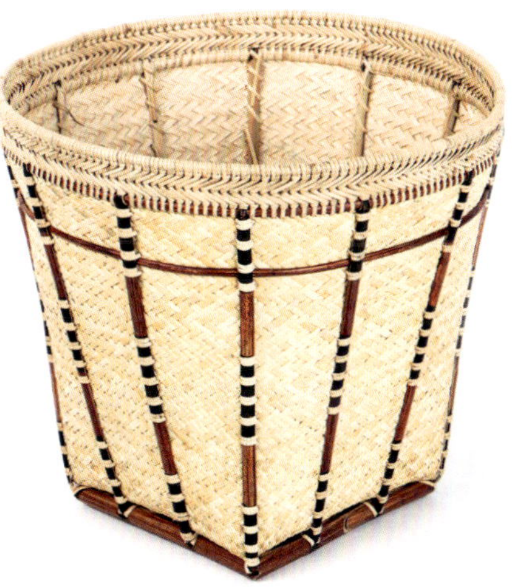

Eingeflochtene und aufgelegte Verstärkungs- und Dekorationselemente an einem diagonal geflochtenen Korb aus Nordkalimantan, Indonesien

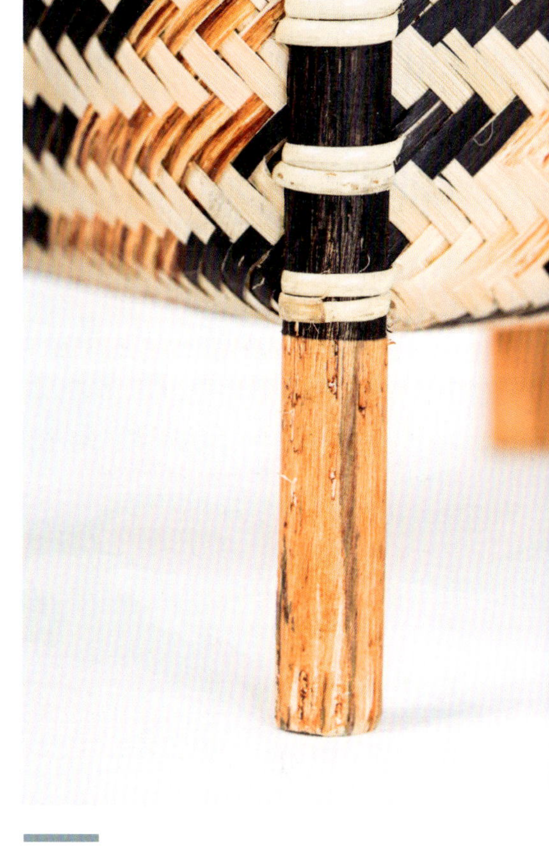

Eingeflochtener Stab als Fuß an einem Korb aus Nordkalimantan, Indonesien

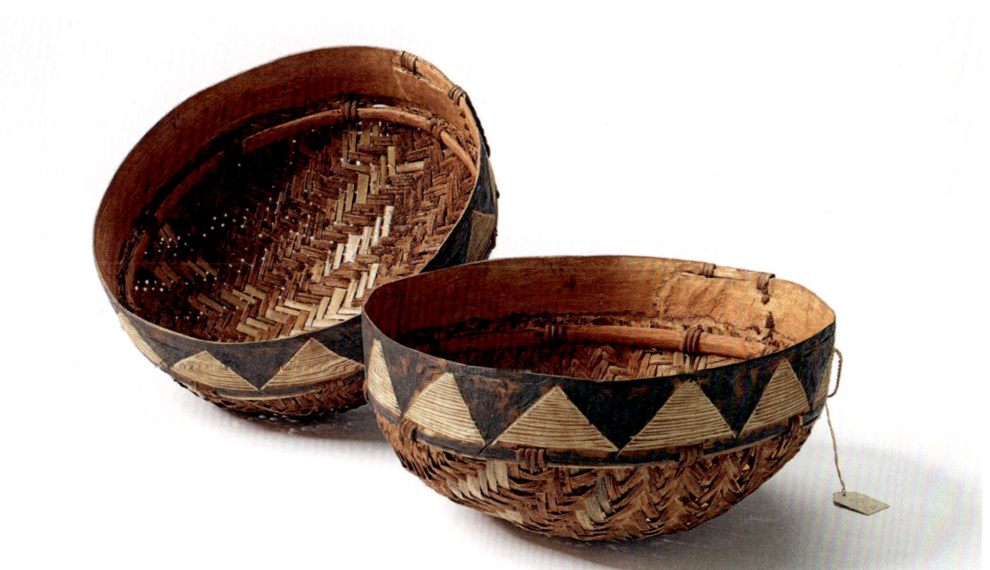

Korbschale mit bemaltem Zusatzstreifen und Innenrandverstärkung, Köpermuster. Herkunft: Mosambik, Limpopo-Ebene; Material: Grasschienen, Holzschienen, Holzspan, Grasschnur, Farbe; Durchmesser: 21,5 cm, Höhe: 11 cm. Völkerkundemuseum Universität Zürich, Inv.-Nr. 08613ab. Foto: Kathrin Leuenberger

Stützelemente an einem Korbboden, 1/1 diagonal geflochten, Bambus, Laos

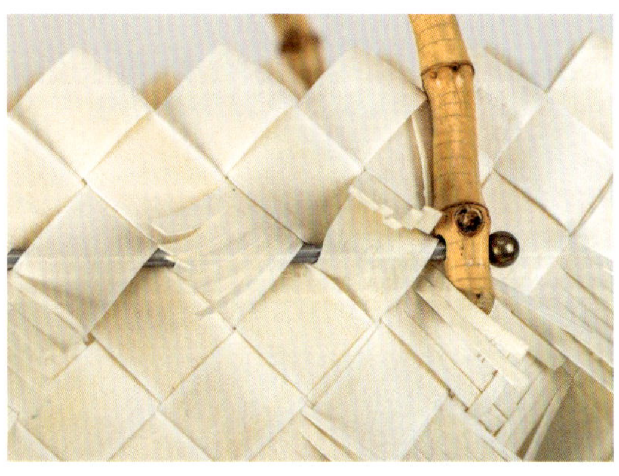

Detail von eingeschobenem Taschenhenkel

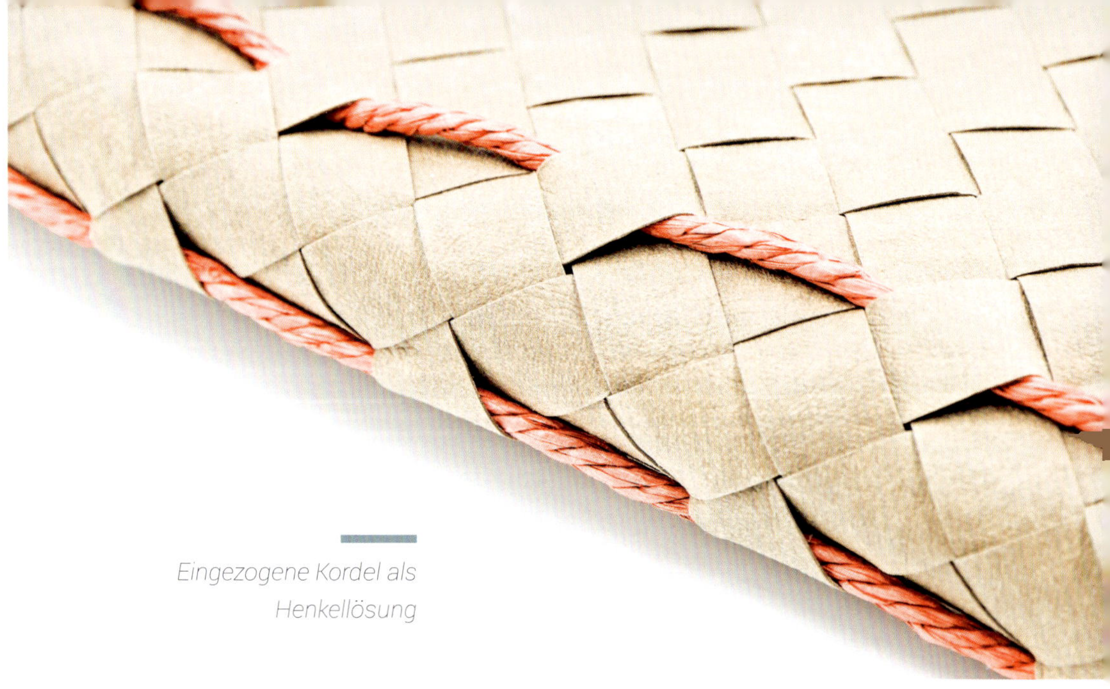

Eingezogene Kordel als Henkellösung

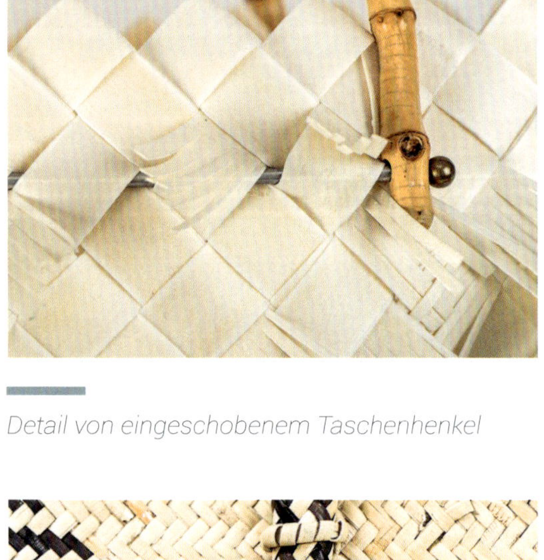

Detail von eingeflochtenem Henkel

TRAGEVORRICHTUNGEN

Viele Geflechte dienen dem Zweck des Tragens und benötigen entsprechende Vorrichtungen. Diese können nachträglich ins fertige Geflecht eingezogen oder direkt eingeflochten werden.

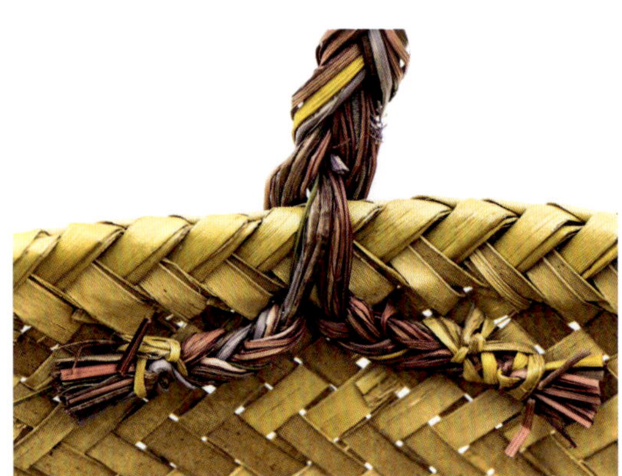

Angebundene Henkellösung

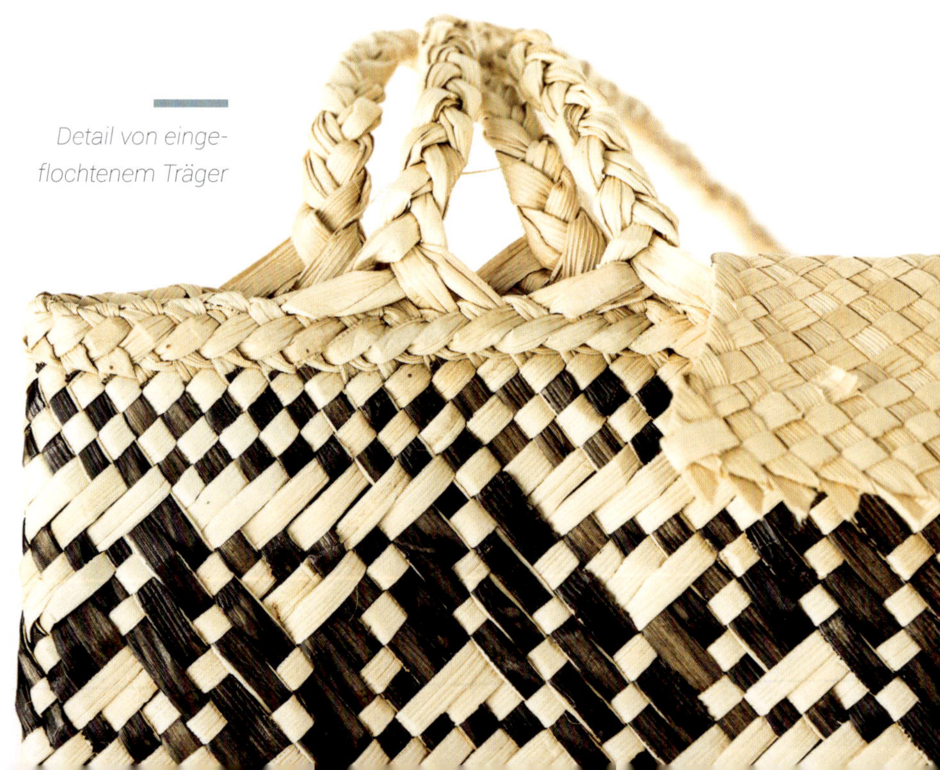

Detail von eingeflochtenem Träger

ADDIEREN

Addition und Reihung sind Verfahren, die zum Experimentieren einladen. Das Prinzip, etwas Großes aus kleineren Einzelteilen aufzubauen, wird bei vielen kunsthandwerklichen Produkten angewendet – sei es bei einer Patchworkdecke, einer Halskette aus Glasperlen o. Ä.

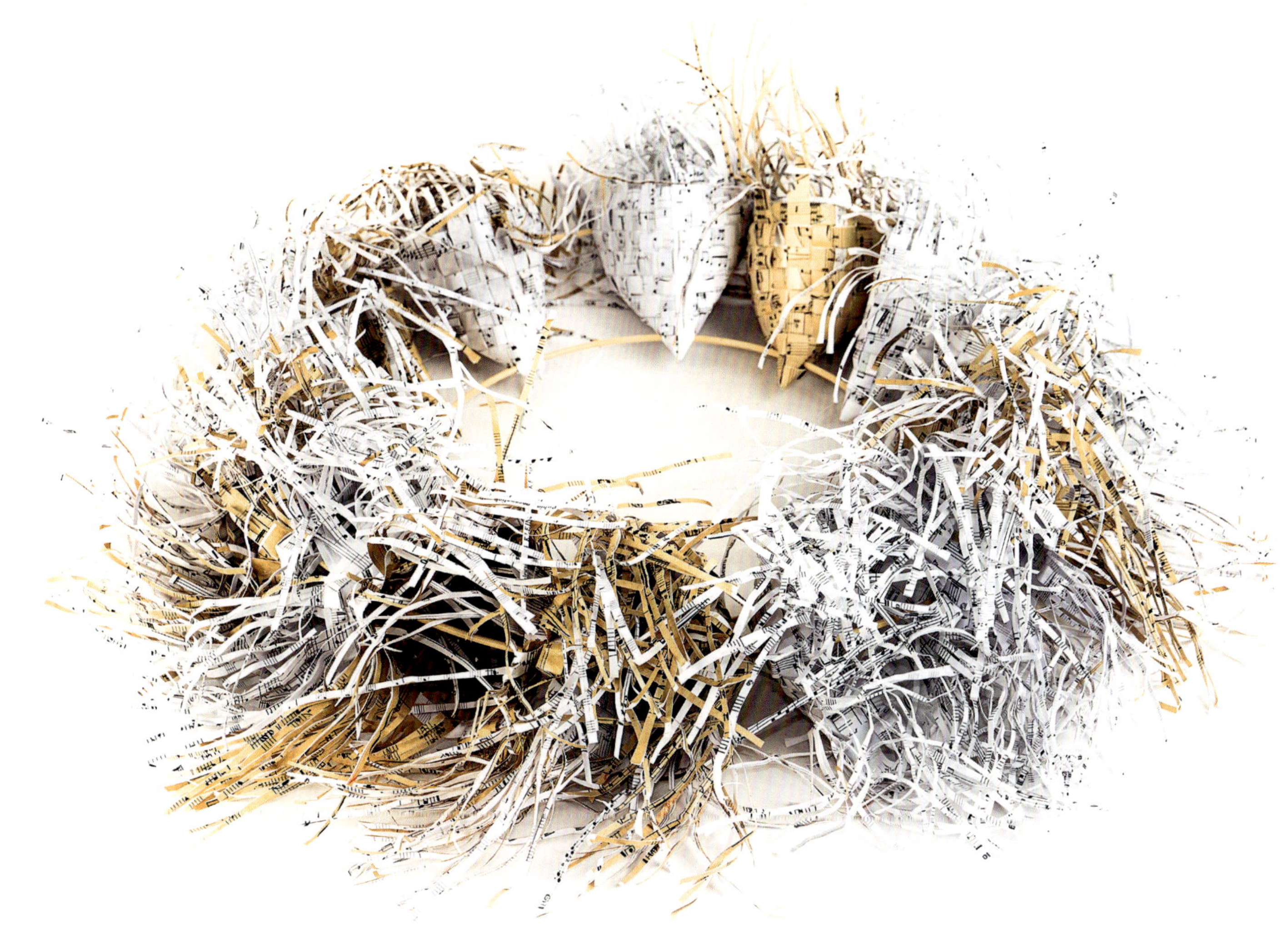

Addition zu einem Kranz, tütenförmige Einzelelemente (siehe Seite 138), Musiknotenpapier, 1/1 orthogonal geflochten

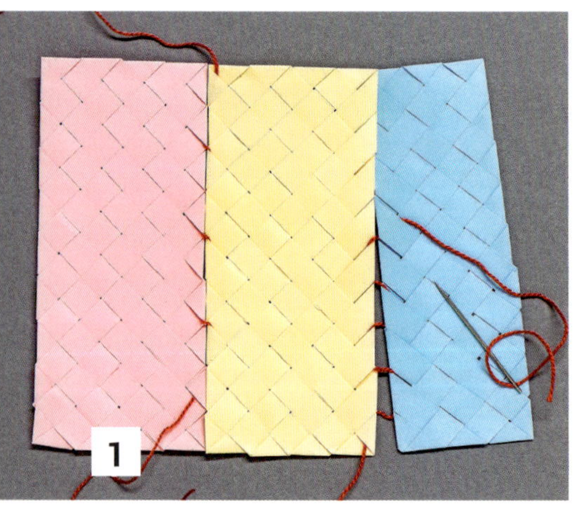

Borten mit einem Faden aneinandernähen.

Aneinandernähen

Eine Sonderform des Addierens ist das Aneinandernähen von schmalen Borten und Zöpfen zu Flächen und Körpern. Klassische Beispiele hierfür sind Strohhüte und Strandtaschen. So geht man vor:

- Sich überlappende Seitenkanten von Borten mit der Maschine zusammennähen **(Bild 3 und 4)**.
- Seitenkanten von Borten von Hand dem Flechtmuster folgend aneinandernähen **(Bild 1, 2 und 5)**.
- Direkt aneinanderflechten, dem Flechtmuster folgend (siehe Seite 111).

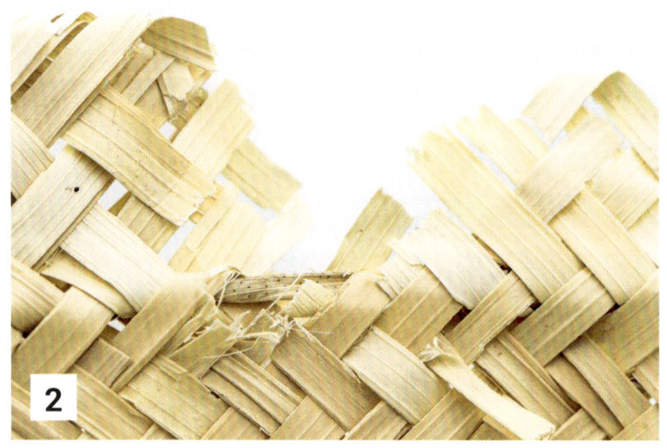

Zu einer Tasche zusammengenähte Borten (Detail), Köper, 2/2 diagonal geflochten, Palmblatt, Kenia

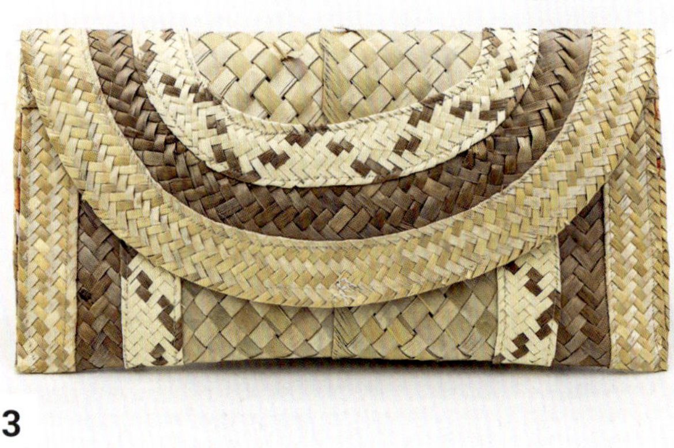

Etuitasche aus zusammengenähten Palmblattborten, verschiedene Flechtmuster, Bahamas

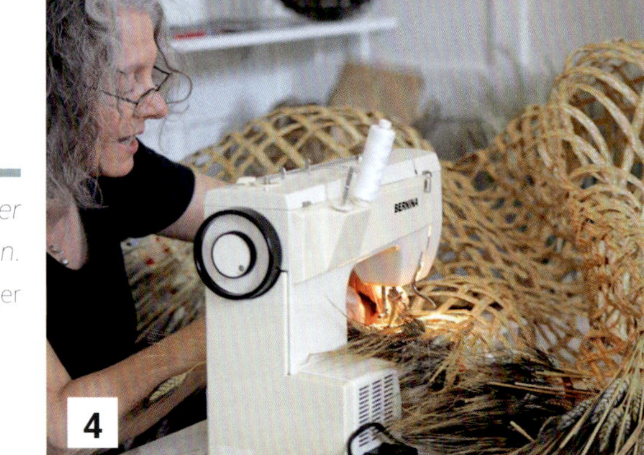

Experiment: Strohborten mit der Nähmaschine zusammennähen.
Foto: Anna Sonderegger

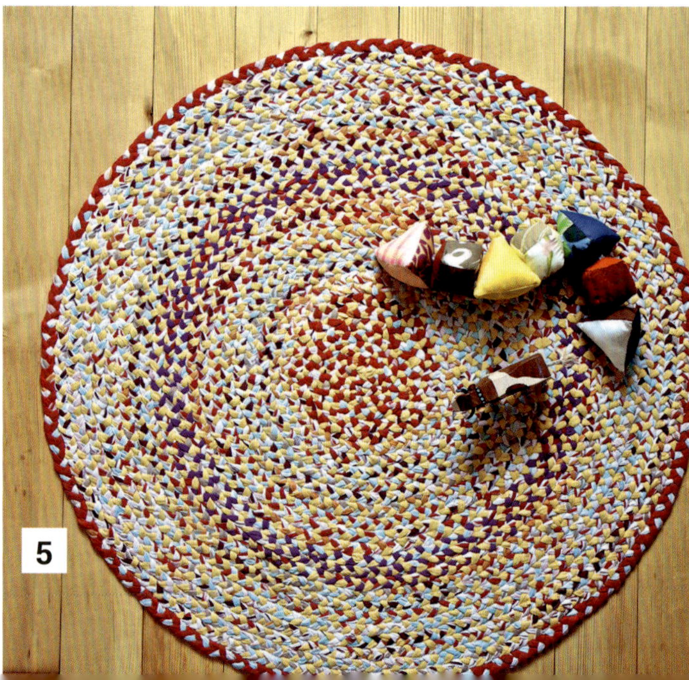

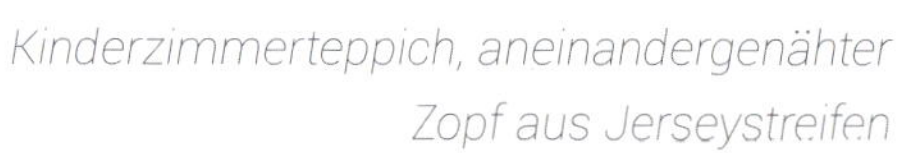

Kinderzimmerteppich, aneinandergenähter Zopf aus Jerseystreifen

RAFFEN, STAUCHEN, FALTEN, EINROLLEN

Bei entsprechender Materialwahl (weich, sehr flexibel, reißfest, fein) kann eine geflochtene Fläche zu einer beliebigen neuen Form gerafft, gerollt, gestaucht oder gefaltet werden. Das Geflecht wird dabei wie ein gewebtes Stück Stoff gehandhabt.

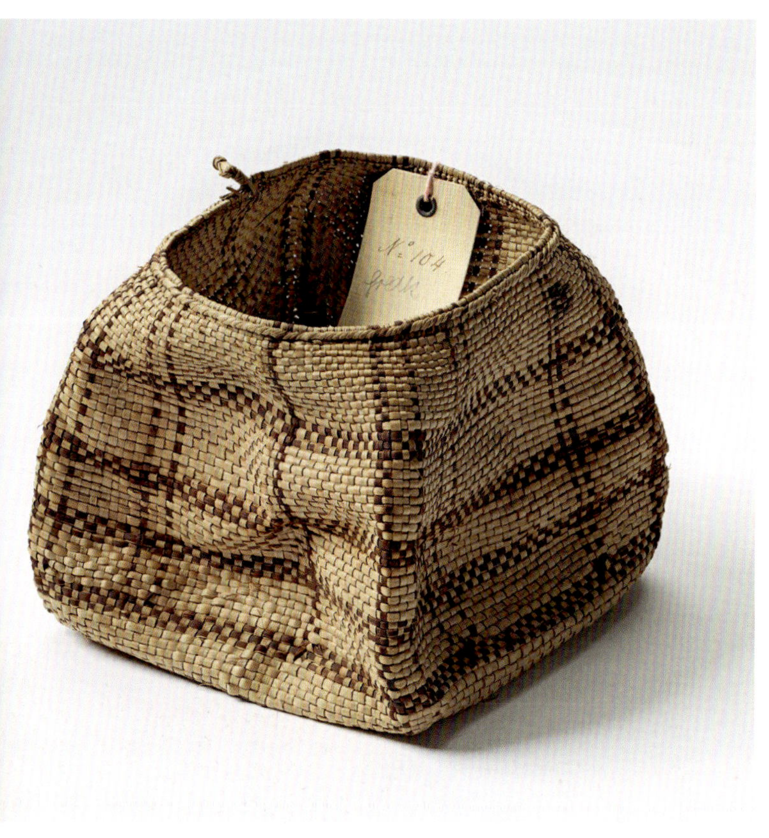

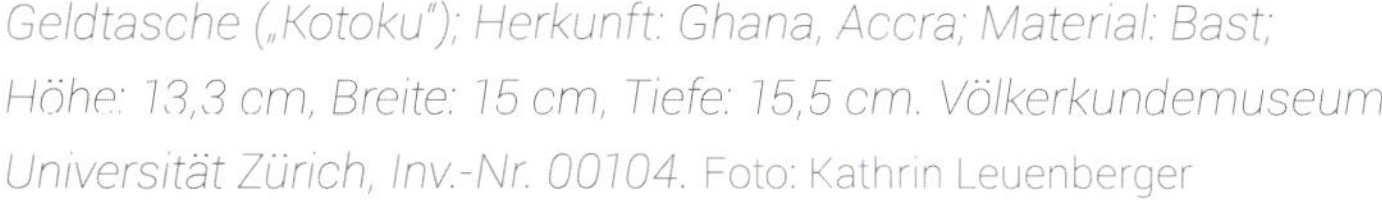

Geldtasche („Kotoku"); Herkunft: Ghana, Accra; Material: Bast; Höhe: 13,3 cm, Breite: 15 cm, Tiefe: 15,5 cm. Völkerkundemuseum Universität Zürich, Inv.-Nr. 00104. Foto: Kathrin Leuenberger

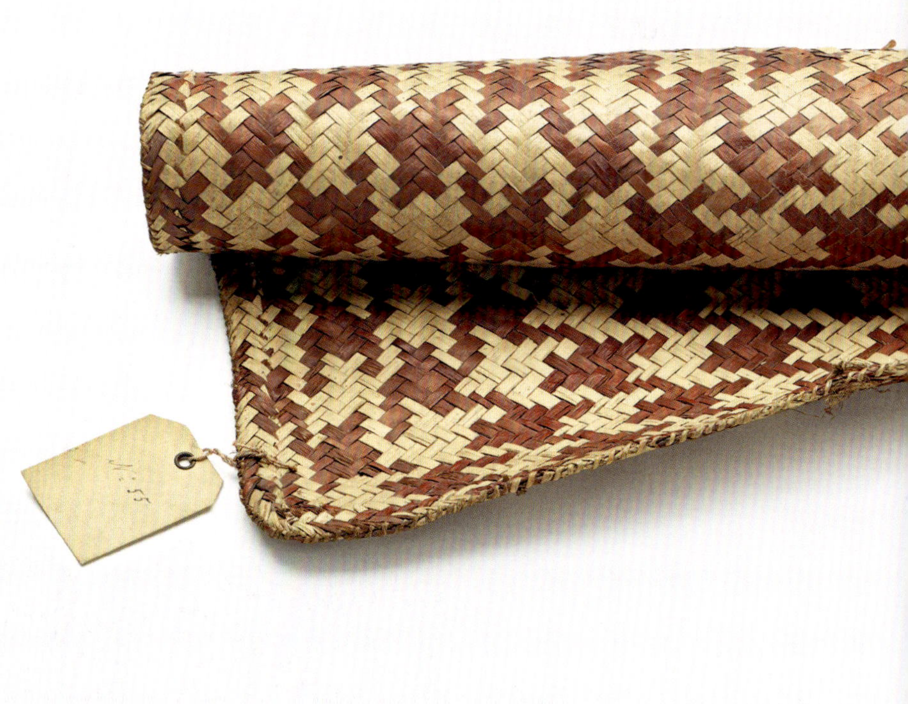

Gerollte Serviette. Herkunft: Madagaskar; Material: Papyrus; Länge: 39,8 cm, Breite: 39,7 cm. Völkerkundemuseum Universität Zürich, Inv.-Nr. 00055. Foto: Kathrin Leuenberger

Übungen und vertiefende Aufgaben

> Aus Fehlern und Umwegen lassen sich oft neue Ideen ableiten.

Das Nacharbeiten von Anleitungen ist eine gute Form, um die in den nächsten Kapiteln vorgestellten Techniken zu erlernen. Außerdem empfehle ich das folgende weitere Vorgehen, um das Flechten mit Streifen zu üben:

FEHLER MACHEN

› Investieren Sie keine Zeit in das Auftrennen und Verbessern von Fehlern. Starten Sie lieber neu – Wiederholung bringt Erfahrung!
› Aus Fehlern und Umwegen lassen sich oft neue Ideen ableiten. Machen Sie unbedingt Notizen, damit ein „Fehler" später gezielt wiederholt und gewinnbringend eingesetzt werden kann.

Vorschläge für Aufgabenstellungen

› Beschaffen Sie sich ein anderes als das im Buch genannte Flechtmaterial und probieren Sie es aus.
› Verarbeiten Sie das gleiche Material, aber setzen Sie eine unterschiedliche Technik ein.
› Flechten Sie z. B. links- statt rechtsherum.
› Stellen Sie sich Fragen: Hat die Größe der geplanten Produkte einen Einfluss auf die Handhabung der Techniken? Sind Miniaturen oder Übergrößen möglich bzw. erforderlich? Was passiert, wenn Sie die Produkte addieren, aufreihen, arrangieren, stapeln, zusammennähen usw.?
› Greifen Sie eine Idee auf und entwickeln Sie Entwürfe.

Ein Produkt entwickeln und realisieren

Niemandem fällt eine Idee für ein Produkt einfach so über Nacht zu. Jede Gestalterin, jeder Designer befasst sich mit folgenden Fragen:

Welchen Anforderungen soll das Produkt genügen?
Welche Ansprüche habe ich in puncto Nachhaltigkeit?
Welche Technik kenne ich, die diese Ansprüche erfüllen könnte?
Welches Material würde sich eignen?
Welche Formen, Farben, Muster und Größen sind die richtigen?
Sind Henkel, Seitenverstärkungen etc. nötig?
Welche Material- und Technikproben sollte ich erstellen, um eine Größenberechnung vornehmen und davon ausgehend den Materialbedarf berechnen zu können?
Wie viel Zeit werde ich voraussichtlich benötigen?
Sollte ich Prototypen oder Modelle anfertigen?
Mit welchen Kosten für Material und Arbeit muss ich rechnen?
Wie würde ein Ablaufplan für die Realisation des Projektes aussehen?

Zum Abschluss hier ein Hinweis auf eine der überzeugendsten Projektideen, die ich in letzter Zeit entdeckt habe: die Lampen aus PET-Flaschen der Firma ACdO/Alvaro Catalán de Ocón. Die spanische Firma versteht es nicht nur, die Vorzüge von Geflochtenem in den Fokus zu rücken, sondern auch Faktoren wie Nachhaltigkeit, Recycling, Schaffung von Arbeitsplätzen, Fairtrade und den Austausch zwischen den Kulturen in ein für den Alltag taugliches Produkt zu übersetzen. Auf www.acdo.es finden Sie die Hintergründe und Fakten zu diesem beeindruckenden Projekt, bei welchem Paja Tetera (Pfeilwurzgewächs) oder Weiden zusammen mit PET-Streifen zu Leuchten geflochten werden.

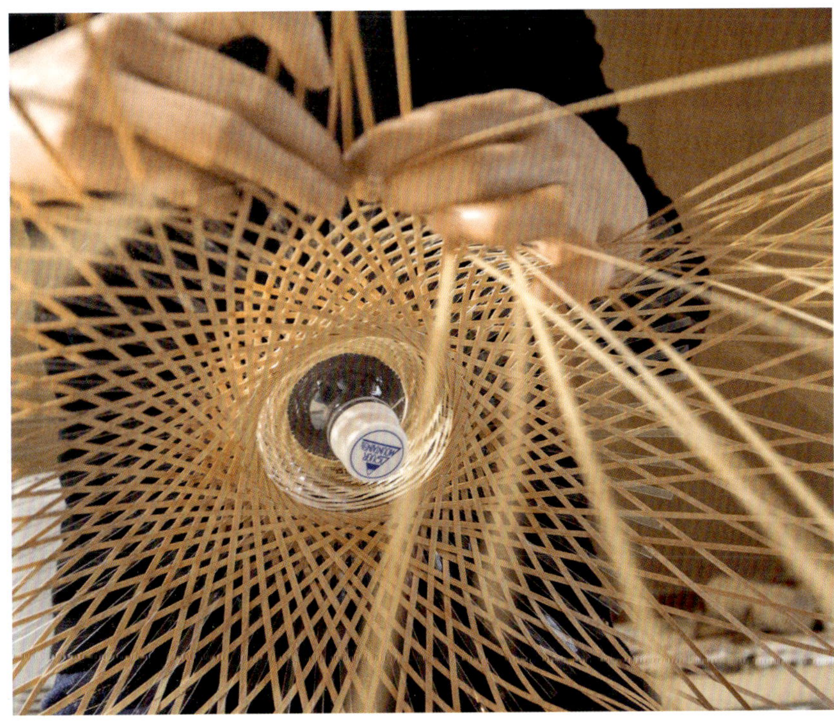

Herstellung von PET-Lampen zusammen mit japanischen Kunsthandwerkerinnen und Kunsthandwerkern aus Kyoto.
Foto: Yuya Hoshino.

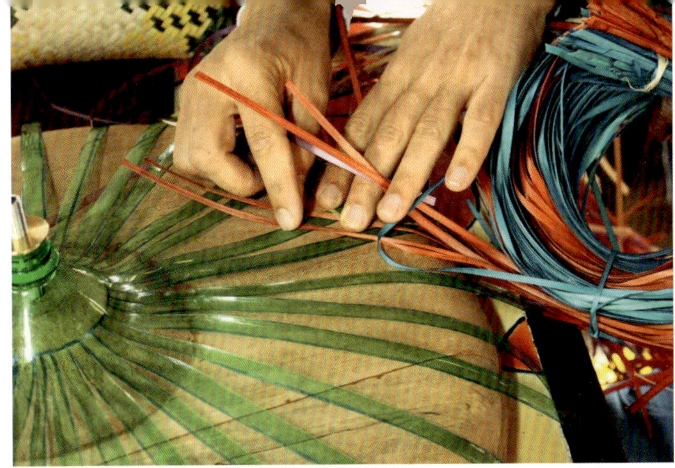

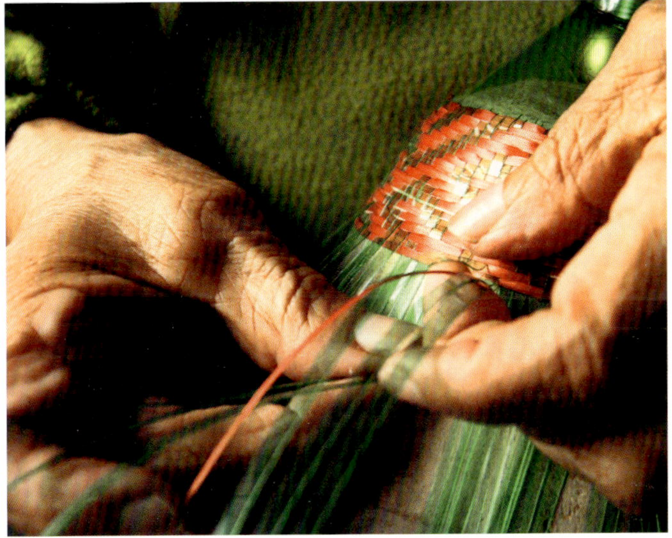

Herstellung von PET-Lampen zusammen mit kolumbianischen Kunsthandwerkerinnen und Kunsthandwerkern.
Foto: © ACdO

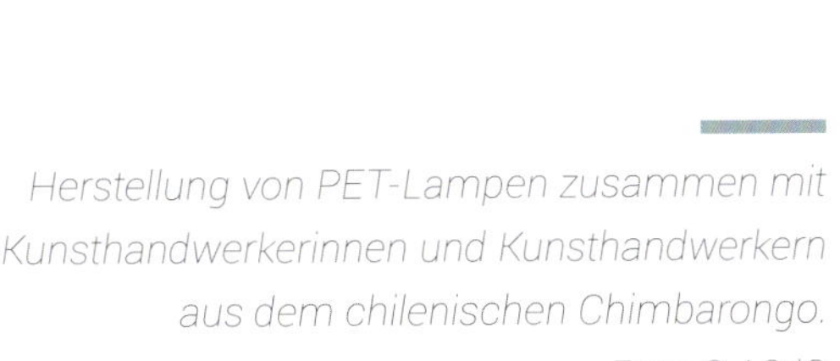

Herstellung von PET-Lampen zusammen mit Kunsthandwerkerinnen und Kunsthandwerkern aus dem chilenischen Chimbarongo.
Foto: © ACdO

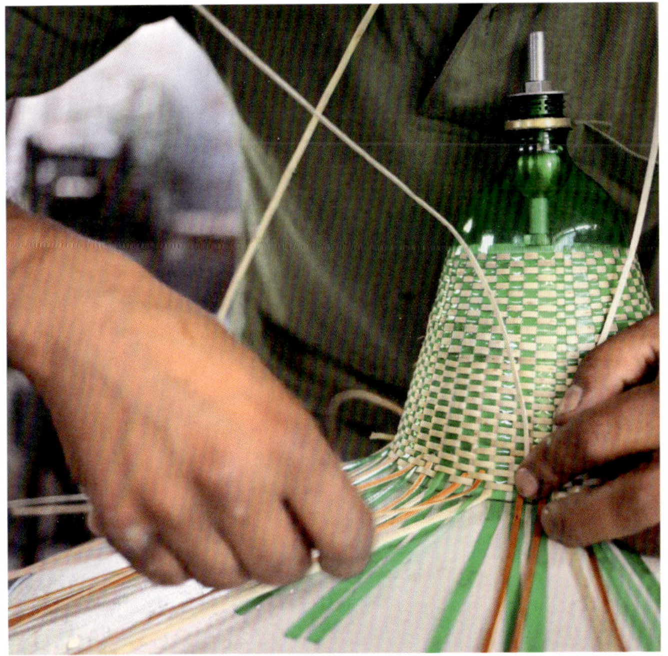

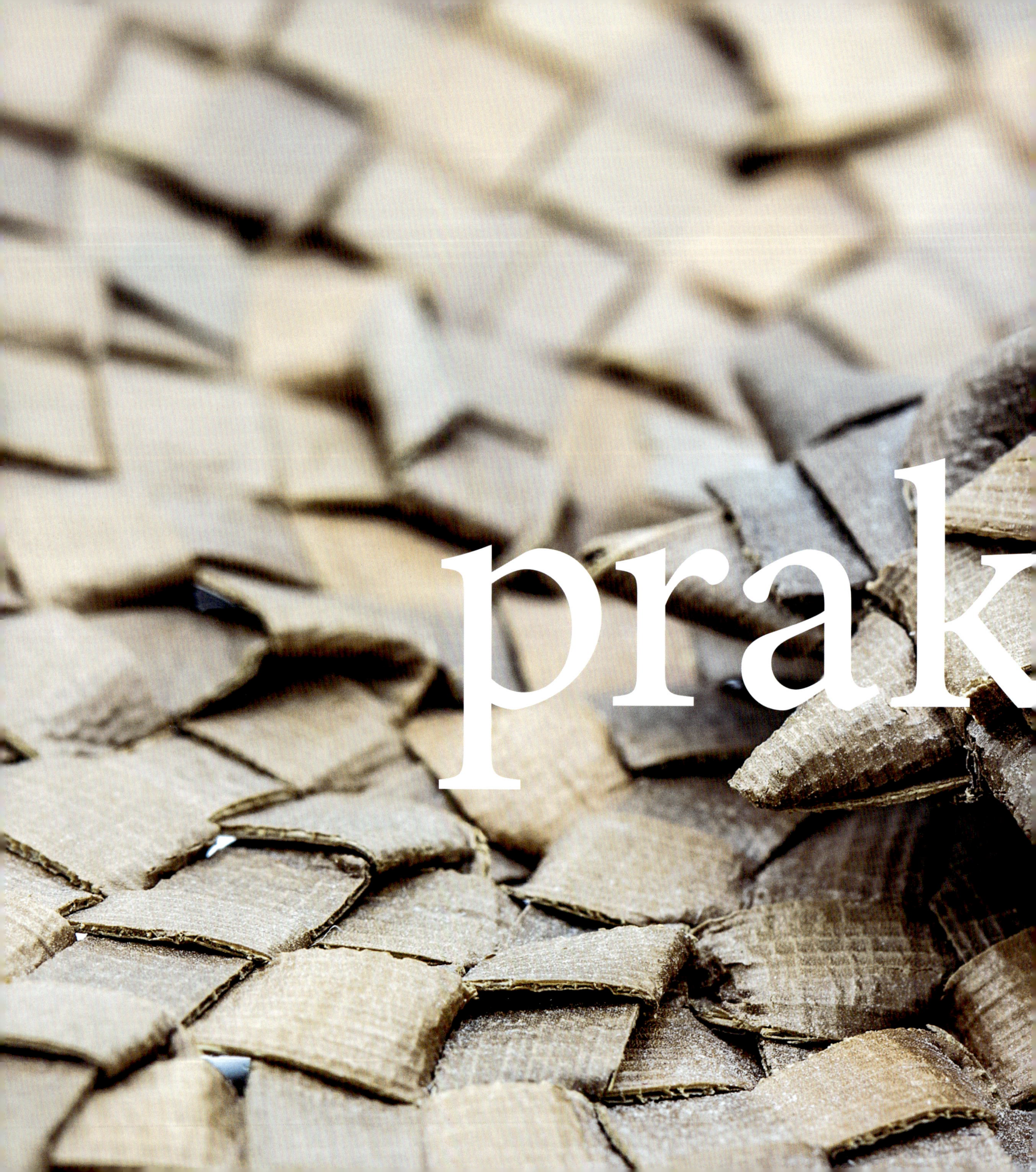
prak

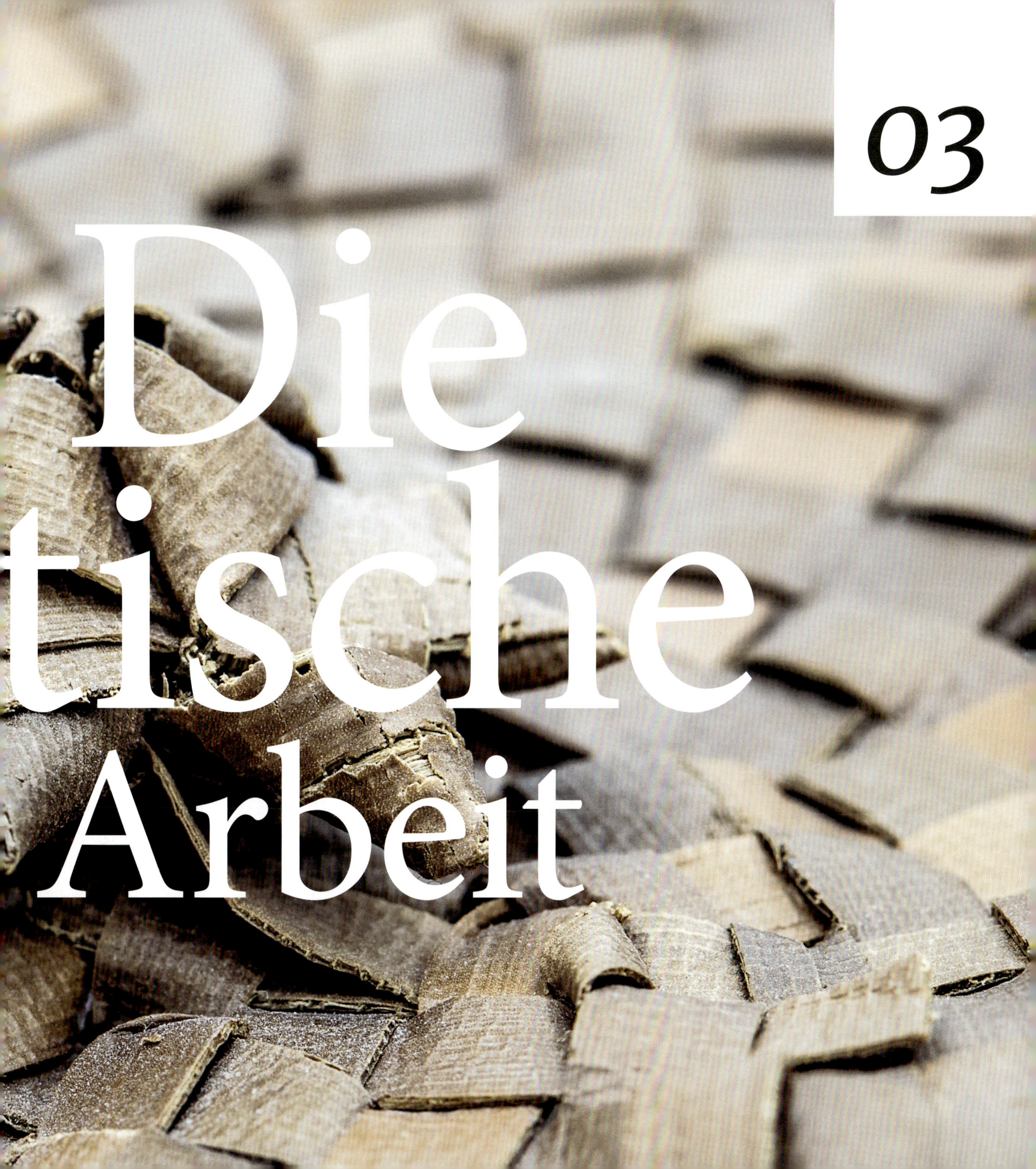

03

Die tische Arbeit

03

Die praktische Arbeit

Vorbemerkungen zum praktischen Flechten mit Streifen

Ich hatte kaum Möglichkeiten, andere teilnehmend zu beobachten, wenn ich eine Flechttechnik erlernen wollte. Somit kann ich Ihnen nicht zeigen, wie man es macht, sondern nur, wie ich im Laufe der Jahre herausgefunden habe, dass man es machen könnte. In Bezug auf Flechttechniken mache ich folgende Eingrenzungen:

— Beschränkung auf ausschließlich streifenförmiges Material
— Aufbau der Objekte „aus einem Guss" (im Gegensatz zu traditionell mitteleuropäischen Körben, die mithilfe von verschiedenen Techniken für Boden, Wand, Rand, Henkel etc. hergestellt werden)
— Subjektive Auswahl der Projekte gemäß meinen persönlichen Vorlieben

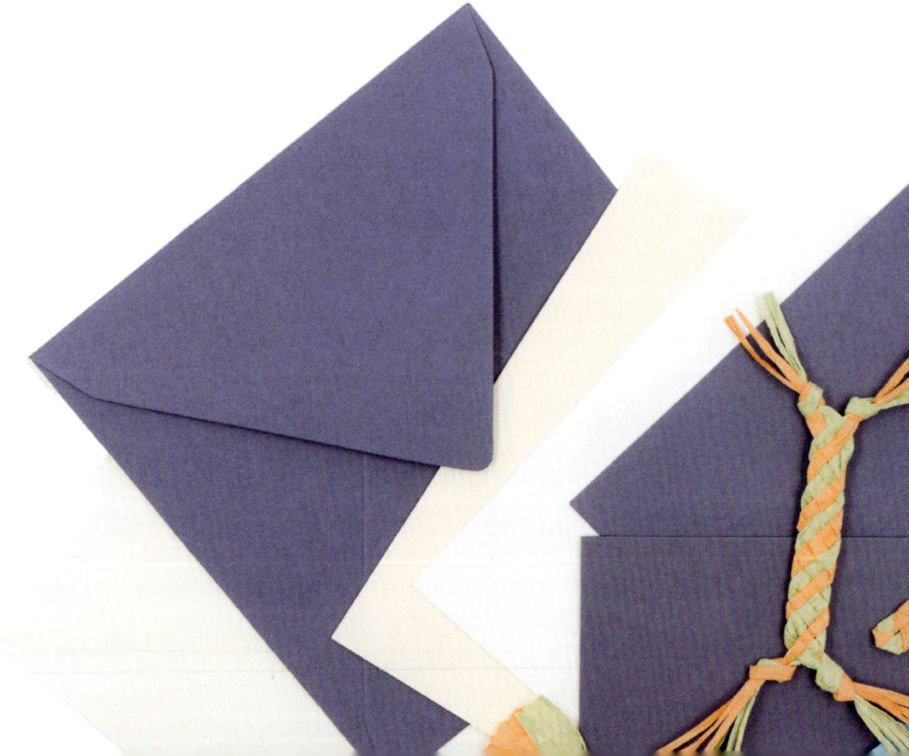

Allgemeine Hinweise zu diesem Buch

- Die Anleitungen führen Sie Schritt für Schritt von der Fläche in die dritte Dimension.
- Jede Anleitung ist gleichzeitig auch ein kleines Projekt. (Musterstücke machen sich beispielsweise auf einer Glückwunschkarte sehr gut!)
- Meist zeigt sich der Charakter einer Struktur erst nach einigen (mindestens 4–5) Reihen oder Runden – also durchhalten!
- Für den Einstieg (Technikgruppen 1 und 2) brauchen Sie keine Vorkenntnisse.
- Die Technikgruppe 3 basiert auf den Grundlagen aus den Technikgruppen 1 und 2.
- Meistens spielt es keine Rolle, ob die Anzahl der an einer Struktur beteiligten Flechtelemente gerade oder ungerade ist; einzig für bestimmte Farbwirkungen, Symmetrien, Muster oder Einteilungen von Bodenflächen ist dies von Bedeutung – ich weise jeweils darauf hin.

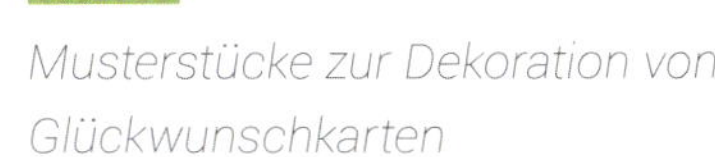

Musterstücke zur Dekoration von Glückwunschkarten

Hinweise zu den Anleitungen

Bitte beachten Sie, dass auf den Fotos zu den Anleitungen die Flechtelemente unnatürlich kurz sind. Dies ist einer besseren Anschaulichkeit geschuldet. Wenn Sie selbst ein Produkt erarbeiten, sollten Sie möglichst lange Flechtelemente wählen, um zu häufiges Verlängern zu vermeiden. Die Materialien, mit denen ich gearbeitet habe, werden in den Anleitungen jeweils angegeben, dazu weitere mögliche Alternativen. Und natürlich eignen sich noch weitaus mehr – seien Sie erfinderisch und experimentierfreudig!

Vorschläge für Abschlüsse finden sich in der Technikgruppe 2.

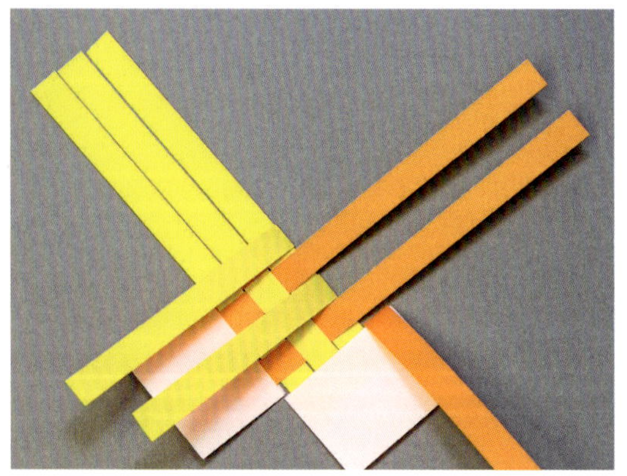

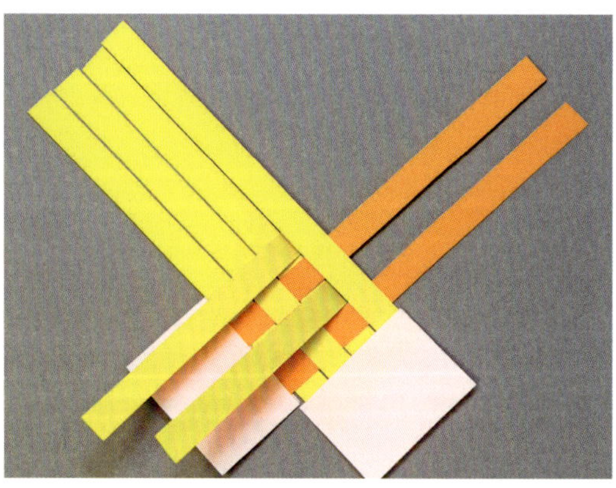

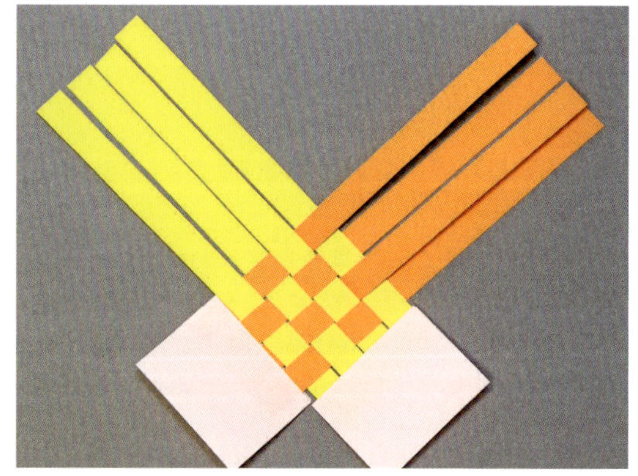

FACHBILDUNG BEI EINEM GEFLECHT AUS STREIFEN

Durch Fachbildung kann man das lästige Verrutschen der Elemente vermeiden:

- Bestimmte, abgezählte Elemente umklappen (nur ein Element, das unter einem anderen liegt, kann aufgeklappt werden).
- Die so gebildeten Gruppen von Flechtelementen weisen nun in zwei Richtungen und bilden das offene Fach, in das ein neues Element gelegt wird.
- Anschließend die aufgeklappten Elemente in ihre Ausgangslage zurücklegen; alle Flechtelemente weisen nun wieder in die gleiche Richtung und das Fach ist geschlossen.
- Dann das nächste Fach öffnen usw.

ENTSTEHENDES GEFLECHT VOR DEM AUFLÖSEN SICHERN

Sollen Flächen später zu dreidimensionalen Objekten weiterverarbeitet werden, braucht man eine temporäre Sicherung aus Faden, die verhindert, dass sich das Geflecht (mit losen Enden nach allen Seiten) vorzeitig wieder auflöst. Diese Sicherung erfolgt mit einer Runde in Zwirnbindung oder in einfacher Leinwandbindung (über 1/unter 1).

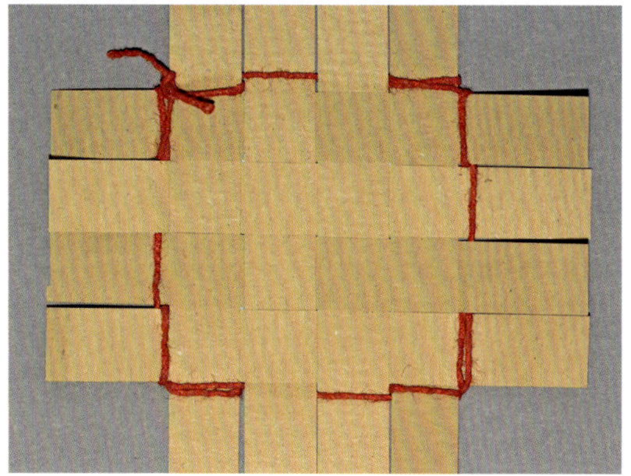

Sicherung durch eine Runde in Leinwandbindung (1/1)

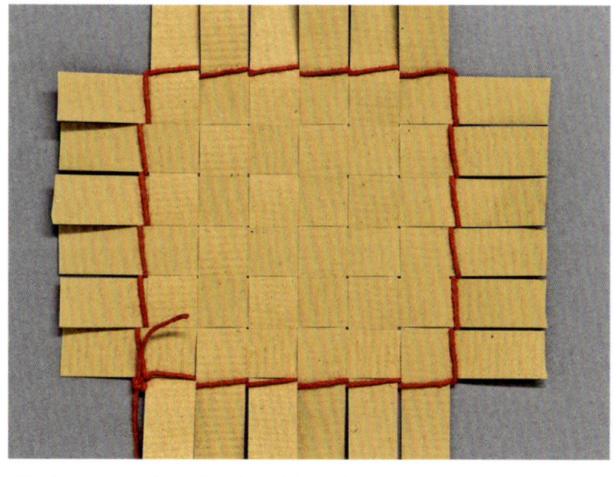

Sicherung durch eine Runde in Zwirnbindung

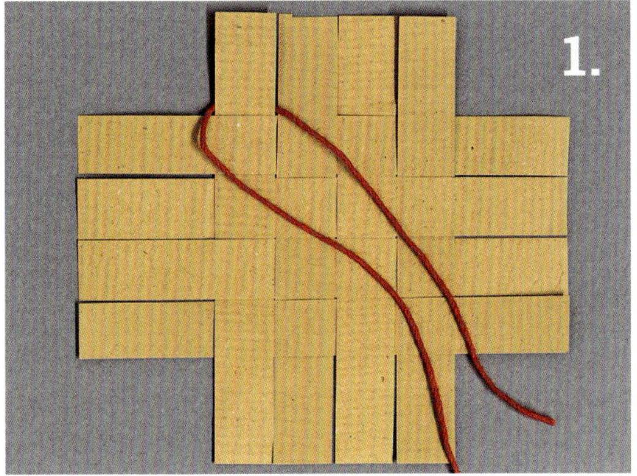

Faden einhängen

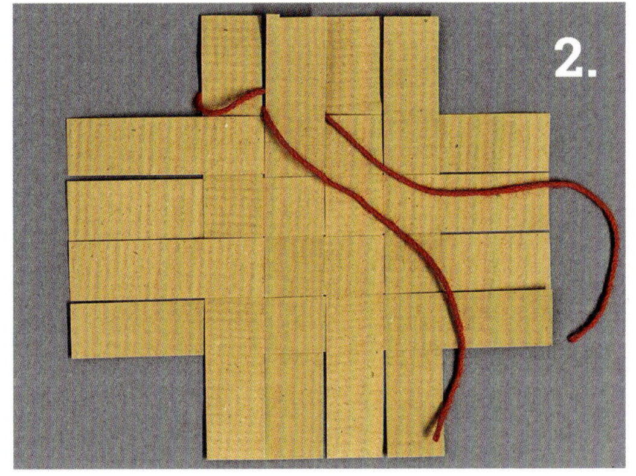

Erster Flechtschritt

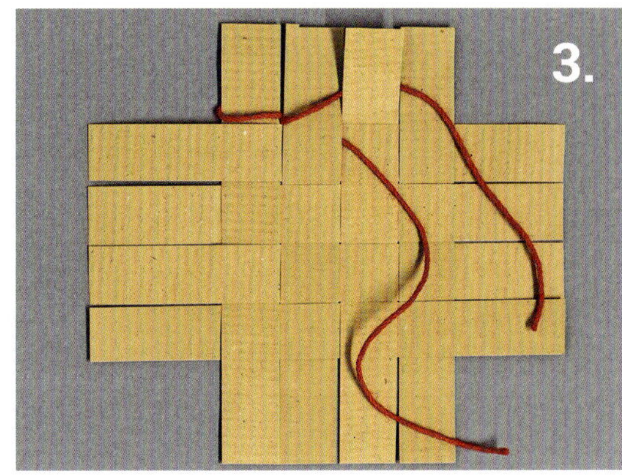

Zweiter Flechtschritt

Anleitung Zwirnbindung

- Den Faden doppelt legen und einhängen, die Fadenenden liegen nebeneinander. **[1]**
- Erster Flechtschritt: Den linken Faden hinter dem nächsten Flechtelement wieder auf die Vorderseite führen **[2]**, die Fäden haben sich beim Flechten verkreuzt.
- Zweiter Flechtschritt: Wieder den linken der beiden Fäden hinter einem Flechtelement nach vorn führen. **[3]**
- So fortfahren bis zum Ende der ersten Seite. **[4]**
- Zum Flechten der zweiten Seite die Arbeit um 90 Grad drehen, die Fäden in der Ecke verkreuzen und weiterarbeiten. Das linke der beiden Fadenenden ist aktiv, während das andere wartet, bis es an der Reihe ist. **[5]**
- So fortfahren, am Schluss die beiden Fadenenden miteinander verknoten.
- Alle losen Flechtelemente auf gleiche Länge ausrichten.

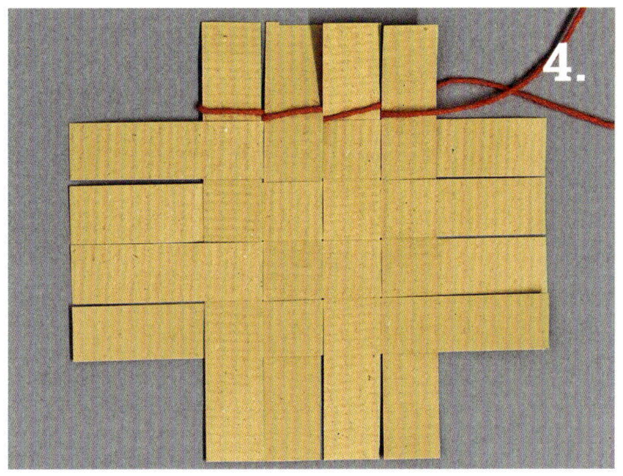

Die fertige erste Seite

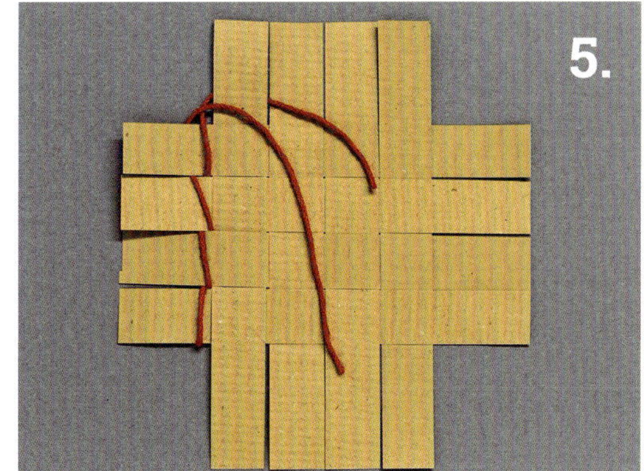

Beginn Zwirnbindung an der zweiten Seite der Fläche

Technikgruppe 1
Startsituationen und Flächenaufbau

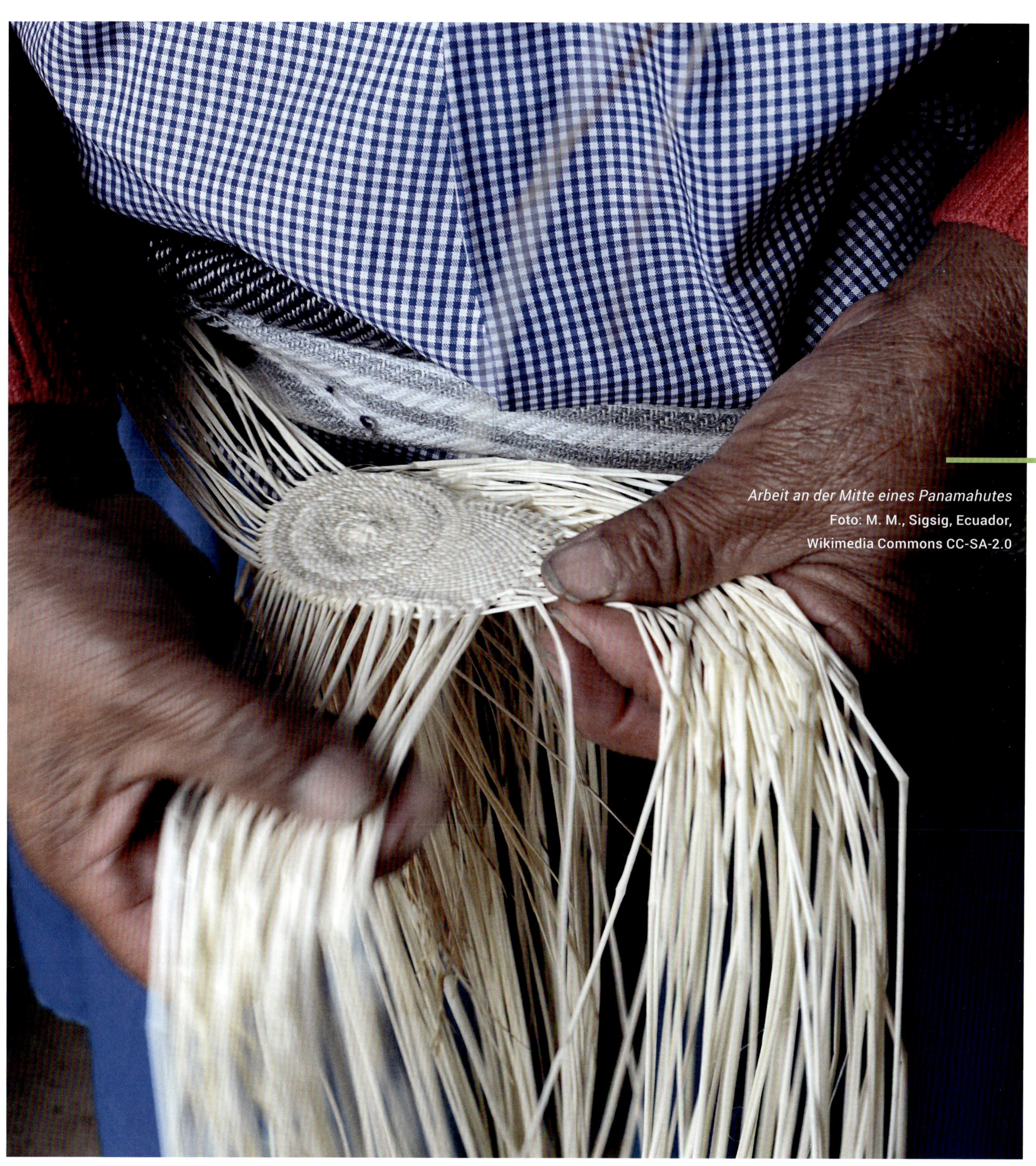

Arbeit an der Mitte eines Panamahutes
Foto: M. M., Sigsig, Ecuador,
Wikimedia Commons CC-SA-2.0

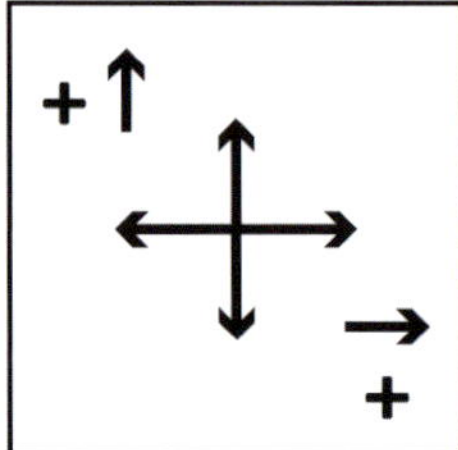

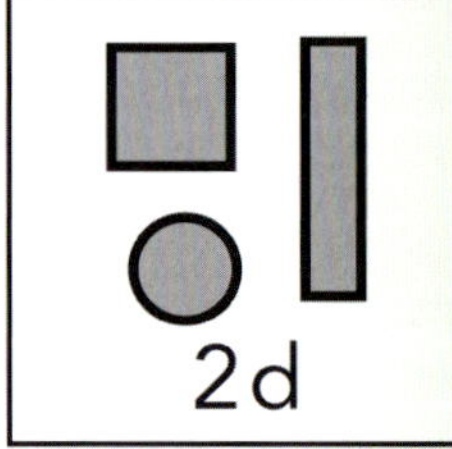

Material
Streifen, die sich gut falten lassen, beispielsweise Papierstreifen, Geschenkbänder u. a.

Hinweis
Die Streifen auf den Fotos haben verschiedenfarbige Vorder- und Rückseiten, was beim Aufklappen zu sehen ist.

Varianten
- Nur auf einer Seite neue Elemente einfügen.
- Gegen den Uhrzeigersinn arbeiten.
- Nur gleichfarbige Streifen einsetzen.
- Unterschiedlich breite Streifen einsetzen.

Start aus der Mitte mit losen Flechtelementen und Fachbildung

Ein Start aus der Mitte eignet sich für Geflechte, die nach allen Seiten lose Enden haben sollen, beispielsweise als Bodenfläche für einen Korb. Außerdem ist man bei dieser Art des Startens noch frei, was die endgültige Größe der entstehenden Fläche angeht.

Start und Aufbau der Fläche – 1/1 orthogonal geflochten

- Vier verschiedenfarbige Streifen orthogonal dicht 1/1 miteinander verflechten. **[1 und 2]**
- Rechter Hand den blauen Streifen aufklappen. **[3]**
- Einen neuen gelben Streifen parallel zum ersten gelben Streifen ins aufgeklappte Fach legen. **[4]**
- Das aufgeklappte blaue Element zurückklappen. **[5]**
- Im Uhrzeigersinn auf allen anderen Seiten nach dem gleichen Prinzip weiterarbeiten. **[6–14]**
- Nach dieser Runde liegen immer zwei gleichfarbige Streifen nebeneinander im wachsenden Geflecht und das Gefüge hat nun schon eine erstaunliche Festigkeit.
- Eine neue Runde mit Klappen und Einlegen beginnen.
- Alle Elemente auf gleiche Länge ausrichten.

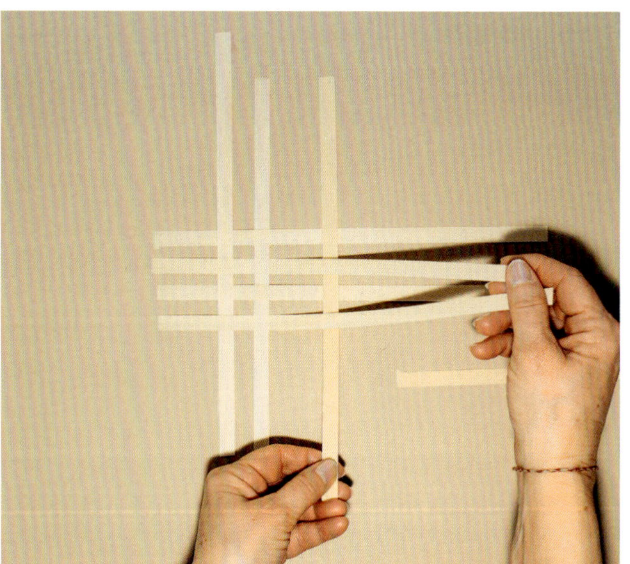

Arbeit mit Furnierstreifen: Nur anheben, statt umzuklappen.

ARBEITEN MIT SEHR STEIFEN FLECHTELEMENTEN
Sehr steife Flechtelemente, beispielsweise Furnierstreifen, können nicht umgeklappt werden. Heben Sie stattdessen die Streifen nur leicht an und schieben Sie dann das neue Element ein.

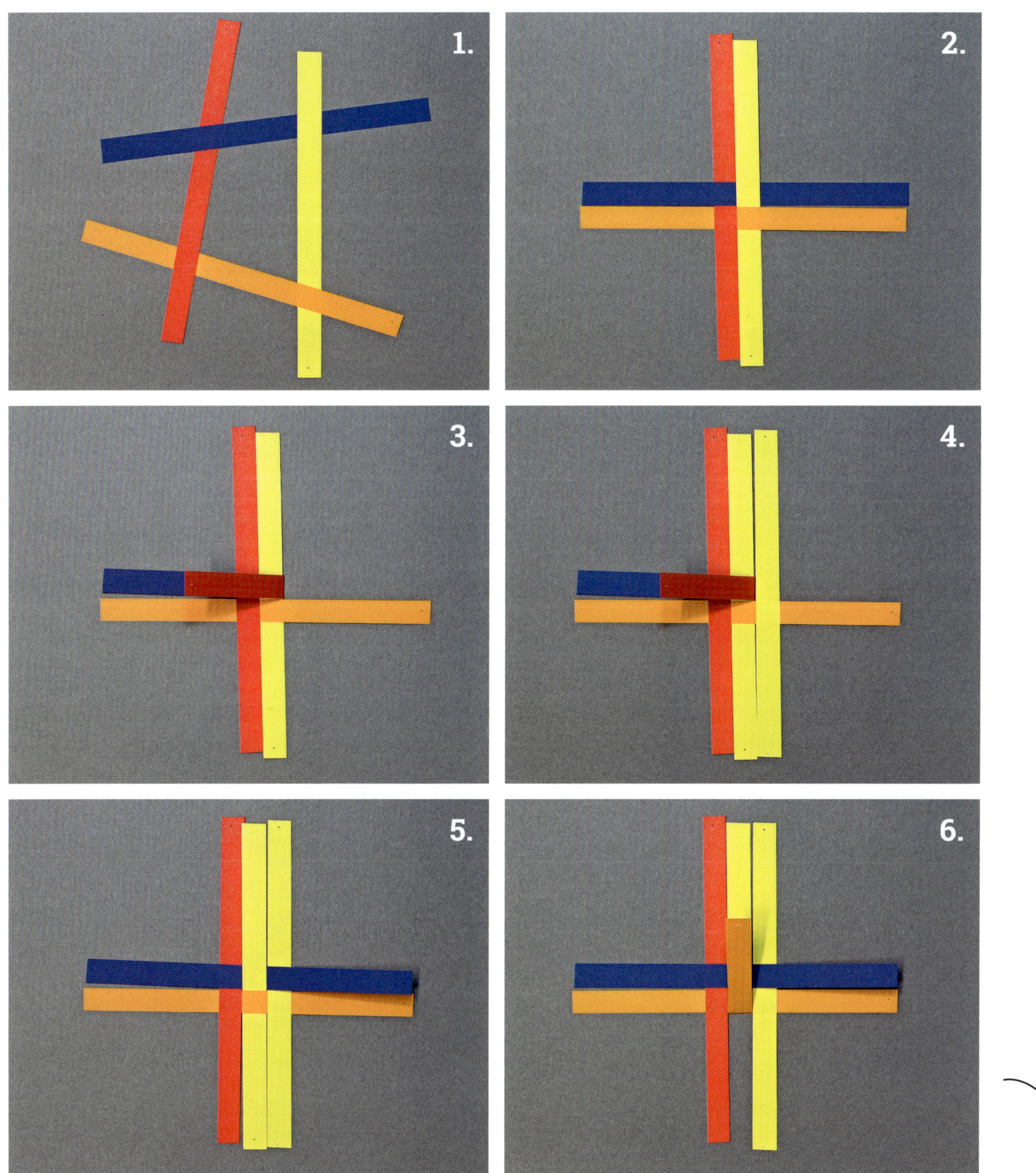
1.
2.
3.
4.
5.
6.

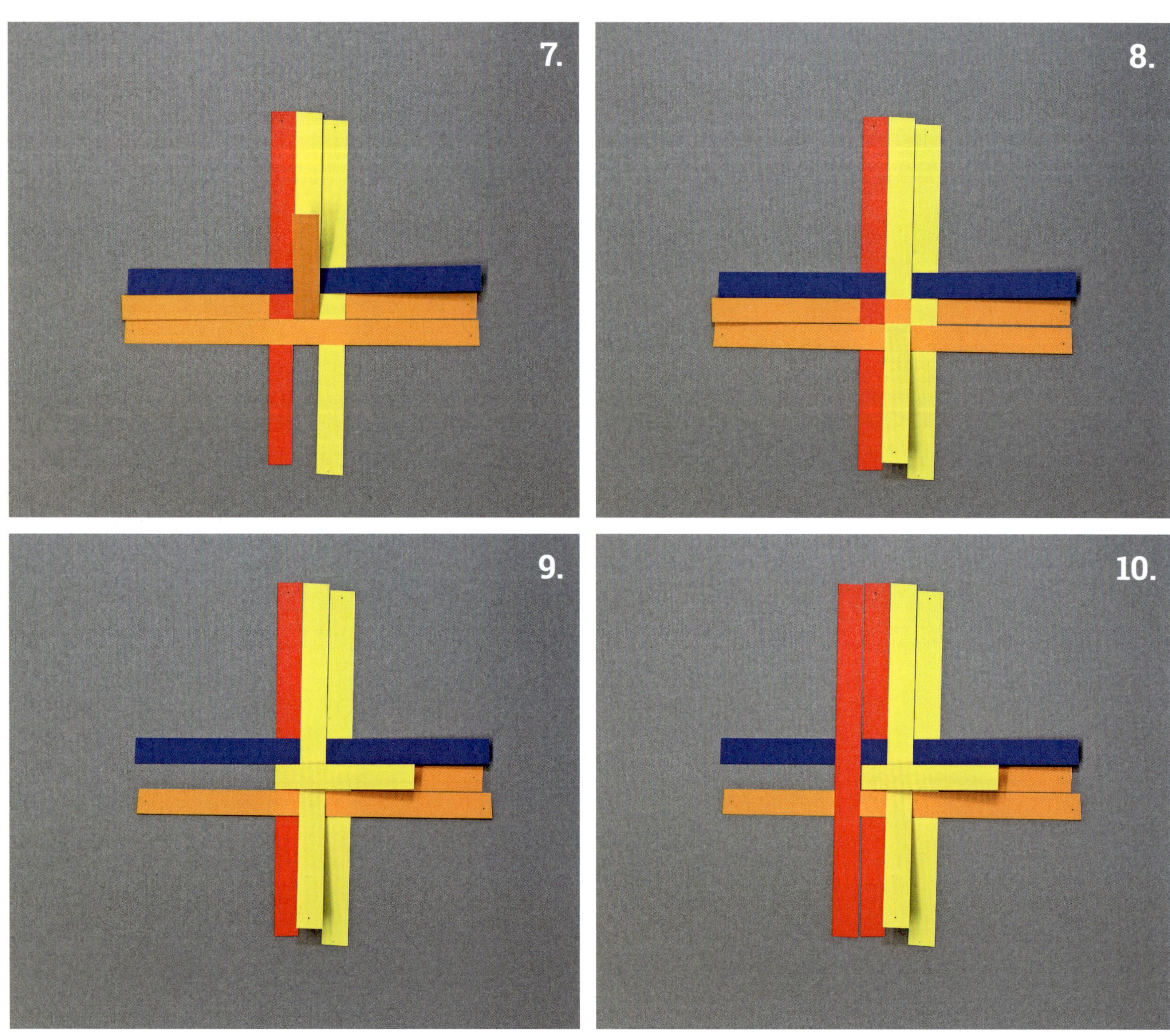
7.
8.
9.
10.

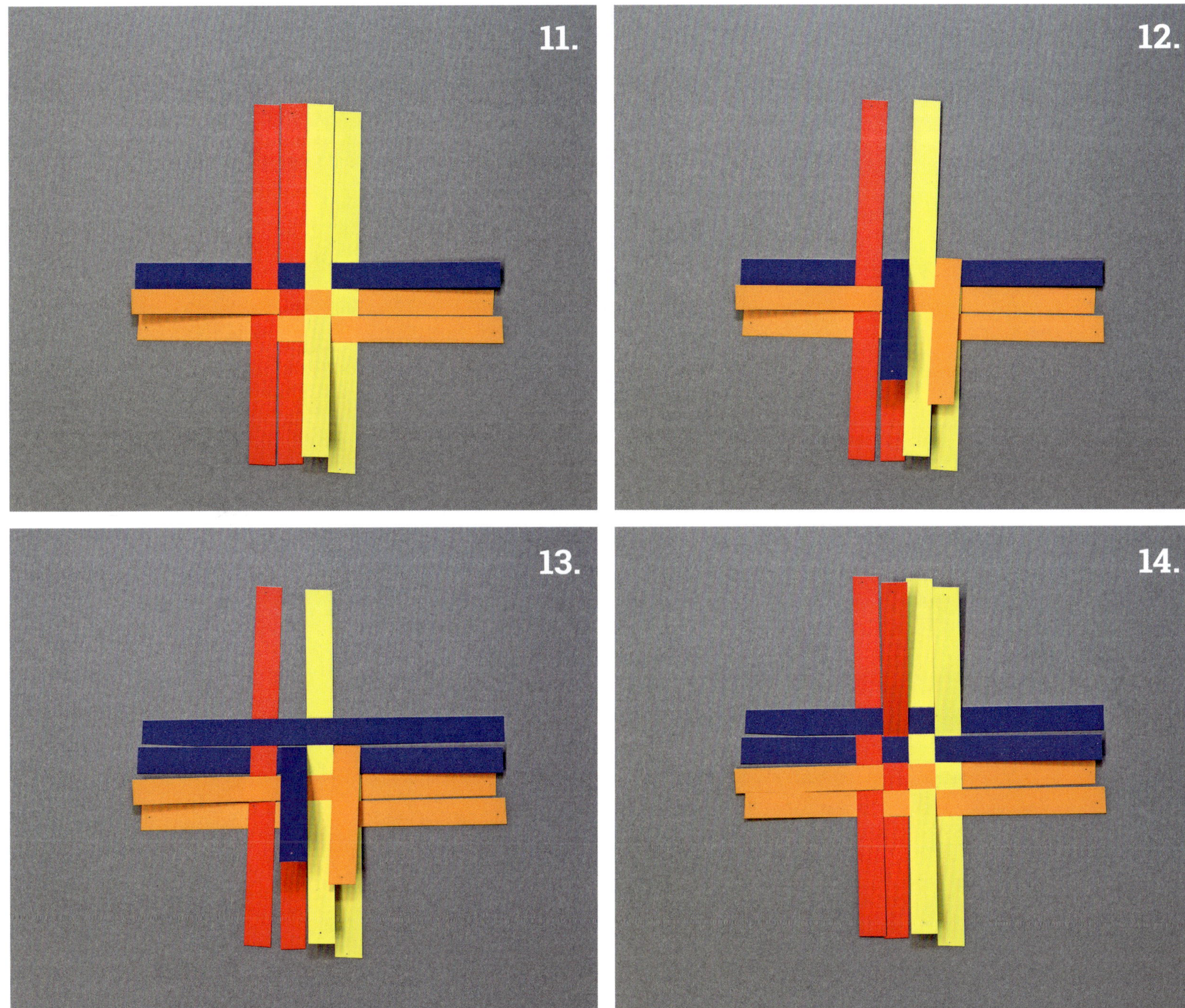
11.
12.
13.
14.

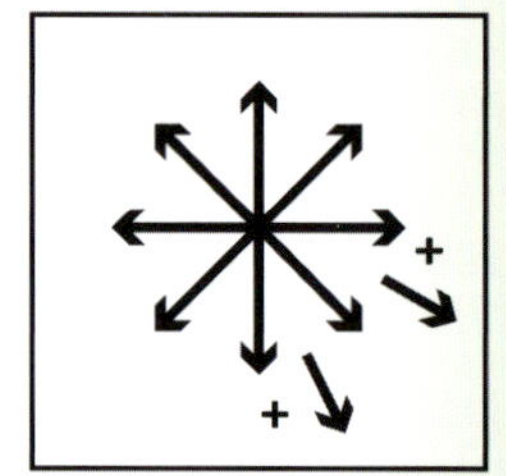

Start aus der Mitte für eine kreisförmige Fläche

An kreisförmigen Flächen von Hüten, Tischsets, Untersetzern, Teppichen usw. zeigen sich unterschiedliche Varianten eines Starts aus der Mitte:

› Kleine geflochtene Grundfläche als Mitte
› Sternförmig angeordnetes Flechtelementbündel als Mitte
› Anfang einer schmalen Borte (Zöpfchen) als Mitte

Der zunehmende Radius der Kreisfläche verlangt nach zusätzlichen Flechtelementen.

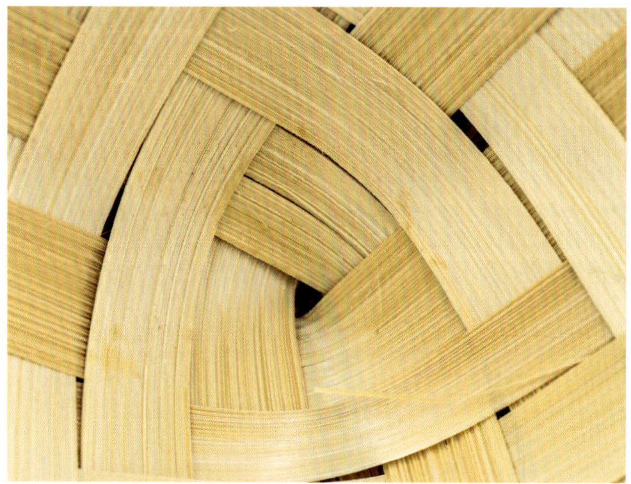

Start aus der Mitte in drei Richtungen

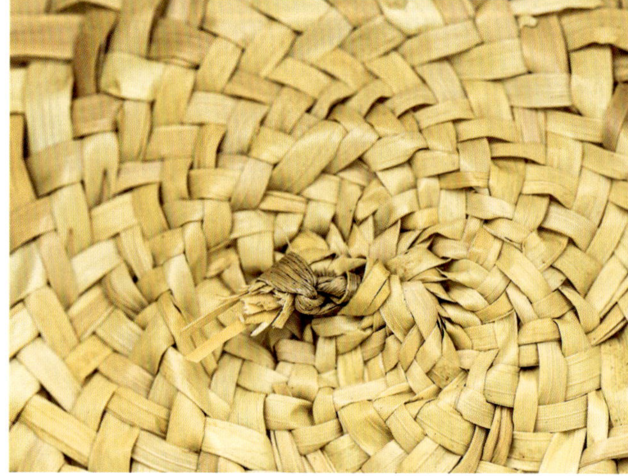

Start aus der Mitte mit Zöpfchen

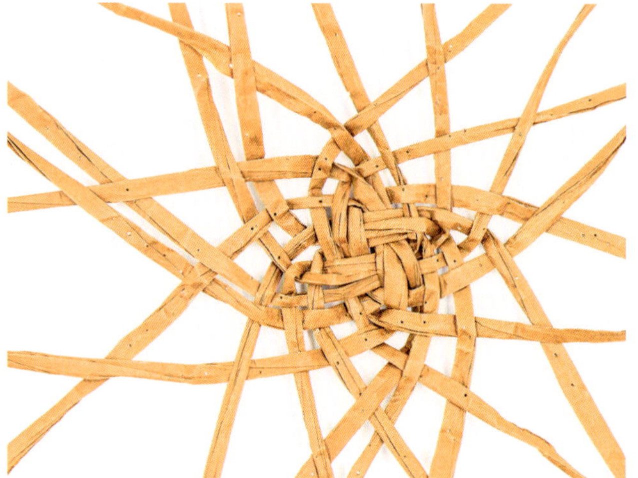

Anfang mit Flechtelementbündeln

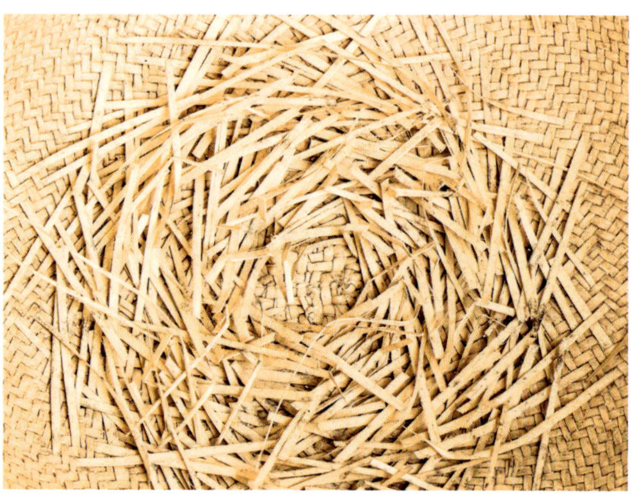

Zusätzlich eingefügte Flechtelemente an einem Hut (innen)

Kreisfläche, orthogonal geflochten

- Ausgangslage: Mitte mit strahlenförmig übereinandergelegten Flechtelementen (nötig sind eine ungerade Anzahl Strahlen oder zwei versetzt arbeitende Eintragsfäden, die sich niemals überholen dürfen)
- Ein Einzelelement orthogonal 1/1 um diese Elemente flechten.
- Neue Flechtelemente einfügen wie auf dem Foto angedeutet.
- Werden keine neuen Elemente mehr hinzugefügt, wird sich die Fläche beim Weiterflechten automatisch in die dritte Dimension wölben.

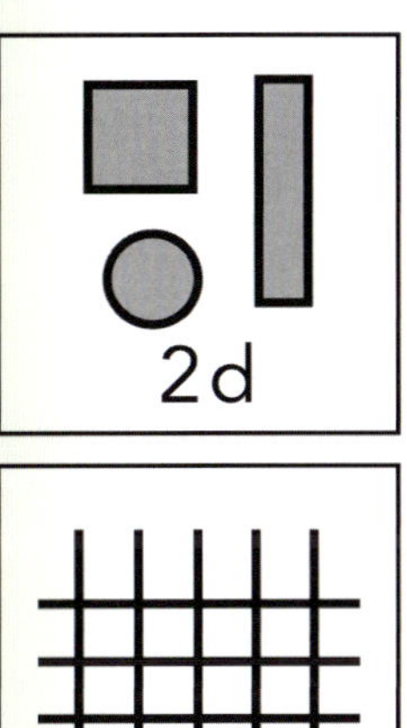

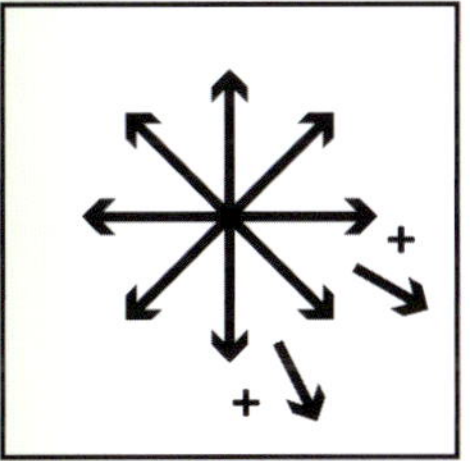

Material
Papierband o. Ä.

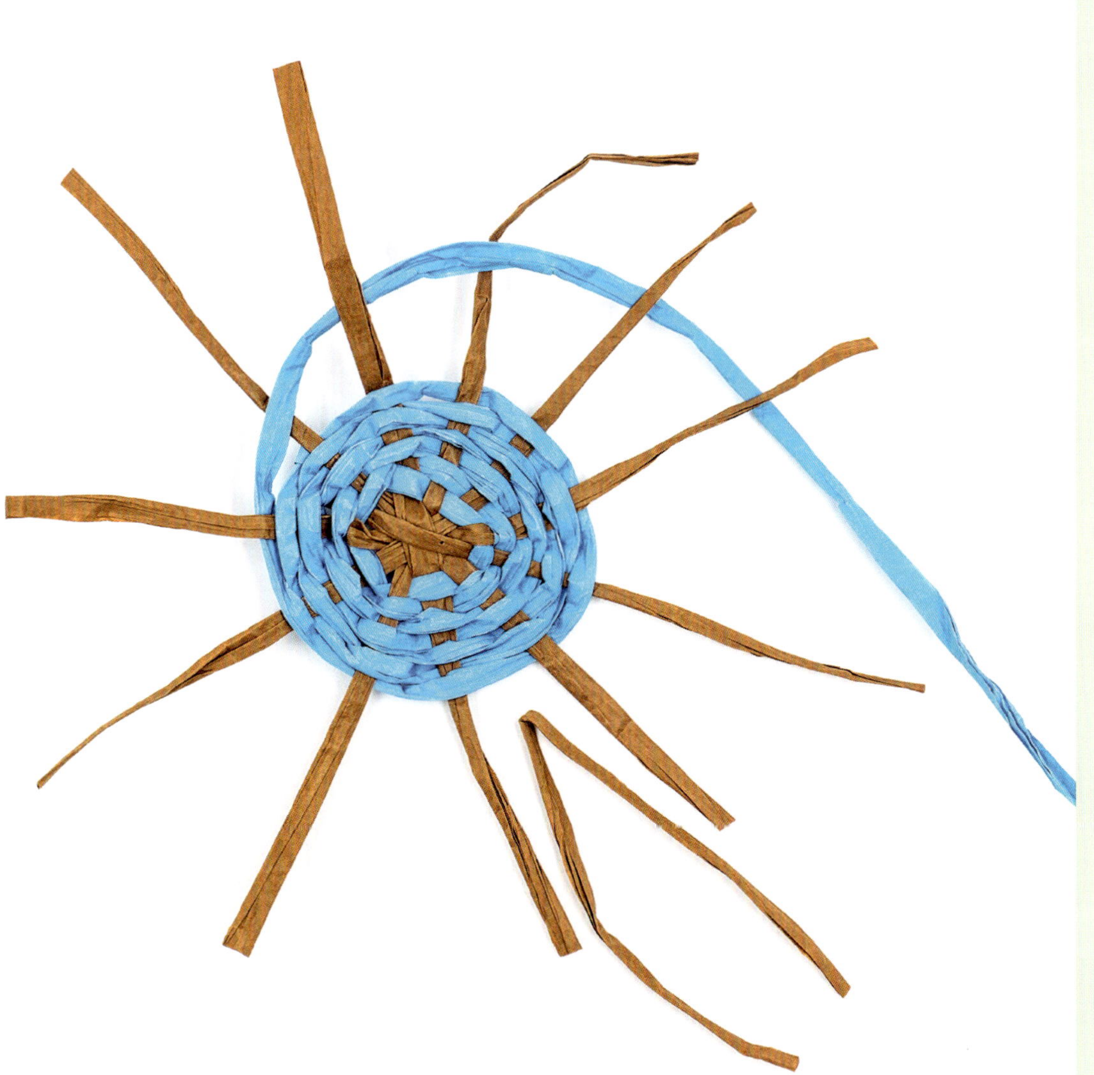

Kreisfläche, orthogonal geflochten

Zentrum

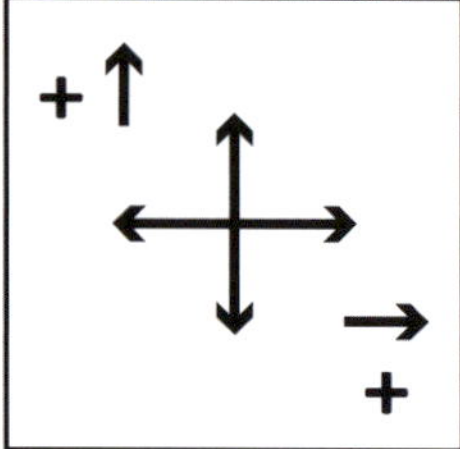

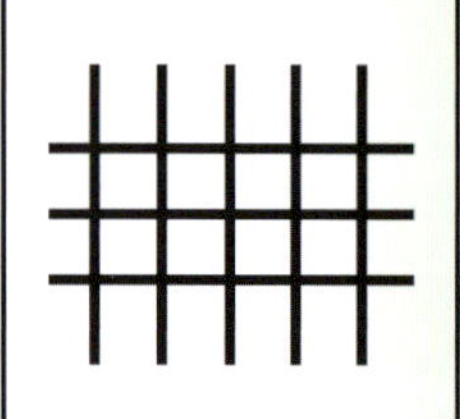

Bodenfläche

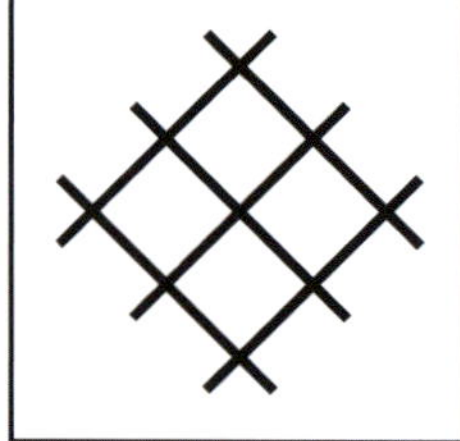

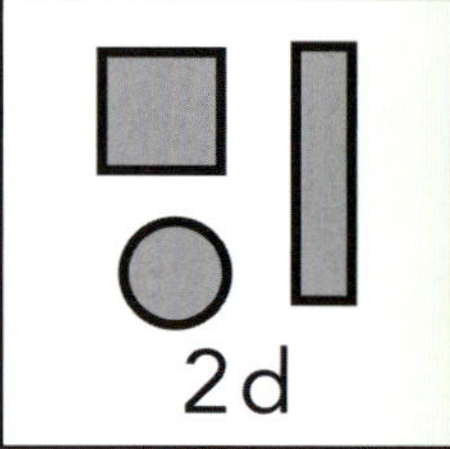

Kreisfläche, diagonal geflochten

- Ausgangslage: Eine Fläche aus 4 x 4 Einzelelementen (vier längs und vier quer) orthogonal und nicht zu dicht flechten. **[1]** Ab jetzt agieren die 16 Flechtelemente nach den Regeln einer diagonal geflochtenen Struktur und bilden gemeinsam die weitere Fläche. Neue Elemente müssen einbezogen werden, sobald der wachsende Radius das verlangt.
- **Schritt 1:** Die zwei mittleren Flechtelemente an allen vier Arbeitsrändern kreuzen **[2]**, mit Stecknadeln sichern.
- **Schritt 2:** Die gekreuzten Fäden jeweils ganz nach links und rechts 1/1 flechten und auch mit den Fäden von angrenzenden Arbeitsrändern kreuzen **[3]**, die Elemente sternförmig anordnen und mit Stecknadeln fixieren.
- **Schritt 3:** Rundum die beiden Elemente, die direkt oberhalb der ersten Kreuzung auf Bild 2 liegen, erneut kreuzen (im Bild Z-gerichtet). **[4, rechte Seite]**
- **Schritt 4:** Neue Elemente einhängen **[4, linke Seite]** (die einzelnen Streifen sind doppelt so lang wie erforderlich und werden gefaltet eingehängt).
- **Schritt 5:** Die neuen Elemente nun mit den bereits bestehenden kreuzen, was sehr aufwendig ist. (Sie brauchen gute Nerven und viele Stecknadeln!) Für eine bessere Übersicht die Elemente zunächst so anordnen, dass immer zwei gleichfarbige nebeneinanderliegen. **[5, oberer Bereich]**
- Weiterflechten und weitere Elemente hinzunehmen, während des Aufbaus der Kreisfläche den (laufkreuzenden) kreisförmigen Arbeitsrand nicht verlassen. Sobald keine neuen Elemente mehr hinzugefügt werden, wird sich die Fläche beim Weiterflechten automatisch in die dritte Dimension wölben. Ich empfehle, dann auf einen V-förmigen Arbeitsrand zu wechseln und in Abschnitten weiterzuflechten.

Material
Papierband oder andere **weiche** Streifen, beispielsweise Pflanzenmaterial oder Viskosebast

Hilfsmittel
Stecknadeln und geeignete Unterlage

Spätestens beim Erproben des hier vorgestellten Ablaufs wird klar, welche enormen handwerklichen und gestalterischen Leistungen in einem Hut stecken!

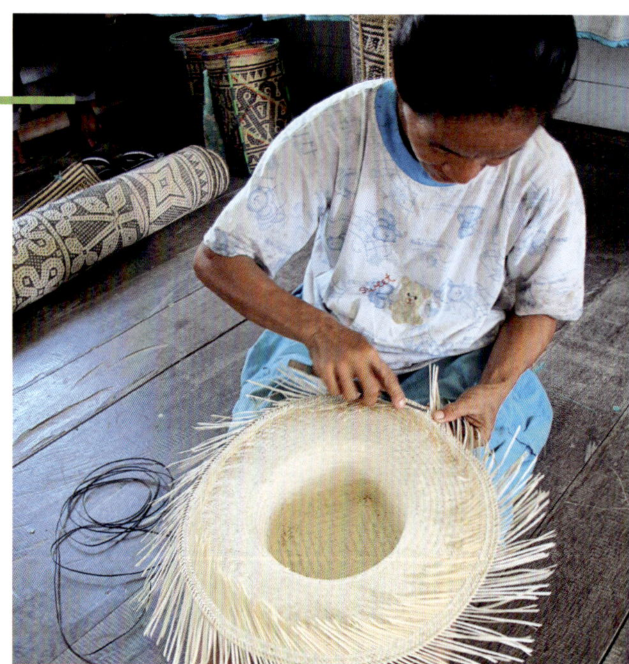

Ibu Tinting flicht einen Hut aus Rattan, Tanjung Langsat, Nordkalimantan, Indonesien.
Foto: Margrit Linder

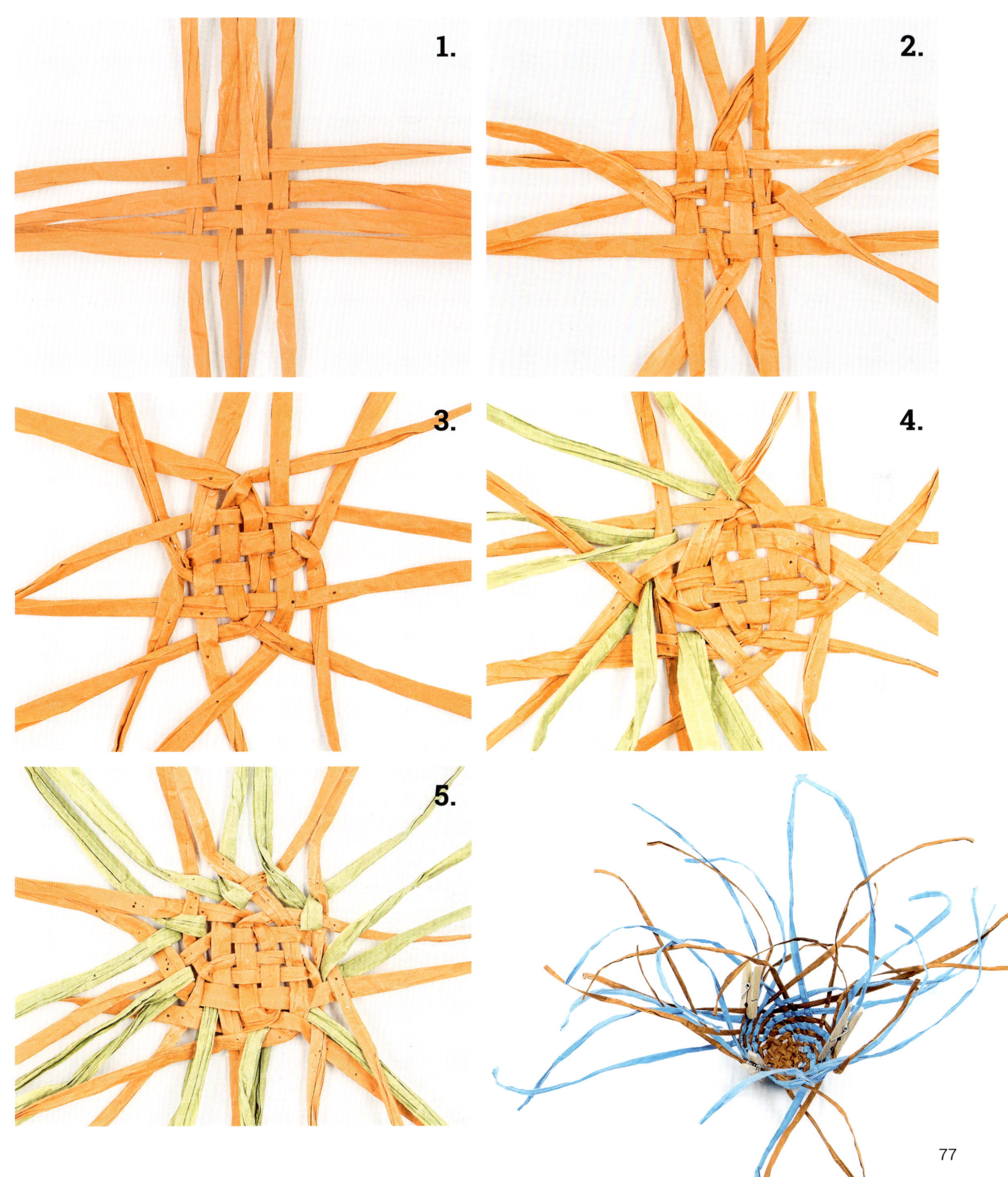
1.
2.
3.
4.
5.

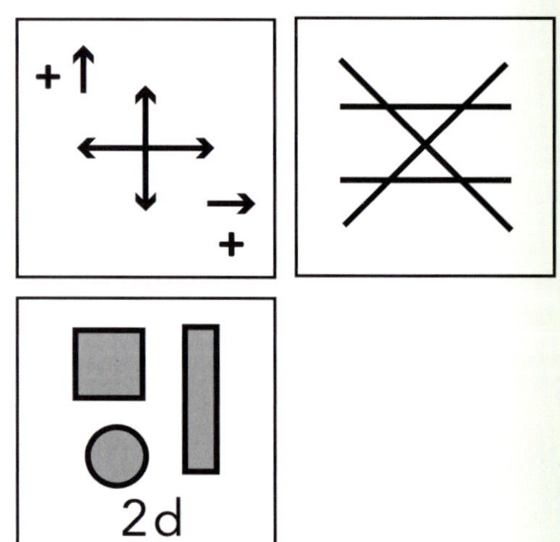

Material

steife Streifen, beispielsweise Kunststoffbänder, Holzspan, Furnierstreifen, Peddigband, Peddigschienen u. a.

Hilfsmittel

evtl. ein Winkelmesser zur Kontrolle

Start aus der Mitte mit losen Flechtelementen in drei Richtungen (offen)

Als dicht geflochtene Variante sind Flächen in drei Richtungen außerordentlich schwierig zu flechten. Deshalb werden sie auf Englisch manchmal auch „Mad Weave“ (verrücktes Geflecht) genannt. Ein neuer wichtiger Winkel kommt hier ins Spiel, der 60-Grad-Winkel.

Start und Aufbau der Fläche, 1/1 in drei Richtungen geflochten

- Das Material auf den Fotos: Papierstreifen in Orange/Blau/Rot
- Die drei ersten Elemente legen wie gezeigt **[1]**: Orange bildet die S-Diagonale (S1) und liegt auf der roten Z-Diagonalen (Z1). Die blaue Horizontale (H1) liegt über S1 und unter Z1. Mit dieser ersten Anordnung ca. im unteren Drittel der durch die Diagonalen angedeuteten Fläche bleiben. Die Stelle, an der sich S1, Z1 und H1 kreuzen, liegt unterhalb von H1 und hat deutlich die Form eines gefüllten Dreiecks – solche Dreiecke sind wichtige Orientierungsstellen!

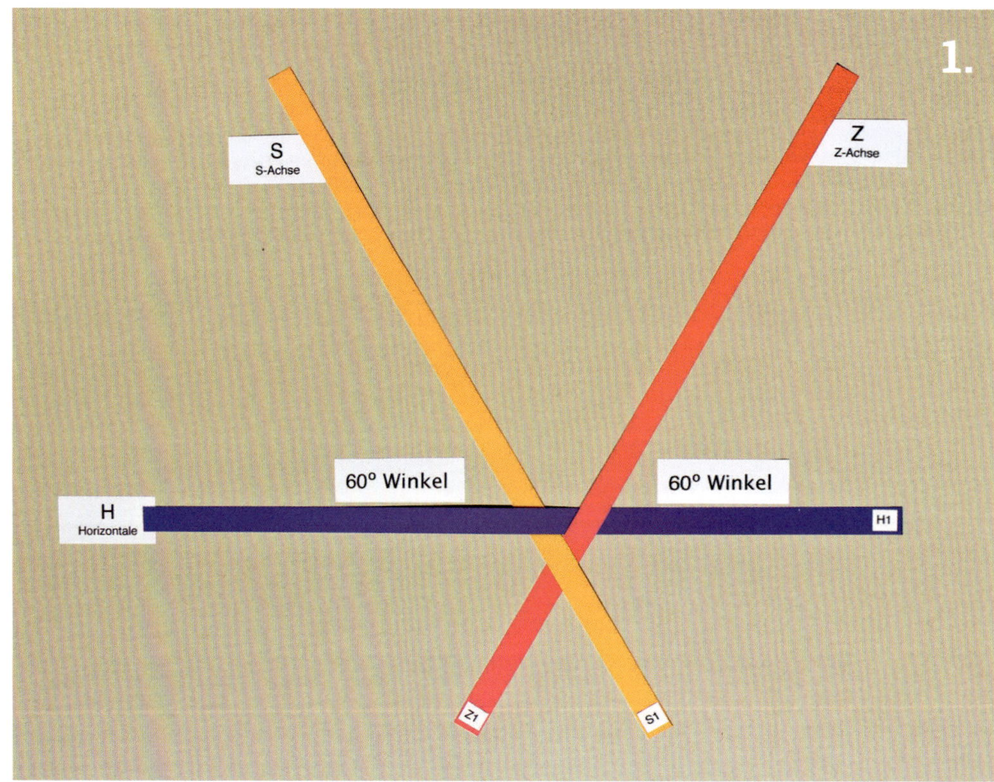

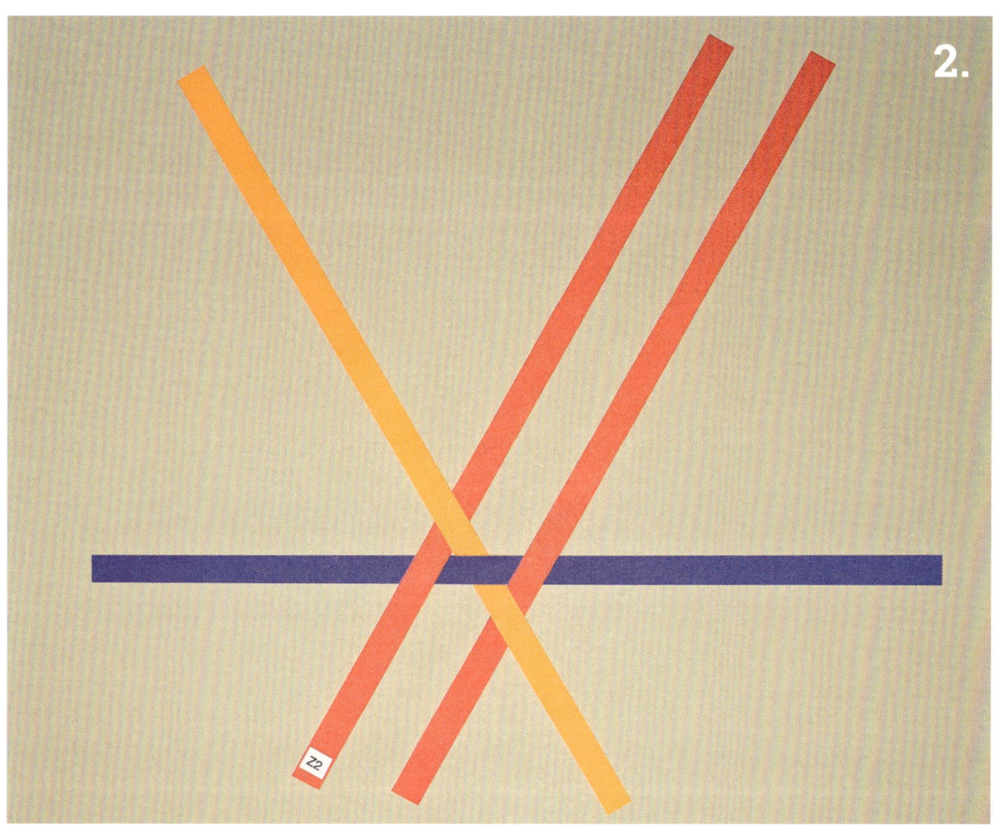

› Die zweite rote Diagonale Z2 wird links von Z1 und parallel dazu eingeflochten: Sie liegt über H1 und unter S1 – wieder bildet sich ein markantes Dreieck, diesmal oberhalb von H1. **[2]**

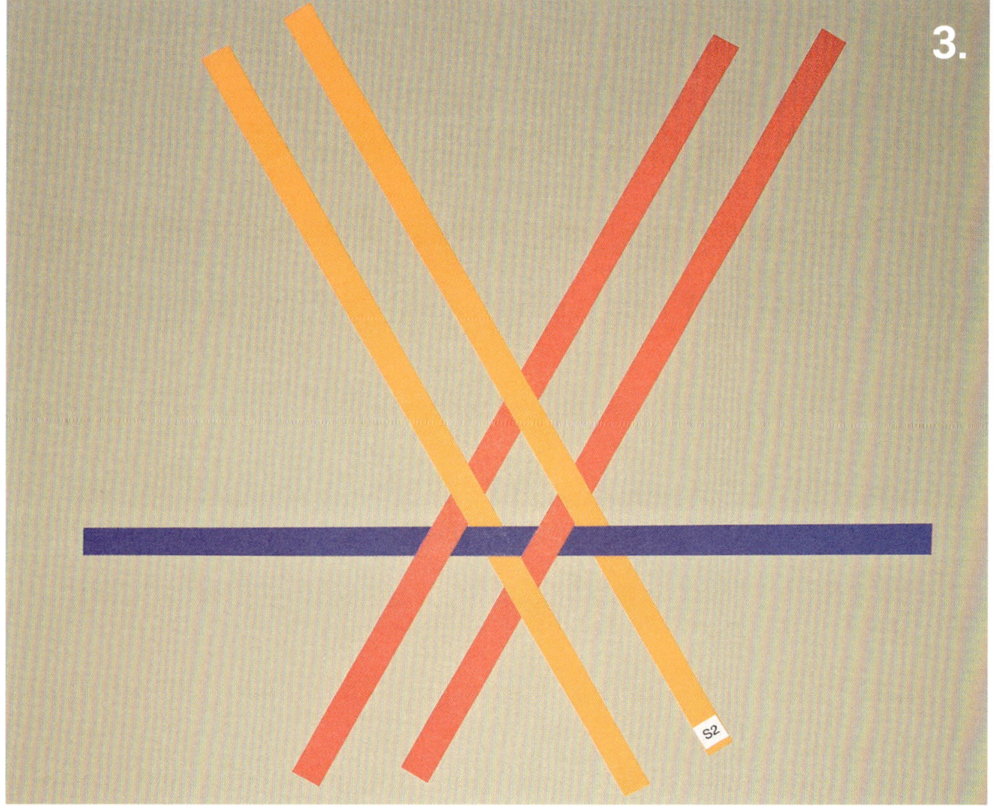

› S2 wird eingeflochten: S2 liegt über den beiden roten Diagonalen und unter H1 – es bildet sich ein zweites Dreieck oberhalb von H1. **[3]**

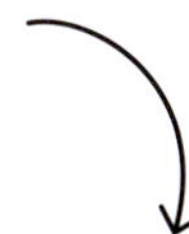

- H2 wird oberhalb von H1 eingeflochten und liegt unter Z1, über S2, unter Z2 und über S1 – es bildet sich ein Dreieck oberhalb von H2.
- Man sieht nun ganz deutlich ein sechseckiges Loch in der Mitte aller drei jeweils parallel liegenden Diagonalpaare. **[4]**

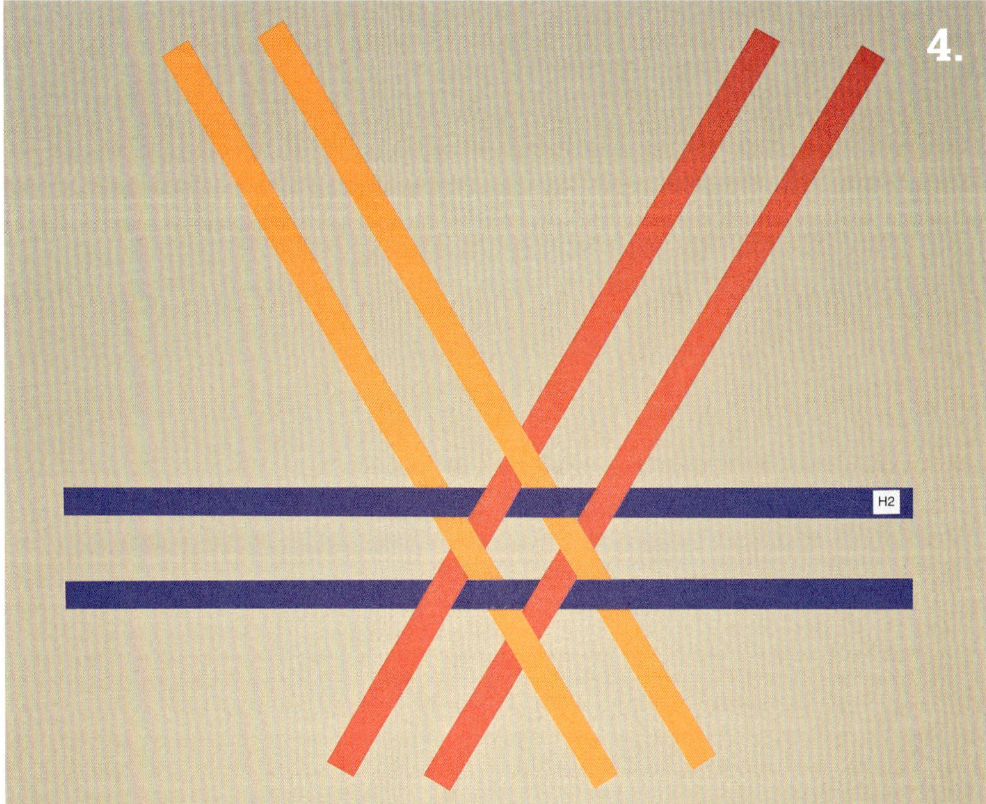

- Flechten Sie auf diese Art weiter neue Elemente ein, bis in jeder Richtung je vier gleichfarbige Elemente ihren Platz in der Struktur gefunden haben. Orientieren Sie sich an den Stellen mit den dichten Dreiecken und den sechseckigen Löchern. **[5]**

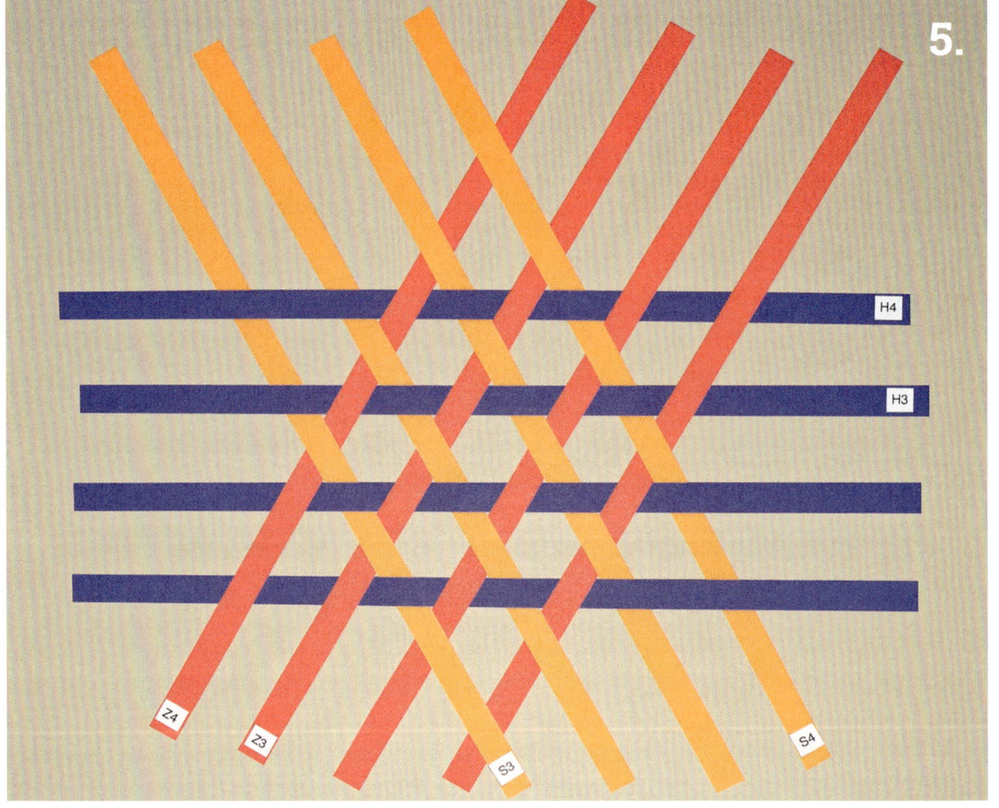

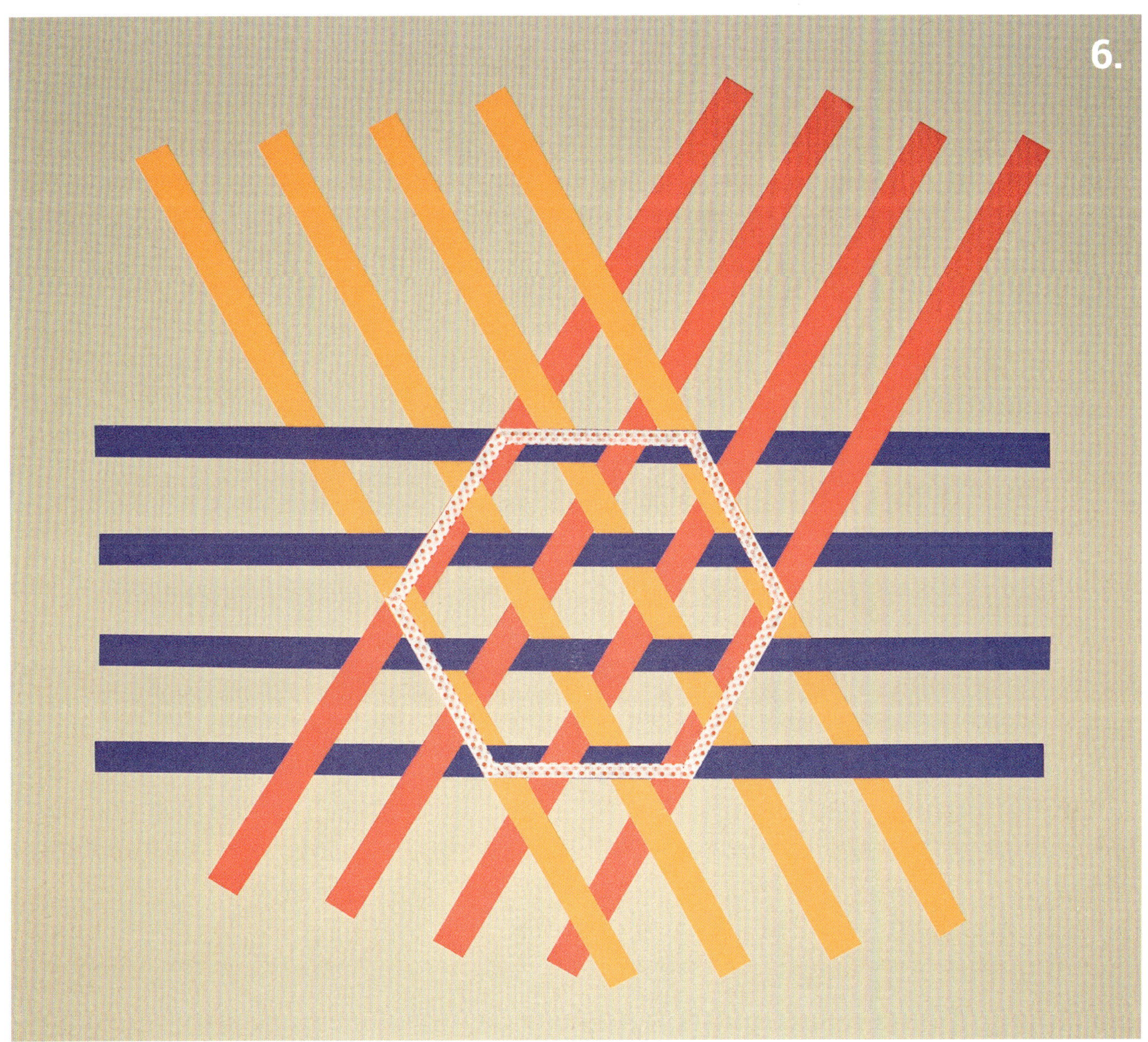

› Die Enden aller Flechtelemente auf gleiche Länge ausrichten: Bevor Sie dazu an einem Element ziehen, legen Sie sichernd die flache Hand in die Mitte der fertigen Struktur, damit sich keine Winkel verziehen.
› Ein größeres Sechseck begrenzt die fertige Struktur, alle sechs Seitenränder haben lose Elemente in zwei diagonalen Richtungen. **[6]**

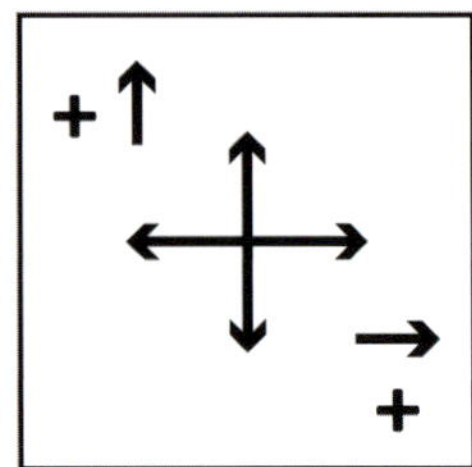

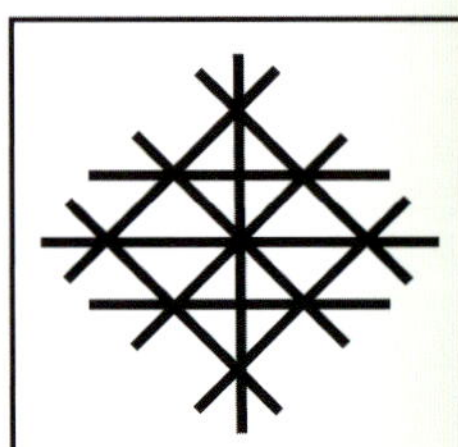

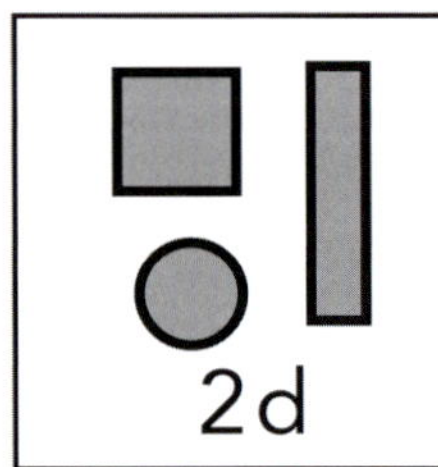

Material
steife und breite Streifen, beispielsweise Zeichenpapier, 180 g/m², Kunststoffbänder, Holzspan, Furnierstreifen u. a.

Hilfsmittel
Stecknadeln und ein entsprechender Untergrund

Start aus der Mitte mit losen Flechtelementen in vier Richtungen

Inspiration für diese Bodenform war die geflochtene Figur einer asiatischen Reisgöttin. Es handelt sich um eine Erweiterung des Starts aus der Mitte mit vier Elementen: Zu je zwei waagerechten und senkrechten Elementen kommen noch je zwei Diagonalen in zwei Richtungen. Das ergibt ein Geflecht in vier Richtungen und später einen rundlichen bzw. achteckigen Boden.

Werden die Flechtelemente von Anfang an lang genug zugeschnitten, lässt sich der hier vorgestellte Boden für den Korbaufbau von Seite 152 verwenden.

Start und Aufbau einer Bodenfläche, 1/1 in vier Richtungen geflochten

Das Beispiel auf den Fotos wurde mit steifem Saleenband gearbeitet. So gehen Sie vor:

› Zwei gelbe und zwei weiße Streifen orthogonal dicht 1/1 miteinander verflechten. Auf Bild 1 ist der Mittelpunkt mit einer roten Stecknadel hervorgehoben. Sie sehen um diesen Mittelpunkt herum viermal eine Kreuzung aus weißen und gelben Streifen: Nördlich vom Mittelpunkt liegt rechts Weiß auf Gelb (A) und links Gelb auf Weiß (B). Südlich vom Mittelpunkt ist die Situation genau umgekehrt: Rechts liegt Gelb auf Weiß (C), links Weiß auf Gelb (D). **[1]**
› Nun die erste (rechte) S-Diagonale (orange) von rechts unten nach links oben einflechten: Oberhalb des Mittelpunkts läuft das Element unter dem weißen Querelement und unter der Kreuzung B; der Streifen stößt an die rote Stecknadel. Die zweite (linke) S-Diagonale (orange) führen Sie oberhalb des Mittelpunkts von links oben über die Kreuzung B und unterhalb des Mittelpunkts unter die Kreuzung C; der Streifen stößt an die rote Stecknadel. Die beiden orangefarbenen Streifen liegen parallel zueinander. **[2]**
› Die erste (rechte) Z-Diagonale (beige) führen Sie unterhalb des Mittelpunkts von unten links über das weiße Querelement und oberhalb des Mittelpunkts unter allen dort liegenden Streifen nach oben rechts. Die zweite (linke) Z-Diagonale führen Sie oberhalb des Mittelpunkts von oben rechts über das weiße Querelement und unterhalb des Mittelpunkts unter allen dort liegenden Elementen nach links unten. Die beiden beigefarbenen Streifen liegen parallel zueinander und komplettieren das Bild eines Sterns. **[3]**
› Jetzt alle Elemente auf gleiche Länge ausrichten.
› Diese Struktur rundum mit einem Hilfsfaden mithilfe einer Leinwandbindung (über 1/unter 1) sichern. Sie ist in sich noch nicht sehr stabil. **[4]**

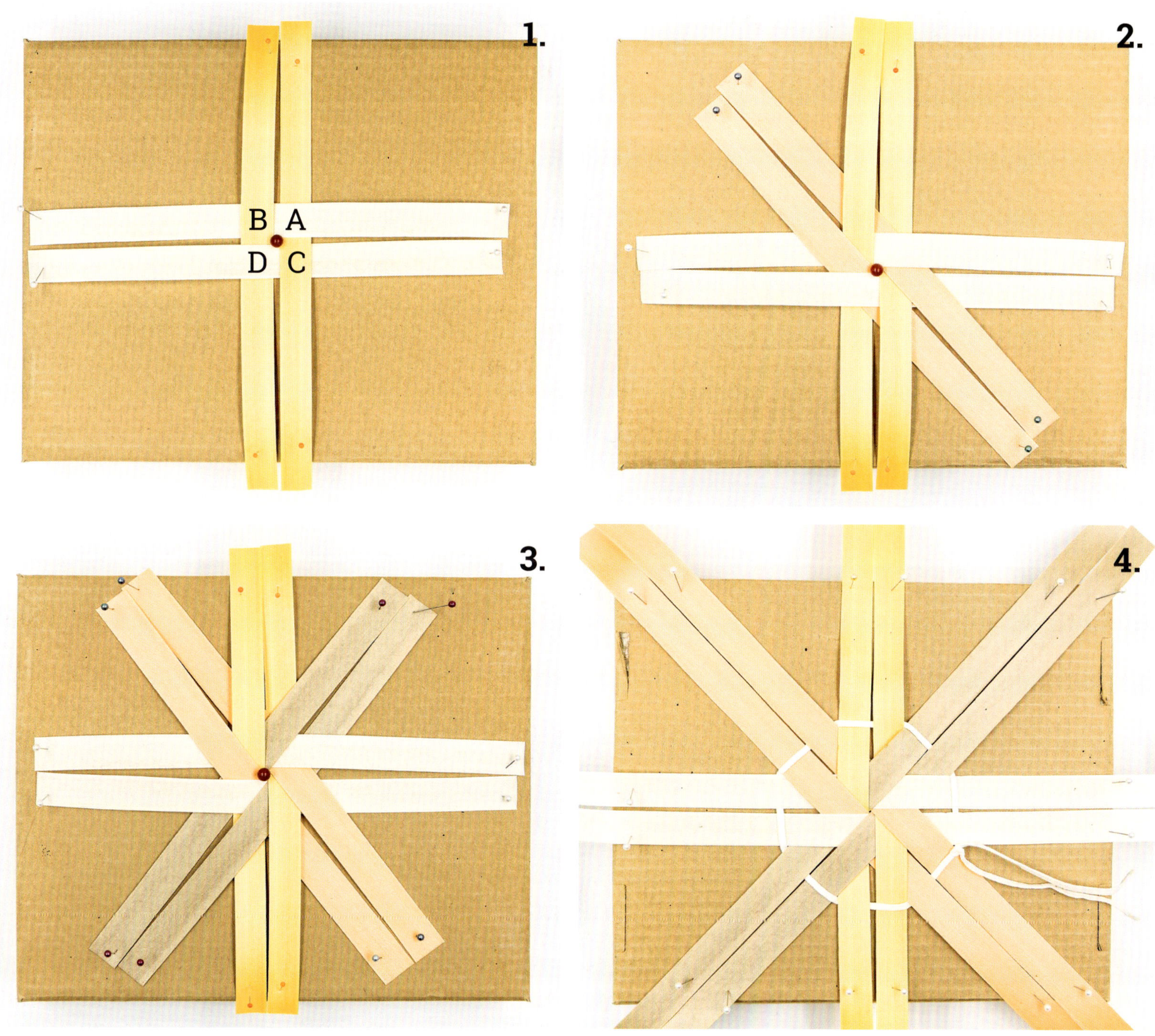
1.
B
A
D
C
2.
3.
4.

Start auf einer Linie

Es gibt verschiedene Möglichkeiten, ein Geflecht auf einer geraden – meist waagerechten – Linie zu beginnen. Bitte beachten Sie, dass mit „gerader Linie“ hier die Startsituation bezeichnet wird, der eigentliche Arbeitsrand (Seite 36) kann sich von der Startlinie unterscheiden.

Je nach Technikvariante entstehen entweder nach allen Seiten lose Enden von Flechtelementen oder die Flechtelemente werden so geführt, dass bereits die Startlinie und die entstehenden Seitenkanten keine losen Enden mehr aufweisen. Die Abschlusskante einer Fläche ergibt sich bei keiner Variante automatisch, die Enden der Flechtelemente müssen in jedem Fall gesichert werden.

Arbeiten mit Pfeilspitzen

Diese clevere Methode habe ich in einem Buch über Geflechte aus Hawaii entdeckt: Zuvor gefaltete Flechtelemente werden so verarbeitet, dass sich in einem Arbeitsgang sowohl eine fertige Startlinie als auch gesicherte Seitenkanten ergeben.

Ich nenne diese Arbeitsweise im Folgenden „Arbeiten mit Pfeilspitzen“, da mich die Form der gefalteten Elemente an einen Pfeil erinnert.

Diese Methode eignet sich für alle streifenförmigen Materialien, die sich falten lassen, ohne zu brechen: Palmblätter, Papier, Kunststoffe, Geschenkbänder etc. Gehen Sie folgendermaßen vor:

› Halten Sie einen Streifen waagerecht in der Hand und falten Sie den rechten Teil so hintenüber, dass dieser Streifenabschnitt einen rechten Winkel mit dem linken Streifenbereich bildet (die ursprüngliche Rückseite des rechten Teils zeigt nach vorn). An der Faltung ergibt sich eine Schräge im 45-Grad-Winkel. Das entstandene zweiteilige Element bezeichne ich als halbe Pfeilspitze.
› Nun nehmen Sie an der halben Pfeilspitze eine zweite Faltung vor: Sie falten den linken Teil des Streifens gegenläufig zur ersten Faltung, falten ihn jetzt also vornüber. Bis auf einen kleinen dreieckigen Bereich zeigen nach dieser Faltung wieder die gleichen Streifenseiten (Rückseiten) nach oben. Die beiden Streifenabschnitte liegen parallel zueinander und bilden an einem Ende eine Pfeilspitze. Rechts oben hat diese eine kleine dreieckige Tasche, im Folgenden Täschchen genannt. Dieses wird uns später noch gute Dienste leisten.

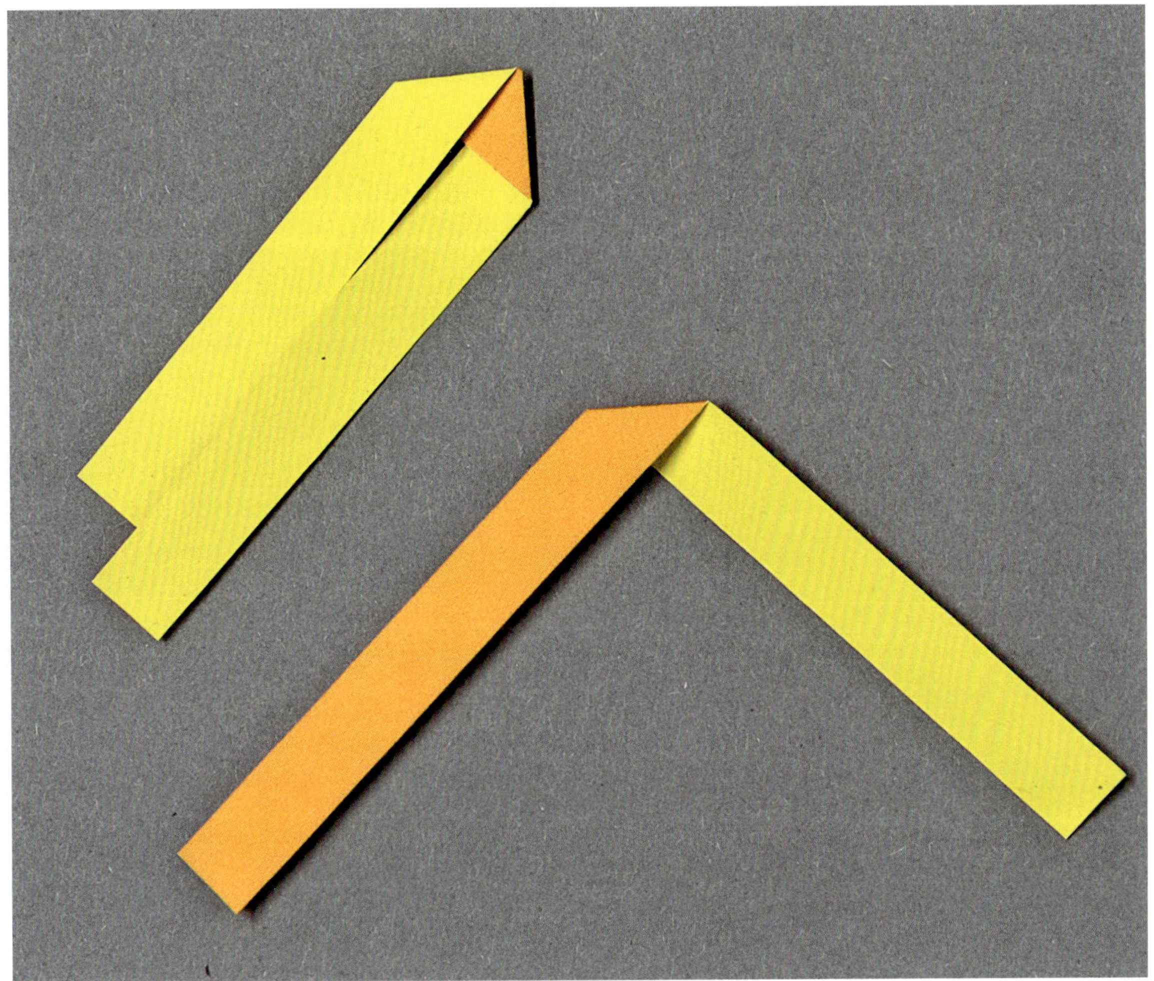

Links: ganze Pfeilspitze, rechts: halbe Pfeilspitze

Weitere Hinweise zu den Pfeilspitzen:

- Hinsichtlich der Faltung sind Vorder- und Rückseiten solcher Pfeilspitzen identisch.
- Pfeilspitzen können auch auf andere Weise gefaltet werden, z. B. indem Sie am gleichen Streifenabschnitt arbeiten und diesen zweimal hintereinander entweder vornüber- oder hintenüberfalten.
- Wichtig ist einzig, dass alle benötigten Pfeilspitzen oder halben Pfeilspitzen auf die **gleiche** Art gefaltet werden.
- Auf dem Foto sind die Enden der einzelnen Flechtelemente ungefähr gleich lang. In der Praxis, beispielsweise beim Aufbau von Borten und Flächen, sollten diese Enden aber ungleich lang sein, damit man gegebenenfalls notwendige Verlängerungen der Flechtelemente nicht alle auf der gleichen Höhe im Geflecht vornehmen muss.
- Die Anzahl der Flechtelemente ist automatisch immer gerade.

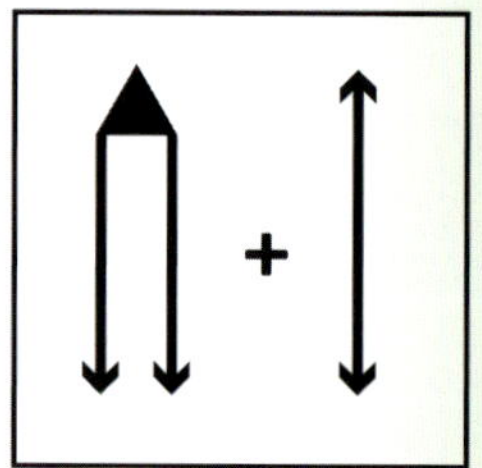

Material

Papierstreifen, Geschenkbänder, Pflanzenmaterial u. a.

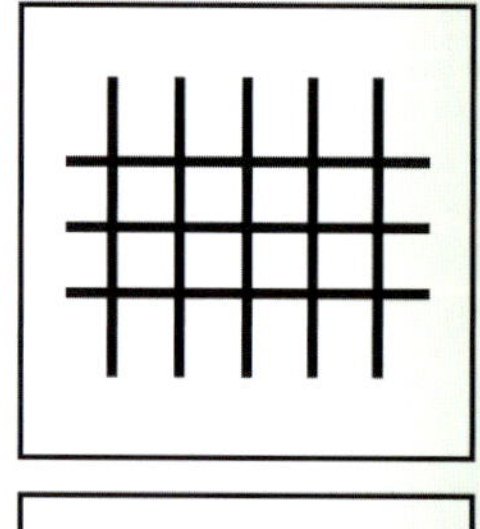

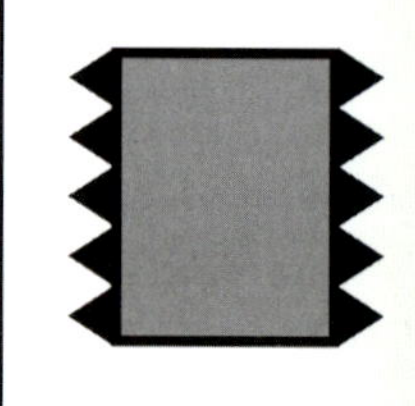

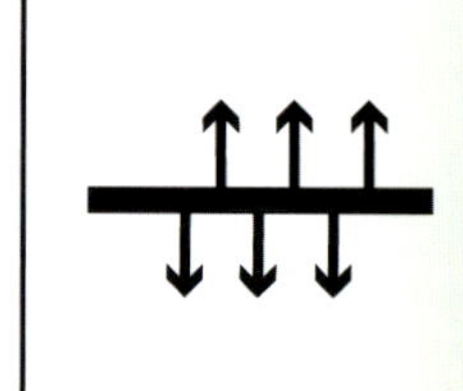

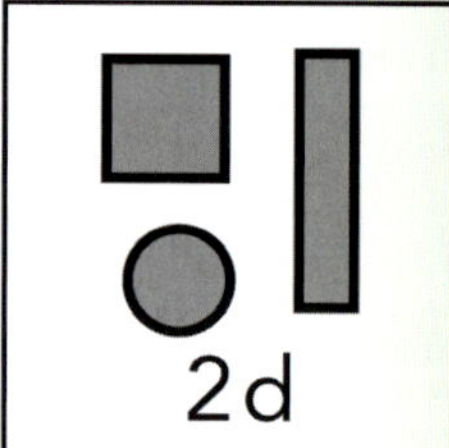

Start und Aufbau einer Borte oder Matte aus Pfeilspitzen plus fortlaufendem Eintragselement, 1/1 orthogonal geflochten auf waagerechtem Arbeitsrand

Die folgenden Schritte erläutern den Start für eine Borte mit zwei Pfeilspitzen:

- Bilden Sie zwei Pfeilspitzen (mit unregelmäßig langen Enden) und legen Sie diese so nebeneinander, dass die Spitzen der Pfeile von Ihnen weg weisen und die Täschchen an den Pfeilen rechts liegen. **[1]**
- Direkt unterhalb der Täschchen klappen Sie die Streifen nach oben und öffnen damit ein Fach. Die Enden weisen nun in gegensätzliche Richtungen, dabei zeigen die beiden rechten Pfeilspitzenelemente von Ihnen weg. **[2]**
- Das Eintragselement wird quer ins offene Fach gelegt. **[3]**
- Das Fach schließen und ein neues öffnen, dadurch wird der Eintragsstreifen bereits recht gut festgehalten. Ziehen Sie das Eintragselement bis auf einen kleinen Rest (der stehen bleibt) nach links und falten Sie den Streifen vornüber. **[4]** Wichtig: Auf der Seite der Pfeilspitzen liegen nur zwei Streifen, zu Ihnen weisen drei Streifen.
- Nun falten Sie den Eintragsstreifen noch einmal vornüber und legen ihn ins geöffnete Fach nach rechts. Auf der Seitenkante der entstehenden Borte hat sich eine Zacke gebildet von der gleichen Art wie die Pfeilspitzen. **[5]**
- Das Fach schließen. **[6]**
- Ein neues Fach öffnen. **[7]**
- Den Eintragsstreifen zweimal vornüberfalten und ins geöffnete Fach legen. **[8–9]**
- Fahren Sie so fort. Für eine Borte müssen sowohl die Elemente der Pfeilspitzen wie auch das Eintragselement fortlaufend verlängert werden, beispielsweise durch Überlappen, Kleben usw. An der Borte entstehen dadurch zackenförmige Seitenränder. **[10]**

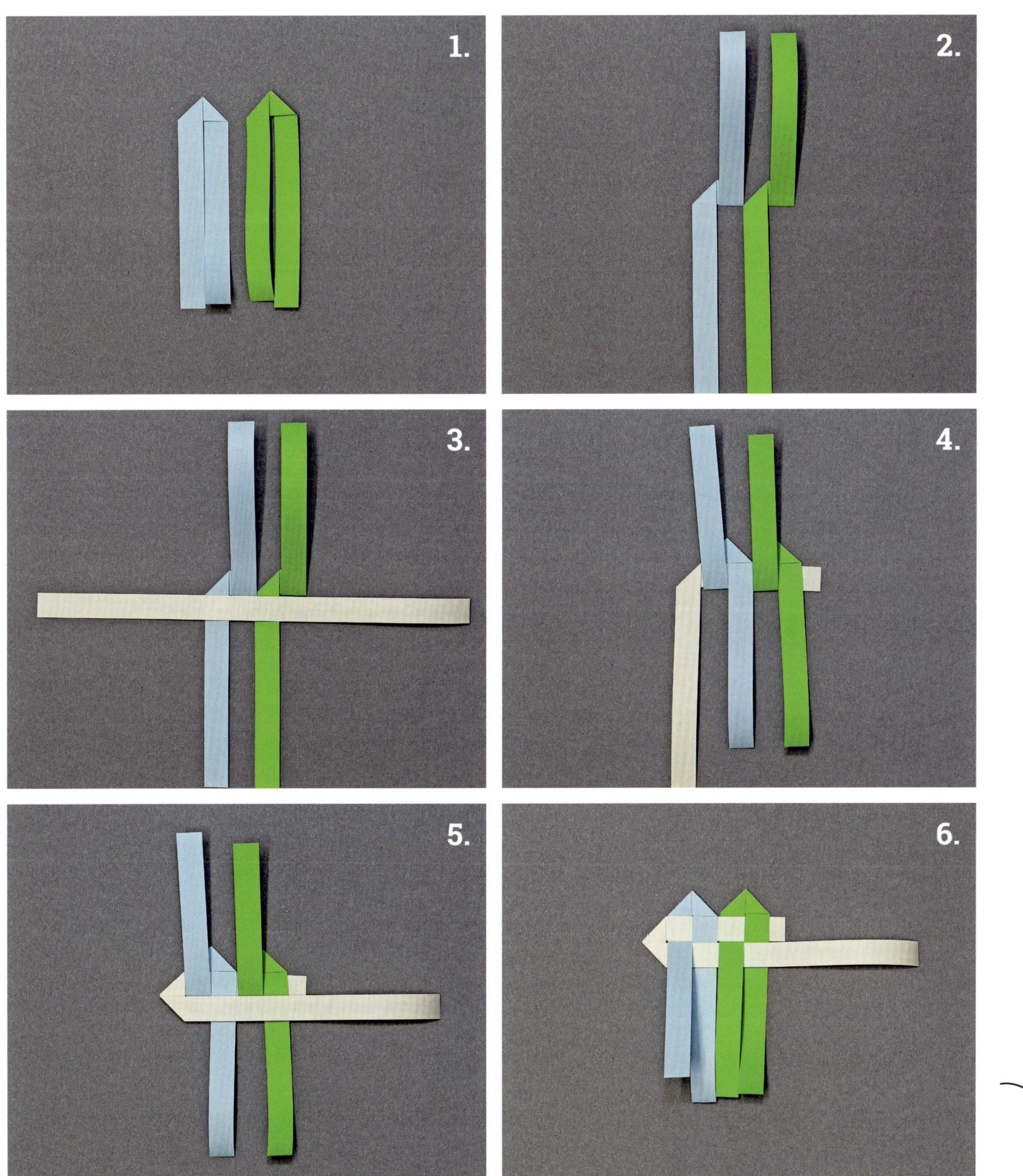
1.
2.
3.
4.
5.
6.

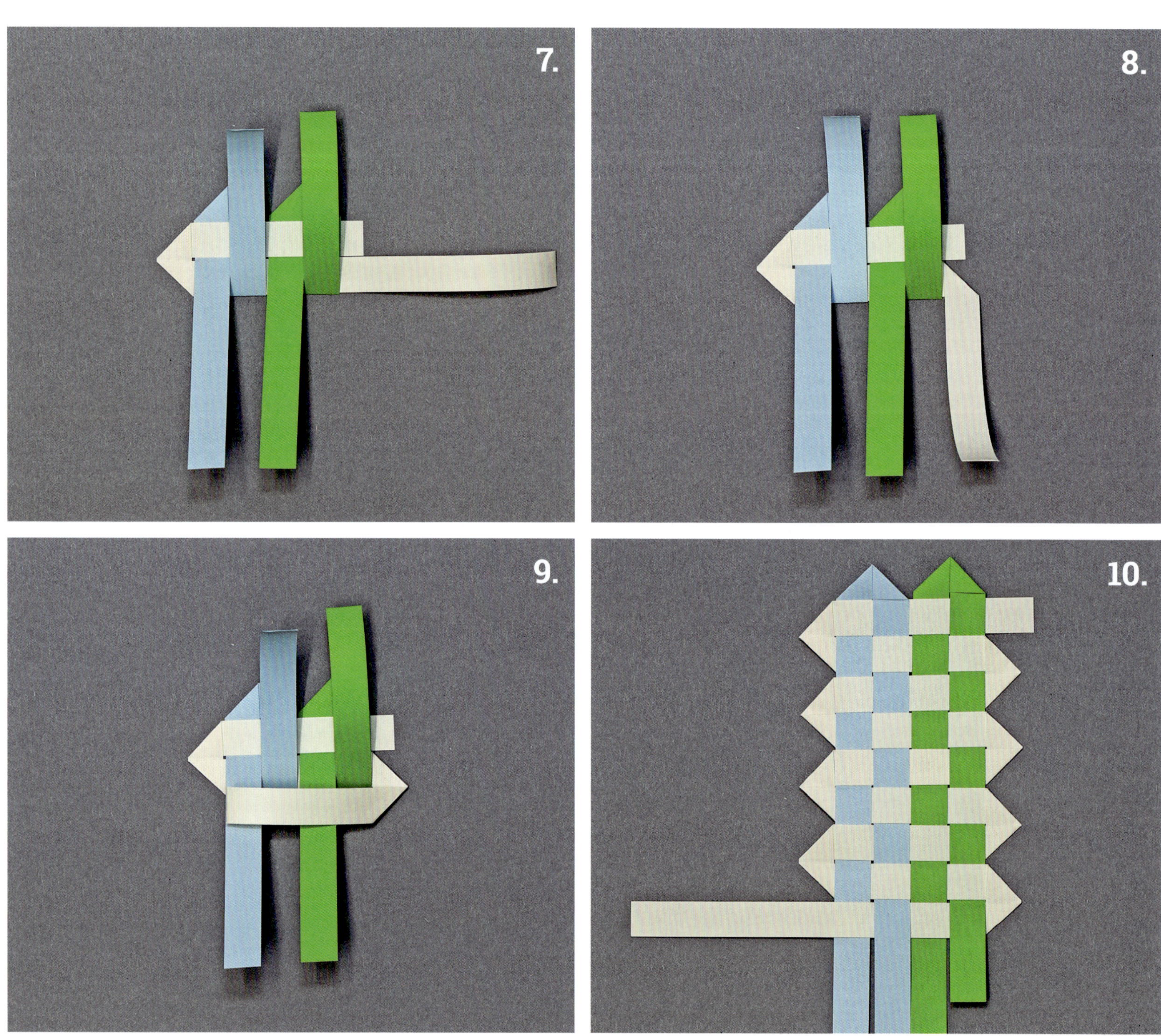
7.
8.
9.
10.

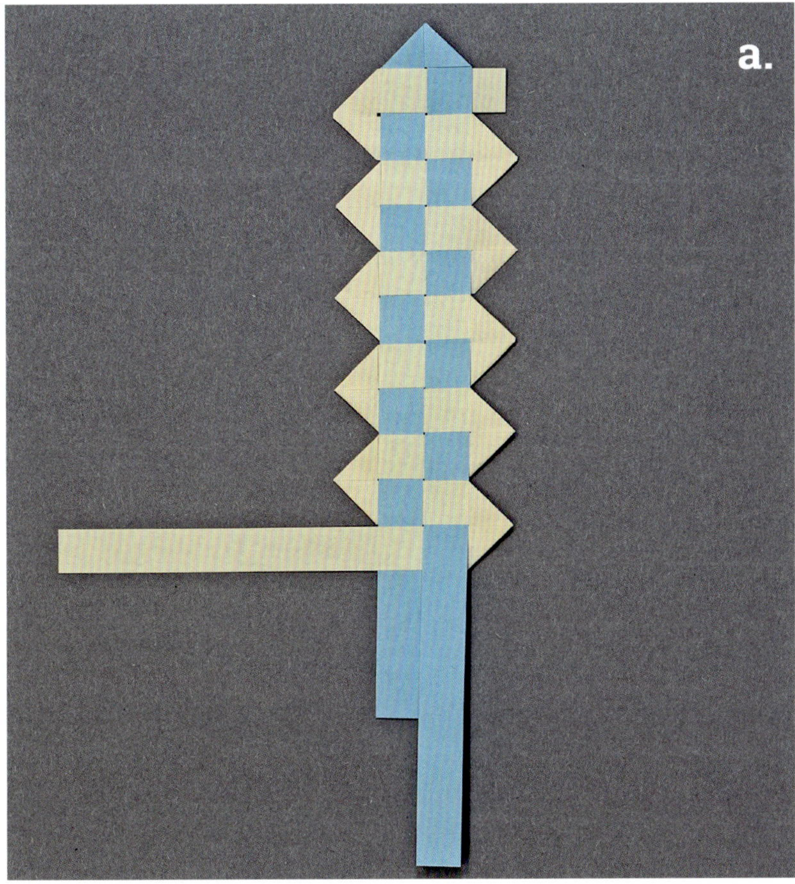

Borte aus einer Pfeilspitze und einem fortlaufendem Eintragselement

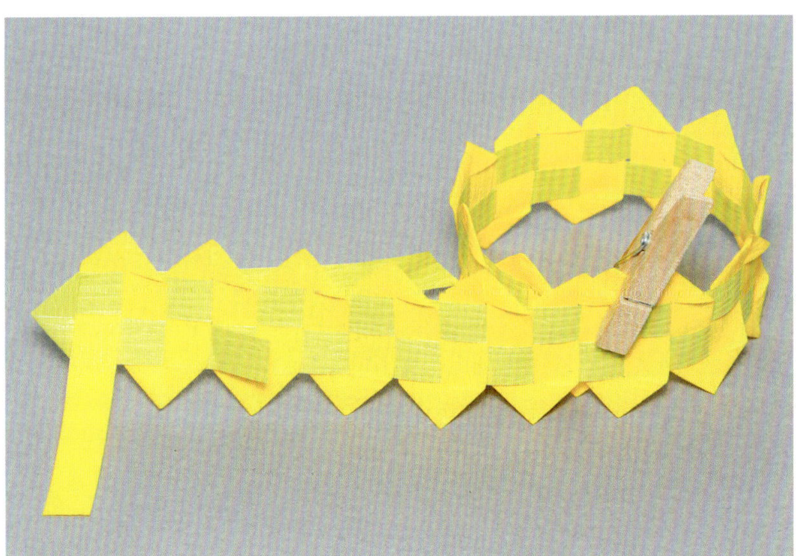
Borte aus Geschenkbändern in zwei Farben

Hinweise:

- Im Beispiel oben arbeiten Sie auf einem waagerechten Arbeitsrand und das fertige Geflecht bewegt sich von Ihnen weg – eine angenehme Arbeitsform, wenn Sie kleinformatig auf einem Tisch arbeiten.
- Wenn Sie eine sehr lange Matte oder Borte flechten wollen, ist es angenehmer, wenn das fertige Geflecht auf Sie zu wächst; es fällt Ihnen dann in den Schoß. Oder Sie können sich während des Arbeitsprozesses auf das wachsende Geflecht setzen.
- Sie können diesen Typ Borte auch mit nur einer Pfeilspitze als Startlinie flechten. **[a]**
- Das Eintragselement kann auch breiter oder schmaler als die Streifen der Pfeilspitzen sein, die Seitenzacken werden dann größer oder kleiner als die Pfeilspitzen.

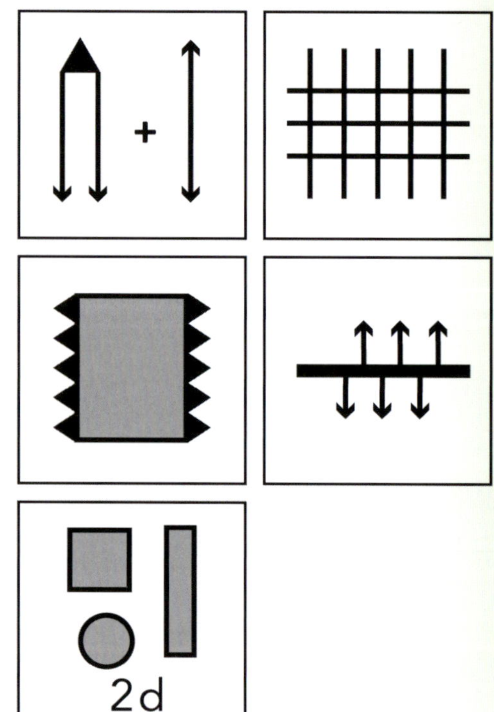

Start und Aufbau einer Borte oder Matte aus Pfeilspitzen mit sich überlappend schließenden Eintragselementen auf waagerechtem Arbeitsrand, 1/1 orthogonal geflochten

Diese Methode eignet sich für Matten oder Borten in allen Größen. Die Anzahl der Pfeilspitzen beim Start der Arbeit definiert die Breite der fertigen Arbeit, die Länge kann beliebig sein.

Die folgenden Schritte beschreiben die Herstellung einer Borte, bei der man mit drei Pfeilspitzen startet:

› Legen Sie drei Pfeilspitzen mit Täschchen so auf die Arbeitsfläche, dass die Pfeilspitzen zu Ihnen weisen. **[1]**
› Öffnen Sie das Fach. **[2]**
› Legen Sie einen neuen Streifen quer in das geöffnete Fach. **[3]**
› Klappen Sie das Fach zu. **[4]**
› Klappen Sie ein neues Fach auf, der eingelegte Querstreifen wird festgehalten. **[5]**
› Falten Sie das linke Querstreifenende hintenüber. **[6]**
› Und gleich noch einmal hintenüberfalten, das Streifenende liegt nun quer im geöffneten Fach. **[7]**
› Falten Sie das rechte Querstreifenende vornüber. **[8]**
› Und gleich noch einmal vornüberfalten, das Streifenende liegt nun quer im geöffneten Fach auf dem anderen Streifenende. Die beiden Streifenenden sollen sich einige Zentimeter überlappen. **[9]**
› Das Fach schließen **[10]** und ein neues Fach öffnen. **[11]**
› Einen neuen Querstreifen einlegen und fortlaufend weiterarbeiten. An der Borte entstehen zackenförmige Seitenränder.

Material
einlagige Papierstreifen, vierfach längs gefaltete Papierstreifen, Geschenkbänder, Naturmaterial u. a.

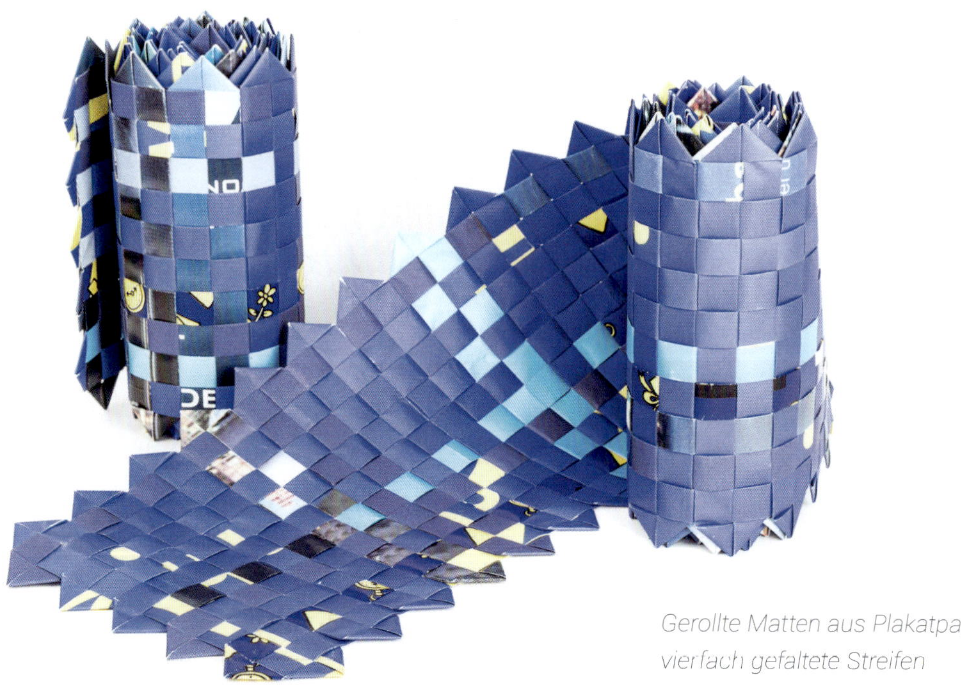

Gerollte Matten aus Plakatpapier, vierfach gefaltete Streifen

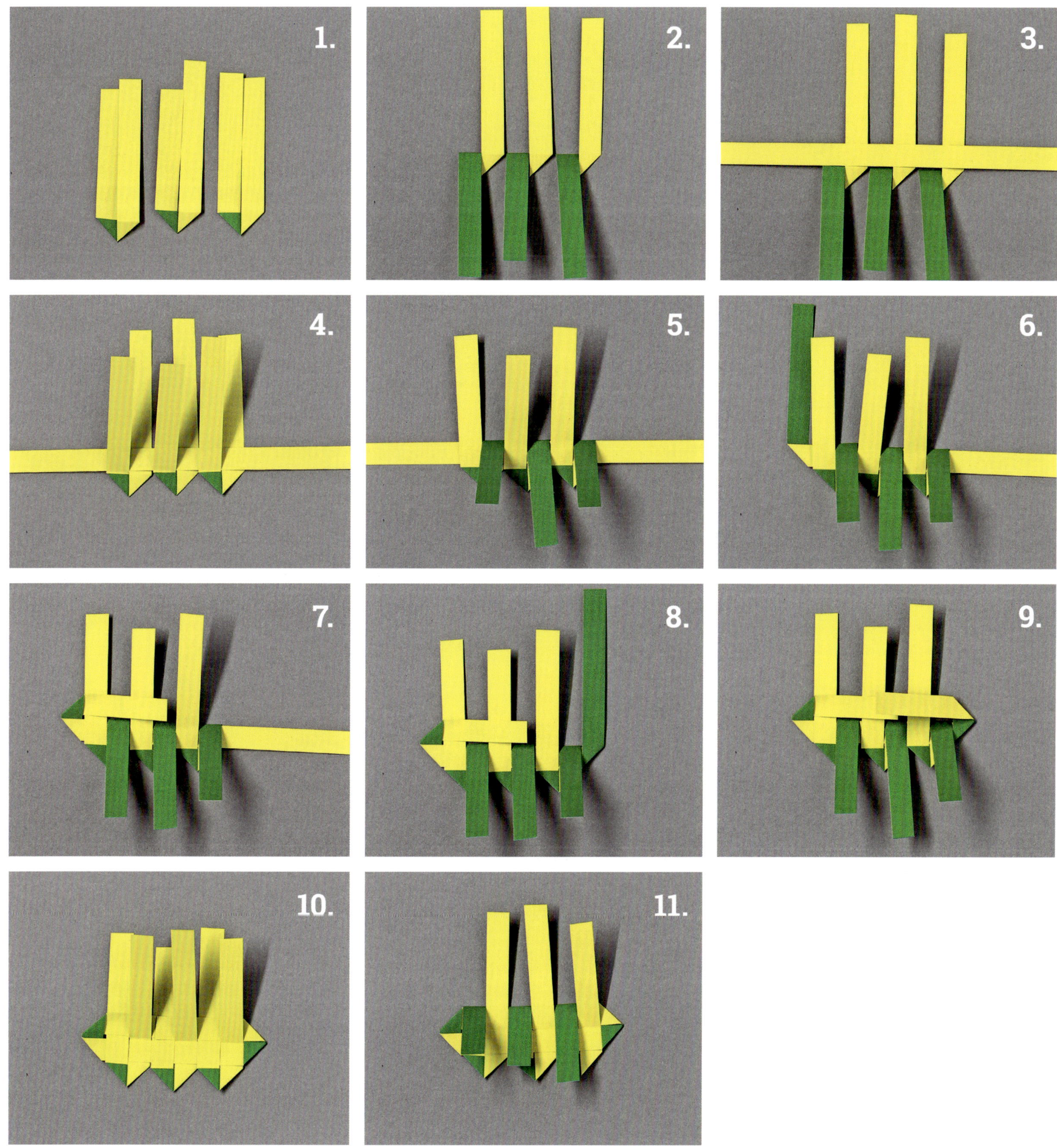
1.
2.
3.
4.
5.
6.
7.
8.
9.
10.
11.

Hinweise:

- Die eingelegten Elemente könnten breiter oder schmaler als die Startpfeilspitzen sein.
- Da die Eintragselemente in sich geschlossen in der Struktur liegen, gibt es keinerlei lose Flechtenden am Anfangsrand und an den Seitenrändern.
- Auch hier könnte das fertige Geflecht in die andere Richtung wachsen als auf dem Bildbeispiel gezeigt; in diesem Fall die Pfeilspitzen am Anfang andersherum auslegen.
- Typisch für diese Flechtart ist, dass immer an einer Seitenkante zweimal vornüber- und an der anderen Seitenkante zweimal hintenübergefaltet werden muss, da die Zahl der fachbildenden Flechtelemente immer gerade ist.
- Zweimal hintenüberzufalten wird meist als schwieriger erachtet und erfordert genaueres Arbeiten, wenn man exakte Zacken erhalten will.
- Die Flechtelemente der Startpfeilspitzen müssen fortlaufend und überlappend verlängert werden. Am besten die Pfeilspitzen zu Beginn schon so falten, dass die beiden Enden ungleich lang sind.

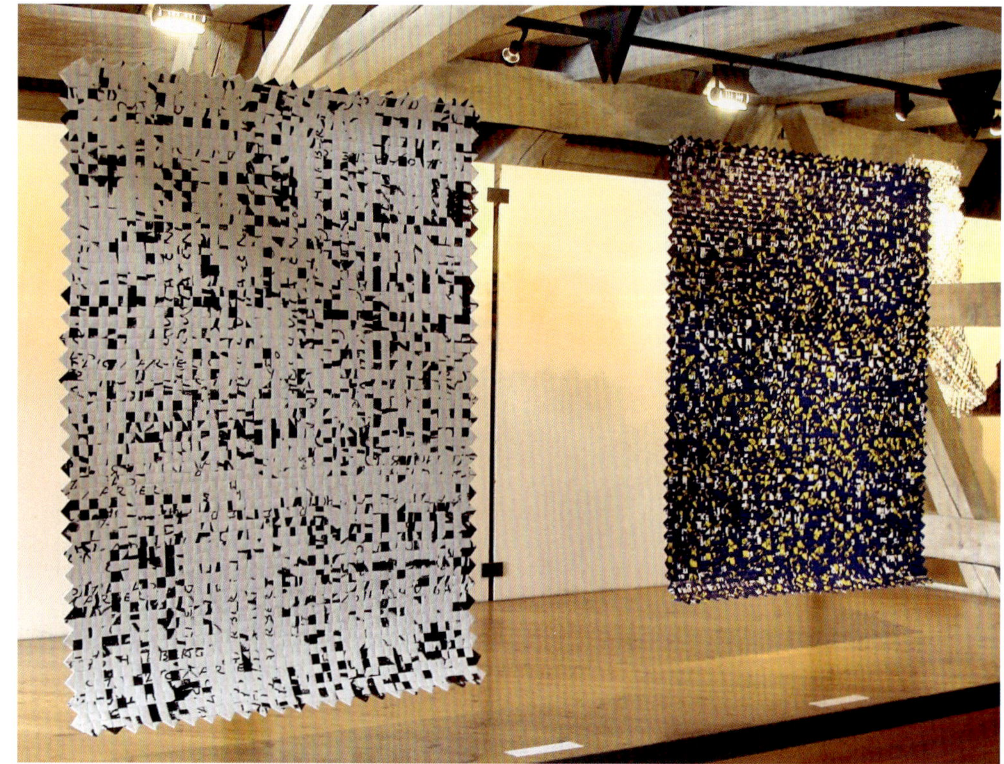

Geflochtene Matten aus Plakatpapier, Ausstellung in Lichtenfels, 2011

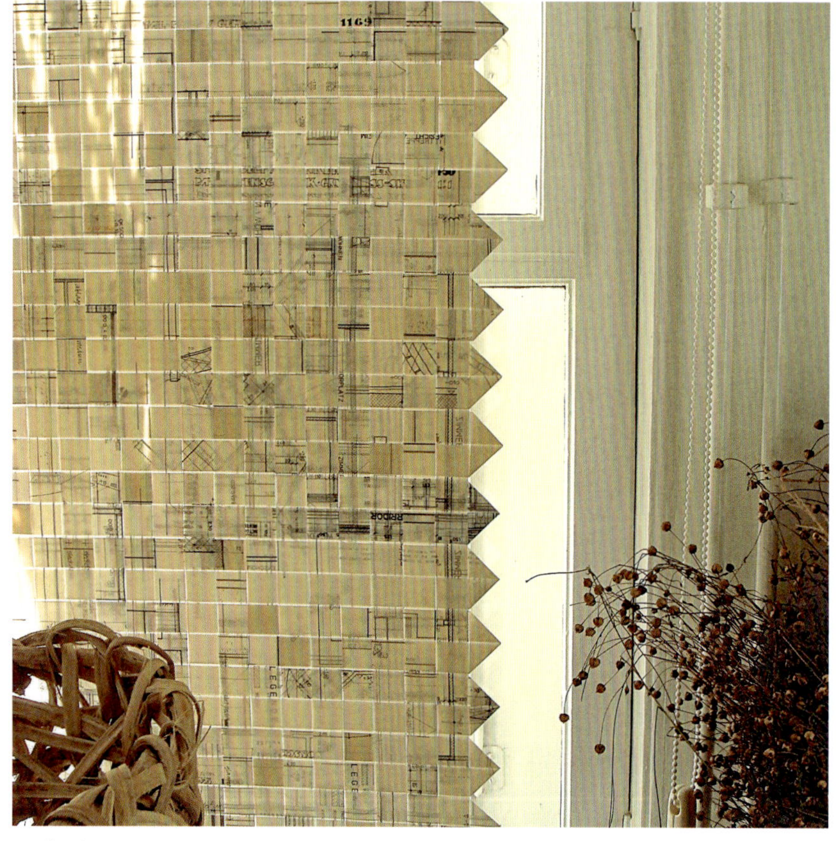

Geflochtene Matte aus Architekturpapier

Start und Aufbau von Borten aus Pfeilspitzen ohne zusätzliche Eintragselemente, 1/1 diagonal geflochten

Bei der Herstellung dieser Borten startet man mit zwei Pfeilspitzen. Wegen der geringen Breite des Geflechts können Sie auch frei aus der Hand ohne Unterlage arbeiten.

Charakteristisch für jedes Diagonalgeflecht ist, dass kein neues Material mehr hinzukommt, nachdem die Ausgangslage hergestellt ist (abgesehen davon, dass die einzelnen Flechtelemente natürlich laufend verlängert werden müssen). Solche diagonal geflochtenen Borten sind längs sehr elastisch und deshalb gut geeignet, um zu Flächen und Objekten zusammengenäht zu werden.

Im Folgenden stelle ich Ihnen drei Varianten von diagonal geflochtenen Borten vor:

1. **Flach liegende Borte:** Diese Variante ist weltweit sehr verbreitet. Solche Borten werden beispielsweise zu Hüten oder Taschen zusammengenäht. Eine solche Borte gehört zu den wenigen Ausnahmen, die auch maschinell geflochten werden können.
2. **Sich windende Borte:** Die zweite Variante ist eher eine Spielerei mit verblüffenden Eigenschaften und Wirkungen.
3. **Borte mit Kräuselrand:** Die dritte Variante ist vor allem dekorativ und ebenfalls als Strohborte bekannt.

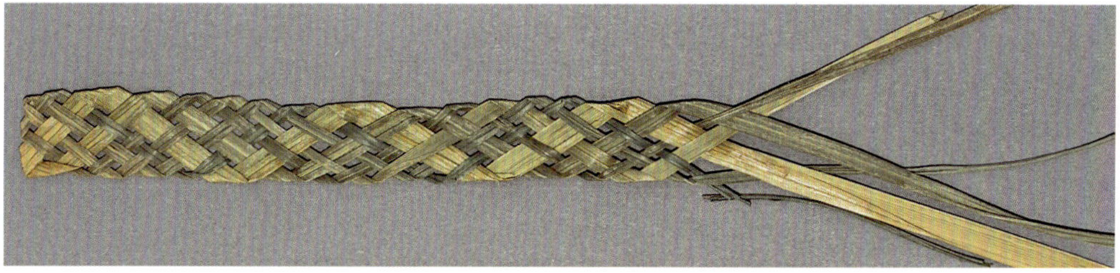

Borte aus zwei Pfeilspitzen, 1/1 diagonal auf A-förmigem Arbeitsrand geflochten, Gras vom Wegesrand

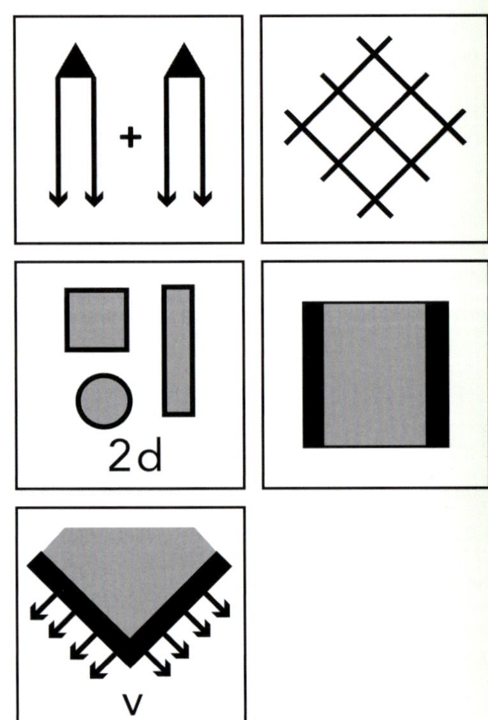

FLACH LIEGENDE BORTE, 1/1 DIAGONAL GEFLOCHTEN AUF V-FÖRMIGEM ARBEITSRAND

Auf den Fotos zur folgenden Flechtanleitung liegen die losen Flechtelemente so, dass sie zu Ihnen zeigen. Sie können aber problemlos auch andersherum, auf einem A-förmigen Arbeitsrand, arbeiten. Ist der Anfang geschafft, kann man die Arbeit von der Unterlage nehmen und zum Weiterflechten in den Händen halten. Das empfiehlt sich besonders bei sehr langen Borten, da Ihnen das fertige Geflecht dann in den Schoß fallen kann. Auf diese Weise werden seit jeher beispielsweise Strohborten geflochten.

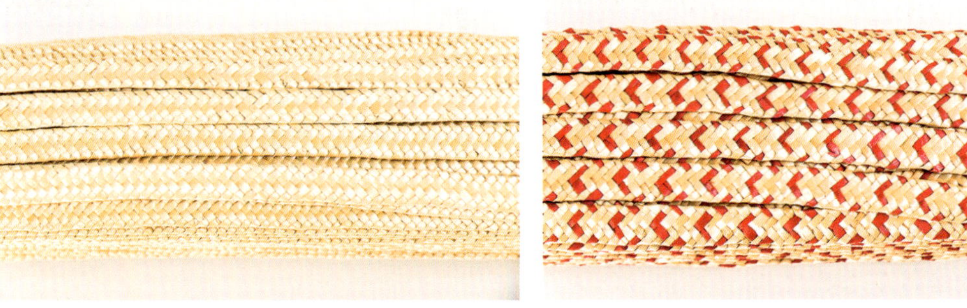

Strohborten, gebündelt

Material
Papierstreifen, Geschenkbänder, Pflanzenmaterial u. a.

- Starten Sie mit zwei Pfeilspitzen. **[1]**
- Verflechten Sie diese beiden Pfeilspitzen so miteinander, dass die Flechtelementpaare diagonal zueinander zu liegen kommen. Die verbundenen Pfeilspitzen bilden gemeinsam die waagerechte Anfangslinie des Geflechts. Der Arbeitsrand ist V-förmig. Achten Sie darauf, dass Sie wirklich eine 1/1 geflochtene Fläche erhalten, das heißt, ein Streifen liegt immer abwechselnd über und unter einem anderen. Der Flechtrhythmus 1/1 ist auch in den dreieckigen Bereichen einzuhalten. **[2]**
- Falten Sie das äußere gelbe Flechtelement vornüber **[3]** und legen Sie es anschließend unter das andere gelbe Flechtelement. **[4]** Jetzt weisen drei Flechtelemente nach rechts.
- Das gelbe Element der Dreiergruppe aufklappen und ein Fach bilden. **[5]**
- Das äußere rechte, blaue Flechtelement hintenüberfalten und ins offene Fach legen. **[6]**
- Das Fach schließen. Sie haben wieder die Ausgangslage mit einem V-förmigen Arbeitsrand erreicht. **[7]**
- Wiederholen Sie diese Arbeitsschritte und verlängern Sie die Flechtelemente nach Bedarf.

<ins>Variante:</ins>

- Wenn Sie an den Seitenkanten anders als oben verlangt wenden, ergibt sich ein anderer Flechtschritt. Das sieht dann aus wie ein Fehler und entspricht nicht genau der geforderten 1/1-Bindung. Solche langen Flechtschritte an den Seiten einer Fläche können aber nützlich sein, wenn später beispielsweise ein Stab eingezogen werden soll.

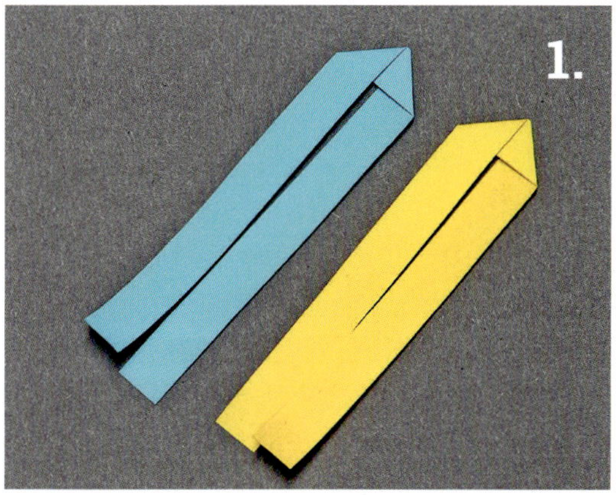

1.

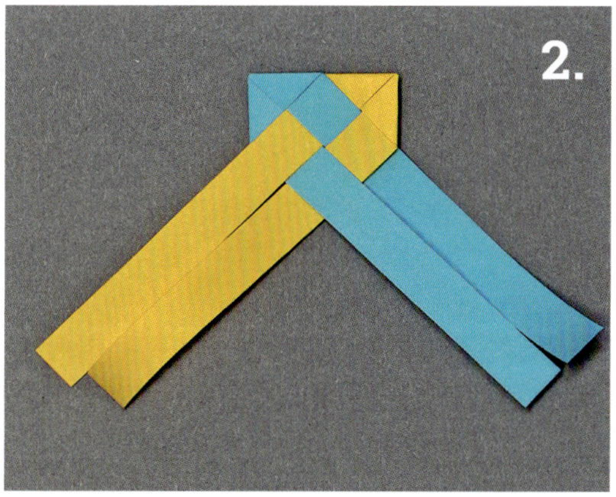

2.

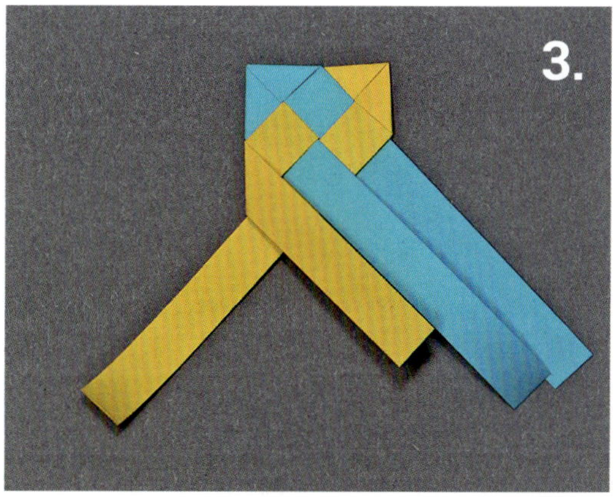

3.

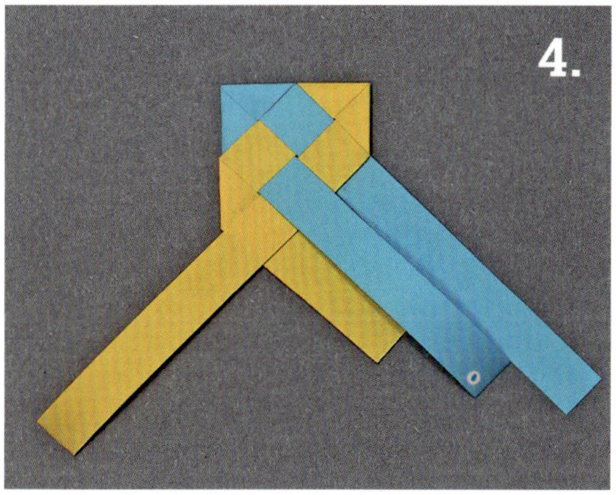

4.

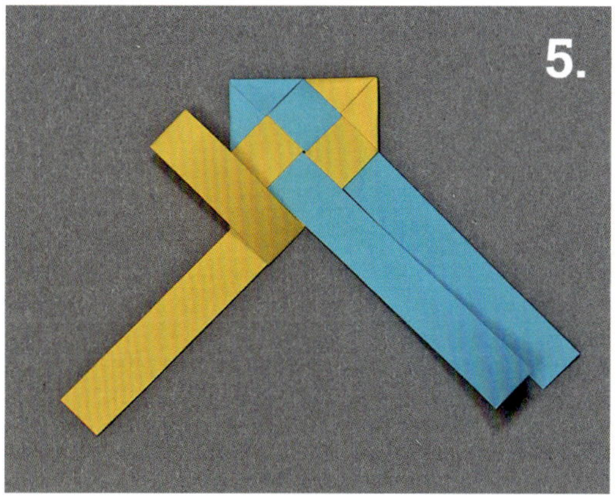

5.

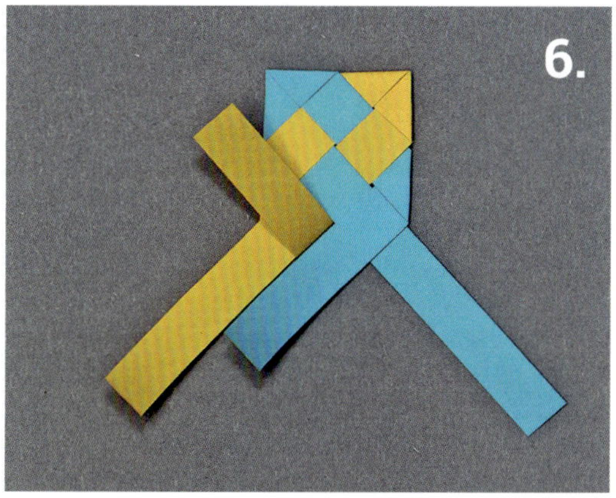

6.

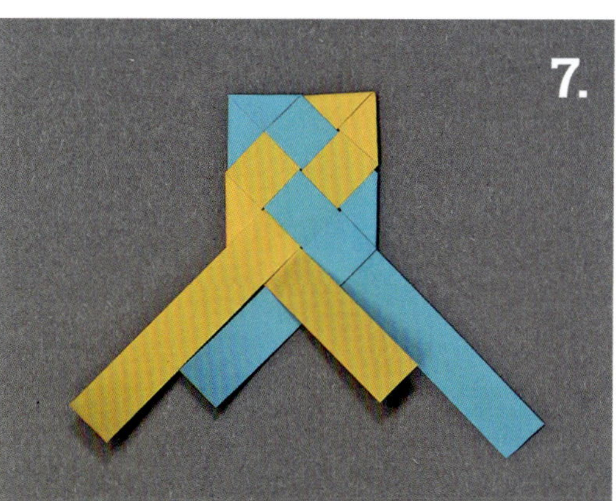

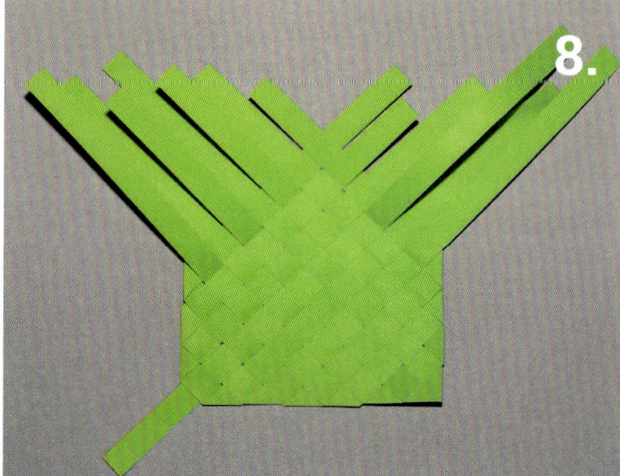

Hinweise:

- Der Arbeitsprozess wird Ihnen vom Haareflechten bekannt vorkommen: einmal von links, einmal von rechts usw. Allerdings wird beim Haareflechten meist mit drei Strängen gearbeitet, also einer ungeraden Anzahl von Flechtelementen.
- Um mit einer ungeraden Anzahl von Flechtelementen zu arbeiten (z. B. für Muster mit Symmetrien), können Sie einen „Kunstgriff" beim Start mit Pfeilspitzen anwenden: Wie Sie auf dem Foto sehen, arbeitet man mit einem Einzelstreifen anstelle einer Pfeilspitze als linke Ecke des fertigen Geflechts (später verstäten). **[8]**
- Eine ungerade Anzahl Flechtelemente erlaubt, dass Sie beide Streifen an den Seitenkanten immer gleich falten können.

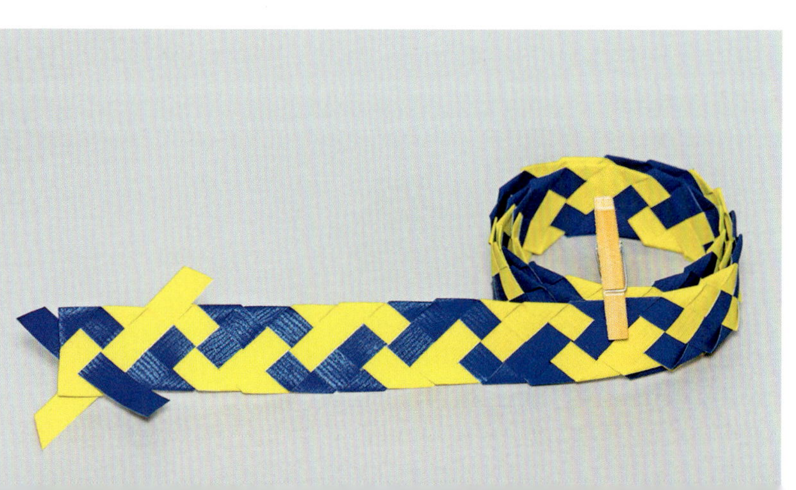

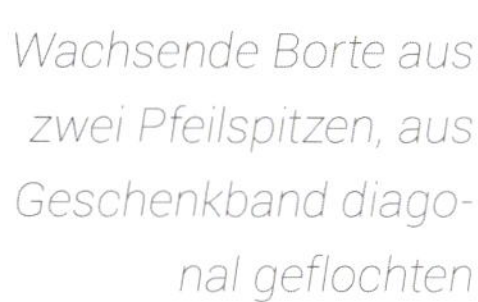

Wachsende Borte aus zwei Pfeilspitzen, aus Geschenkband diagonal geflochten

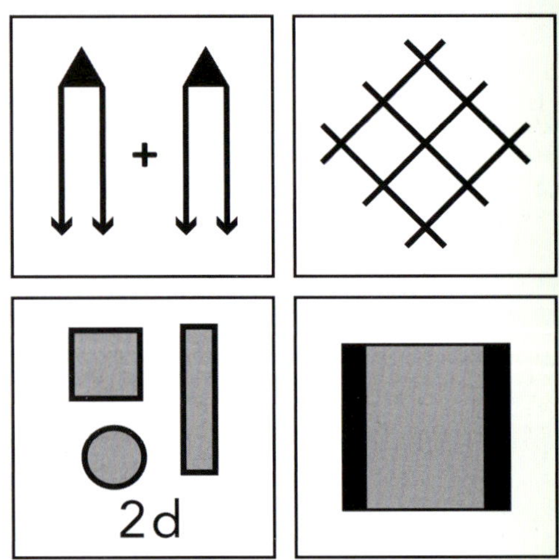

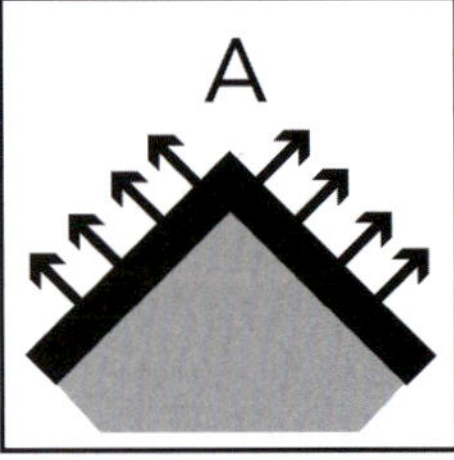

Material
Papierstreifen, Geschenkbänder, Pflanzenmaterial, Kunststoffstreifen u. a.

SICH WINDENDE BORTE, 1/1 DIAGONAL GEFLOCHTEN AUF A-FÖRMIGEM ARBEITSRAND

Eine lustige Variation der flachen Borte, die zeigt, wie verblüffend anders ein Ergebnis wird, wenn man beim Flechten nur ein kleines bisschen anders vorgeht. Beim Arbeiten mit zweifarbigem Papier liegt bei der wachsenden Borte immer die gleiche Farbe auf der Oberseite des Geflechts.

› Sie beginnen mit zwei Pfeilspitzen wie bei der flach liegenden Borte.
› Verflechten Sie die beiden Pfeilspitzen so miteinander, dass die Flechtelementpaare diagonal zueinander zu liegen kommen. Auf den folgenden Fotos zur Flechtanleitung zeigen die losen Flechtelemente von Ihnen weg.
› Die verbundenen Pfeilspitzen bilden gemeinsam die waagerechte Anfangslinie des Geflechts. Der Arbeitsrand ist A-förmig.
› Nehmen Sie das auf dem Tisch begonnene Geflecht in beide Hände.
› Nun führen Sie den äußersten Streifen rechts, **ohne ihn zu falten**, unter den zweiten Streifen rechts; es liegen drei gleichfarbige Streifen linker Hand und es entsteht eine deutlich fühlbare Wölbung rechts. **[1]**
› Führen Sie den äußersten linken Streifen der Dreiergruppe, ohne ihn zu falten, über den mittleren der Dreiergruppe und unter den letzten der Dreiergruppe. Die Wölbung hat sich verstärkt und es liegen wieder je zwei Flechtelemente nach beiden Seiten. **[2]**
› Diese beiden Arbeitsschritte werden nun fortlaufend wiederholt. **[3 und 4]**
› Es entsteht eine sich ganz von selbst drehende, dreidimensionale Borte. **[5]** Lassen Sie der wachsenden Borte auf der linken Seite Raum, damit sie sich aus Ihrer Hand winden kann (evtl. am Anfang ein bisschen nachhelfen).

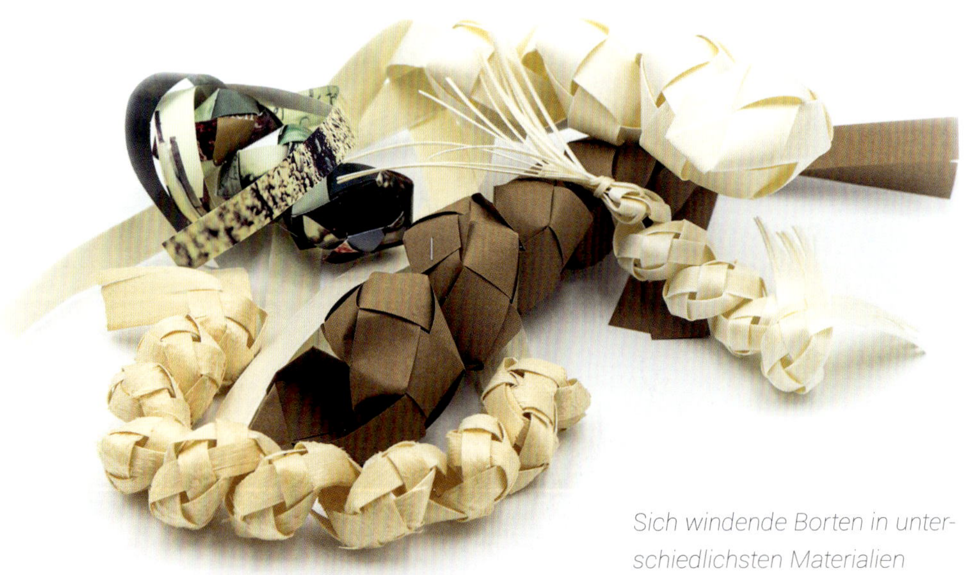

Sich windende Borten in unterschiedlichsten Materialien

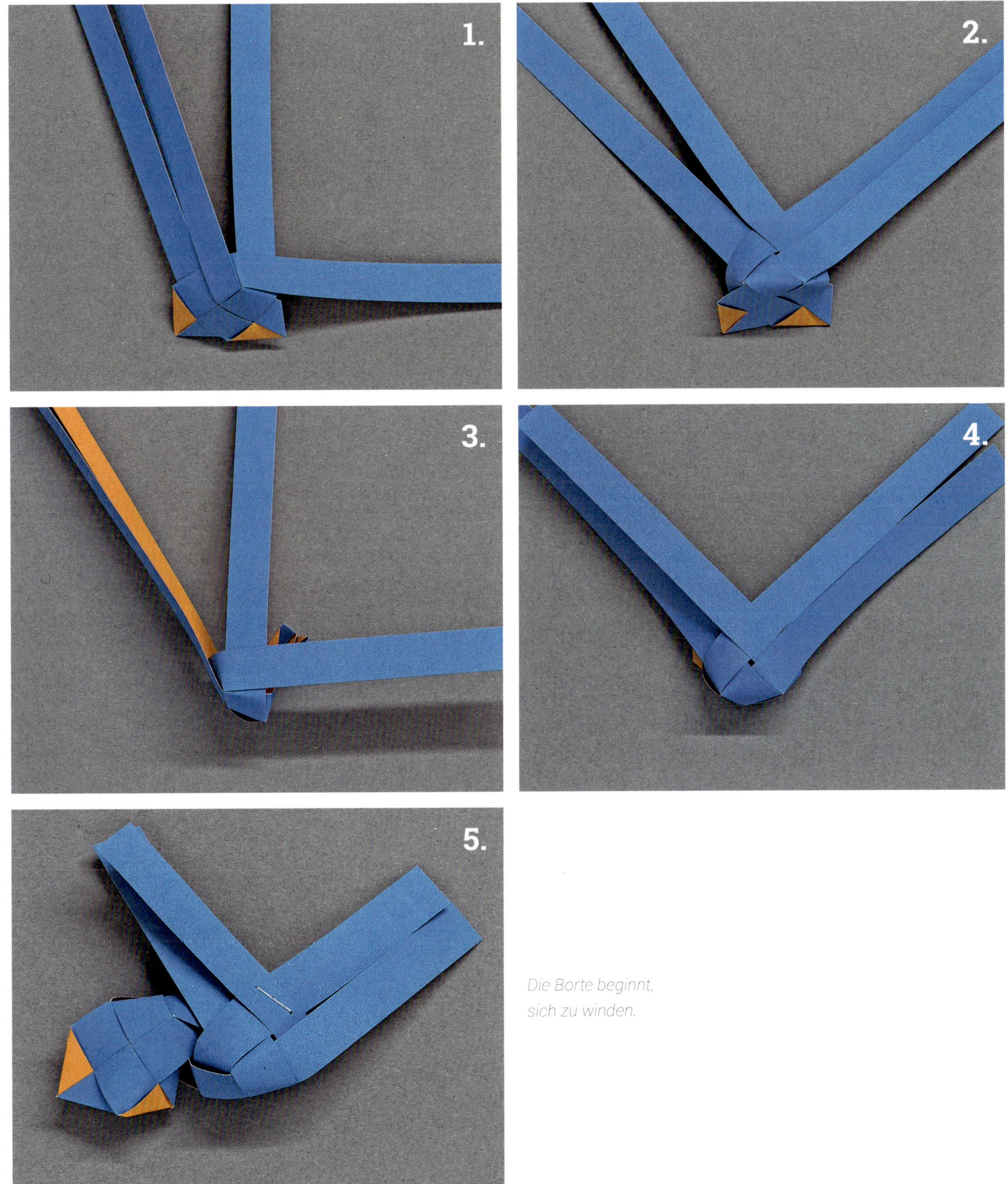

Die Borte beginnt, sich zu winden.

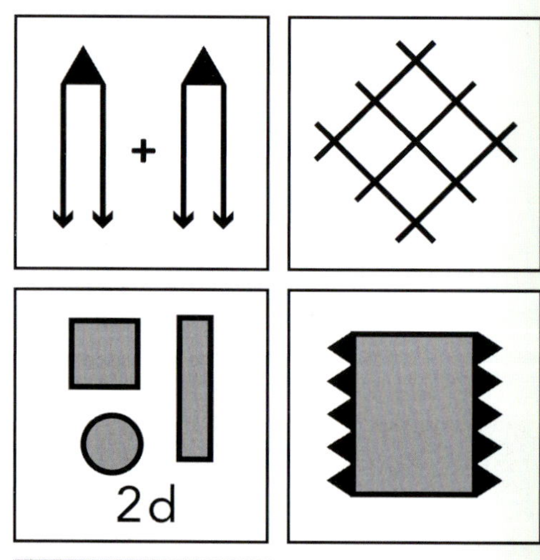

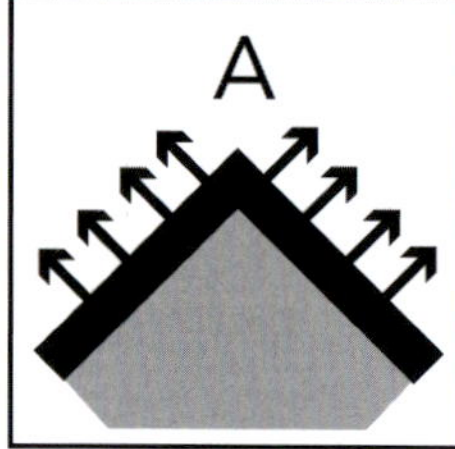

Material

Papierstreifen, Geschenkbänder, Pflanzenmaterial, Kunststoffstreifen u. a.

BORTE MIT KRÄUSELRAND, 1/1 DIAGONAL GEFLOCHTEN AUF A-FÖRMIGEM ARBEITSRAND

Bei dieser Variante aus zweifarbigen Streifen liegt ebenfalls immer die gleiche Farbe auf der Oberseite der Borte. Die Seitenränder der Borte liegen nicht flach, sondern stehen ab, woraus sich – je nach Material – eine steifere oder weichere Kräuselwirkung ergeben kann.

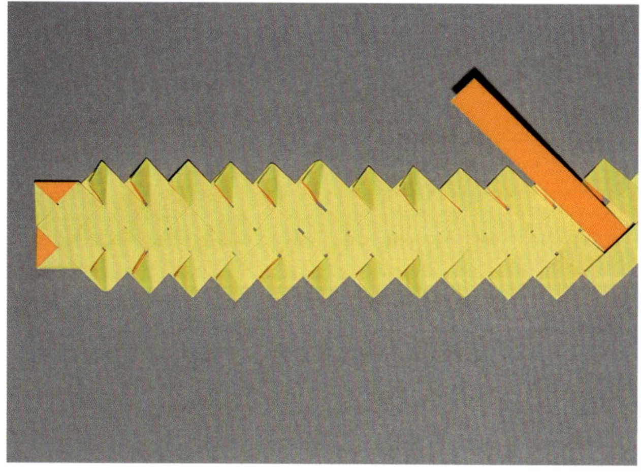

Borte mit Kräuselrand

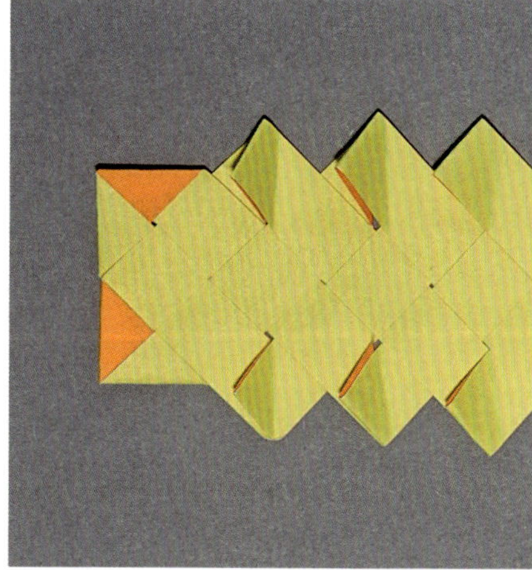

Rüsche an einer Seitenkante

- Sie beginnen wie bei der flachen Borte mit zwei Pfeilspitzen. Der Arbeitsrand ist A-förmig, die Flechtelemente weisen von Ihnen weg (zwei in Z-Richtung, zwei in S-Richtung).
- Die beiden äußersten Streifen links und rechts sind für den Kräuseleffekt verantwortlich: Falten Sie hierfür den äußeren Streifen der S-Richtung zunächst vornüber in Richtung Anfangsrand (Sie machen also quasi einen Schritt rückwärts). **[1]**
- Anschließend falten Sie denselben Streifen wieder vornüber, sodass er nun parallel zu den beiden Z-Streifen zu liegen kommt (Z-Dreiergruppe); an der Seitenkante bildet sich dabei eine aufwärts strebende Zacke. **[2 und 3]**
- Öffnen Sie nun ein Fach in der Z-Dreiergruppe rechts und machen Sie mit dem äußersten Z-Element rechts zunächst ebenfalls einen Schritt rückwärts, anschließend den Streifen ins offene Fach legen.
- Das Fach schließen. Jetzt ist die Ausganslage wieder erreicht und das Spiel beginnt von Neuem auf der linken Seite.

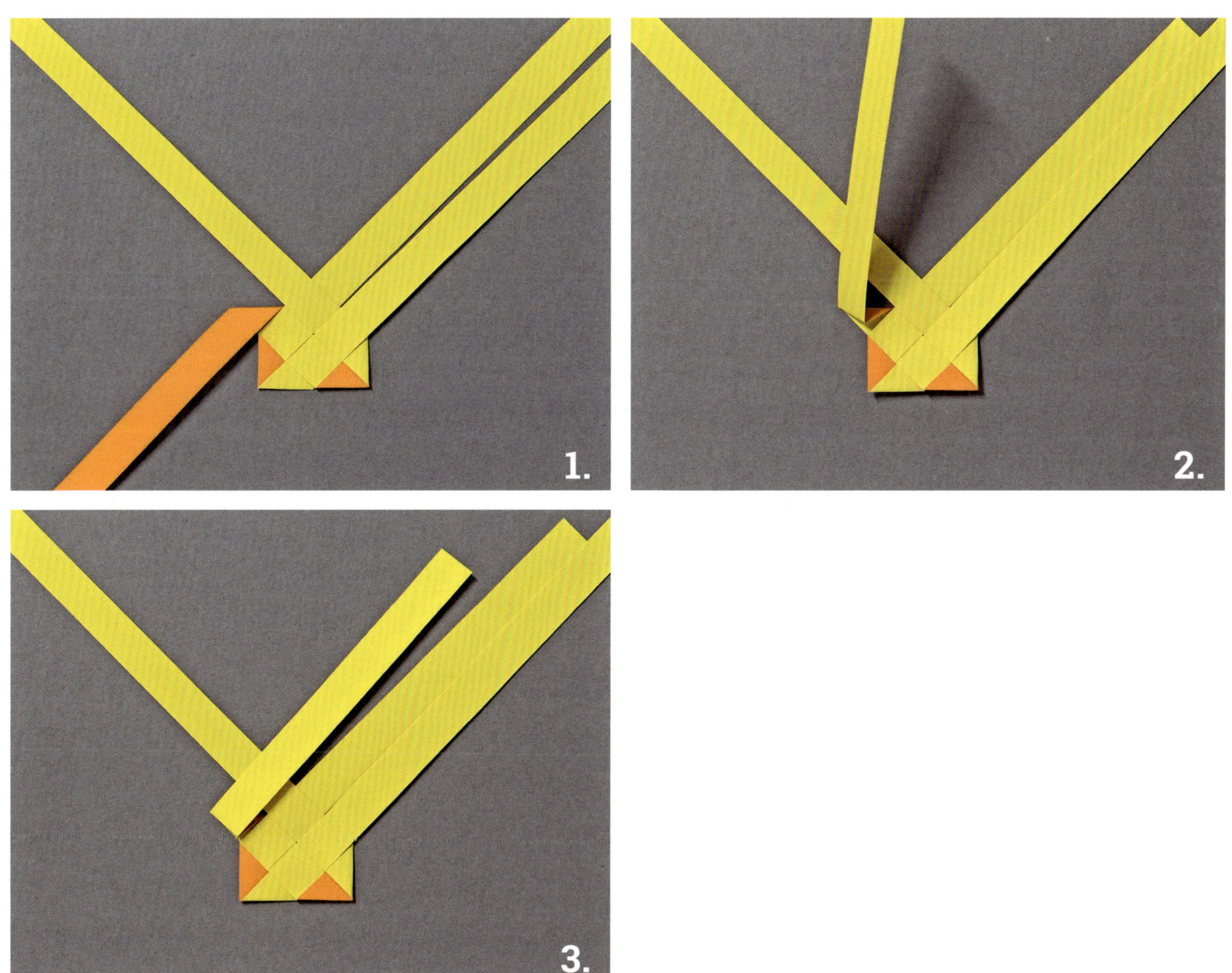

1.
2.
3.

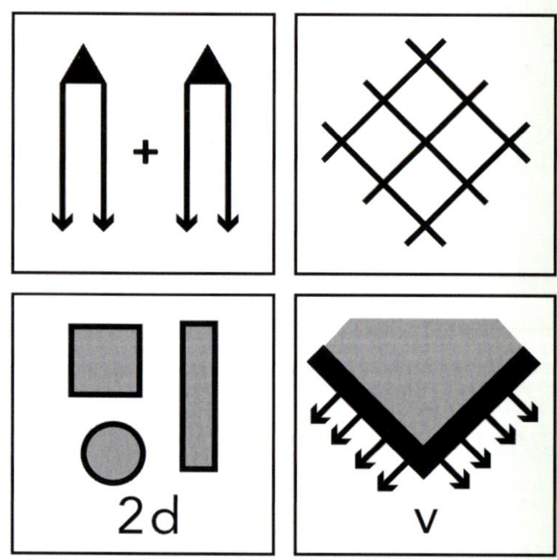

Varianten

- Einen anderen Flechtschlag an den Seitenkanten wählen (beim Wenden statt vornüberzufalten, hintenüberfalten und umgekehrt), damit beispielsweise später noch ein Stab eingeschoben werden kann (siehe Seite 54).
- Zunächst einen Hilfsfaden auf der Arbeitsfläche aufspannen, dann wie oben beschrieben vorgehen, aber am Anfang nur mit halben Pfeilspitzen arbeiten. Mit den Seitenkanten erst beginnen, wenn alle halben Pfeilspitzen auf dem Hilfsfaden aufgereiht sind.
- Auf einen laufkreuzenden Arbeitsrand wechseln, damit z. B. ein Köpermuster oder eine Abschlusskante gebildet werden können.

Start und Aufbau einer größeren Fläche mit ganzen und halben Pfeilspitzen, 1/1 diagonal geflochten

Für die Startlinie benötigen Sie eine ganze Pfeilspitze und beliebig viele halbe Pfeilspitzen. Sie entscheiden während der Startphase, wie breit das Geflecht werden soll. Auf den Fotos wird die Struktur von rechts nach links aufgebaut, sie kann aber auch umgekehrt aufgebaut werden.

- Beginnen Sie rechter Hand mit einer Pfeilspitze; das Täschchen liegt rechts. Öffnen Sie das Fach. **[1]**
- Nehmen Sie die erste halbe Pfeilspitze und legen Sie diese links an die Spitze der Startpfeilspitze. **[2]**
- Schließen Sie das Fach. **[3]**
- Öffnen Sie das neue Fach. **[4]**
- Legen Sie eine neue halbe Pfeilspitze ins offene Fach. **[5]**
- Schließen Sie das Fach. **[6]**
- Öffnen Sie das neue Fach. **[7]**
- Legen Sie eine neue halbe Pfeilspitze ins offene Fach **[8]** und schließen Sie das Fach.
- Jetzt haben Sie die gewünschte Breite erreicht: Öffnen Sie das neue Fach. **[9]**
- Bilden Sie die linke obere Ecke, indem Sie das äußerste linke Flechtelement (orange) vornüberfalten und ins geöffnete Fach legen. **[10]**
- Schließen Sie das Fach. **[11]** Sie haben einen V-förmigen Arbeitsrand erhalten.
- Flechten Sie auf diese Weise weiter, einmal diagonal von links, einmal diagonal von rechts. Falten Sie dabei immer das äußerste Element am Seitenrand vornüber oder hintenüber und legen Sie es ins geöffnete Fach. Die Seitenränder bilden sich von selbst.

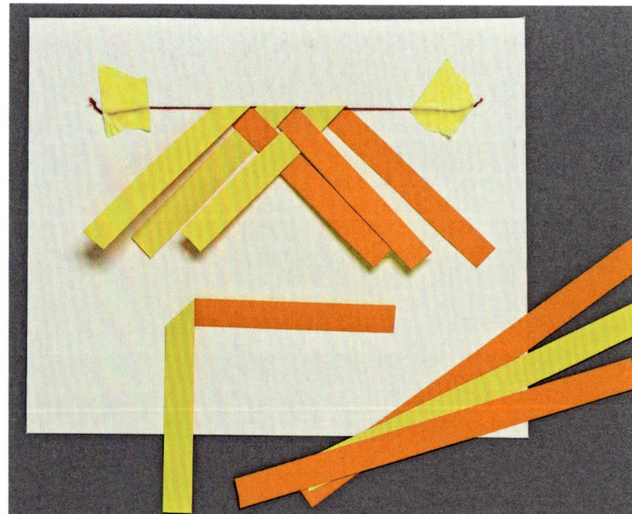

Startsituation mit halben Pfeilspitzen auf Hilfsfaden

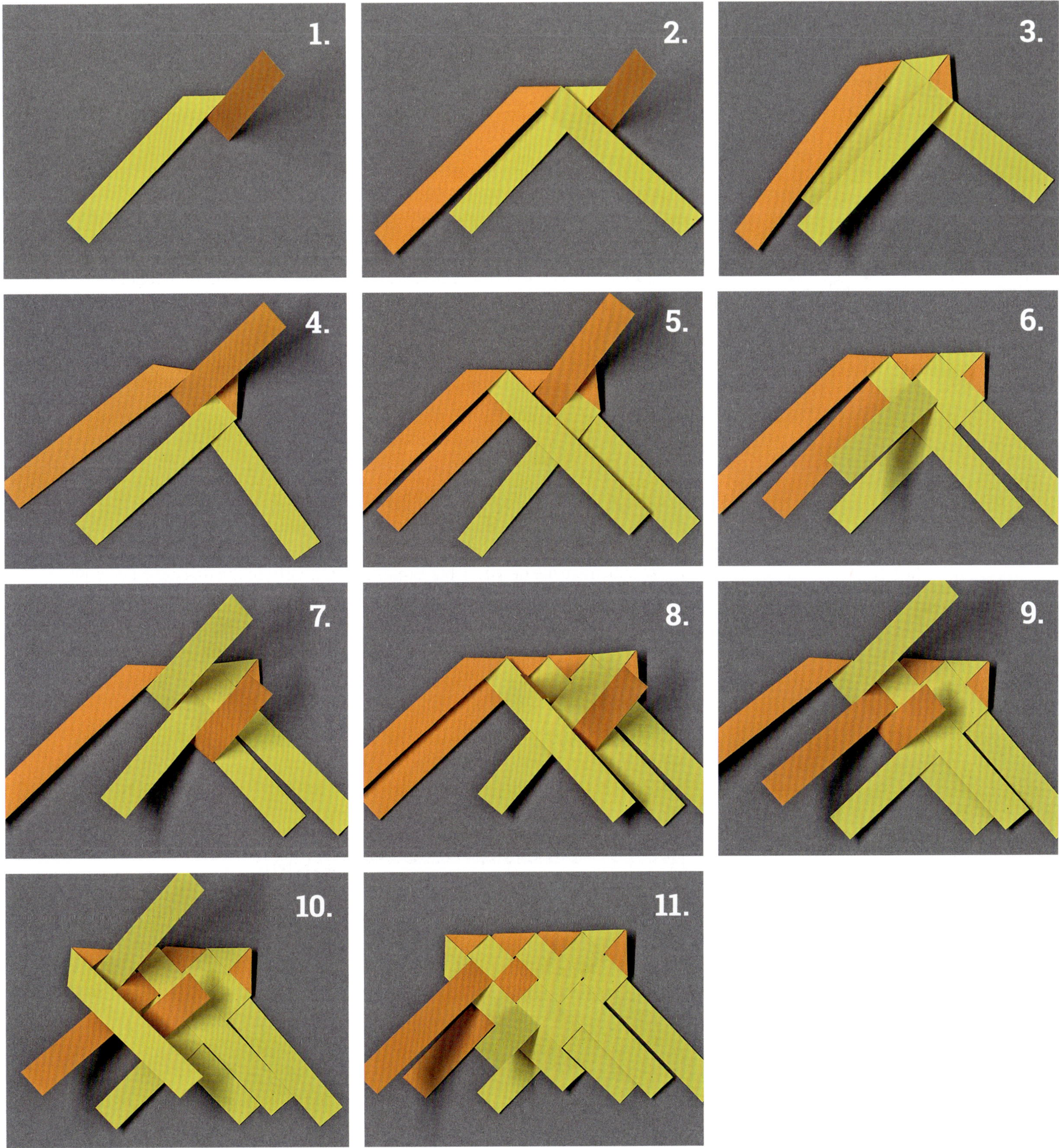
1.
2.
3.
4.
5.
6.
7.
8.
9.
10.
11.

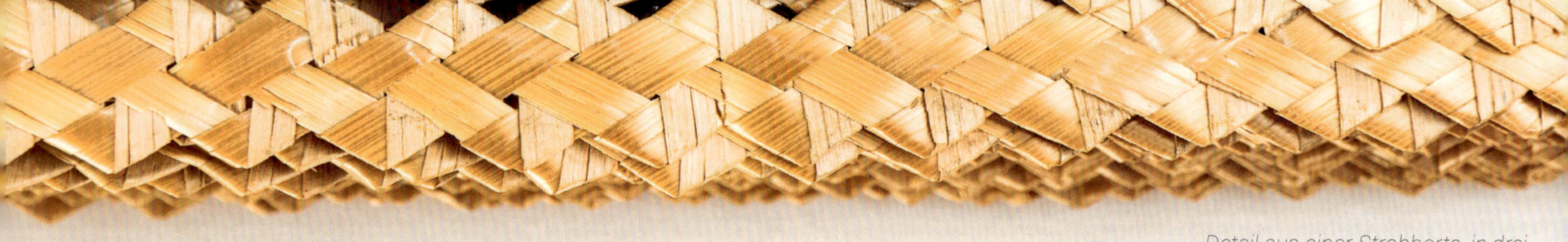

Detail aus einer Strohborte, in drei Richtungen geflochten

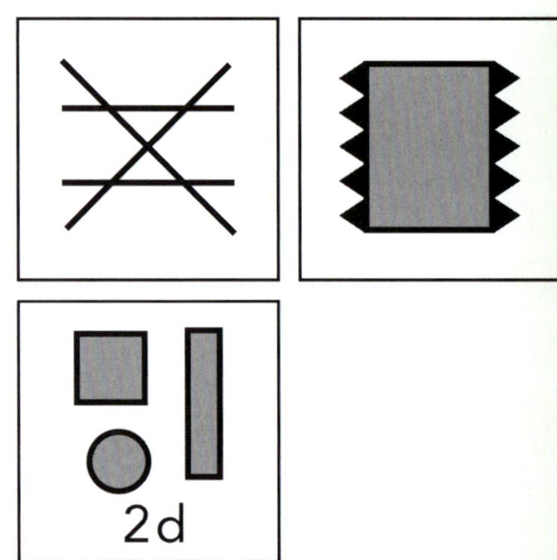

Material
einlagige Papierstreifen, Geschenkbänder, Naturmaterial u. a.

Start und Aufbau einer Borte, in drei Richtungen geflochten

Dieser Start ist nicht nur formschön (Sechseck) und wegen der drei Richtungen der Flechtelemente interessant, sondern auch sehr schnell gemacht und vielseitig als Anfang einsetzbar: für Borten, Flächen und schlauch- oder zylinderförmige Objekte.

Die Methode eignet sich für beliebig lange Borten und wurde früher auch in unseren Regionen angewandt und mit Stroh umgesetzt. Entsprechende Borten gibt es auch in Südostasien und in Polynesien.

Für den Start der Borte brauchen Sie zwei Flechtstreifen (im hier vorgestellten Beispiel gelb und blau). Gehen Sie folgendermaßen vor:

› Nehmen Sie den blauen Streifen waagerecht in die (linke) Hand und legen Sie den gelben Streifen ungefähr in einem 60-Grad-Winkel darunter.
› Falten Sie den gelben Streifen so um den blauen Streifen, dass die beiden gelben Streifenteile V-förmig exakt im 60-Grad-Winkel liegen. **[1]**
› Den rechten blauen Streifen über den gelben nach oben links falten und parallel zum linken, S-gerichteten gelben Streifen legen. **[2]**
› Den waagerechten linken blauen Streifen hintenüberfalten und unter den gelben S-gerichteten Streifen legen. Anschließend diesen Streifen über den blauen S-gerichteten Streifen führen und parallel zum Z-gerichteten gelben Streifen ablegen.
› Zu Beginn hatten Sie zwei Streifen, jetzt ist daraus eine saubere sechseckige Grundform mit vier Flechtelementen geworden. **[3]**

Nun ist der Start abgeschlossen und der Aufbau der Borte beginnt:

› Rechts an der Borte sehen Sie eine kleine blaue Raute. Falten Sie an dieser Stelle den rechten gelben Streifen vornüber und legen Sie ihn unter dem linken gelben Streifen hindurch nach links. **[4]**
› Der nun nach links weisende gelbe Streifen wird gleich noch einmal bewegt: Falten Sie ihn vornüber nach rechts oben **[5]** und legen Sie ihn dabei unter den linken blauen Streifen, parallel zum rechten blauen Streifen. **[6]**

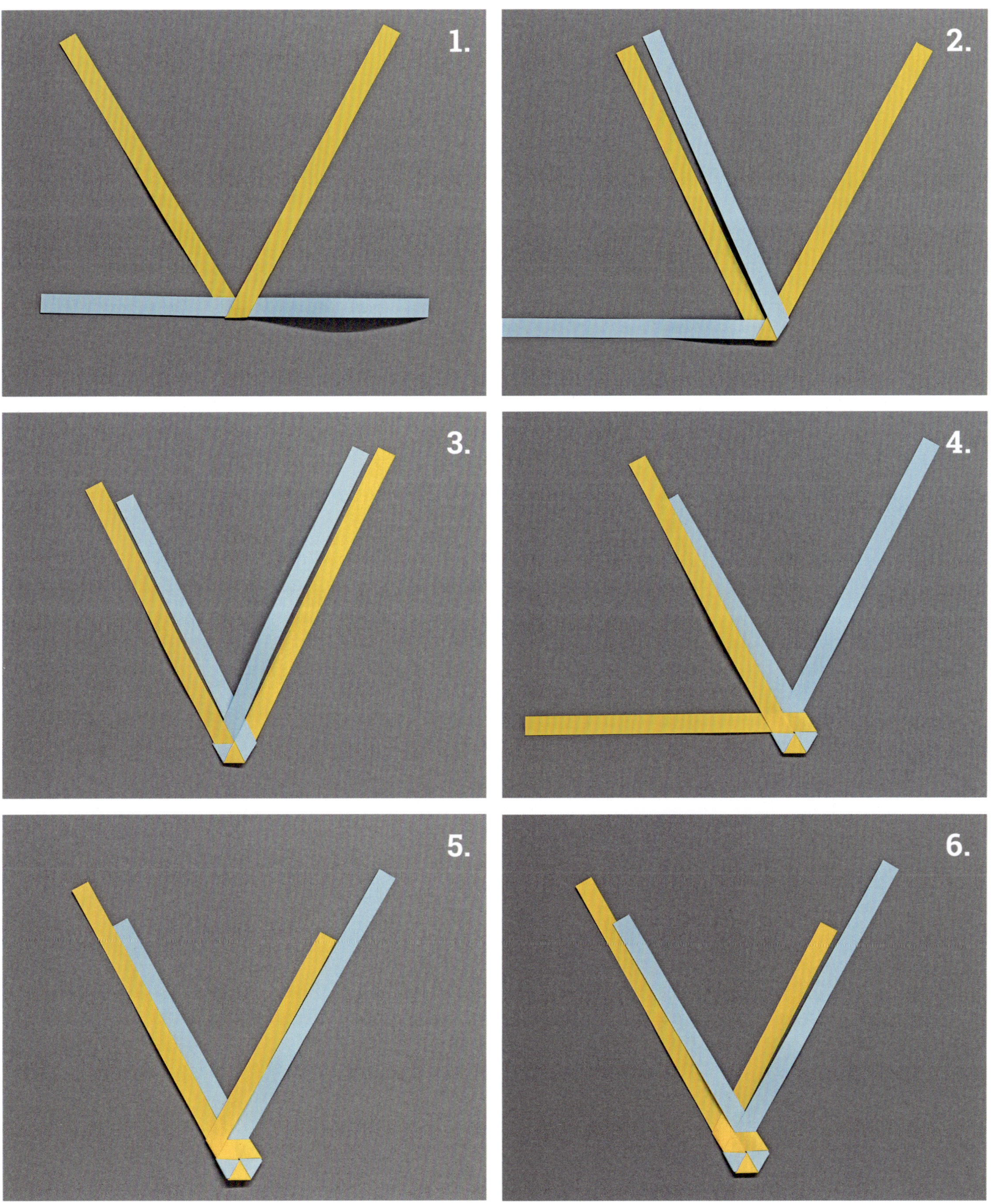
1.
2.
3.
4.
5.
6.

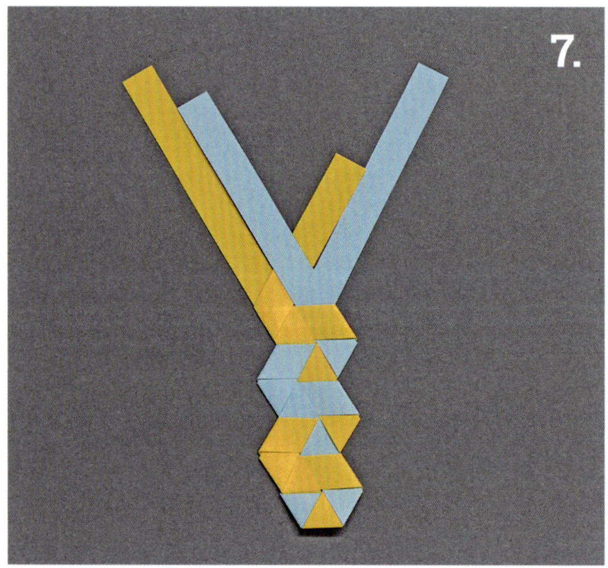

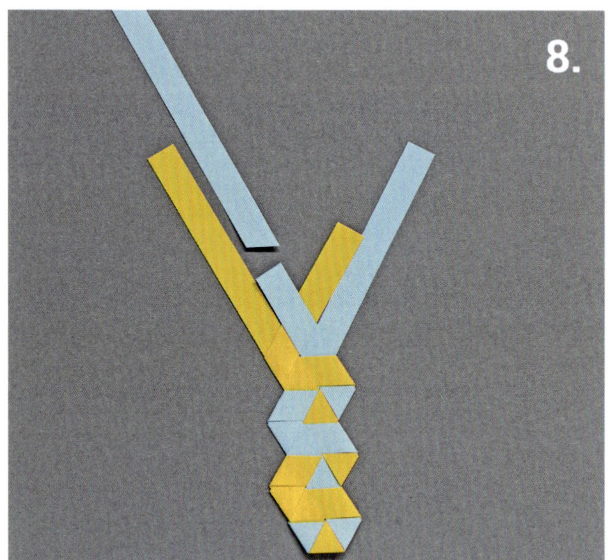

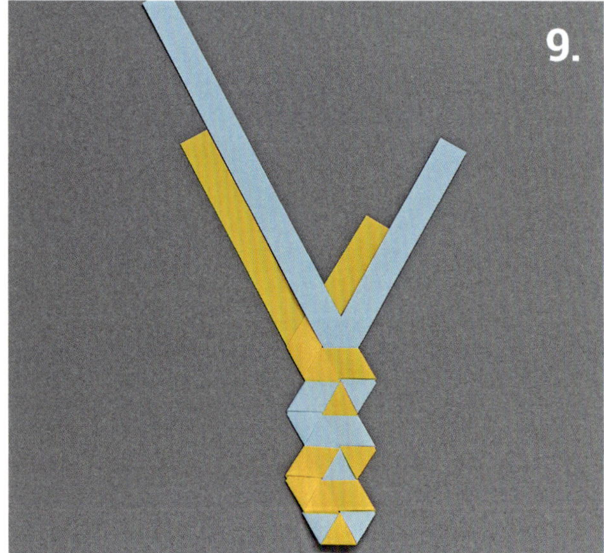

- Nun erkennen Sie links an der Borte eine kleine gelbe Raute. Verfahren Sie genauso mit dem linken gelben Streifen: Zuerst waagerecht vornüberfalten und über bzw. unter den blauen V-förmigen Streifen nach rechts legen, dann vornüberfalten und über bzw. unter den parallel liegenden Z-Elementen nach oben links führen, parallel zum blauen S-gerichteten Element. Auf diese Weise fortfahren.
- Achten Sie gut darauf, dass der Flechtrhythmus über 1/unter 1 überall eingehalten wird, die untere Mitte am V-förmigen Arbeitsrand ist dabei eine Schlüsselstelle. Denken Sie daran, dass mit dem jeweils arbeitenden Flechtelement immer zwei Schritte nacheinander (ein Schritt waagerecht und ein Schritt diagonal) ausgeführt werden, ehe es wieder ruht. Die Seitenränder werden zickzackförmig.
- Bild 7 zeigt die wachsende Borte. **[7]**
- Die Bilder 8 und 9 zeigen, wie die Elemente verlängert werden können. **[8 und 9]**

Hinweis: Auf Seite 122 finden Sie einen Abschluss für diese Borte.

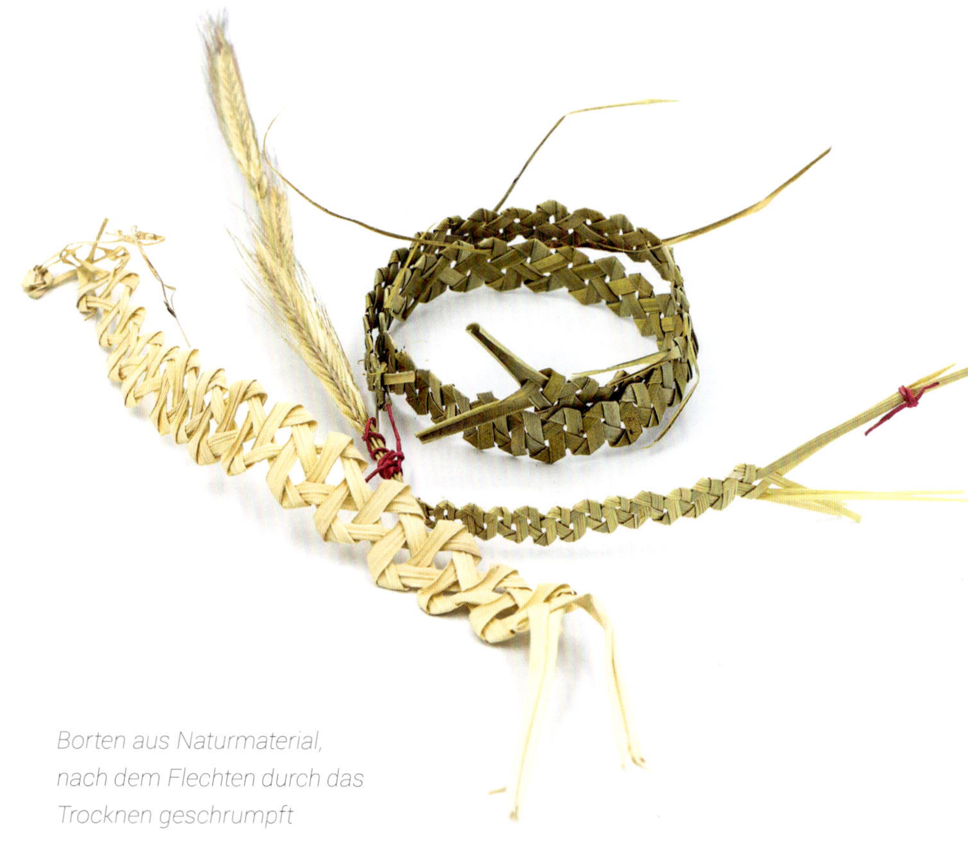

Borten aus Naturmaterial, nach dem Flechten durch das Trocknen geschrumpft

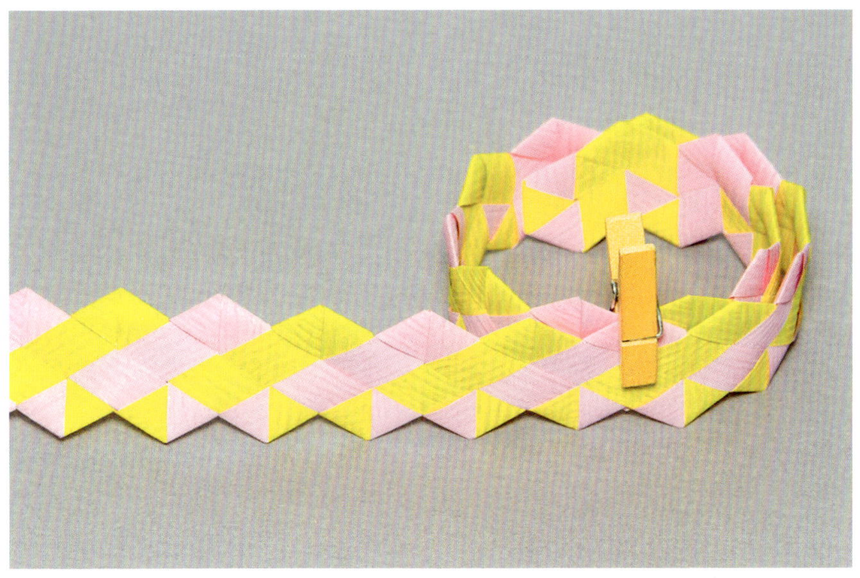

Wachsende Borte aus Geschenkband

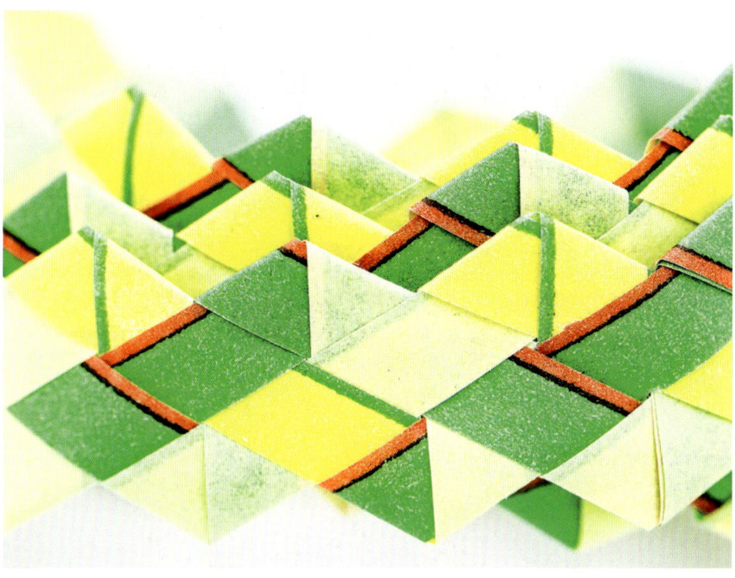

Detail einer Borte aus Luftschlangen

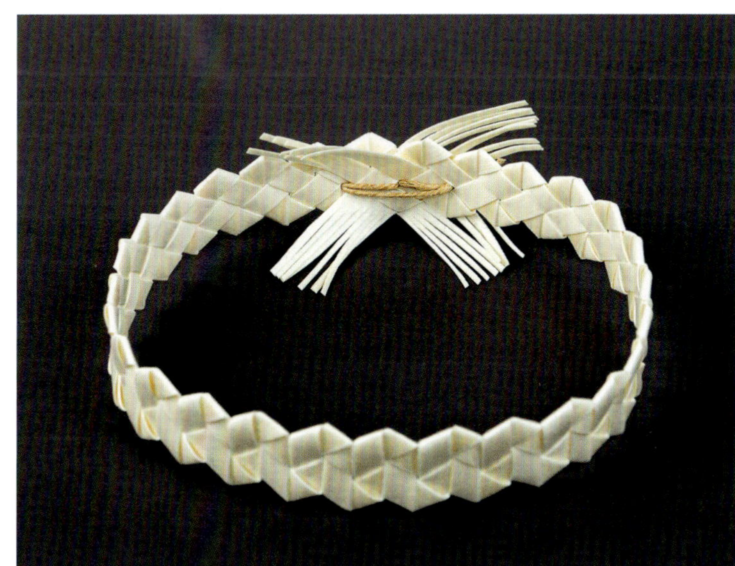

Zum Ring geschlossene Borte aus Saleenband

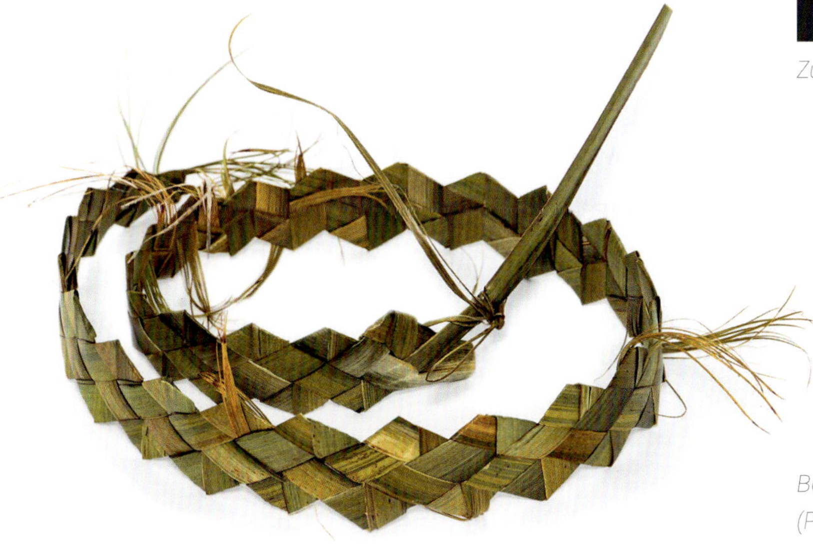

Borte aus Neuseelandflachs
(*Phormium tenax*)

Varianten

- Sie können die Anfangselemente von Bild 3 seitlich aneinandermontieren und dadurch eine breitere Borte oder eine Fläche erzielen. Varianten für Arbeitsränder, Seitenränder und Abschlusskanten sind die gleichen wie bei den weiter oben vorgestellten diagonal geflochtenen Borten. Lediglich an die steileren Winkel der Flechtelemente zueinander muss man sich gewöhnen.
- Eine Borte mit **geraden** Seitenrändern erhalten Sie, wenn Sie die Arbeit nach jedem Durchgang (= zwei Schritten) wenden, statt einmal von links und einmal von rechts zu beginnen. Wieder beginnen Sie mit dem Durchgang stets bei der kleinen Raute.
- Mit den beiden Varianten dieser Borten lässt sich auch prima spielen, indem Sie innerhalb der gleichen Struktur abwechselnd in der einen und der anderen Art flechten (Zickzackseitenrand im Wechsel mit geradem Seitenrand).
- Auch in drei Richtungen geflochtene Borten lassen sich einfach zu einer größeren Fläche zusammennähen.

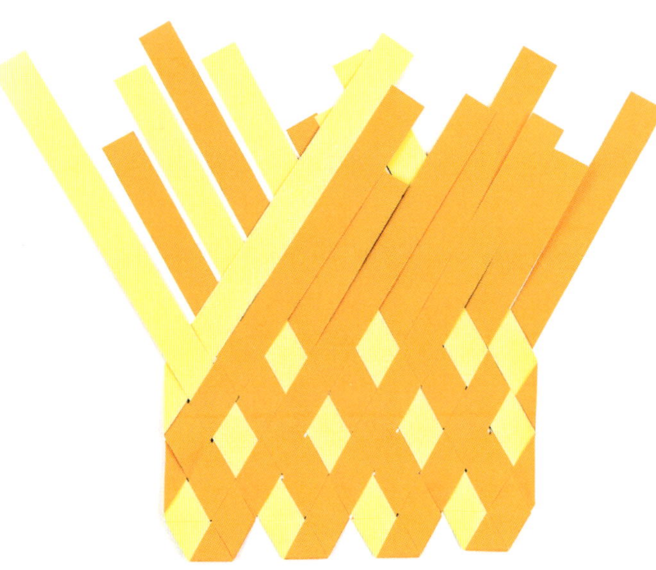

Flächenaufbau mit sechseckigen Anfangselementen

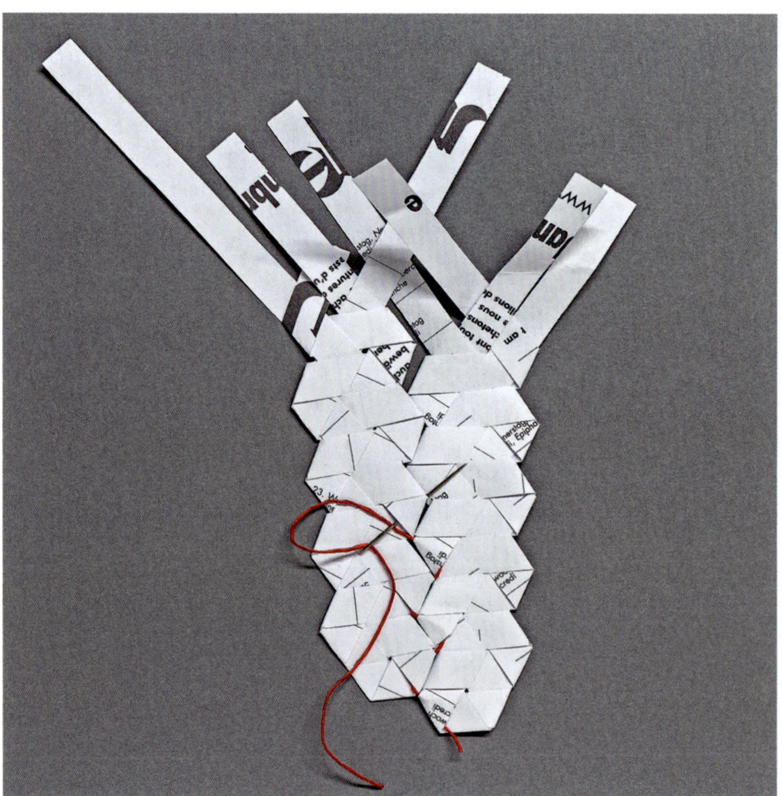

In drei Richtungen geflochtene Borten aneinandernähen

Start und Aufbau einer Fläche in Rautenform, 1/1 orthogonal geflochten

Sie arbeiten mit einer Pfeilspitze und beliebig vielen weiteren losen Elementen.

- Legen Sie die Pfeilspitze vor sich auf den Tisch, die Spitze weist von Ihnen weg.
- Öffnen Sie das erste Fach.
- Legen Sie einen Streifen waagerecht ins Fach. **[1]**
- Schließen Sie dieses Fach und öffnen Sie ein neues.
- Bilden Sie mit dem eingelegten waagerechten Streifen je eine halbe Pfeilspitze links und rechts (an einer Seite vornübergefaltet, auf der anderen Seite hintenübergefaltet).
- Das Fach auch dort öffnen, wo der neue Streifen liegt. **[2]** Einen neuen Streifen waagerecht ins offene Fach legen.
- Fach schließen und neu öffnen.
- Links und rechts wieder zwei halbe Pfeilspitzen mit dem waagerechten Streifen bilden.
- So fortfahren, bis Sie die gewünschte Breite der Fläche erreicht haben.
- Mit dem zuletzt eingelegten Streifen links und rechts eine ganze Pfeilspitze bilden und so anordnen, dass sich die nun waagerecht im geöffneten Fach liegenden Streifenenden überlappend innerhalb der Reihe treffen – wie bei der Borte auf Seite 91. **[3 und 4]**. So fortfahren, bis nur noch die zwei Längsstreifen der Anfangspfeilspitze vorhanden sind. Mit diesen eine Zacke bilden wie auf Seite 125 beschrieben. **[5]**

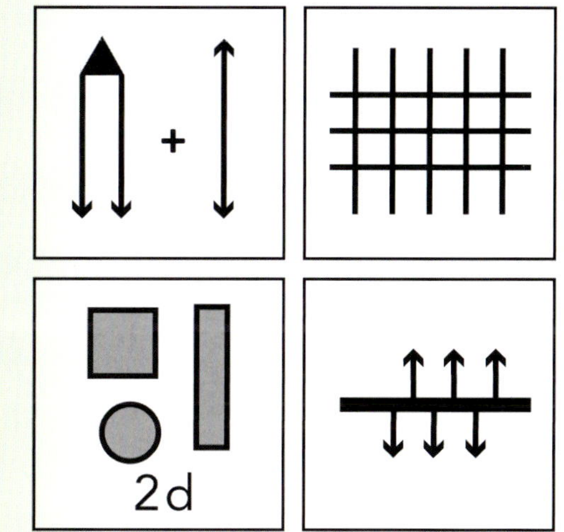

Material:
einlagige Papierstreifen, Geschenkbänder, Naturmaterial u. a.

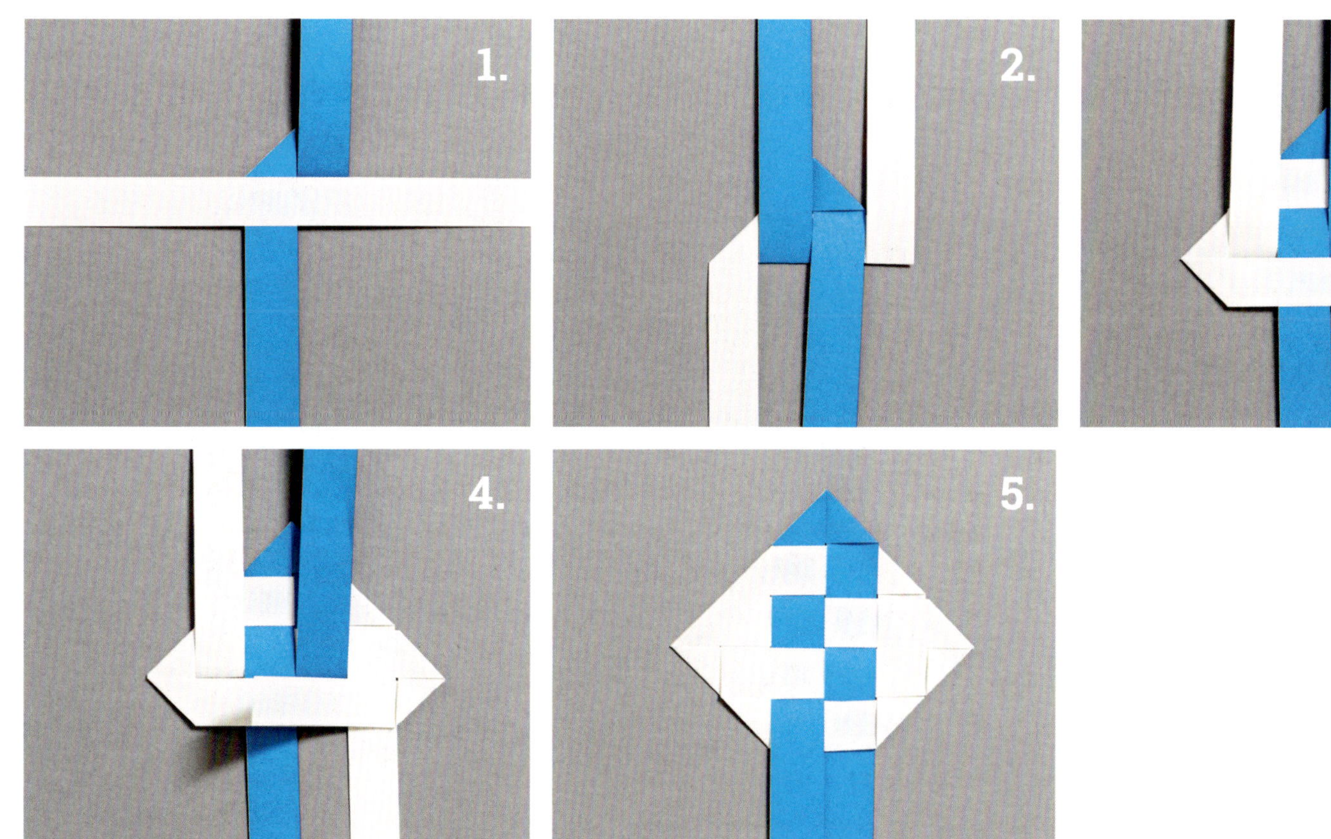

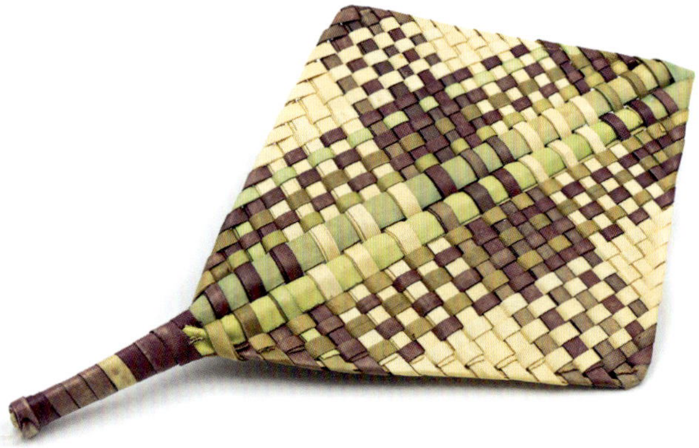

Fächer, in Rautenform
1/1 orthogonal geflochten,
Palmblatt, gefärbt

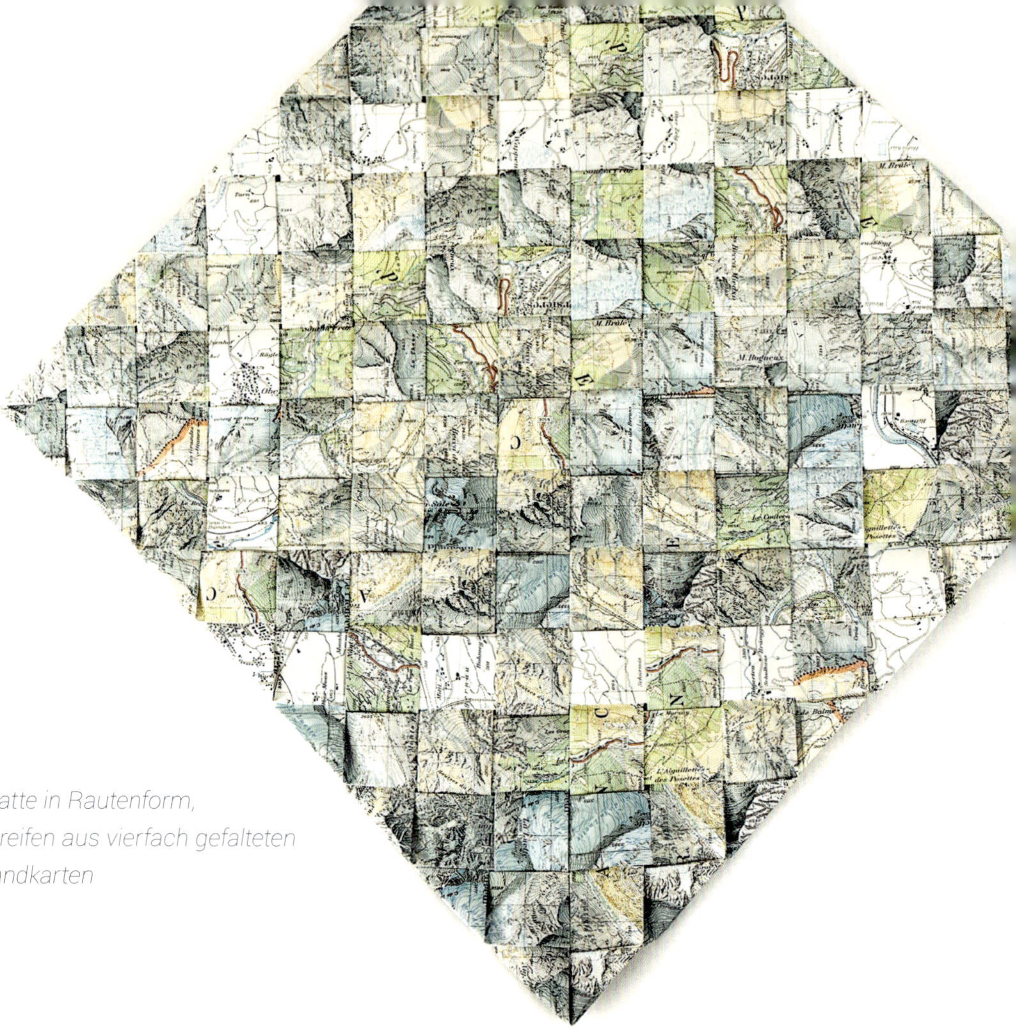

Matte in Rautenform,
Streifen aus vierfach gefalteten
Landkarten

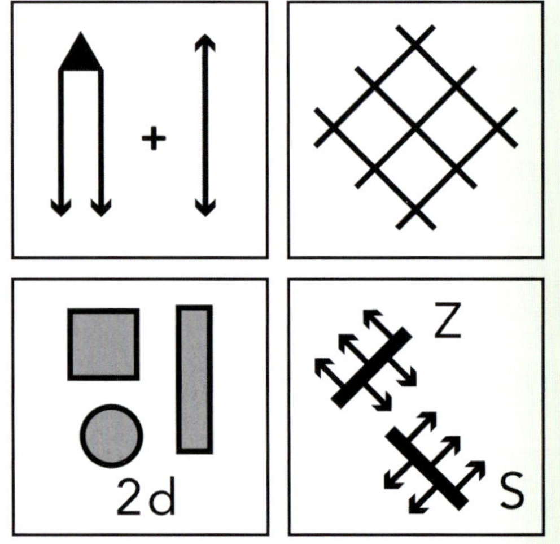

Variante

Bei meinen Forschungen habe ich öfter Bilder und Beschreibungen von Matten entdeckt, welche in einer Ecke begonnen und dann diagonal aufgebaut wurden. War die gewünschte Mattenbreite erreicht, wurde die zweite Ecke gearbeitet und die Fläche dann weiter aufgebaut, ohne zusätzliches Material anzufügen, wie bei der auf Seite 101 beschriebenen diagonal geflochtenen Fläche. Bedingt durch die langen Passagen auf den S- oder Z-gerichteten Arbeitslinien ergibt sich ein starker Drängeffekt (siehe Seite 38), der schöne Linien entstehen lässt.

Wenn Sie dieses Verfahren selbst ausprobieren möchten, variieren Sie die oben beschriebene Arbeitsweise so, dass die erste Pfeilspitze unten links liegt und die Elemente diagonal zu liegen kommen; die Matte wächst auf Sie zu.

Kombinationen von Startsituationen – freie Flächenbildung

Verschiedene der oben vorgestellten Ausgangslagen lassen sich kombinieren und abwandeln: Man kann zusätzliche Flechtelemente einfügen oder die Anzahl reduzieren. Man kann Schlitze einbauen, beliebig „abbiegen" oder umkehren, zusätzliche Ecken bilden, Randbildungen kombinieren – die Möglichkeiten einer Freestyle-Flächenbildung sind zahllos!

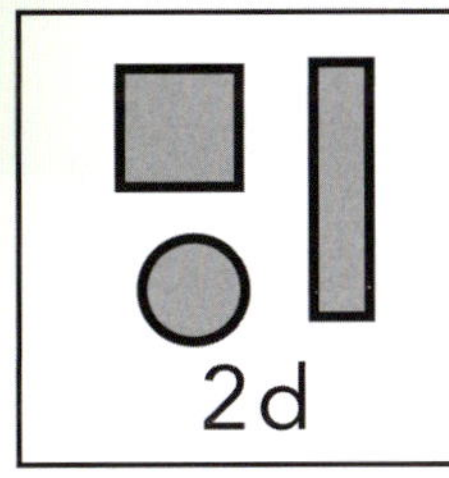

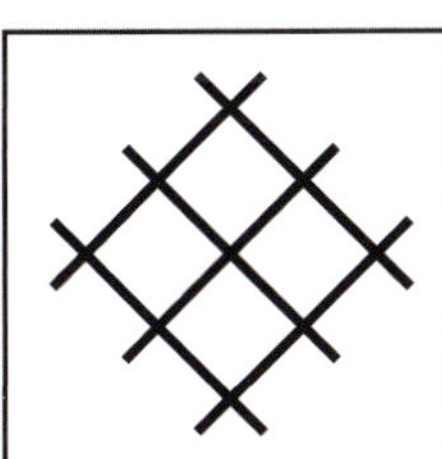

FREIE FORMEN IN DER FLÄCHE

Als Spielzeug beliebte Tier- oder andere Figuren werden so geflochten.
Geeignetes Material: einlagige Papierstreifen, Naturmaterial u. a.

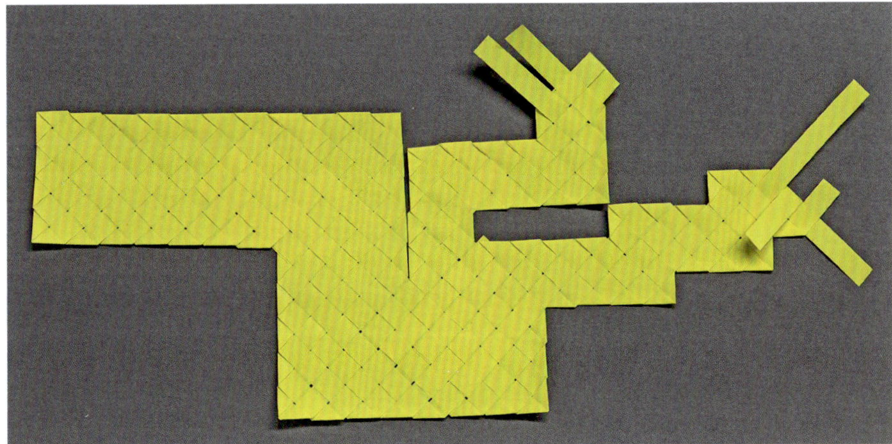

Freie Fläche, Papier

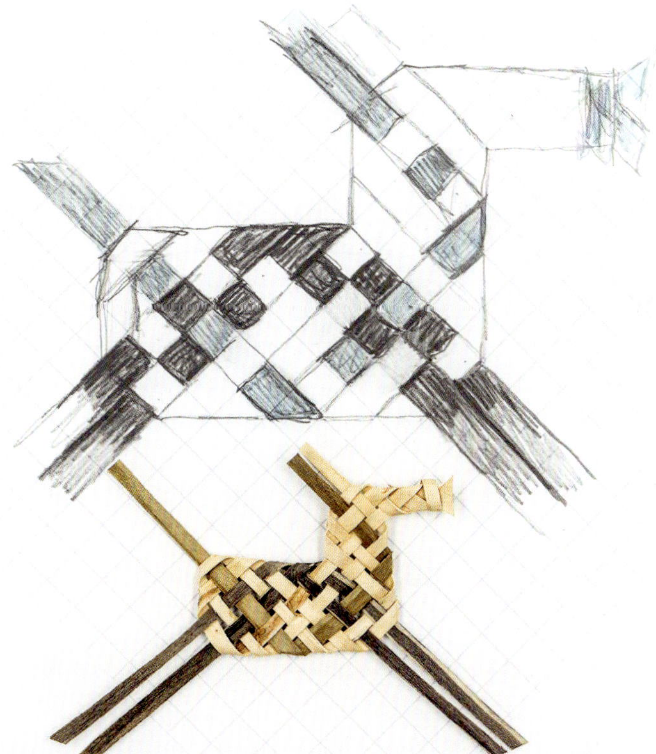

Ein Tier auf Karopapier zeichnen

Start mit Gruppen
von Flechtelementen

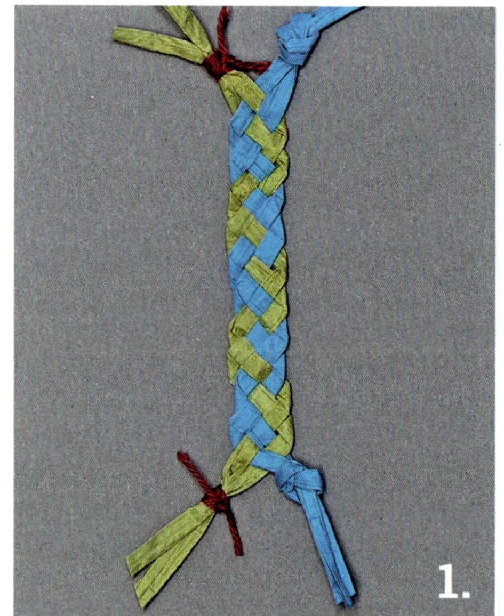

1/1 diagonal geflochtene Borte auf V-förmigem Arbeitsrand aus gebündeltem Papierband

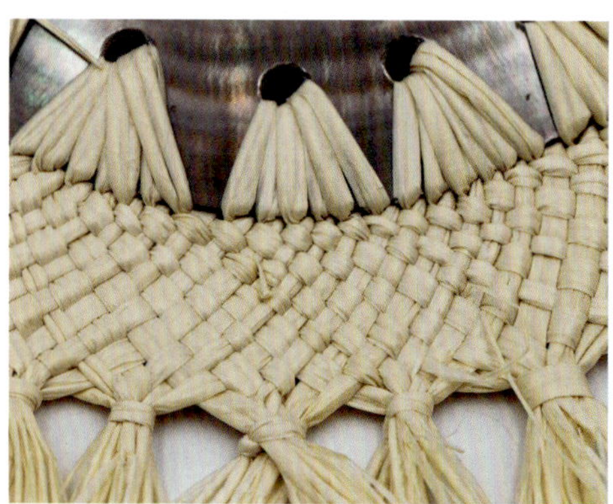

Detail: Start mit Bündeln aus Palmblatt, mit einer Muschel als Lochträger, 1/1 diagonal geflochten, Cook Islands

Ich kenne drei Arten:

1. **Start mit Gruppen aus weichen Flechtelementen, deren Enden zu einem Knoten gebunden sind**
2. **Start mit Gruppen aus weichen Flechtelementen, die bündelweise durch Löcher an einem vorbereiteten Grundelement gezogen werden**
3. **Start mit Gruppen aus ganz flachen Flechtelementen, die an einem Ende miteinander „verwachsen" (= noch nicht durchtrennt) sind**

Gebündelte Enden

Für die erste Art werden weiche Streifen, beispielsweise Stoffstreifen, Bast, Papierband u. a., gebündelt (gebunden oder geknotet) und dann unter Spannung verflochten. Zopfflechten ist hierfür das bekannteste Beispiel. Die meisten oben vorgestellten Borten können auch aus weichen Streifen mit gebündelten Enden geflochten werden. **[1]**

Durch Löcher gezogene Bündel

Eine gleichermaßen dekorative wie praktische Art, eine große Anzahl von weichen Flechtelementen zu einer Startsituation zu gruppieren, habe ich an einem Geflecht von den Cook Islands entdeckt: Bündel von feinen Flechtelementen aus Palmblatt werden durch Löcher an Muschelplatten gezogen und dann paarweise so angeordnet, dass diagonal geflochten werden kann. Das ergibt außerordentlich schöne, kostbare Bodenmitten an Taschen, Dosen, Fächern u. a.

Diese Arbeitsweise lässt sich gut mithilfe eines Kartons testen.

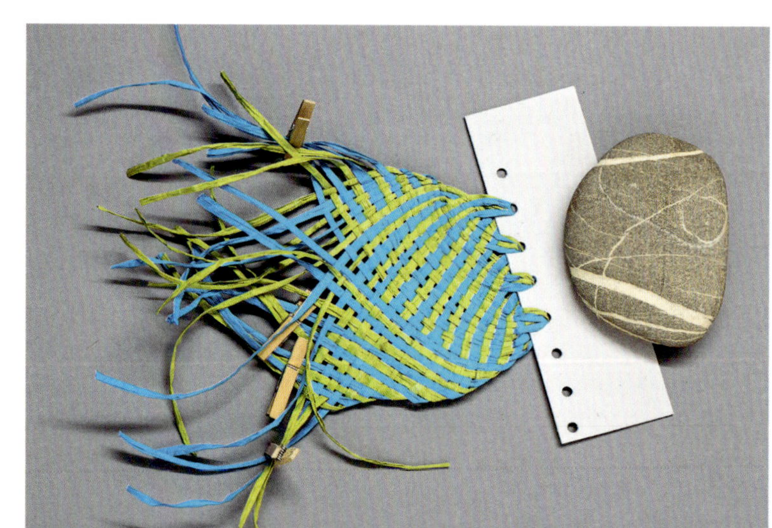

Experiment auf Karton, Streifen aus Papierband, 1/1 diagonal geflochten, A-förmiger Arbeitsrand

Gruppen mit an der Basis zusammengewachsenen Elementen

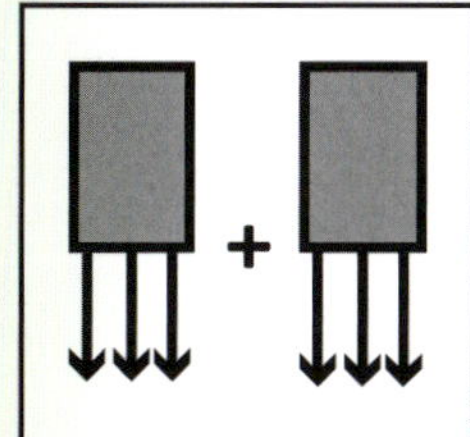

Piktogramm: an der Basis zusammengewachsene Elemente

Dieser Methode bin ich in Artikeln aus den 1920er-Jahren von Peter Buck/Te Rangi Hīroa begegnet. Man arbeitet mit Gruppen von Flechtelementen, die an ihrer Basis miteinander „verwachsen“ sind. Ich war sofort von dieser Möglichkeit des Startens für flache Diagonalgeflechte begeistert. In Basel besuchte ich 1997 die Ausstellung „Vanuatu“ gleich mehrmals, da diese ungewöhnliche Arbeitsweise hier ausführlich und mit vielen Beispielen und Fotos gezeigt wurde. Besonders gefallen hat mir auch der Umstand, dass eine so geflochtene Matte oft von Frauengruppen gefertigt wird, die dabei längsseits der entstehenden Matte sitzen – diese soziale Komponente finde ich attraktiv.

Charakteristiken:

- Die einzelnen Flechtelemente hängen an ihrer Basis mit mehreren anderen Elementen flächig zusammen.
- Sie bilden dadurch eine Gruppe von parallel nebeneinanderliegenden Flechtelementen.
- Die Einzelstreifen können sehr schmal sein, was verflochten feine, weiche Strukturen ergibt.
- Die noch zusammenhängenden Ansatzpartien werden entweder am Schluss der Arbeit in Einzelelemente aufgetrennt und ins fertige Geflecht zurückgeführt oder bleiben als Fransen stehen.

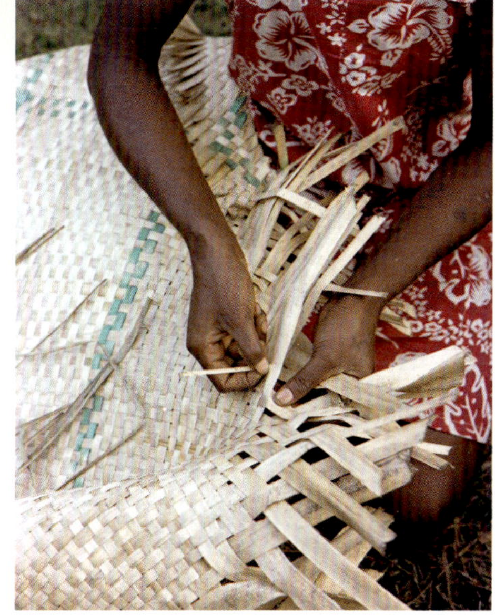

Pandanusmatte in Arbeit, Wuro, West-Ambrym, Vanuatu, © (F)Vb32345: Museum der Kulturen Basel. Foto: Christian Kaufmann, 1983

Interessanterweise wird die Länge einer fertigen Matte durch die Startseitenlänge der Arbeit definiert:

- Nachdem alle Elemente zur Startposition montiert wurden (siehe unten), wächst die entstehende Fläche zur späteren Breite der Matte heran.
- Anstatt die Flechtelemente für eine größere Breite der Matte zu verlängern, kann auch eine Art zweite Startlinie an die entstehende Fläche montiert werden (siehe Seite 58).

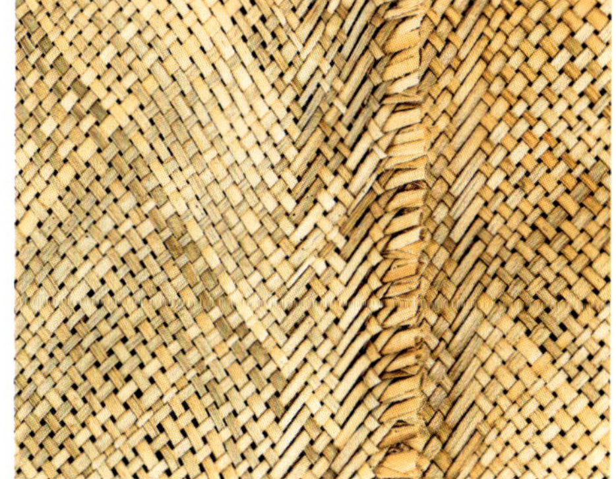

Detail der Originalmatte aus Vanuatu

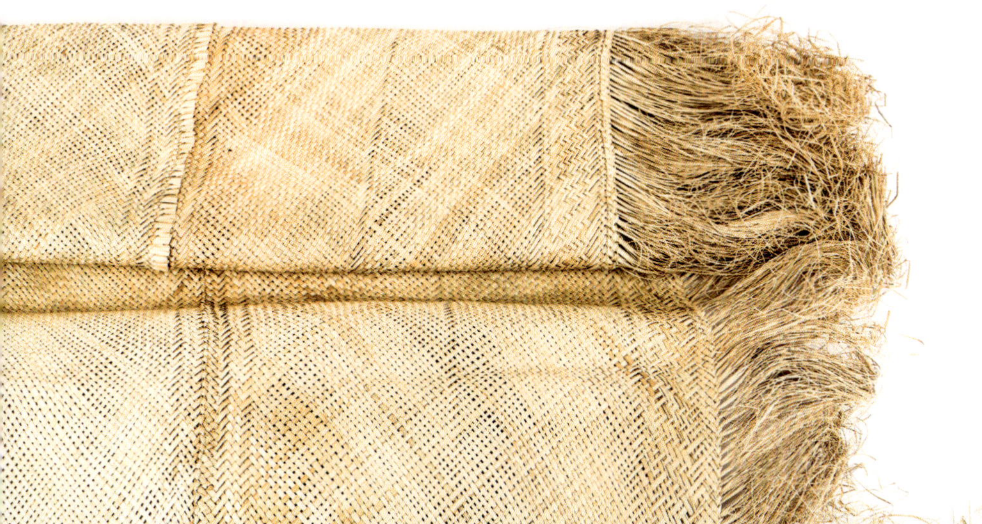

Zwei aneinandergeflochtene Matten aus Vanuatu

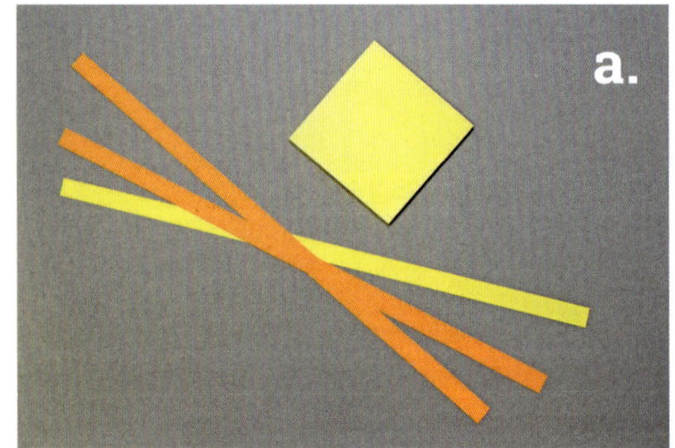

Haftnotizzettel und Papierstreifen

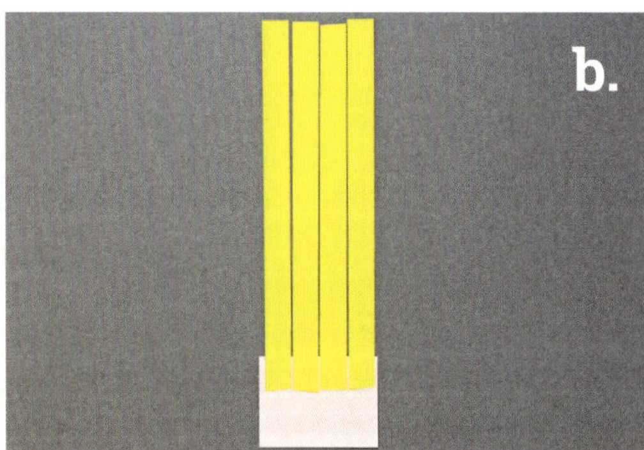

Vier Streifen auf Klebebereich montieren.

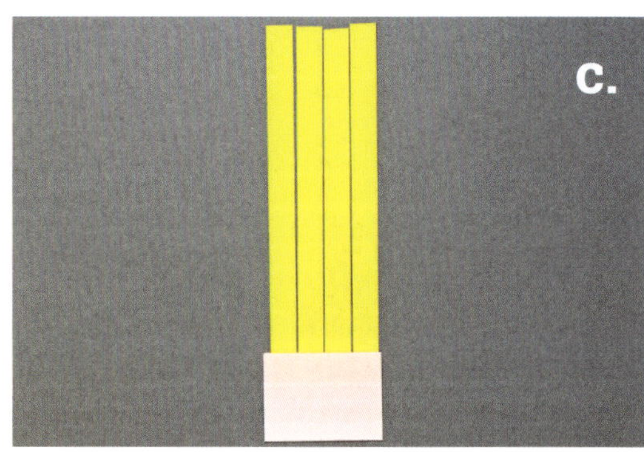

Haftstreifen darüberkleben.

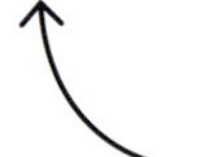

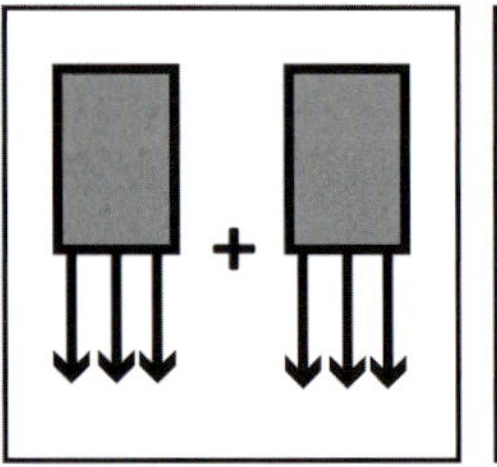

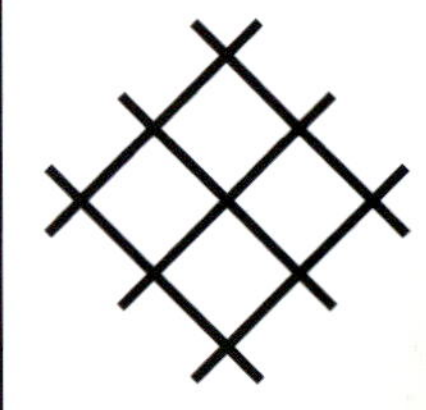

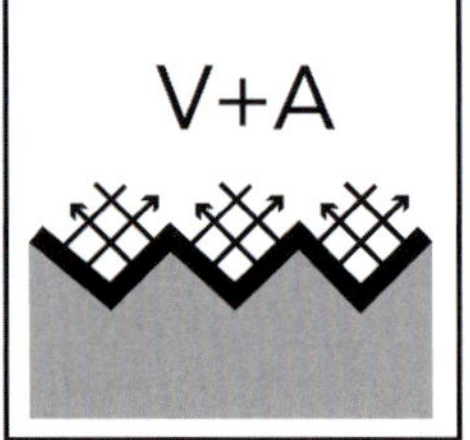

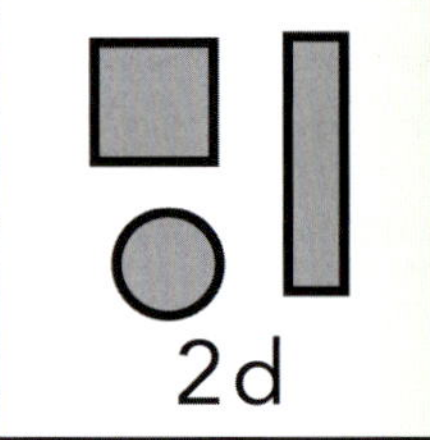

Material:
1 cm breite Streifen von einem DIN-A4-Papier mit verschiedenfarbiger Vorder- und Rückseite

Material vorbereiten

Statt breite Streifen in schmalere zu schneiden, kann man auch umgekehrt verfahren und schmale Streifen zu Gruppen zusammensetzen, z. B. können Sie eine Anzahl Streifen mit zwei Haftnotizzetteln zu einem „Sandwich" verbinden:

› Einen Zettel mit der klebenden Seite nach oben auf den Tisch legen. **[a]**
› Die Papierstreifen parallel zueinander auf dem Haftstreifen fixieren. **[b]**
› Einen zweiten Haftstreifen so auf den ersten legen, dass dieser die Papierstreifen zudeckt und der klebende Bereich die Streifen noch einmal fixiert. **[c]**
› Sollen die Enden der Flechtelemente später ins fertige Geflecht verstätet werden, müssen Sie bei dieser Montage darauf achten, lange Enden stehen zu lassen.
› Die Anzahl der Streifen pro Gruppe kann gerade oder ungerade sein.

START UND AUFBAU EINER FLÄCHE, 1/1 DIAGONAL GEFLOCHTEN AUF ZICKZACKFÖRMIGEM ARBEITSRAND

› Die Streifengruppen vorbereiten wie oben beschrieben. **[1]**
› Sie arbeiten nun mit diagonal auf der Arbeitsfläche liegenden Gruppen. Öffnen Sie an einer Gruppe ein Fach; die Streifen lassen sich gut am Haftnotizzettel zurückfalten. **[2]**
› Bei einer zweiten Gruppe falten Sie alle Flechtelemente bis auf einen (am Haftnotizzettel links) zurück. **[3]**
› Die beiden Gruppen werden nun diagonal miteinander verflochten, wie Sie es bereits kennen. Im gezeigten Beispiel entstehen kleine Flächen aus 4 x 4 Flechtelementen. Ich nenne sie hier Päckchen. Die Flechtelemente der S-gerichteten Gruppe verbinden sich fortlaufend mit denjenigen der Z-gerichteten Gruppe. **[4–8]**
› Öffnen Sie an der Z-Linie an einem der Päckchen wieder ein Fach und legen Sie in der schon bekannten Weise das erste S-Element eines zweiten Päckchens ins offene Fach. Das S-Element liegt dicht an den S-Elementen des ersten Päckchens. **[9]**
› Fach schließen, neues Fach öffnen und so fortfahren, bis alle S-Elemente des zweiten Päckchens eingeflochten sind. **[10–12]**

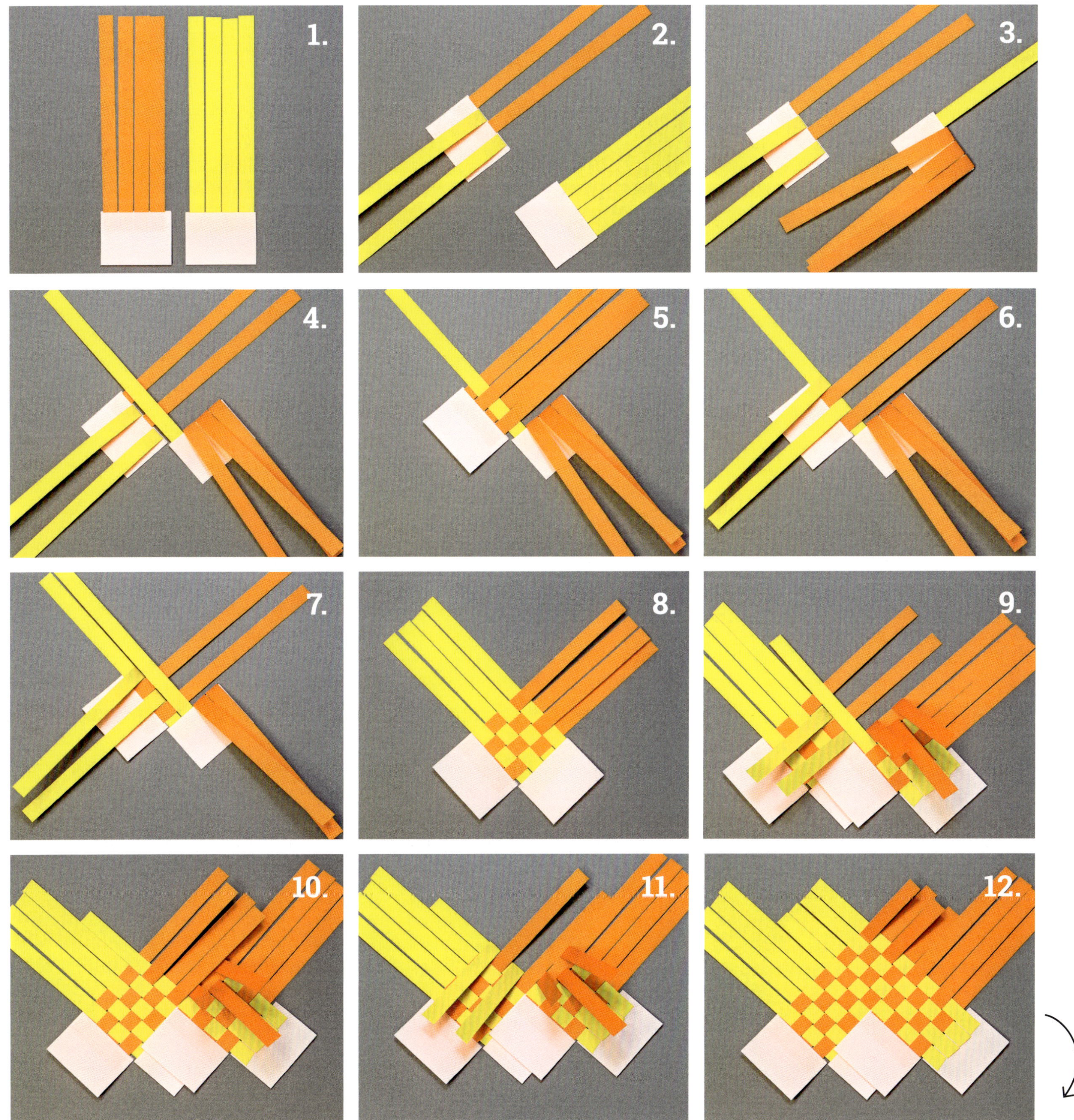
1.
2.
3.
4.
5.
6.
7.
8.
9.
10.
11.
12.

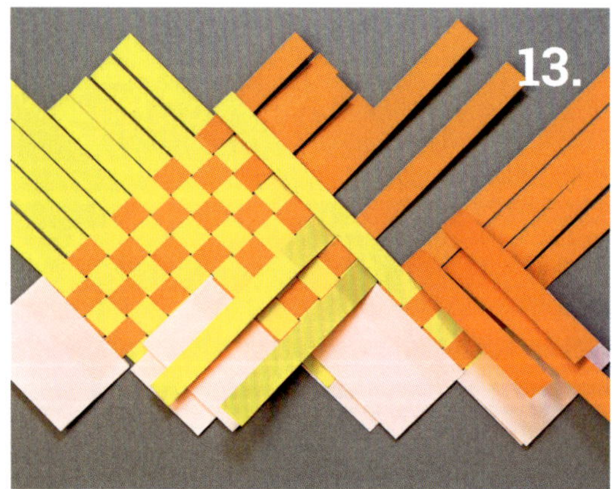

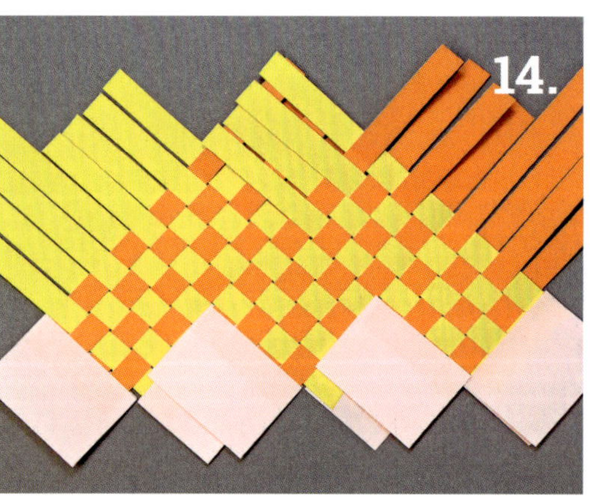

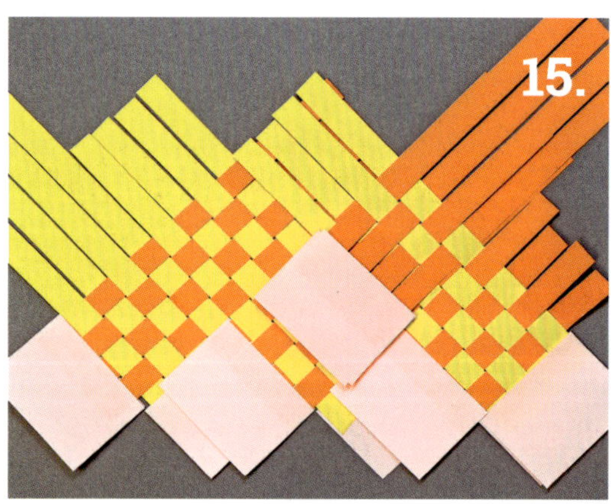

- Ein drittes Päckchen wird eingeflochten: Öffnen Sie ein Fach aus vier Z-Elementen am zweiten Päckchen und flechten Sie die vier S-Elemente des dritten Päckchens ein. **[13 und 14]** Auf diese Weise fortfahren.

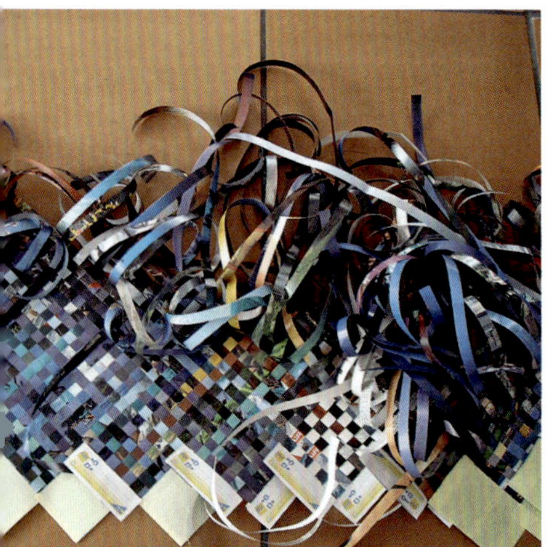

Work in Progress, Matte aus Kalenderpapier

Hinweise:

- Alle Päckchen müssen vollkommen gleich gearbeitet sein, das heißt, der Flechtrhythmus muss identisch sein, was im gezeigten Beispiel gut an den Farben ablesbar ist.
- Verflechten Sie unbedingt immer nur 4 x 4 Elemente (bzw. so viele, wie Ihre Päckchen jeweils haben). Nur so erzielen Sie einen zickzackförmigen Arbeitsrand.
- Sobald Sie die gewünschte Breite erreicht haben, beginnen Sie mit dem Aufbau der Seitenkanten. Bleiben Sie unbedingt auf dem zickzackförmigen Arbeitsrand, um die Übersicht nicht zu verlieren.
- Verlängern Sie die Flechtelemente entweder einzeln oder wieder als ganze Gruppe. **[15]**

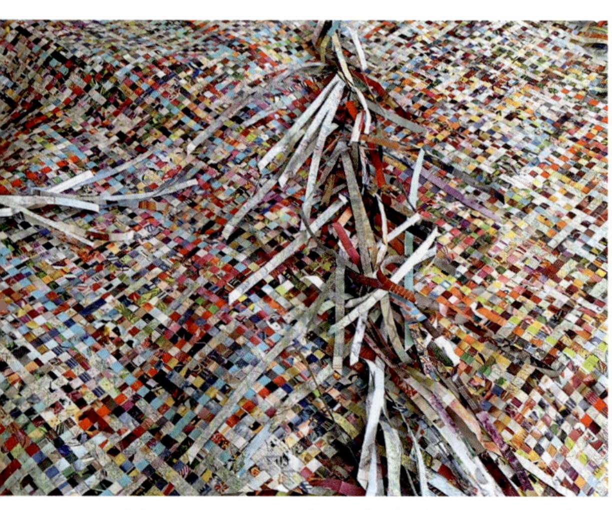

Work in Progress, Aneinanderflechten von zwei Matten, Landkarten und Zeitschriftenpapier

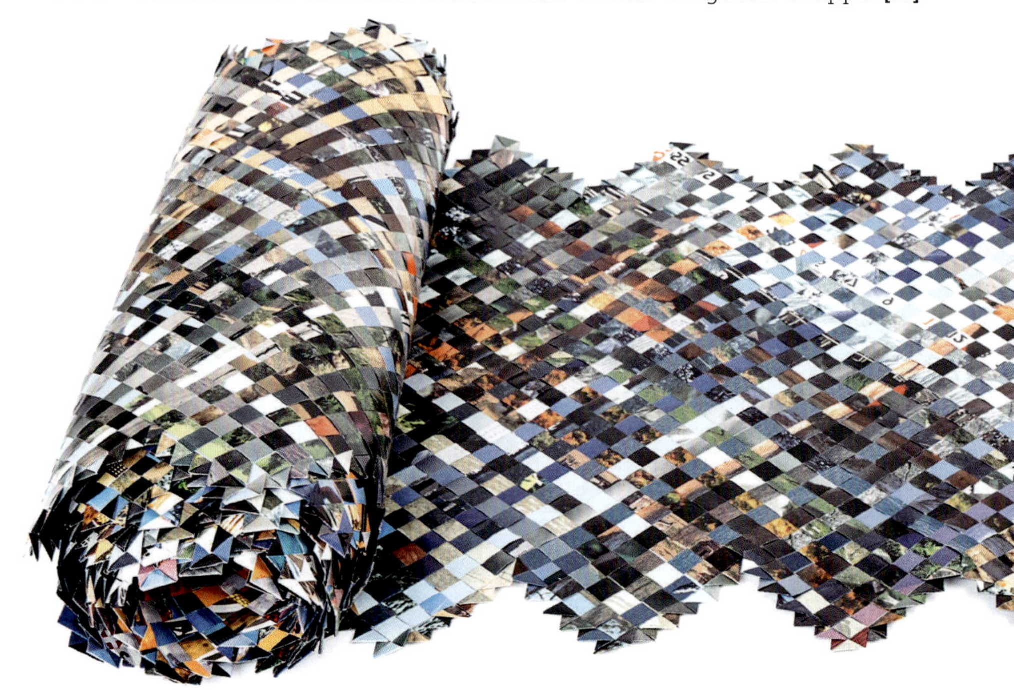

Gerollte, 1/1 diagonal geflochtene Matte aus Kalenderpapier, 40 x 600 cm

Start über eine feste Form

Diese Startmöglichkeit bildet automatisch dreidimensionale Objekte. So kann ein Objekt schlauchförmig werden, wenn beispielsweise über eine Kartonröhre gearbeitet wird. Das Prinzip funktioniert für orthogonal oder diagonal geflochtene Strukturen. Die verwendete Form dient entweder nur temporär als Träger und wird später entfernt oder sie verbleibt in der fertigen Arbeit.

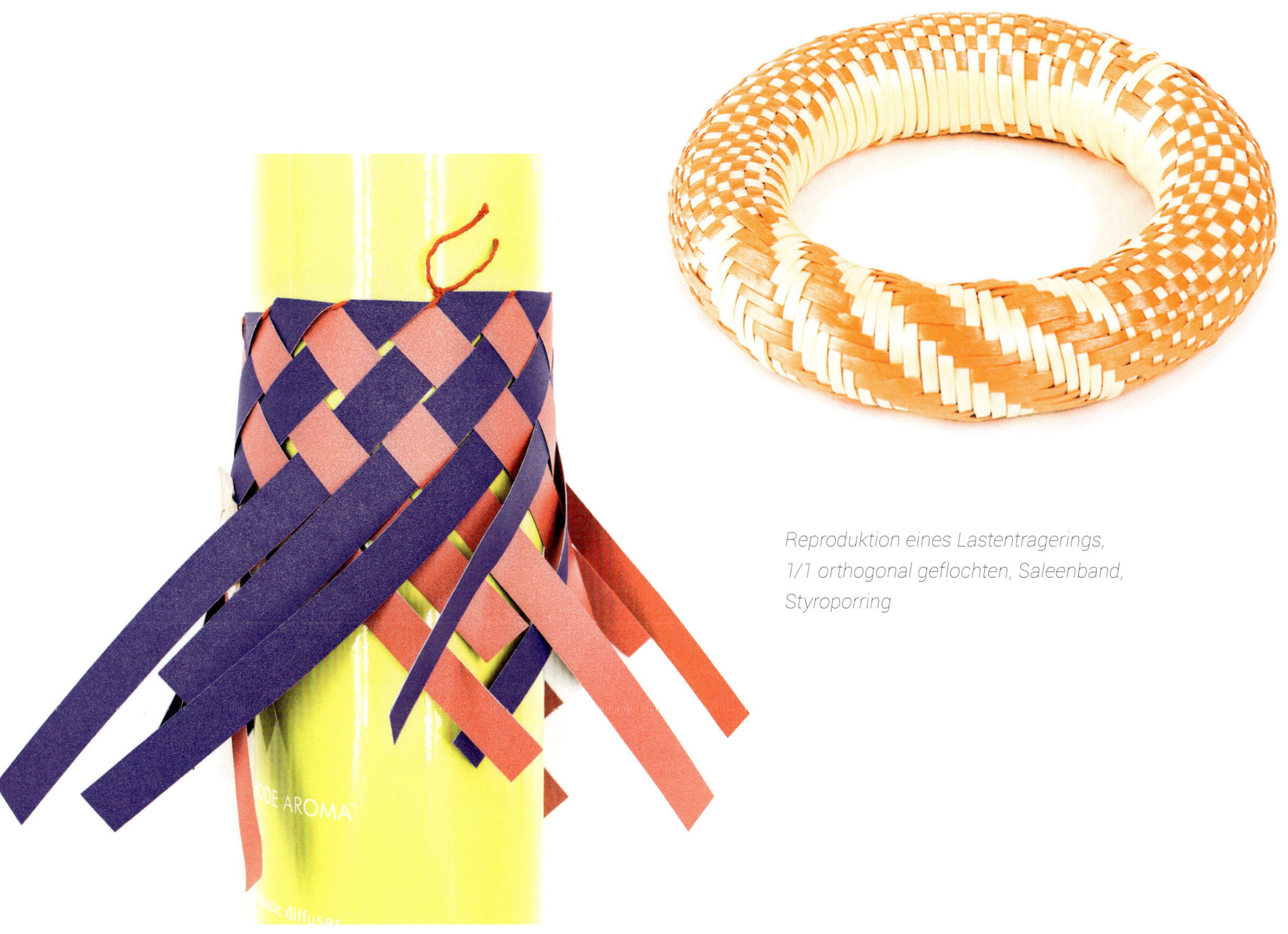

Reproduktion eines Lastentragerings, 1/1 orthogonal geflochten, Saleenband, Styroporring

Röhre und Hilfsfaden für einen Schlauch, 1/1 diagonal geflochten

Technikgruppe 2
Ränder und Abschlusskanten

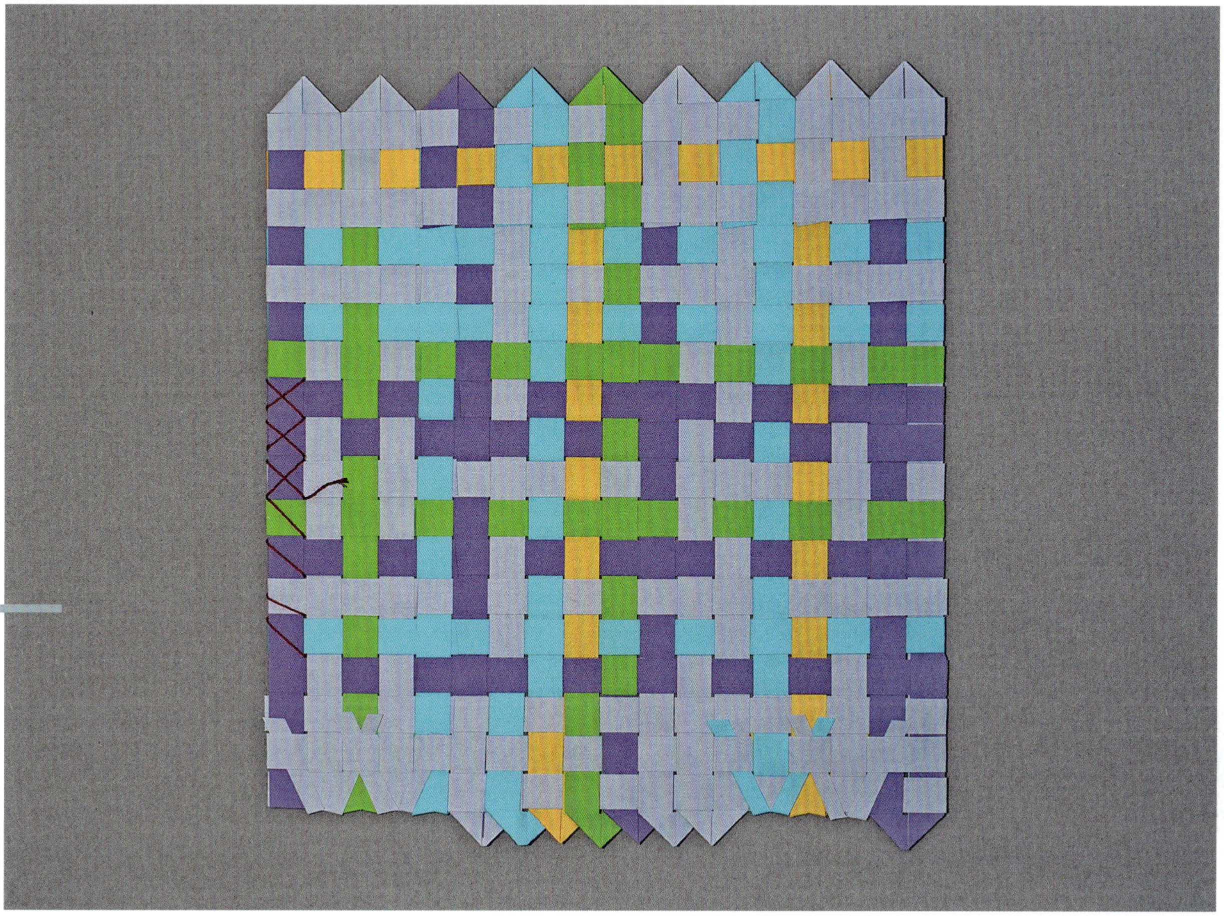

Arbeitsprobe mit Randbildungen an der orthogonal geflochtenen Fläche

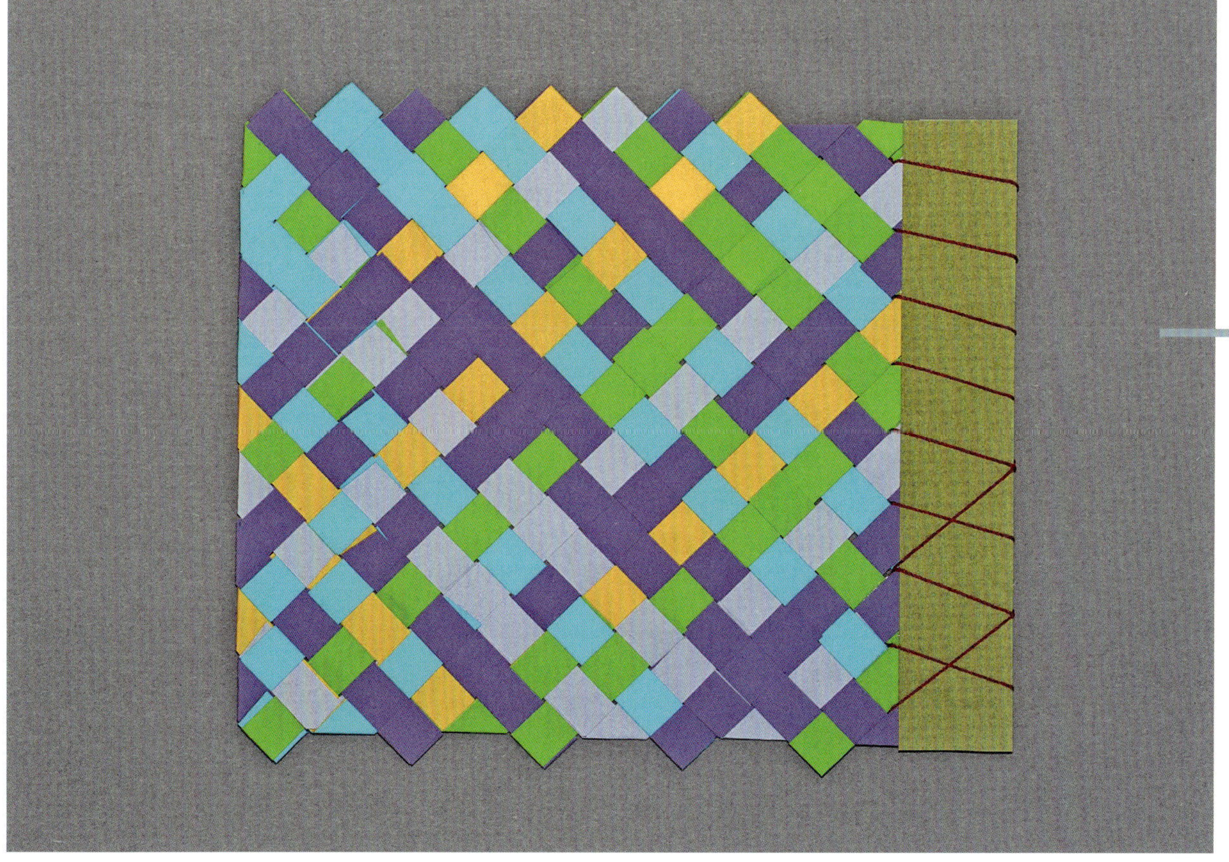

Arbeitsprobe mit Randbildungen an der diagonal geflochtenen Fläche

Bei der Bildung von Rändern an Geflechten können wir grundsätzlich zwei Typen unterscheiden:

1. **Ränder, die gleichzeitig mit dem Aufbau der Fläche gebildet werden**
2. **Ränder, die nach dem Aufbau der Fläche gebildet werden**

Hier eine Übersicht der Möglichkeiten, dargestellt als Piktogramme:

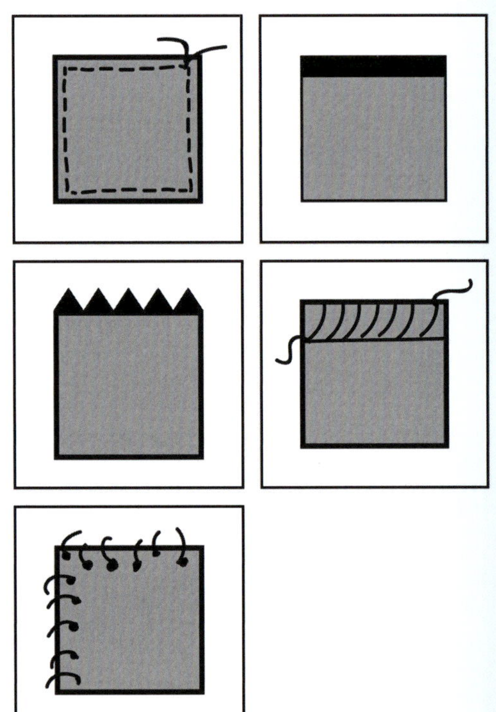

Rand, der beim Aufbau einer Fläche gebildet wird

Diese Kategorie haben Sie im Kapitel „Technikgruppe 1" bereits kennengelernt. Hierzu zählen die verschiedenen Anfangsränder sowie die integrierten Seitenkanten beim Aufbau von diagonal und/oder orthogonal geflochtenen Strukturen aus Pfeilspitzen, die gerade oder zickzackförmig aussehen können (siehe ab Seite 86).

Rand, der nach dem Aufbau von Flächen oder Körpern gebildet wird

Ränder zu bilden ist dort nötig, wo nach dem Aufbau von Flächen oder Körpern Enden von Flechtelementen übrig bleiben. Diese losen Elemente müssen ins fertige Geflecht zurückgeführt und dadurch gesichert werden.

Meistens geht es um Abschlusskanten, die oben bzw. unten an Flächen oder oben an dreidimensionalen Körpern liegen. Seltener sind lose Enden an allen vier Seiten einer Fläche. Die Piktogramme zeigen die Lage der Randabschlüsse an einer Kante; bitte gegebenenfalls auf weitere Kanten übertragen.

Hinweis:
Lose Elemente liegen unterschiedlich am Arbeitsrand: Die einen liegen frei beweglich auf der Oberseite des fertigen Geflechts, die anderen werden vom Geflecht festgehalten. Ich nenne sie in den folgenden Anleitungen obenauf liegende Elemente und unten liegende Elemente.

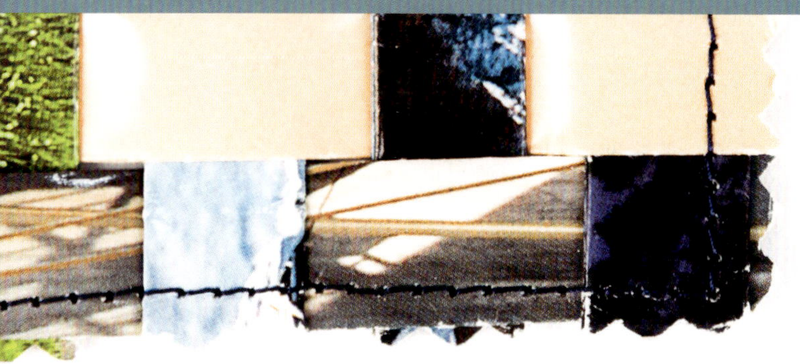
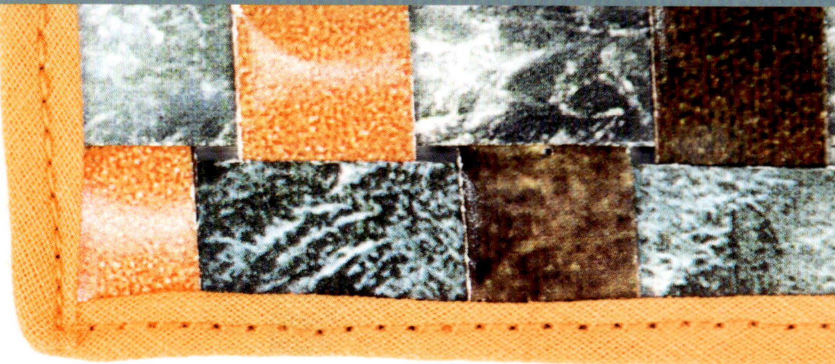

Details mit Nähmaschinennähten

Lineare **Abschlusskanten**

Orthogonal geflochten:

GERADE ABSCHLUSSKANTE MIT DER NÄHMASCHINE (oder mit Heftklammern)

Dies ist eine einfache und schnelle Möglichkeit, die Enden von losen Flechtelementen zu sichern. Die Enden können nach dem Nähen eingekürzt und stehen gelassen oder zusätzlich beispielsweise mit Schrägband verstürzt werden.

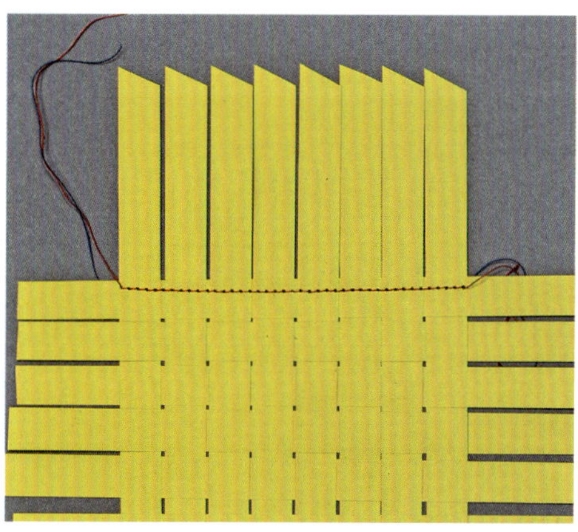

Nähmaschinennaht an Orthogonalgeflecht

GERADE ABSCHLUSSKANTE MIT LANGEM FLECHTSCHRITT

Bei dieser Abschlusskante ist das 1/1 geflochtene Muster leicht gestört. Das Papier am gezeigten Beispiel ist zweifarbig (Vorderseite: gelb, Rückseite: grün). Dieser Rand wird in zwei Arbeitsgängen gemacht.

› Im ersten Arbeitsgang werden die unten liegenden Elemente auf die Vorderseite verstätet. Sie müssen dabei einen Flechtschritt über 2 machen, damit die Elemente überhaupt ins fertige Geflecht eingeflochten werden können. Das sieht aus wie ein Fehler, ist aber durch die orthogonale Struktur nicht anders möglich. **[1]** Arbeit wenden.
› In einem zweiten Arbeitsgang machen Sie auf der Rückseite des Geflechts das Gleiche mit den verbleibenden Elementen. **[2]** Überstehende Enden einkürzen.

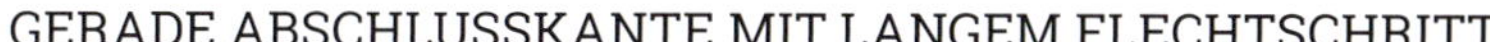

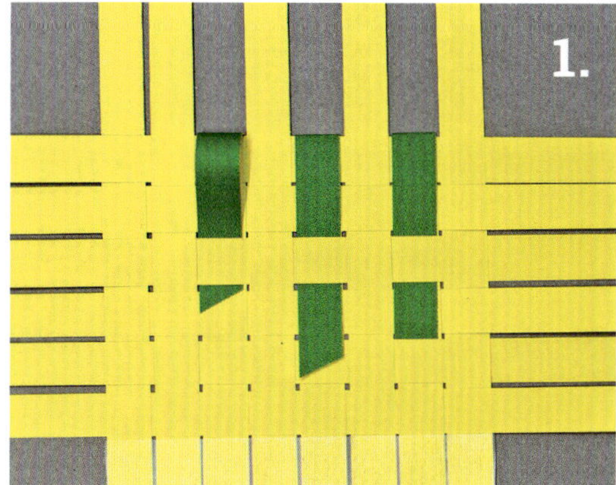

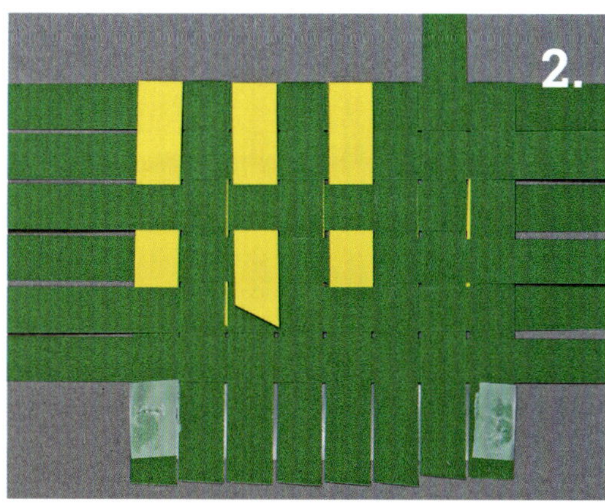

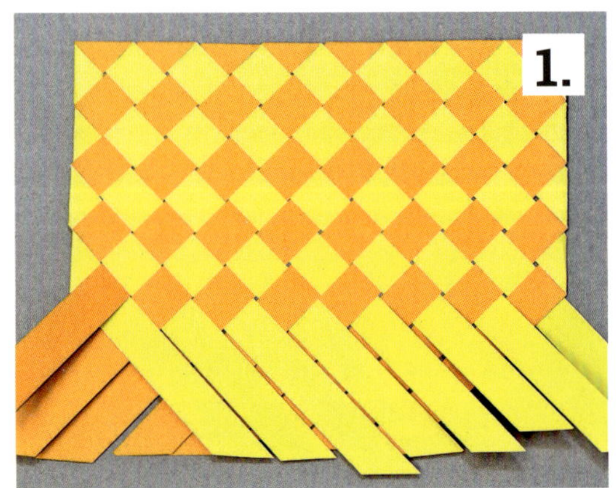

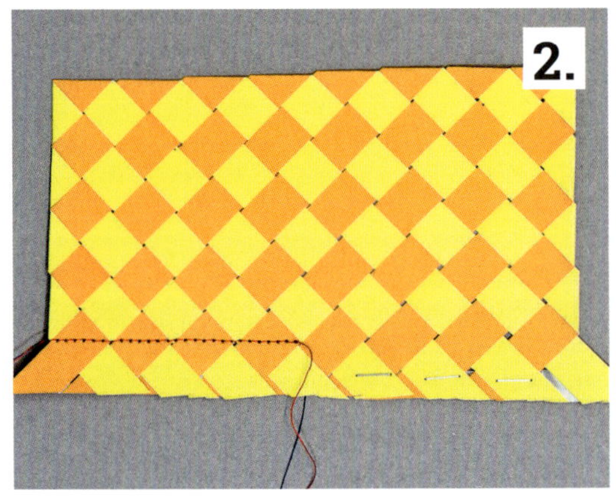

Diagonal geflochten:

Für jede diagonal geflochtene Abschlusskante müssen zunächst alle Elemente auf einen laufkreuzenden Arbeitsrand gebracht werden; ich nenne das „die Elemente auf gleiche Höhe bringen“:

› Die Z- und die S-Elemente jedes Paares liegen rechtwinklig aufeinander. Achten Sie darauf, dass bei allen Paaren das gleiche Element obenauf liegt, entweder das Z- oder das S-Element.
› Das Papier am gezeigten Beispiel ist zweifarbig (Vorderseite: gelb, Rückseite: orange): Auf der laufkreuzenden Arbeitslinie sind alle S-Elemente gelb und liegen obenauf, während die orangefarbenen Z-Elemente unter den gelben Elementen liegen. **[1]**

GERADE ABSCHLUSSKANTE MIT DER NÄHMASCHINE (oder mit Heftklammern)

Nähen Sie die Naht, bevor die Enden zurückgeschnitten werden. Die abgeschnittenen Enden können wie hier stehen bleiben oder später zusätzlich überdeckt werden, beispielsweise mit Schrägband oder Zusatzelementen. **[2]**

KOMPAKTE GERADE ABSCHLUSSKANTE

Eine stabile Abschlusskante, die wie folgt in zwei Arbeitsgängen geflochten wird:

› Ausgangslage: laufkreuzende Arbeitslinie. Um einen Rand zu bilden, wird die Arbeit nicht gewendet. Alle S-Elemente vornüberfalten und ins fertige Geflecht zurückführen. **[3]**
› Alle Z-Elemente vornüberfalten und ins fertige Geflecht verstäten. **[4]**
› Das Verstäten der Elemente führt zu einer Verdickung der Oberfläche. Eine solche Verstärkung kann sehr nützlich sein, wenn man einen Rand bilden möchte.
› Beim Arbeiten mit zweifarbigem Material wird die Abfolge der Farben nicht gestört.
› Je weiter die Elemente beim Verstäten ins fertige Geflecht zurückgeführt werden, desto kompakter und dichter wird der Rand.

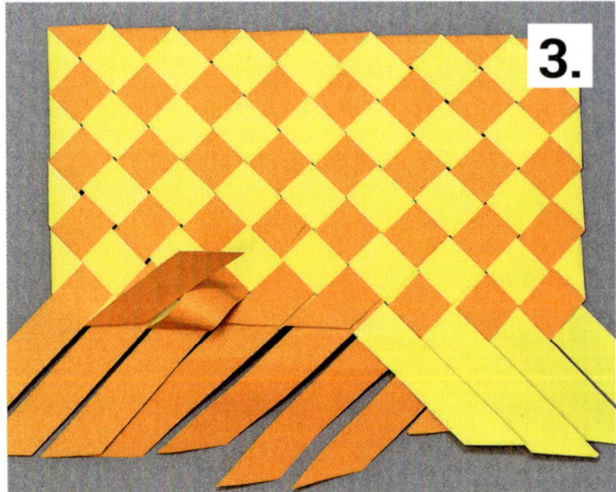

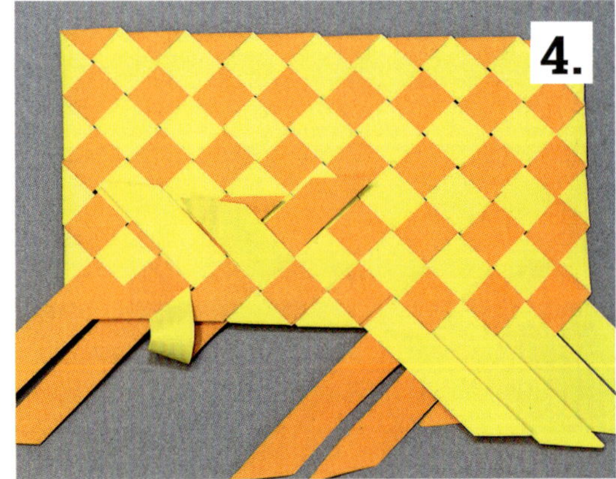

GERADE ABSCHLUSSKANTE AUS SCHRÄG LIEGENDEN PFEILSPITZEN

Durch schräg gelegte Pfeilspitzen entsteht ein dekorativer gerader Rand mit einer Doppelreihe leicht abstehender Kästchen:

› Im ersten Arbeitsgang alle Z-Elemente (hier orange) zweimal hintenüberfalten und ins fertige Geflecht verstäten; die Abfolge der Farben verändert sich nicht.
› Arbeit **wenden**. Weil gewendet wurde, erscheinen die verbleibenden Elemente wieder in Orange und sind Z-gerichtet.
› Im zweiten Arbeitsgang jedes Z-Element zweimal hintenüberfalten und ins fertige Geflecht verstäten; die Abfolge der Farben verändert sich nicht. **[5]**

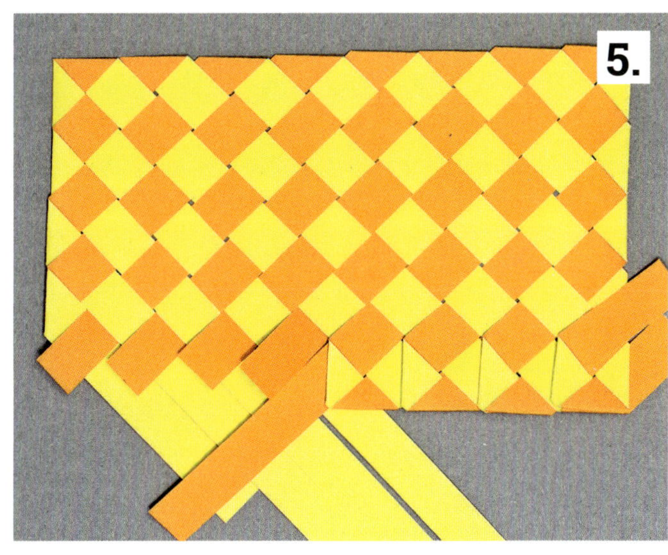

Variante

Statt auf der Rückseite ebenfalls eine Reihe mit schräg stehenden Pfeilspitzen zu falten, könnte dort auch ein normaler gerader Rand gebildet werden.

Abschlusskanten an Korbaußenseiten

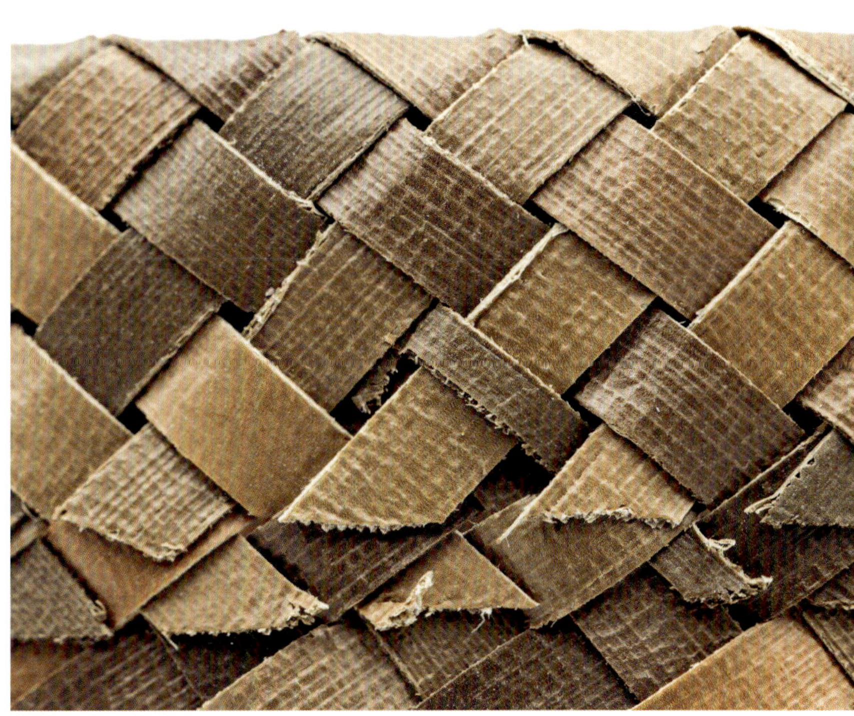

In drei oder mehr Richtungen geflochtene Abschlusskanten:

Wenn Flechtelemente in mehr als zwei Richtungen zeigen, wird es etwas schwieriger, gute Lösungen für Randabschlüsse zu finden. Bei offenen Geflechten fährt man gut mit Zusatzelementen (siehe unten) oder mit Kombinationen aus geraden Rändern und abgeschnittenen Elementen.

GERADE ABSCHLUSSKANTE FÜR EINE IN DREI RICHTUNGEN GEFLOCHTENE BORTE (SEITE 102)

Hier muss beachtet werden, dass die beteiligten Elemente beim Flechtstart in unterschiedliche Richtungen gezeigt haben: es gab waagerechte, Z- und S-gerichtete Elemente. Ich schlage vor, folgendermaßen zu verfahren:

› Zunächst die Flechtelemente an der wachsenden Borte in eine Position bringen wie auf Bild 3 auf Seite 103 gezeigt (äußere S- und Z-Diagonalen gelb).
› Wie gewohnt das gelbe Z-Element vornüber nach links falten, unter das gelbe S-Element legen und waagerecht stehen lassen.
› Das linke gelbe S-Element hintenüberfalten, dann waagerecht nach rechts legen.
› Die Arbeit **wenden** und alle Flechtelemente auf der Rückseite der Borte wie folgt verstäten:
› Das gelbe Element links vornüberfalten, einkürzen und im blauen Täschchen verstauen.
› Das gelbe Element rechts vornüberfalten, kürzen und im blauen Täschchen verstauen (ein weiter Weg!).
› Das blaue Z-Element hintenüberfalten, kürzen und im (ersten!) blauen Täschchen verstauen.
› Das blaue S-Element vornüberfallen, kürzen und im gelben Täschchen verstauen.
› Die Abfolge (über/unter) sollte nun überall stimmen.

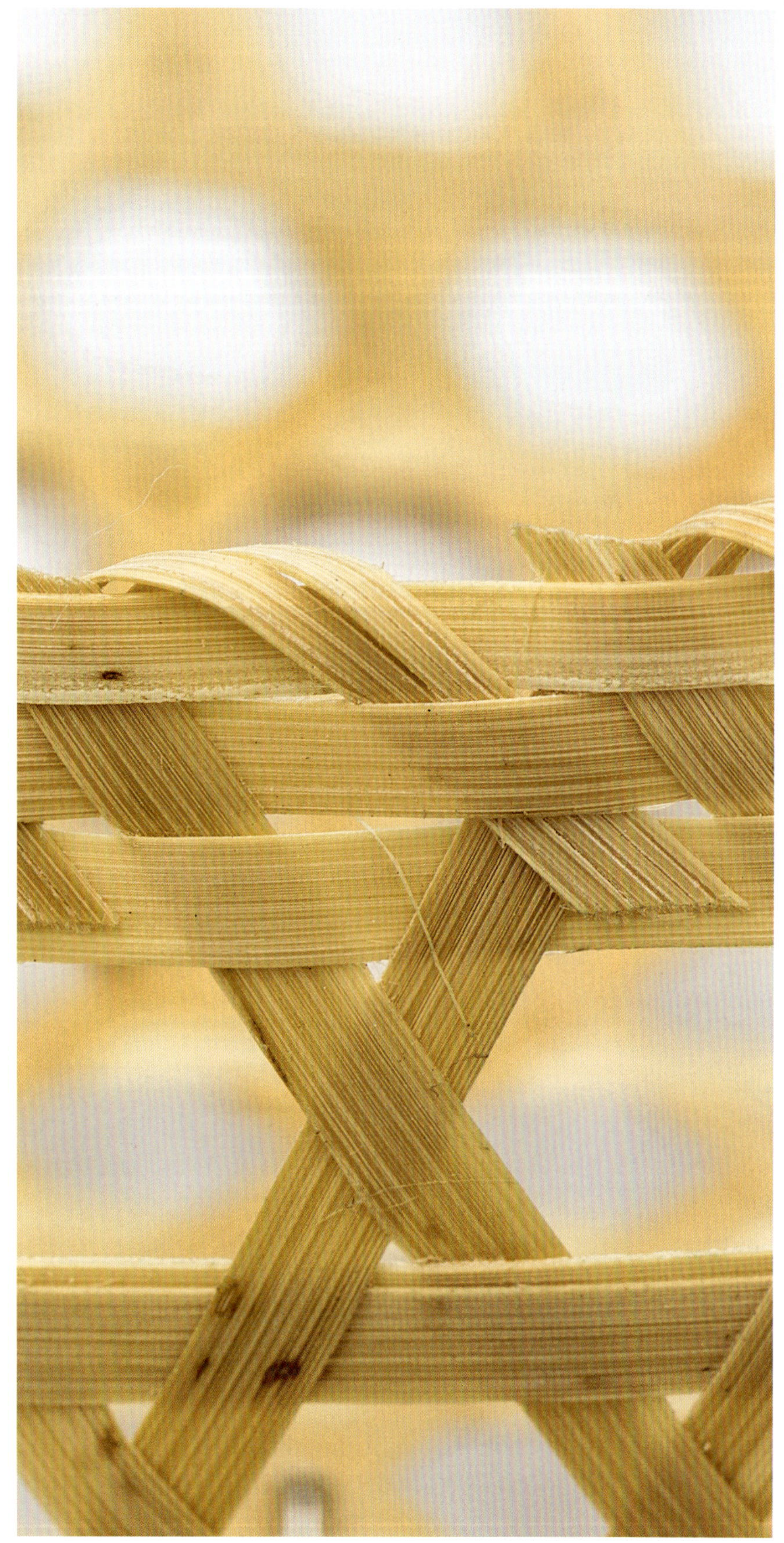

Gerader Rand an einem offenen Dreirichtungsgeflecht, Verstäten in Kombination mit Abschneiden

Zickzackförmige **Abschlusskanten**

Das Material der gezeigten Beispiele ist zweifarbig (Vorderseite: gelb, Rückseite: grün).

Orthogonal geflochten:

ABSCHLUSSKANTE MIT FLECHTELEMENTEN, DEREN ENDEN GESPALTEN WURDEN

Dieses Vorgehen ergibt eine dekorative **„schwache"** Zickzacklinie. Der Rand wird in zwei Arbeitsgängen gebildet:

› Im ersten Arbeitsgang die unten liegenden Elemente auf die Vorderseite des Geflechts verstäten. Spalten Sie diese Elemente mit einer Schere bis zum Ansatz am fertigen Geflecht. **[1]** Falten Sie beide Teile nach vorn und flechten Sie sie schräg nach links und rechts gehend ins fertige Geflecht zurück. **[2 und 3]** Arbeit wenden.

› In einem zweiten Arbeitsgang das Gleiche mit den verbleibenden Elementen auf der Rückseite des Geflechts machen. **[4]** Überstehende Enden einkürzen.

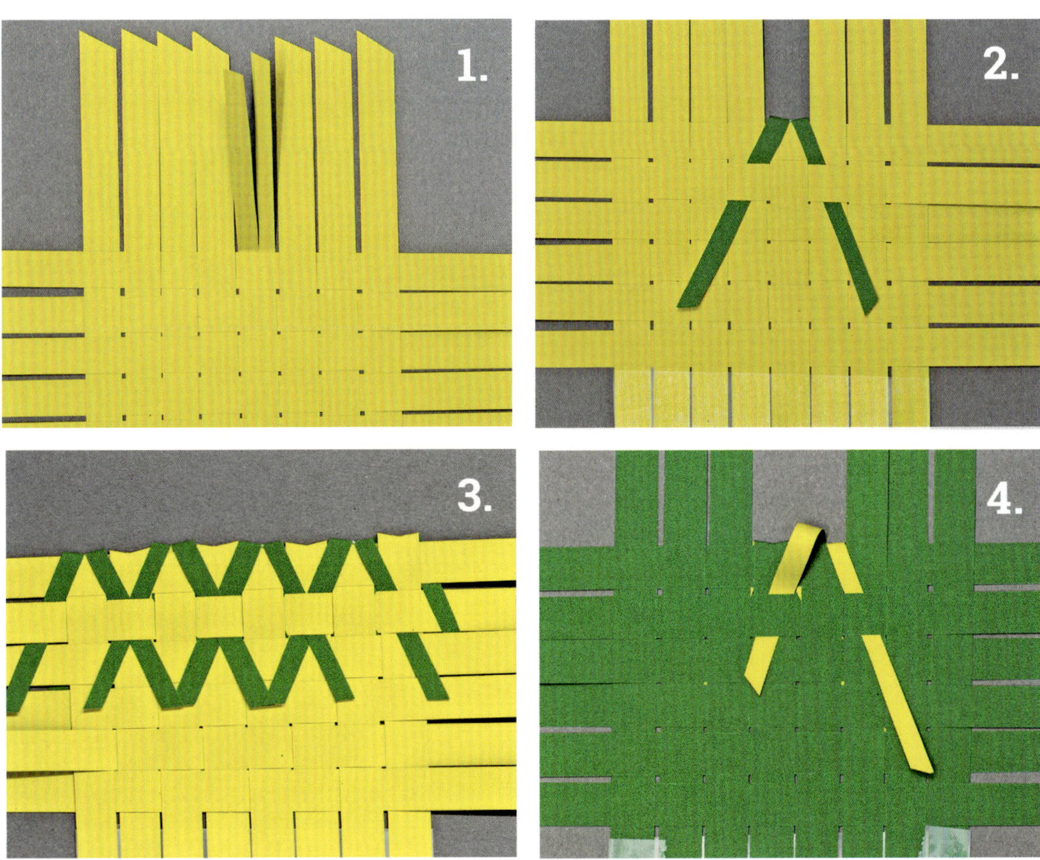

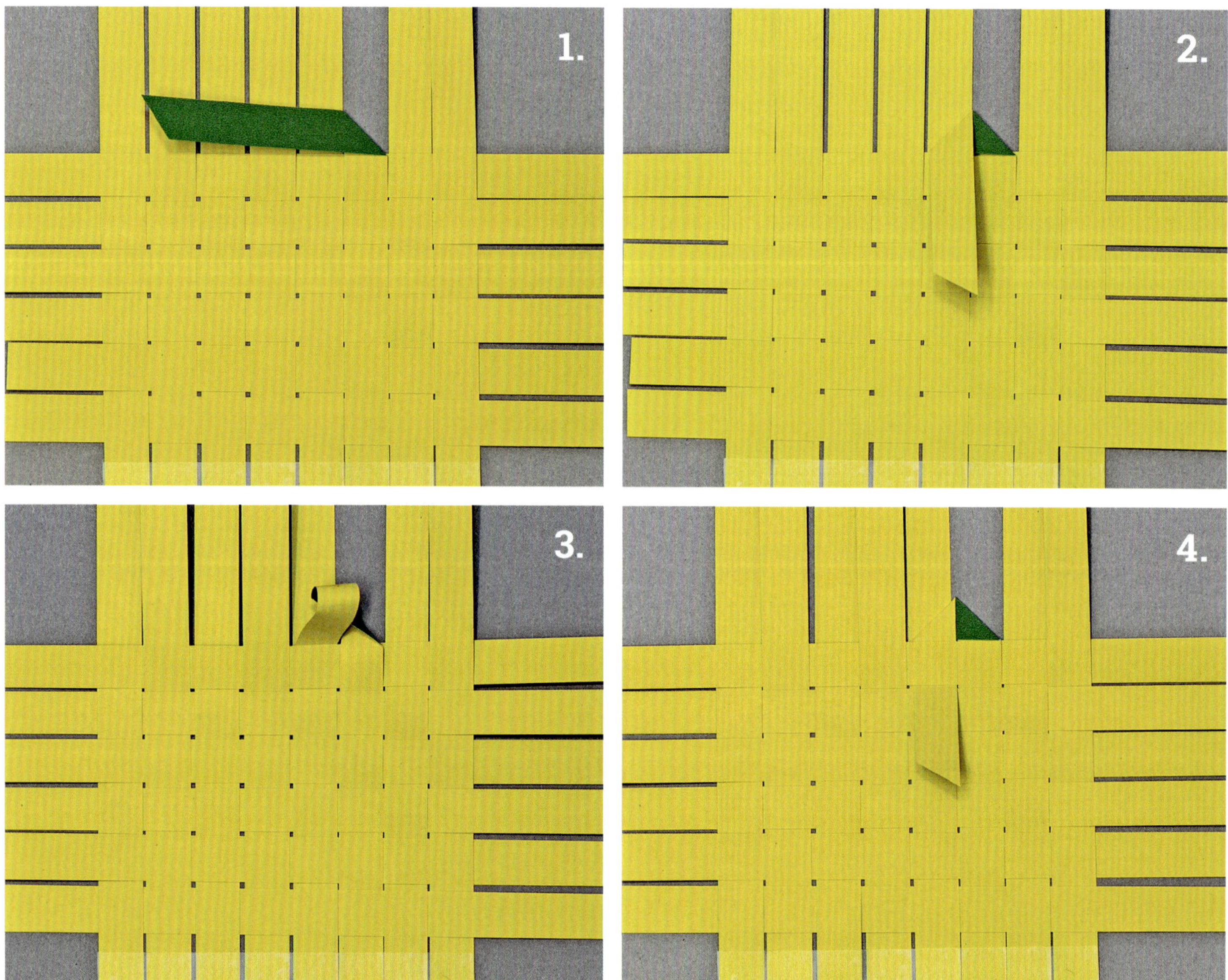

ZICKZACKRAND MIT PFEILSPITZEN

Für diesen Rand arbeiten Sie in zwei Arbeitsgängen mit Paaren von Flechtelementen:

› Im ersten Arbeitsgang verarbeiten Sie nur das obenauf liegende Element des jeweiligen Paars. Führen Sie ein obenauf liegendes Element in Richtung des „wartenden Partners" (auf dem Fotobeispiel nach links), indem Sie es vornüberfalten (halbe Pfeilspitze). **[1]**
  Achten Sie darauf, dass Sie bei dieser Faltung auf der Linie oberhalb des fertigen Geflechts arbeiten.
› Falten Sie dasselbe Element noch einmal vornüber in Richtung fertiges Geflecht. **[2]**
› Flechten Sie es dann ins fertige Geflecht zurück. Dazu braucht man etwas Fingerspitzengefühl. **[3 und 4]**
› Überstehende Enden einkürzen. **[5]**
› Alle Paare einer Reihe so verstäten, die übrigen Partnerelemente bleiben vorläufig einfach stehen.
› Arbeit **wenden**.

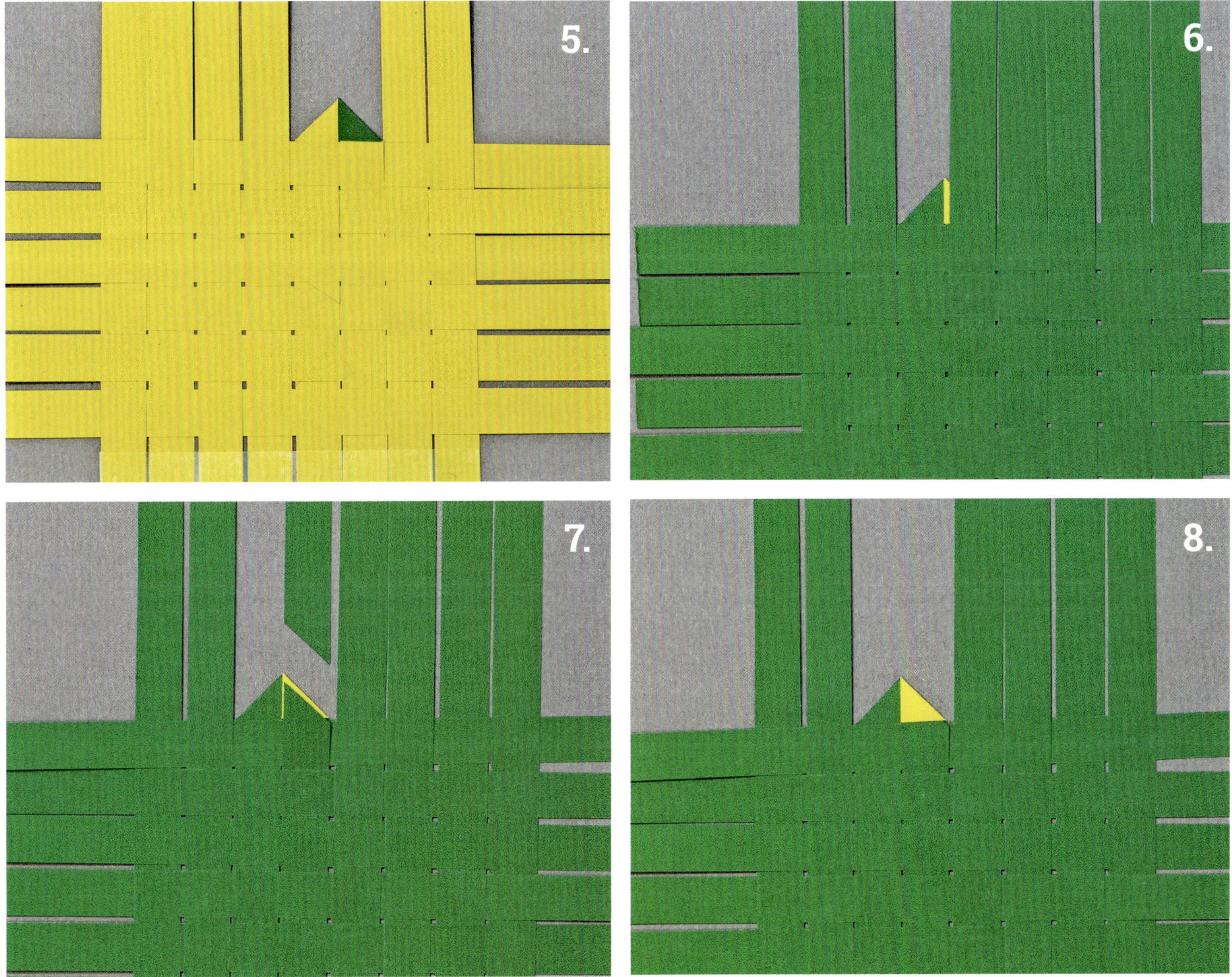

- Zweiter Arbeitsgang: Auf der Rückseite des Geflechts die wartenden Elemente mit der Schere einkürzen, und zwar im gleichen Winkel wie die auf der Vorderseite gebildeten Zacken. **[6 und 7]**
- Die kurzen verbleibenden, dreieckförmigen Reststücke in das Täschchen (auf dem Foto gelb) an der Zacke einschieben. **[8]**

Varianten

Statt beim zweiten Arbeitsgang die Partnerelemente abzuschneiden, können Sie mit diesen auf die gleiche Weise wie auf der Vorderseite Zacken bilden:

- Wenn Sie genauso vorgehen wie auf der Vorderseite, werden die beiden Zacken genau aufeinander zu liegen kommen.
- Wenn Sie die erste Faltung statt nach links (wie auf Bild 1) nach rechts ausführen, wird die neue Zacke versetzt zu derjenigen der Vorderseite zu liegen kommen.

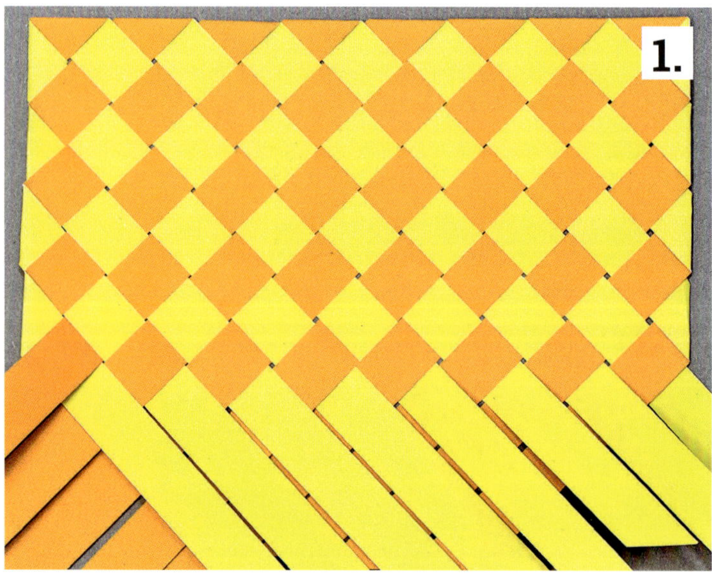

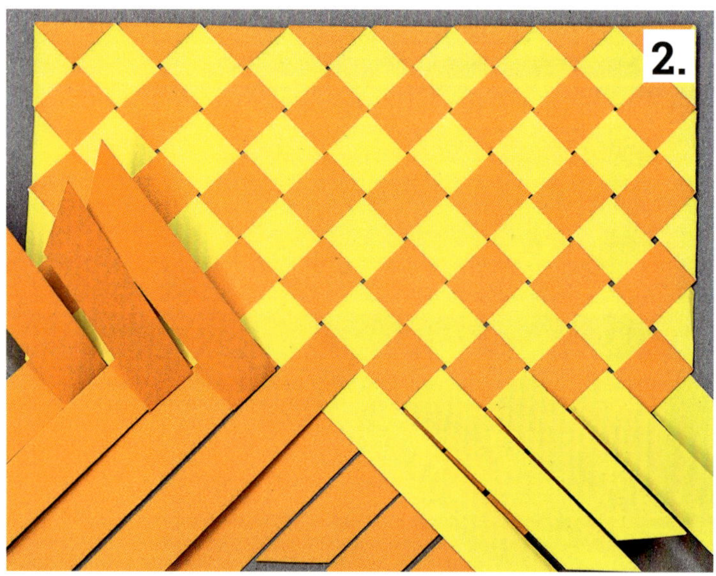

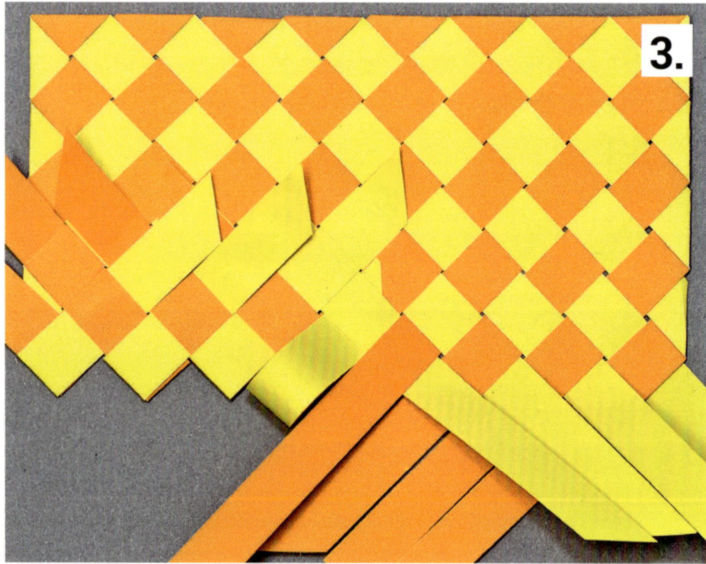

Diagonal geflochten:

Zackenränder als Abschluss kommen auch für Diagonalgeflechte infrage. Das Material der gezeigten Beispiele ist zweifarbig: Vorderseite gelb, Rückseite orange.

EINFACHER ZACKENRAND

An jeder einzelnen Zacke sind Paare von Flechtelementen beteiligt, bestehend aus einem S- und einem Z-Element, die diagonal aufeinanderliegen. Dieser Rand wird in zwei Arbeitsgängen gemacht:

- Legen Sie die Arbeit mit der Rückseite nach oben auf den Tisch (falls es Vorder- und Rückseite gibt), die Arbeitslinie ist laufkreuzend. **[1]**
- Im ersten Arbeitsgang die S-Elemente über die Z-Elemente vornüberfalten **[2]** und ins fertige Geflecht verstäten.
- Im zweiten Arbeitsgang die Z-Elemente vornüberfalten und ins fertige Geflecht verstäten. **[3]**
- Werden die Enden der Flechtelemente bei zweifarbigem Material mindestens zwei Flechtschritte weit ins fertige Geflecht verstätet, ergibt sich beim Arbeiten mit zweifarbigem Papier eine deutliche Störung in der Abfolge der Farben – diese Seite sollte also die Rückseite der Arbeit sein. Auf der anderen Seite bleibt die wechselnde Abfolge der Farben gewährleistet.
- Statt in reihenweisen Arbeitsgängen können Sie die beiden Arbeitsschritte auch bei jedem aufeinanderliegenden S-Z-Paar direkt nacheinander ausführen: Zuerst das S-Element verstäten, dann das Z-Element.

Abschlusskanten mit Zusatzelementen

Zusatzelemente bei Abschlusskanten verdecken abgeschnittene Restelemente und dienen gleichzeitig zur Verstärkung. Die oben beschriebenen linearen Abschlusskanten könnten zur Verstärkung zusätzlich noch verblendet werden.

Orthogonal geflochten:

Dieser Rand wird in in drei Arbeitsgängen gemacht.

› Im ersten Arbeitsgang werden die unten liegenden Elemente im Flechtschritt über 2 auf die Vorderseite des Geflechts verstätet. **[1]**
› Im zweiten Arbeitsgang einen Zusatzstreifen auf die oberste Reihe im Geflecht legen. **[2]**
› Im dritten Arbeitsgang die „wartenden Elemente" über diesen Zusatzstreifen nach vorn falten und ins fertige Geflecht verstäten. **[3]**
› Überstehende Enden einkürzen. Der Rand kann noch zusätzlich umnäht werden.

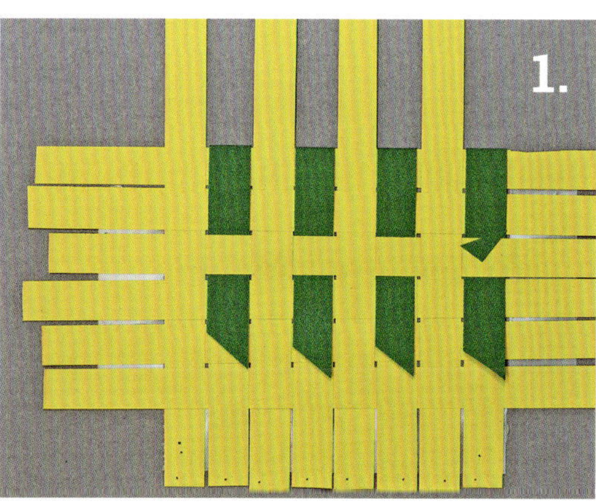

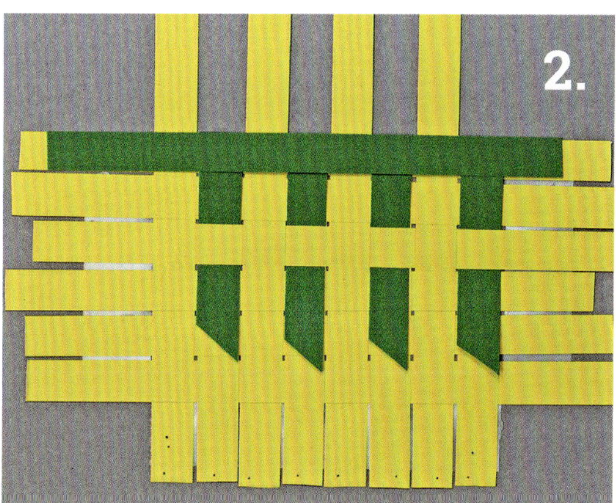

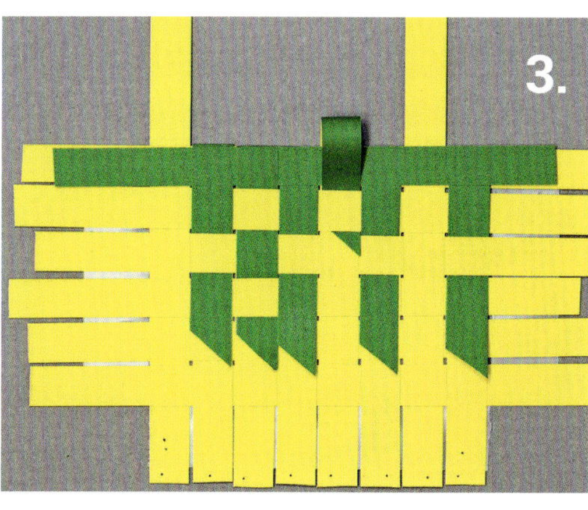

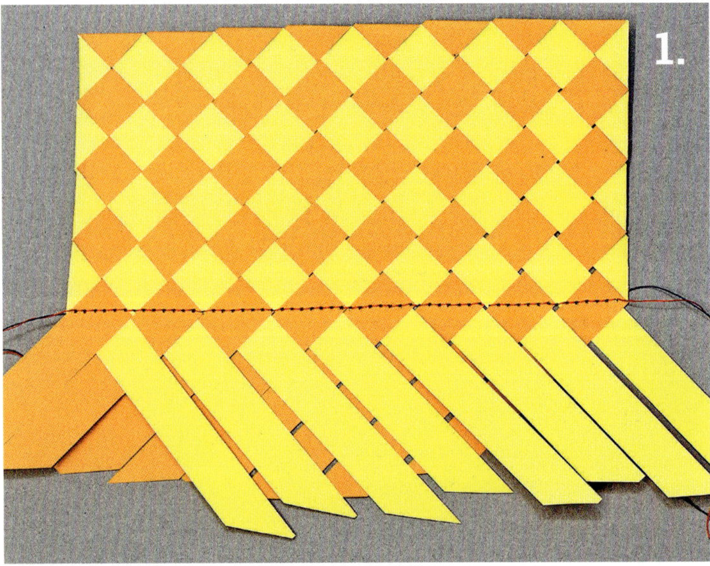

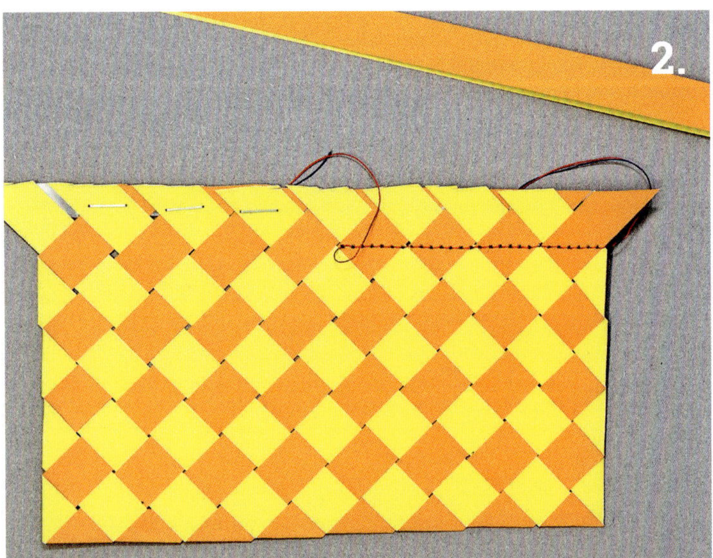

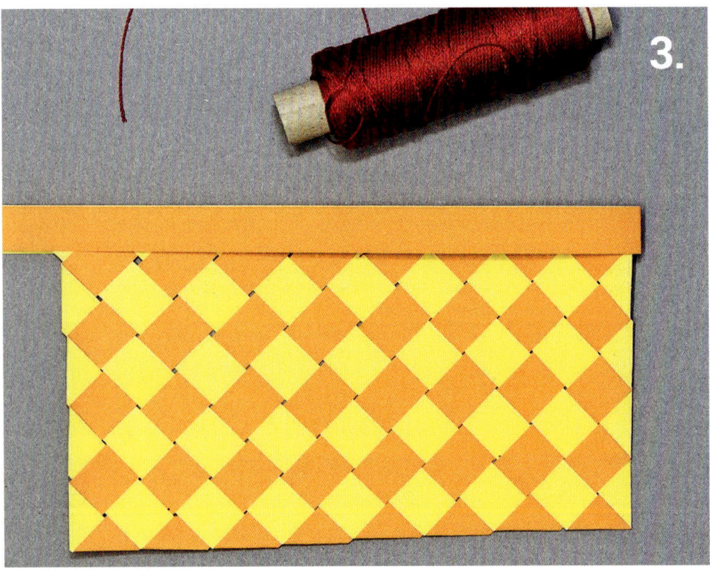

Diagonal geflochten:

Dieser Rand wird in vier Arbeitsgängen gemacht.

› Im ersten Arbeitsgang werden die Enden der Flechtelemente gesichert, beispielsweise mit der Nähmaschine. **[1]**
› Im zweiten Arbeitsgang die Enden zurückschneiden.
› Im dritten Arbeitsgang innen und außen Zusatzschienen auf die abgeschnittenen Enden legen **[2 und 3]** und temporär mit Wäscheklammern o. Ä. sichern.
› Im letzten Arbeitsgang diese Anordnung mit beliebigen umfassenden Nähstichen befestigen, beispielsweise mit Überwendlingsstich, Kreuzstich etc. Dabei dienen die Löchlein im fertigen Geflecht als Einstichstellen für die Nadel.

In drei Richtungen geflochten:

Die gleiche Möglichkeit, einen Rand mit Zusatzschienen zu verblenden, haben Sie auch bei Geflechten, die in drei (oder mehr) Richtungen geflochten sind.

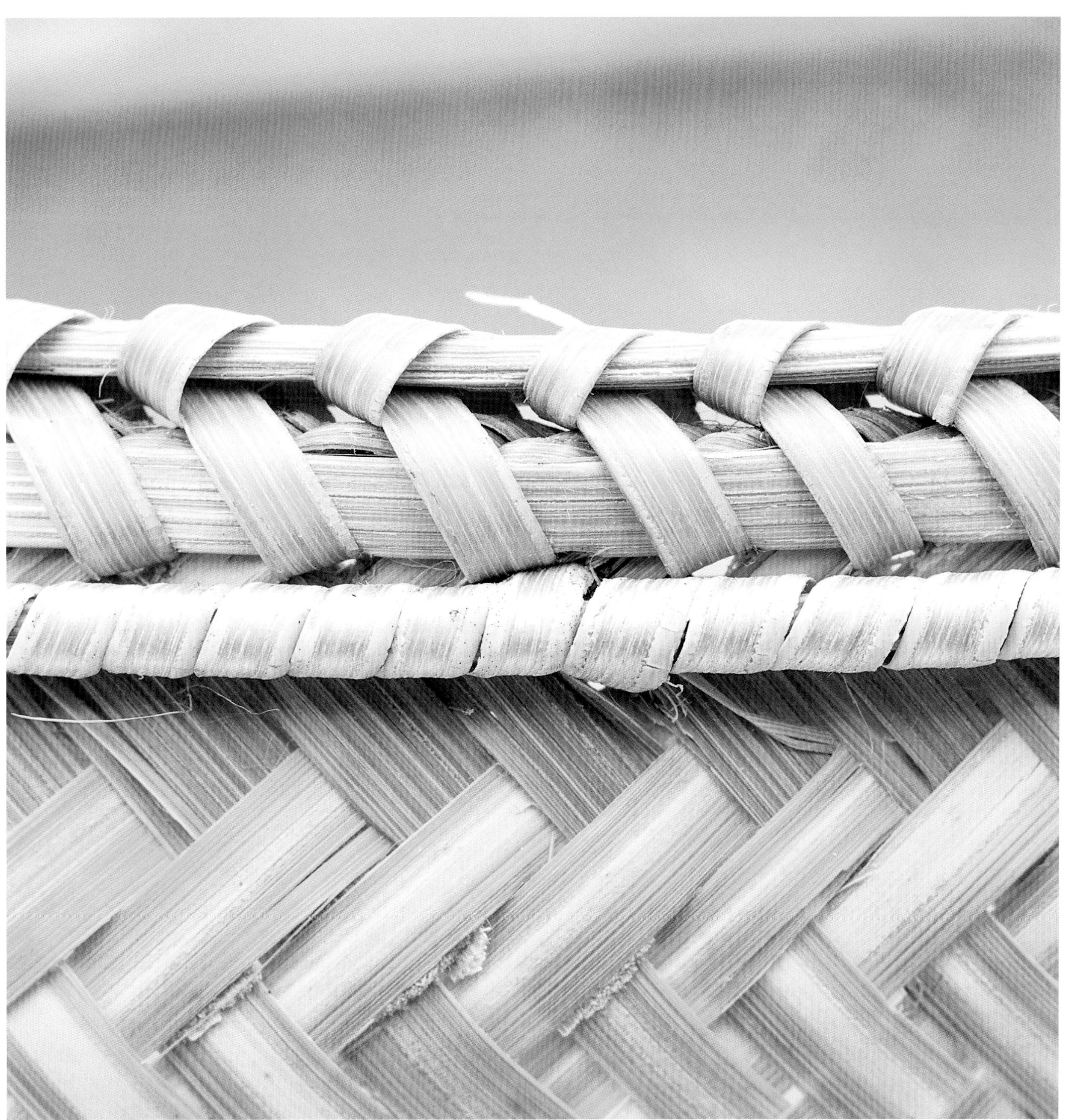

Umnähter Rand mit verschiedenen Zusatzschienen an einem Diagonalgeflecht

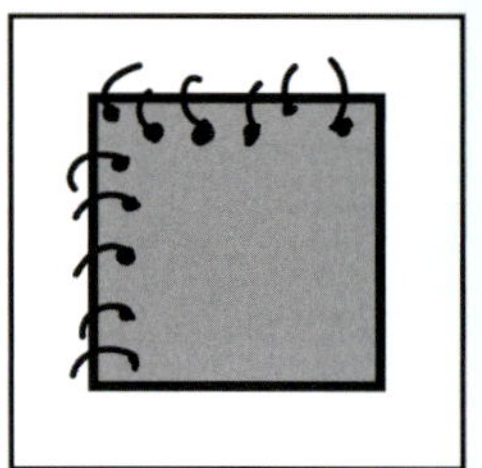

Freestyle-**Kanten**

Hier einige Vorschläge für Freestyle-Kanten. Sie haben sicher noch weitere Ideen!

- Lose Enden von Flechtelementen einzeln, paarweise oder in Gruppen verknoten.
- Bei sehr steifem Material die losen Flechtelemente einfach stehen lassen. Sie können die Enden auch unregelmäßig lang schneiden, ausfransen lassen etc.
- Randlösungen mit Klammern oder Klebstoff als Hilfsmittel
- Den Rand umstülpen oder umkrempeln.

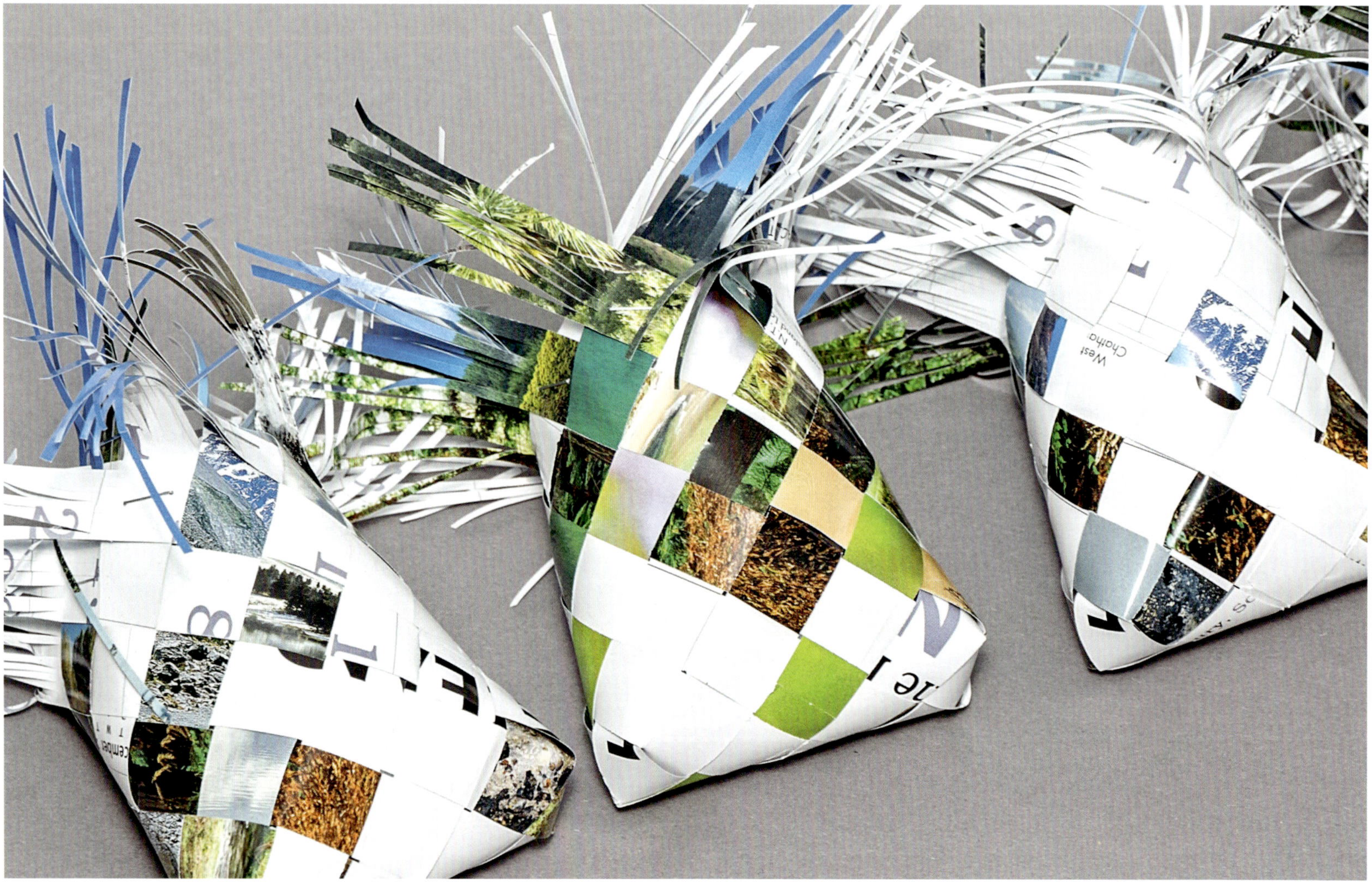

Körbchen mit geklammertem und gefranstem Rand, 1/1 diagonal geflochten, Kalenderpapier

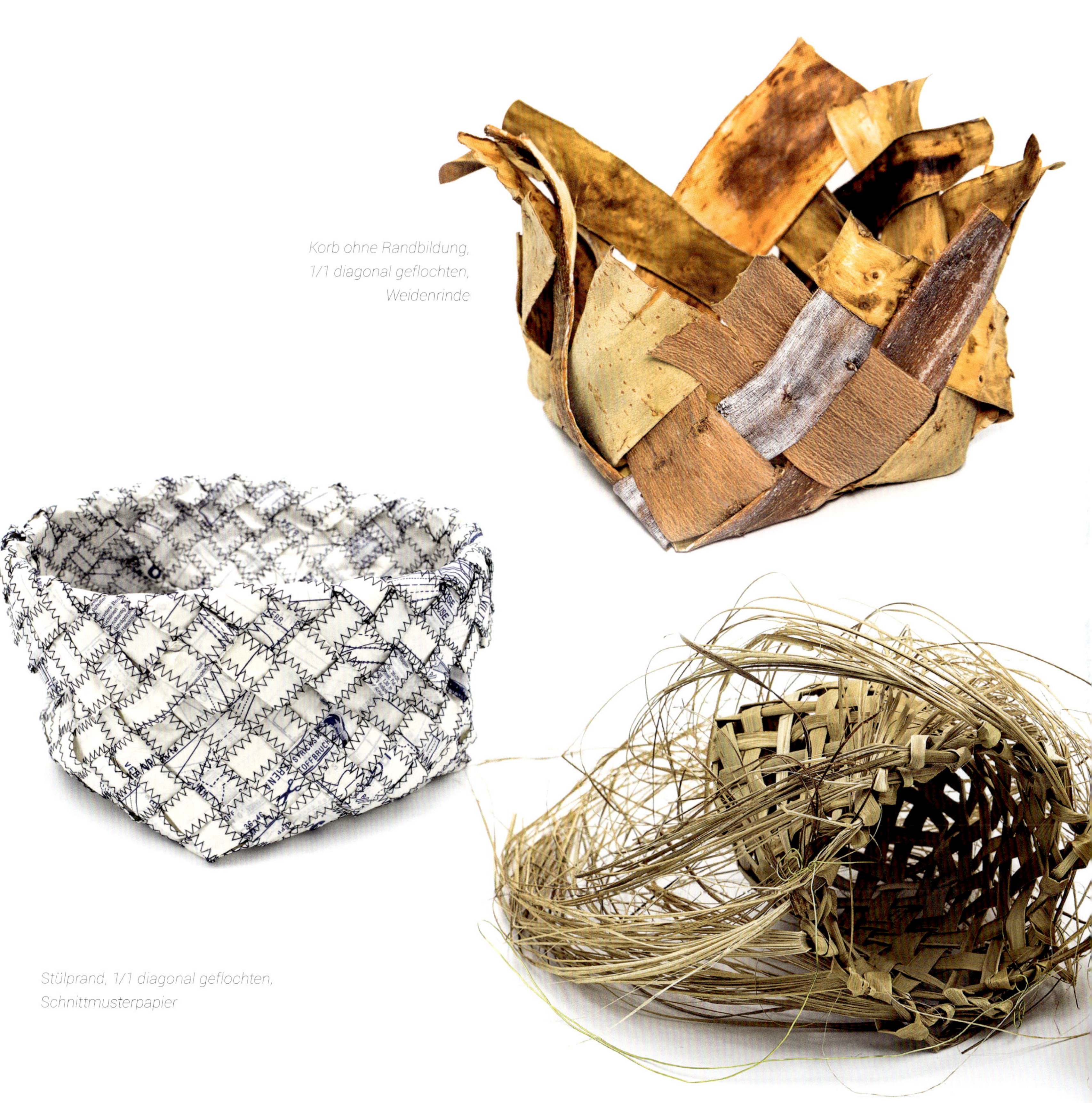

Korb ohne Randbildung, 1/1 diagonal geflochten, Weidenrinde

Stülprand, 1/1 diagonal geflochten, Schnittmusterpapier

Freestyle-Ränder an Körbchen aus Neuseelandflachs

Technikgruppe 3 dreidimensionale Objekte

Mit den Grundlagen aus den ersten beiden Technikgruppen lassen sich wunderbar dreidimensionale Objekte aufbauen – Taschen, Körbe, Etuis, Schläuche, Tuben, freie Objekte. Was bei dreidimensionalen Objekten wegfällt, sind die Probleme mit Seitenrändern, dafür kommt neu die Herausforderung dazu, den Objekten eine bestimmte räumliche Form zu geben.

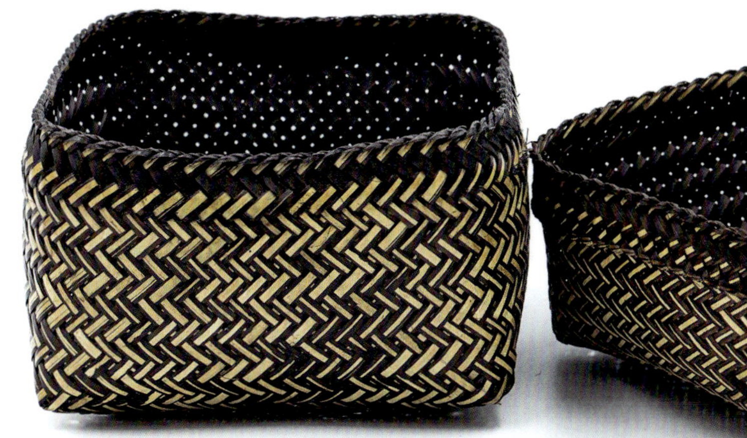

1.

Korb und Deckel, 1/1 diagonal geflochten, Köpermuster

Hinweise zu den Projekten:

- Die im Folgenden vorgestellten Korbformen sind so weitverbreitet, dass ich sie als Prototypen bezeichnen werde.
- Für alle Projekte gibt es Alternativen zu den angegebenen Materialien, Streifenbreiten, Flechtrhythmen, Randabschlüssen, Farbgebungen, Dekorationsmöglichkeiten usw.
- Körbe mit Deckel sind eine Kombination aus zwei Körben, die übereinanderpassen und verschieden groß sind. **[1 und 2]** Ähnlich beim Etui von Seite 19 aus Bambus: Dort ist der Deckel ein zweites, nur wenig größeres Etui.
- Die folgenden Anleitungen basieren auf den Erläuterungen der vorangegangenen Kapitel. Bitte blättern Sie gegebenenfalls zurück.

LÄNGE DER FLECHTELEMENTE BERECHNEN

- Wenn Sie für ein eigenes Projekt die benötigte Länge der Flechtelemente berechnen möchten, orientieren Sie sich am besten am Prototyp und beobachten Sie dort den Lauf eines einzelnen Elements (orthogonal oder diagonal).
- Messen Sie einige Elemente mit einem Maßband. Bei einem diagonal geflochtenen Körper sind die eckbildenden Elemente am längsten.
- Übersetzen Sie diese Maße auf die Wunschgröße Ihres Projekts und geben Sie auf beiden Seiten 10–15 cm für die Randbildung und das Verstäten der Elemente zu.

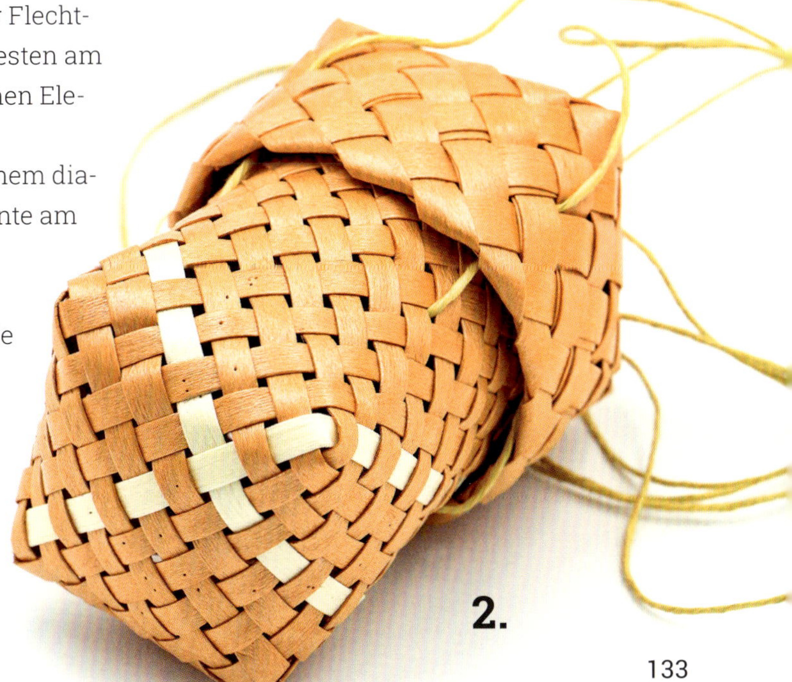

2.

Korb mit angehängtem Deckel, Saleenband, 1/1 diagonal geflochten, gerade Abschlusskanten

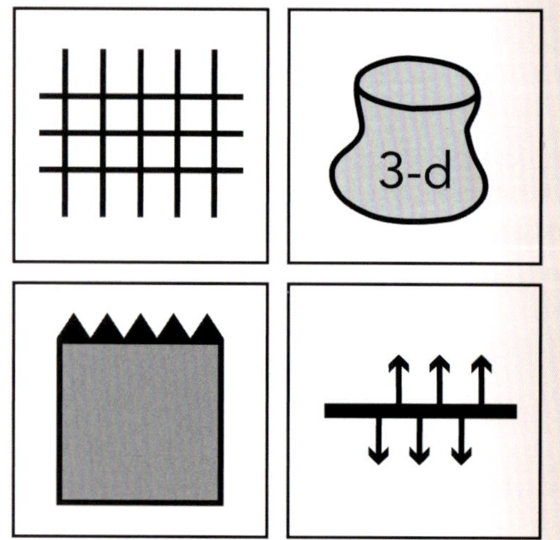

Material
Indisches Geschenkpapier aus dem Museumsshop, Bogen von ca. 76 x 56 cm, in zwei Farben

Für einen Korb mit einem Boden von 12 x 12 cm und einer Höhe von 16 cm benötigen Sie:

- 6 Streifen in einer Farbe, je 2 cm breit und 76 cm lang
- 14 Streifen in einer zweiten Farbe, je 2 cm breit und 76 cm lang

Wenn Sie sich nach diesen Angaben richten, haben die Flechtelemente von Anfang an die nötige Länge, ein Verlängern ist nicht notwendig.

Orthogonal geflochtene Objekte

Prototyp A: Korb aus Papier, orthogonal geflochten

Der hier gezeigte Korb dient als Prototyp für jede Art von orthogonal geflochtenen Behältnissen. Der Korb wird trotz des viereckigen Bodens automatisch am oberen Rand rund werden, es sei denn, Sie achten streng darauf, dass alle eingeflochtenen Wandelemente immer genau an den Eckkanten geknifft sind – was viel Aufwand bedeutet.

BODEN

- Flechten Sie eine Fläche aus 6 x 6 Elementen, wie auf Bild 1 gezeigt. Ich empfehle einen Start aus der Mitte (siehe Seite 70) mit Fachbildung und Klammern in allen vier Ecken. **[1]**
- Die Fläche mit einer Runde in Zwirnbindung (siehe Seite 67) sichern. **[2]**
- Alle losen Flechtelemente auf gleiche Länge ausrichten.

WAND

- Für den Wandaufbau sind zusätzliche Streifen nötig. Zunächst alle losen Flechtelemente einmal am Hilfsfaden entlang nach oben biegen.
- Wandelement und Ecken gemäß der Bodenfläche vorbiegen. **[3]**
- Flechten Sie den ersten Wandstreifen ein, und zwar 1/1, im gleichen Muster wie an der Bodenfläche. Kontrollieren Sie, ob der Flechtrhythmus am Übergang vom Boden zur Wand stimmt. Die Streifenenden überlappen sich auf einer Strecke von ca. 5–6 cm. Die Enden weisen nach innen oder liegen unter einem aufrechten Streifen. Die Runde mit Klammern sichern. **[4]**
- Die weiteren Wandstreifen auf die gleiche Art einflechten, dabei die Überlappungsbereiche im Wechsel auf allen vier Seiten anordnen. **[5]**

RAND

Für den abgebildeten Korb arbeiten Sie mit den restlichen losen Enden der Flechtelemente auf der Korbaußenseite eine leicht gezackte Abschlusskante mit gespaltenen Enden, wie auf Seite 123 beschrieben. Auf der Korbinnenseite verstäten Sie die losen Enden ins fertige Geflecht.

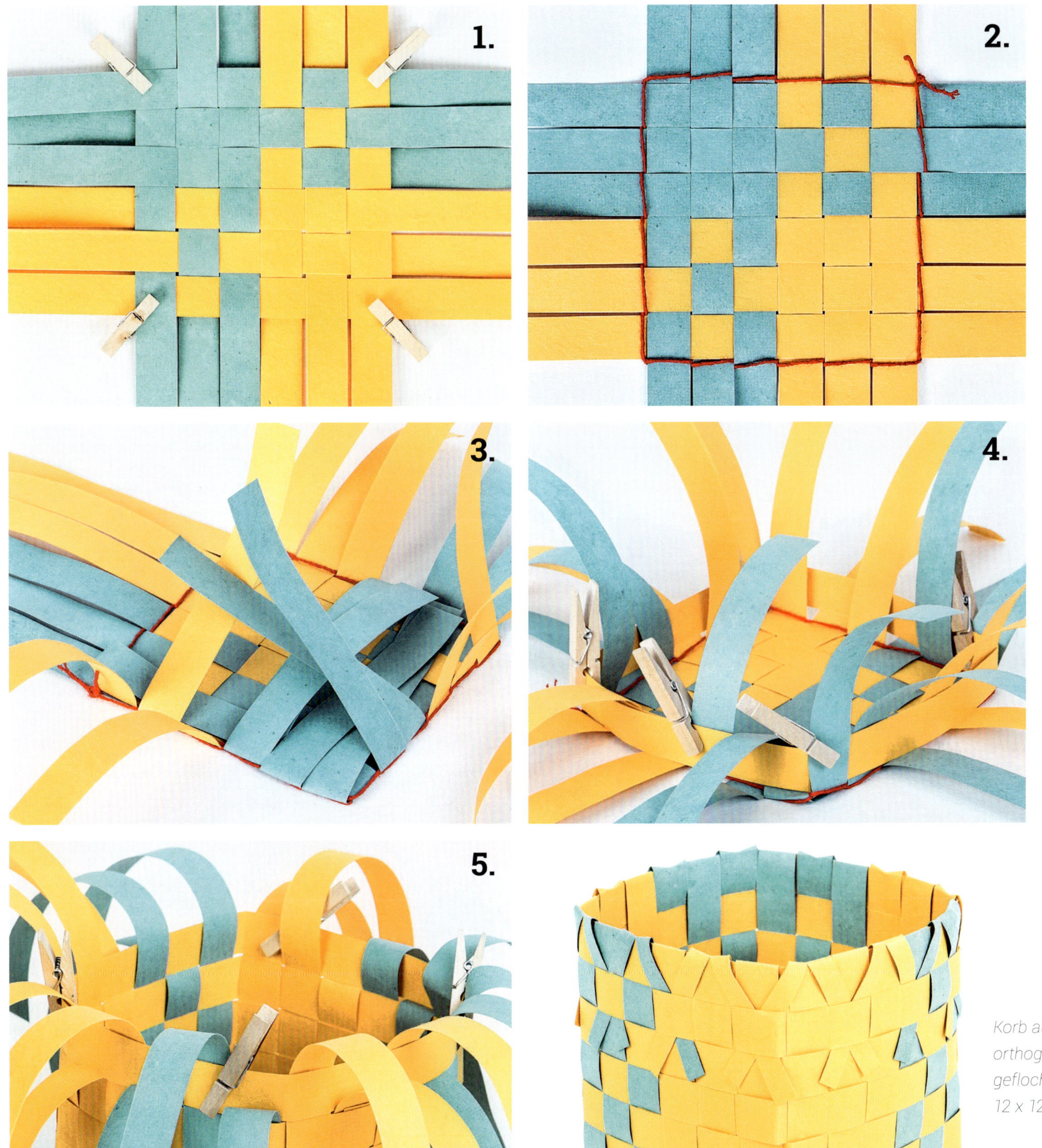

Korb aus Papier, orthogonal geflochten, 12 x 12 x 16 cm

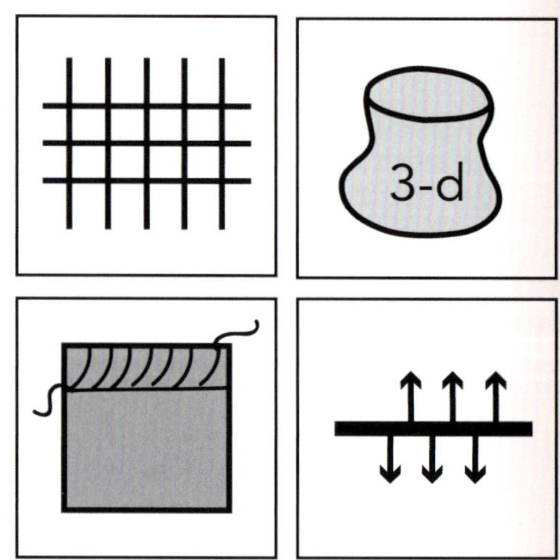

Material

Für einen Korb mit einem Boden von 14 x 14 cm und einer Höhe von 13 cm benötigen Sie:

- 14 Streifen aus Zeichenpapier (DIN A3), 120 g/m², je 2 cm breit und 42 cm lang
- 3 Streifen aus Plakatpapier, je 2 cm breit und ca. 60 cm lang
- 1 Streifen aus Plakatpapier, 4,5 cm breit und ca. 60 cm lang
- 2 Saleenbandstreifen, je 2 cm breit und ca. 60 cm lang
- 1 Saleenbandstreifen, 2 cm breit und 54 cm lang
- 1 Streifen aus Plakatpapier, mit der Zackenschere geschnitten, 1,5 cm breit und ca. 54 cm lang
- 4 Musterklammern
- Rest Baumwollgarn für Bodensicherung und Abschlusskante
- Doppelseitiges Klebeband

Wenn Sie sich nach diesen Angaben richten, haben die Flechtelemente von Anfang an die nötige Länge, ein Verlängern ist nicht notwendig.

Henkelkorb aus Papier und Saleenband

BODEN

- Aus den 14 Zeichenpapierstreifen einen quadratischen Boden flechten. Ich empfehle einen Start aus der Mitte mit Fachbildung und Klammern in allen vier Ecken.
- Die Bodenfläche mit einem Hilfsfaden sichern, der Faden wird dekorativ im Korb verbleiben.

WAND

- Wandaufbau wie beim Prototyp A
- Zuerst die drei schmaleren Streifen, dann den breiten Streifen einflechten.

RAND

- Zunächst alle Enden auf ca. 2 cm einkürzen.
- Diese Enden mit zwei Saleenbandstreifen verblenden wie auf Seite 127 beschrieben und mit Festonstichen aus Baumwollgarn übernähen.

HENKEL

- Gezackten Plakatpapierstreifen auf den Saleenbandstreifen auflegen und an einigen Punkten mit doppelseitigem Klebeband befestigen (normaler Klebstoff hält nicht auf Saleen).
- Die Position des Henkels am Korb ermitteln.
- Den Henkel in die Seitenwand einflechten.
- Den Henkel beidseitig mit je zwei Musterklammern am Korb befestigen.

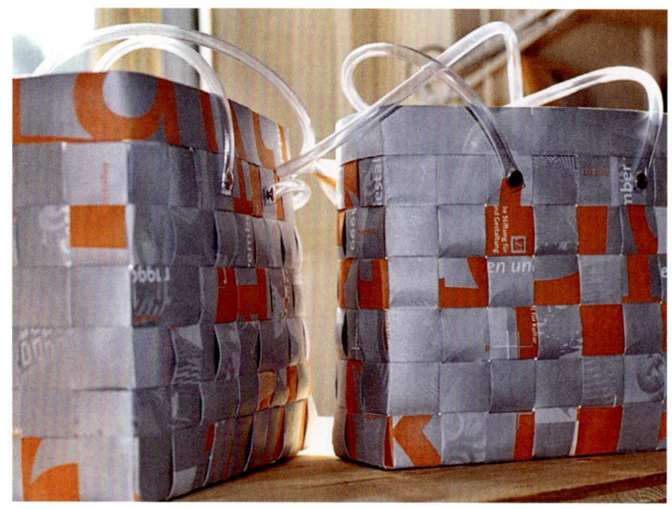

Variante des Korbes mit Henkeln aus Plastikschlauch, Plakatpapier, vierfach gefaltet, fertige Streifenbreite: 4 cm

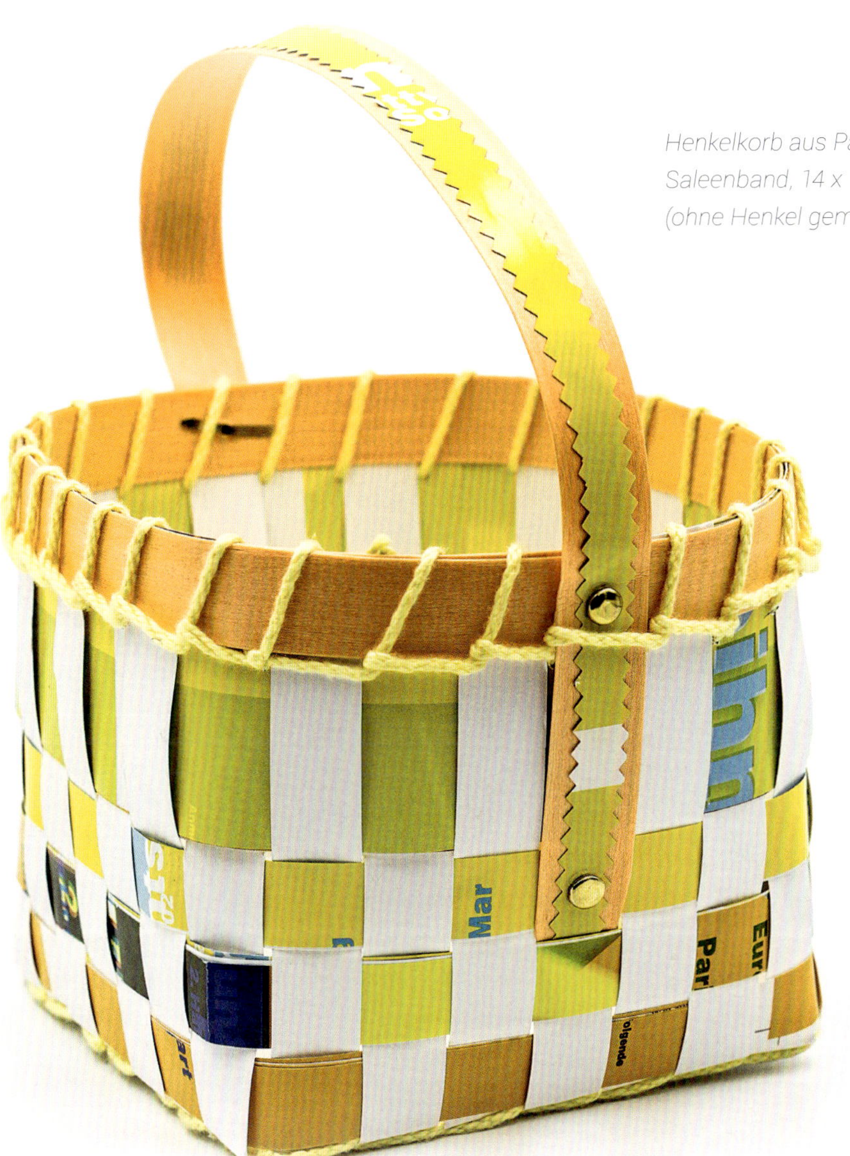

Henkelkorb aus Papier und Saleenband, 14 x 14 x 13 cm (ohne Henkel gemessen)

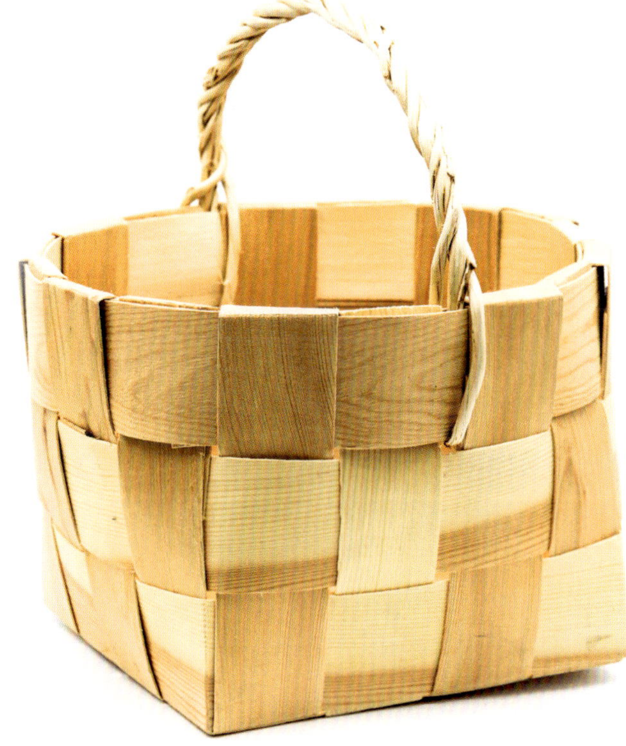

Henkelkorb aus Fichtenholzspan

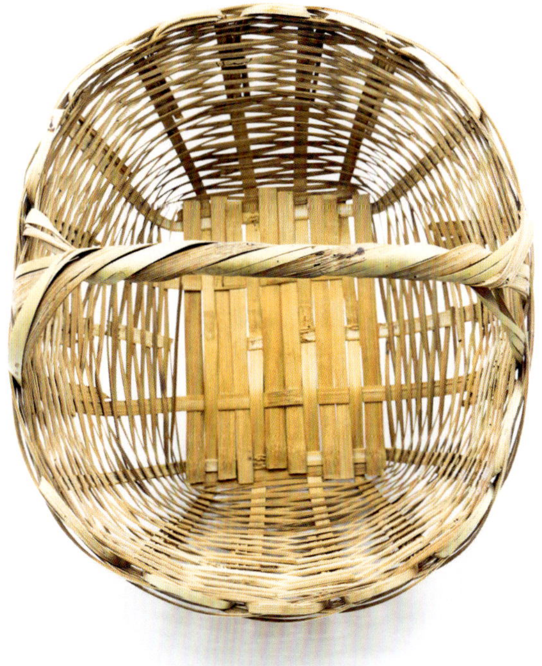

Variante

Der Boden an einem Henkelkorb darf natürlich statt quadratisch auch rechteckig sein, die obere Korböffnung wird dadurch oval werden.

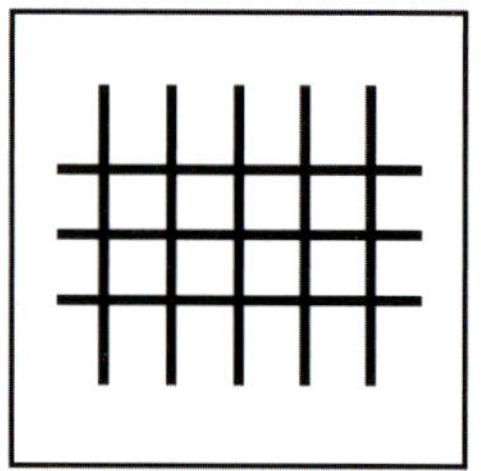

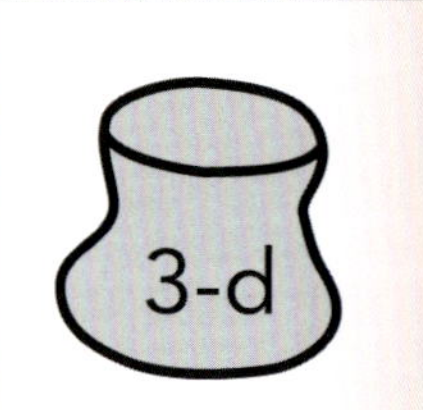

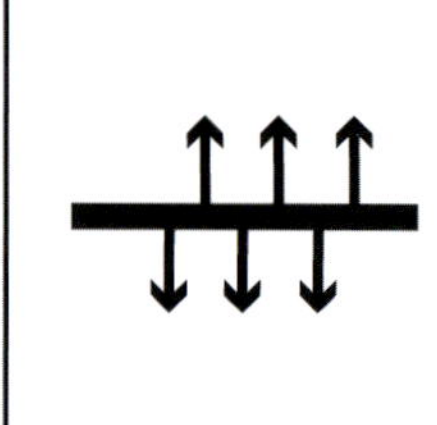

Material

Indisches Geschenkpapier aus dem Museumsshop, DIN A3, in zwei Farben

- 4 Streifen in beiden Farben, je 2 cm breit und ca. 40 cm lang
- Rest Baumwollgarn für die Bodensicherung

Wenn Sie sich nach diesen Angaben richten, haben die Flechtelemente von Anfang an die nötige Länge, ein Verlängern ist nicht notwendig.

Tütenförmiger Korb nach einem Vorbild aus Kapingamarangi

Diese raffiniert geflochtene Struktur lässt sich ganz einfach zu einer Tüte auffalten. Die Anleitung dazu habe ich in einem ethnografischen Bericht über das mikronesische Atoll Kapingamarangi gefunden. Auf dieser Insel wurden Fischerhüte auf diese Art geflochten.

BODEN

- Bilden Sie eine Fläche aus 4 x 4 Flechtelementen wie für den Prototyp A auf Seite 134 beschrieben. Dabei die Streifen so anordnen, dass links ca. ein Viertel der Streifenlänge und rechts ca. die halbe Streifenlänge als lose Enden stehen bleiben. Die Fläche mit einer Runde in Zwirnbindung sichern (siehe Seite 67). **[1]**
- Beachten Sie die Lage des roten Punkts auf Bild 1.

WAND

- Nun folgt eine Art Kunstgriff, der meiner Meinung nach die weitere Flechtarbeit erleichtert: Wenden Sie die ganze Arbeit, sodass die kürzeren Enden der losen Flechtelemente nach links und nach oben weisen, die längeren nach rechts und nach unten. (Der rote Punkt liegt nun versteckt auf dem Streifen, der am unteren rechten Rand aus dem fertigen Geflecht läuft.)
- Biegen Sie alle langen, im Bild sonnengelben Elemente auf die fertig geflochtene Fläche. **[2]**
- Nun werden die langen blauen Elemente eines nach dem anderen in die aufgebogenen gelben Elemente eingeflochten. Achten Sie dabei auf den richtigen Flechtschritt, das 1/1-Muster der bereits geflochtenen Fläche muss sich fortsetzen (Arbeit leicht anheben und kontrollieren). Es bildet sich ein Etui. **[3 und 4]**
- Die Ecke mit einer Klammer sichern.
- Jetzt können Sie in das Etui hineingreifen und die Struktur vorsichtig zu einer Tüte umformen. Die neuen Kanten liegen nun diagonal und die losen Enden aller Flechtelemente liegen in der gleichen Richtung aufeinander (eine Farbe vorn, die andere hinten). **[5]**
- Die Arbeit mit einem beliebigen Rand beenden oder die Form mit zusätzlichen Elementen schlauchartig weiterflechten, welche sich in jeder Runde überlappen (wie beim Prototyp A ab Seite 134). **[6]**

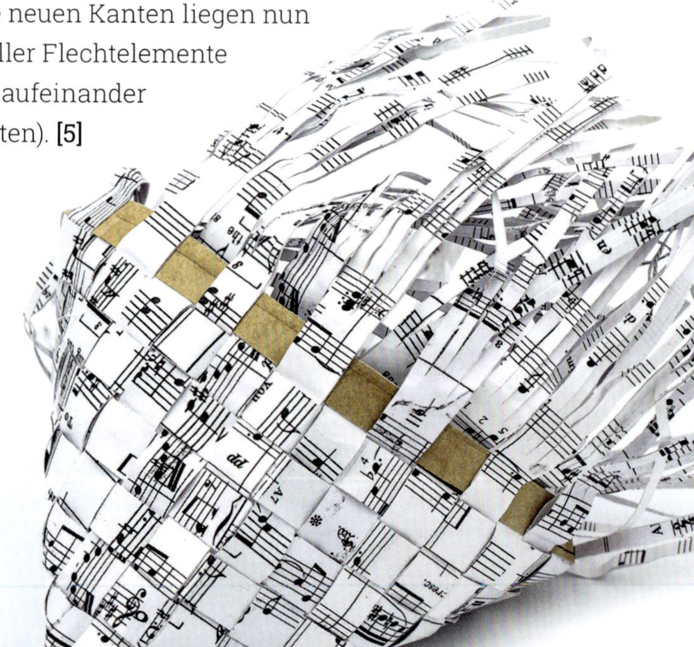

Einzelobjekt des Kranzes von Seite 57, Musiknotenpapier, 1/1 orthogonal geflochten

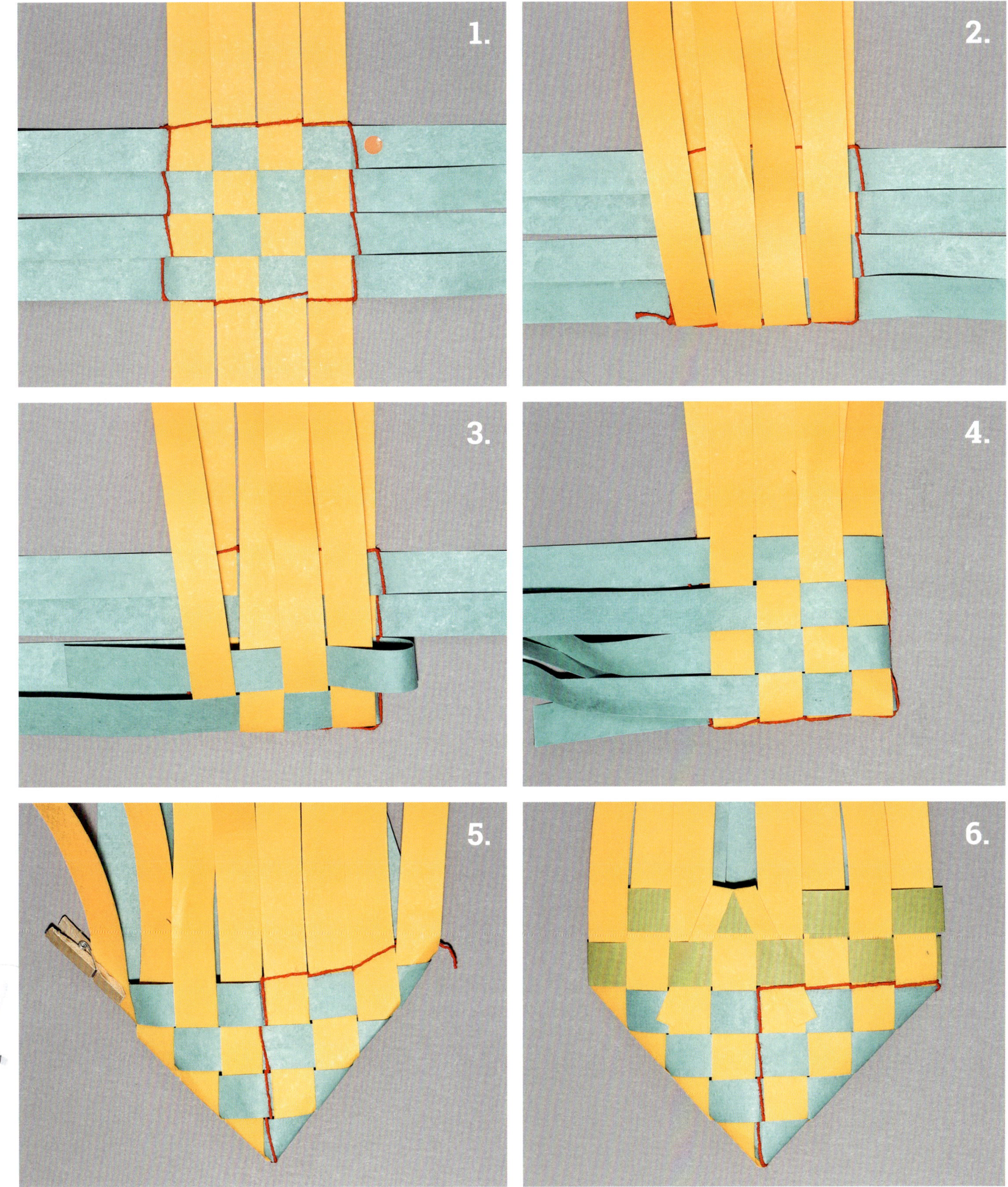
1.
2.
3.
4.
5.
6.

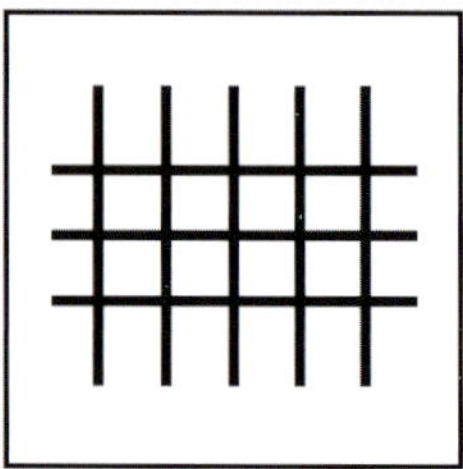
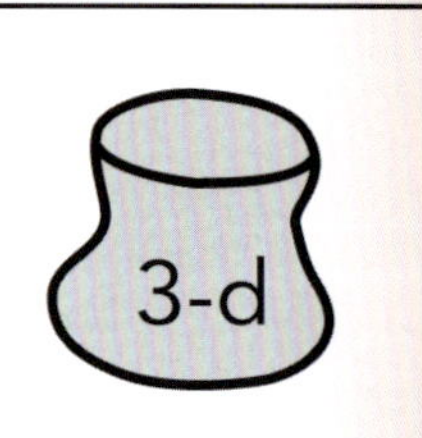

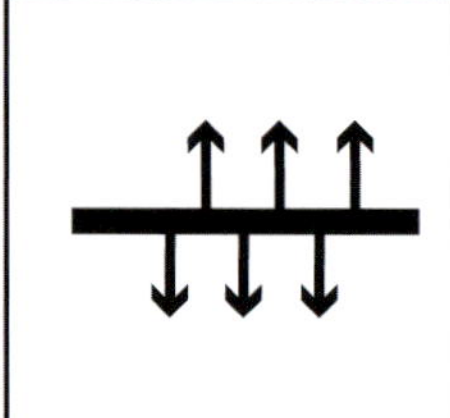

Material

Vieles würde sich für Armreife eignen. Hier habe ich fertig gekauftes Papierband verwendet, das über eine Einlage aus Saleenband geflochten wird.

› Saleenband, 22 mm breit und ca. 50 cm lang (die Länge muss auf das Handgelenk abgestimmt sein)
› Papierband, ein- oder mehrfarbig
› Klebeband
› Klammern als Hilfsmittel

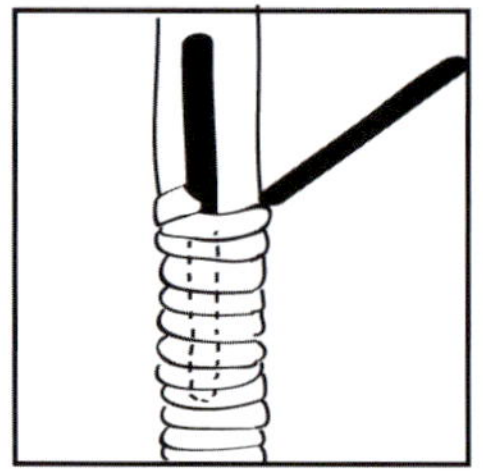

Den Wickelfaden verlängern.

Armreife aus Papierband

Auf Seite 115 habe ich die Startmöglichkeit über eine feste Form erwähnt: Darauf basieren diese Armreife, als feste Form dienen Ringe aus Saleenband. Die gezeigten Armreife haben einen inneren Durchmesser von 7 cm.

RING VORBEREITEN

› Das Saleenband zu einem Ring schließen (die Enden überlappen sich leicht). Dabei den Durchmesser auf das Handgelenk anpassen.
› Den Ring mit einer Klammer oder etwas Klebeband sichern.
› Den Ring zuerst mit Papierband umwickeln, um das Saleenband zu verstecken und dem Ring etwas Zusatzvolumen zu geben.

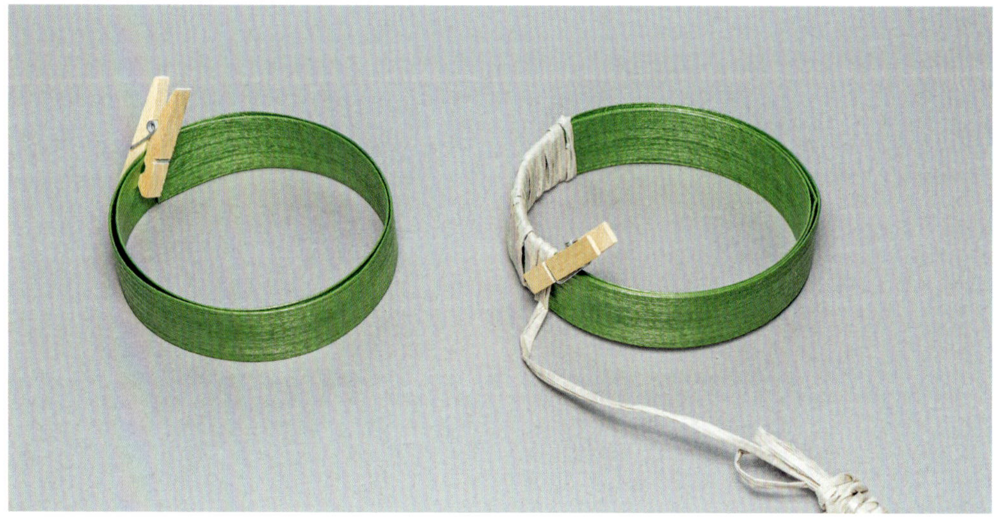

FADEN VERLÄNGERN

Hinweis: Auf der Zeichnung ist die Unterseite des Fadens dunkel gefärbt.

› Bevor der alte Faden zu Ende ist (ca. 15 cm vor dem Fadenende), auf der Ringunterseite den neuen Faden in Laufrichtung parallel zum alten ins fertige Geflecht stecken (Unterseite nach oben) und ca. 5 cm weit mit umwickeln (auf der Zeichnung gestrichelt gezeigt).
› Dann den alten Faden mit dem neuen verdrehen (seine Oberseite kommt nach oben) und nur noch mit dem neuen Faden weiterwickeln.
› Dabei das Ende des alten Fadens (liegt nach dem Verdrehen mit dem neuen Faden mit der Unterseite nach oben) mit umwickeln. Vom Verdrehen bleibt ein kleiner „Buckel" auf der Ringinnenseite sichtbar.
› Den Wickelfaden lang genug halten, damit er am Ende des Wickelns zum Flechtfaden werden kann.

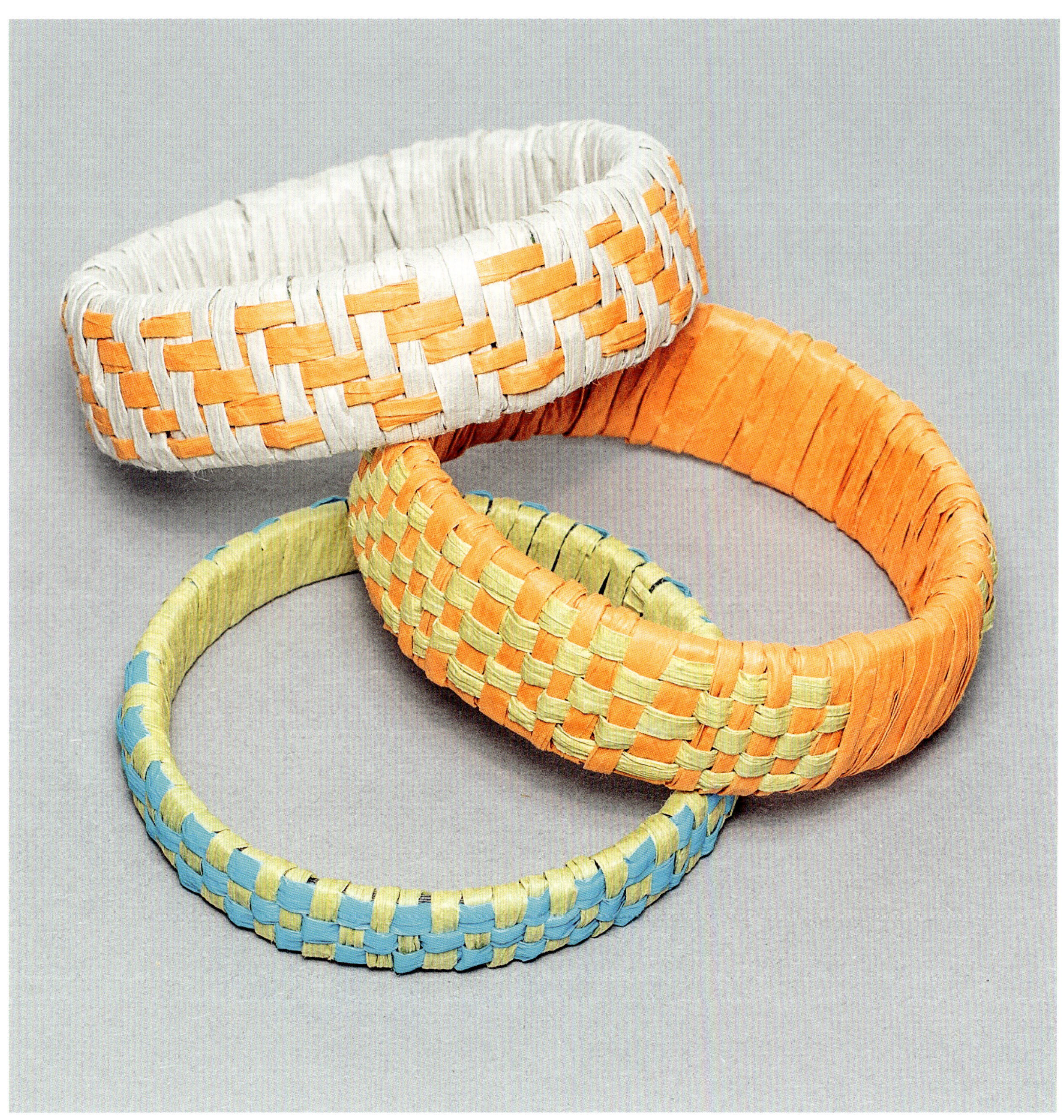

Armreife aus Papierband, verschiedene Muster, orthogonal geflochten

ARMREIF FLECHTEN

- Fünf farbige Längselemente zuschneiden. Die Länge entspricht dem Reifumfang plus einer Zugabe von ca. 1,5 cm.
- An einer beliebigen Stelle am Reif die fünf Längselemente nebeneinander unter die Wicklung legen und mit einer Klammer sichern (nicht kleben).
- Der Wickelfaden wird nun zum Flechtfaden für ein orthogonales Geflecht, auf der Innenseite des Rings wird nicht geflochten.
- Nach dem gewünschten Muster mit den fünf Längsfäden ein Fach öffnen. Die Situation ist die gleiche wie bei einer orthogonal geflochtenen Borte, allerdings müssen Sie keine Seitenränder bilden.
- Den Flechtfaden ins geöffnete Fach legen und einmal um den Ring herumführen.
- Das Fach schließen und neues Fach öffnen. Auf diese Weise fortfahren und gegebenenfalls den Flechtfaden verlängern wie oben beschrieben. Während des Wickelns und Flechtens die Längselemente schön auf der Breite des Trägerrings anordnen.
- Gegen Ende müssen Sie die verbleibende Strecke zum Anfang der Arbeit gut im Auge behalten, damit sich das Muster passend einfügt.
- Die Enden der Längsfäden mithilfe einer stumpfen Nähnadel ein Stück weit im gleichen Muster über die Anfangsfäden führen.
- Den Flechtfaden auf der Ringunterseite verstäten, evtl. mit Klebstoff sichern.

Varianten

- Statt zum Schluss die Anfänge und Enden der Längselemente übereinanderzuflechten, den restlichen Flechtfaden ohne Musterung über den Anfangs- und Endbereich wickeln.
- In Büchern über Henkelkörbe nach Vorlagen für Muster suchen.
- Armreife aus frischem oder feucht gehaltenem Naturmaterial, z. B. aus Gräsern, Irisblättern, Peddigband u. Ä., nach Beendigung der Flechtarbeit über einem Glas oder einer Flasche in entsprechender Größe trocknen lassen, dadurch erhalten sie eine schöne Form.

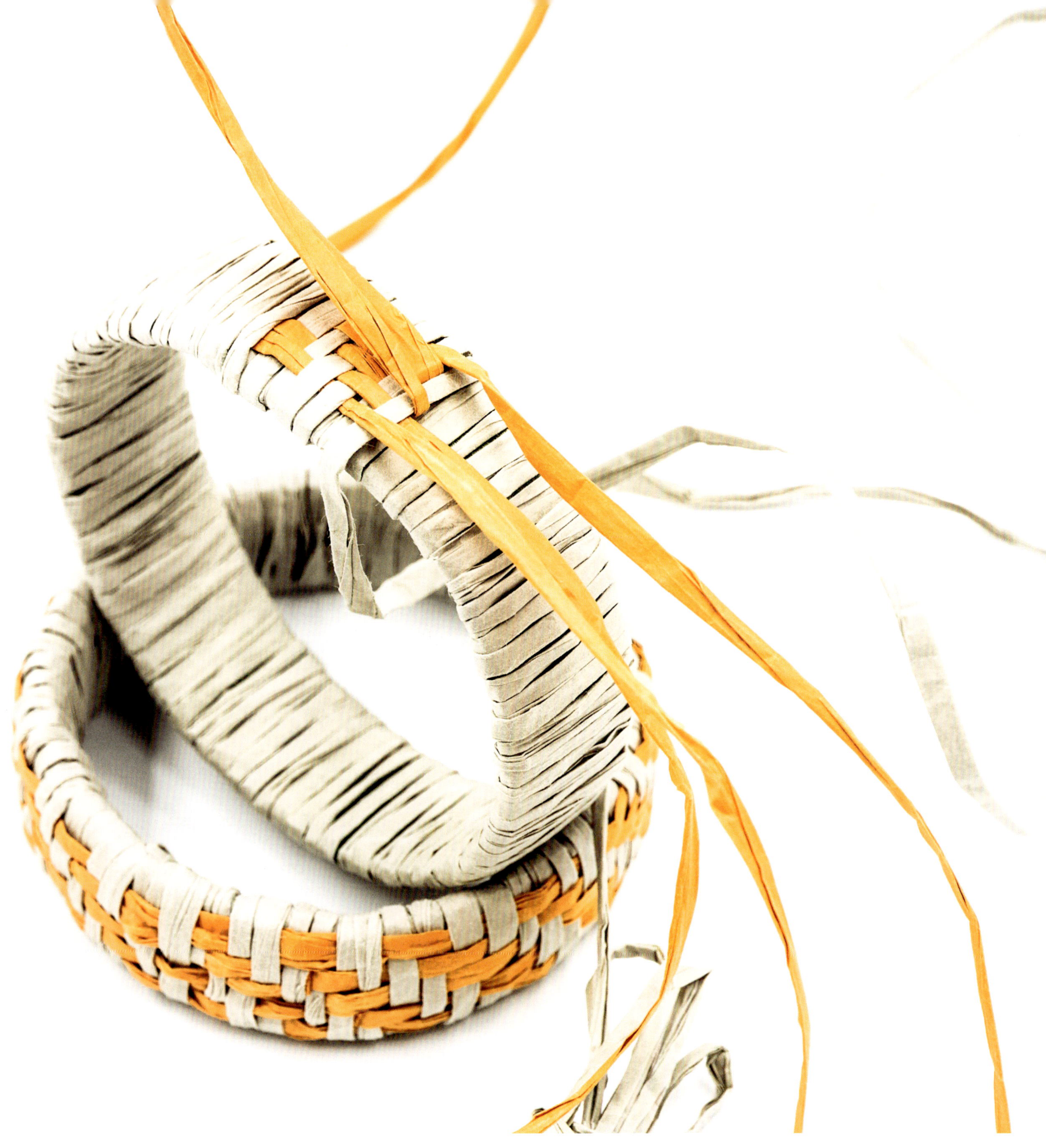

Geöffnetes Fach

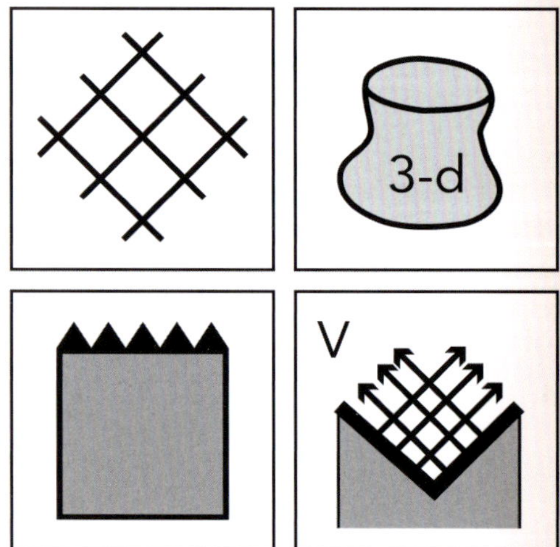

Diagonal geflochtene Objekte

Diagonal geflochtene dreidimensionale Objekte sind wirklich beeindruckend, weil nach dem Start und der ersten Flächenbildung keinerlei neues Material mehr dazukommt. Das ist eine effiziente und weltweit sehr verbreitete Methode, um Körbe zu flechten.

Prototyp B: Korb aus Papier, diagonal geflochten

Der hier gezeigte Korb dient als Prototyp für jede Art von diagonal geflochtenen Behältnissen.

Der Korb wird trotz des viereckigen Bodens automatisch am oberen Rand rund werden, es sei denn, Sie arbeiten über eine feste Form.

Material
Indisches Geschenkpapier aus dem Museumsshop, Bogen von ca. 76 x 56 cm, in zwei Farben

Für einen Korb mit einem Boden von 12 x 12 cm und einer Höhe von 16 cm benötigen Sie:

- 8 Streifen in einer Farbe, je 2 cm breit und 76 cm lang
- 8 Streifen in einer zweiten Farbe, je 2 cm breit und 76 cm lang
- Rest Baumwollgarn für die Bodensicherung
- Klammern als Hilfsmittel

Wenn Sie sich nach diesen Angaben richten, haben die Flechtelemente von Anfang an die nötige Länge, ein Verlängern ist nicht notwendig.

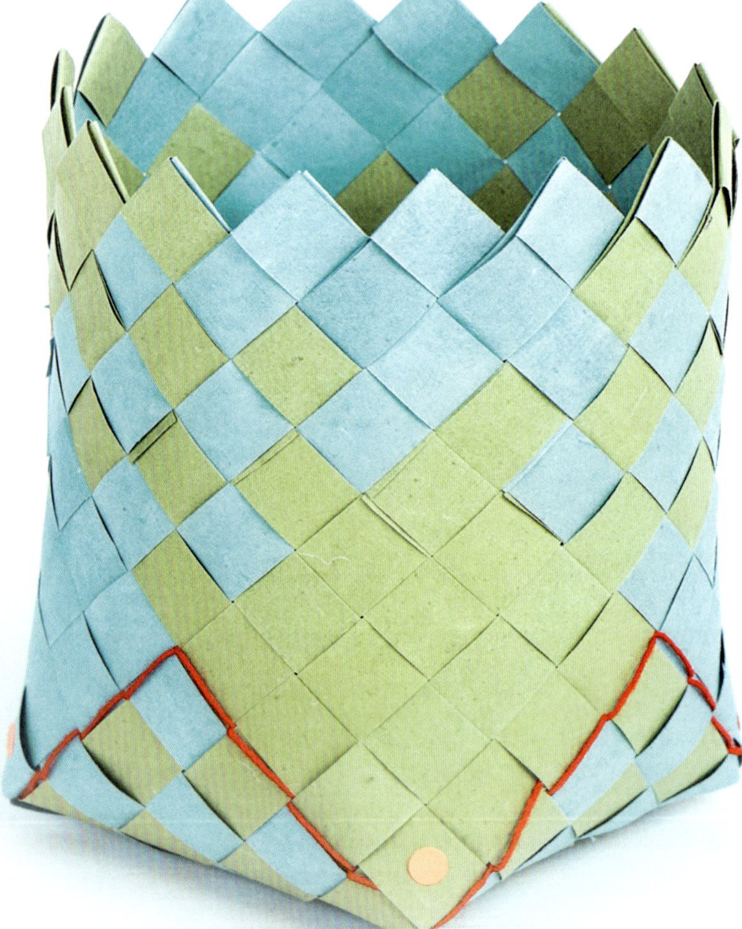

Korb aus Papier, diagonal geflochten, 12 x 12 x 16 cm

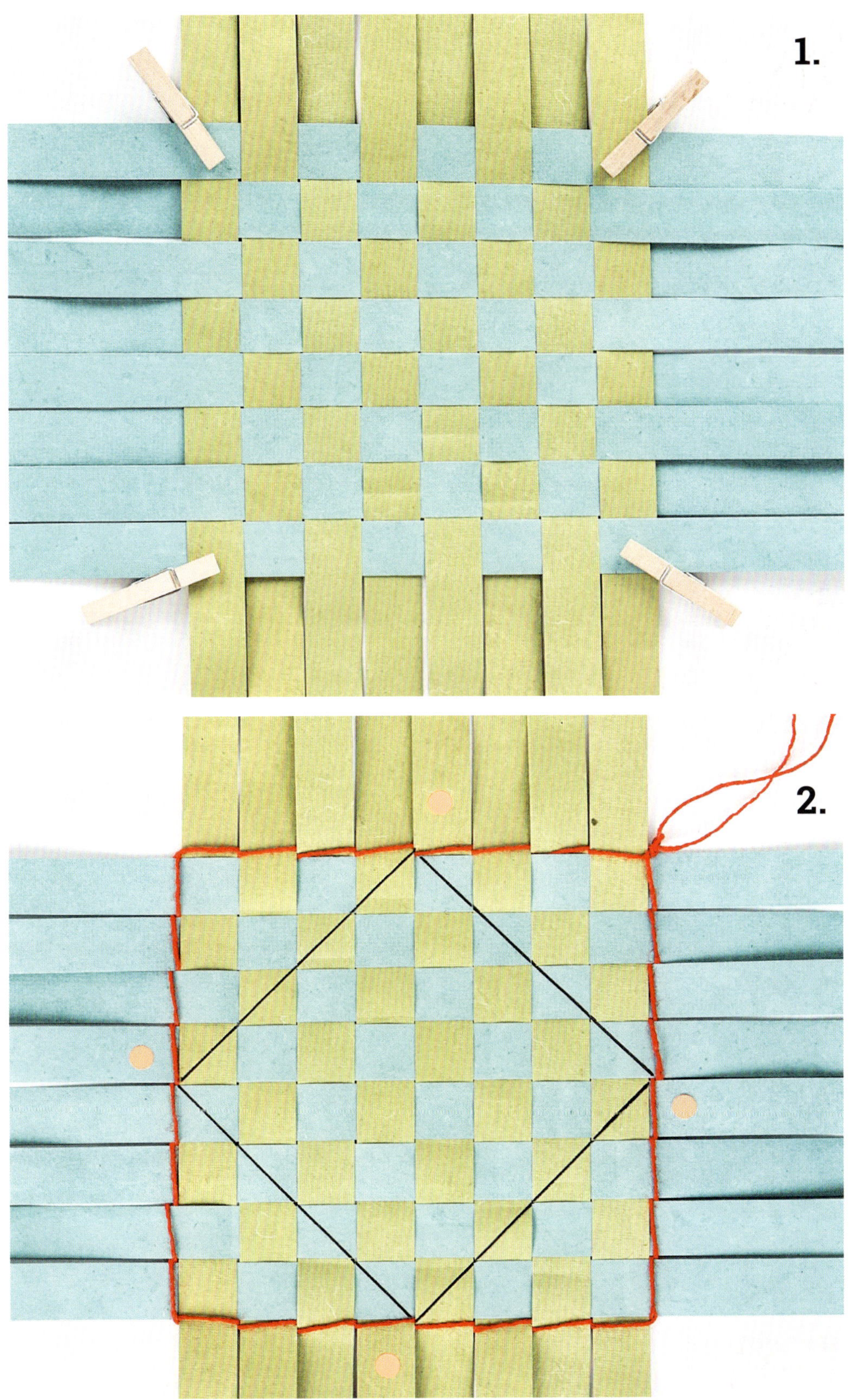

GRUNDFLÄCHE

- Eine Fläche aus 8 x 8 Elementen flechten wie auf Bild 1 gezeigt. Ich empfehle einen Start aus der Mitte mit Fachbildung und Klammern in allen vier Ecken. **[1]**
- Die Fläche mit einer Runde in Zwirnbindung (siehe Seite 67) sichern. **[2]**
- Alle Flechtelemente auf die gleiche Länge ausrichten. Die zukünftige Bodenfläche liegt als auf die Spitze gestelltes Quadrat innerhalb der soeben geflochtenen Grundfläche (evtl. markieren wie in Bild 2). Anders als beim orthogonal geflochtenen Korb werden sich die Ecken am diagonal geflochtenen Korb jeweils in der Mitte der vier Seiten an der Grundfläche bilden, Teile der Bodenfläche werden so automatisch schon zu Teilen der Korbwand.

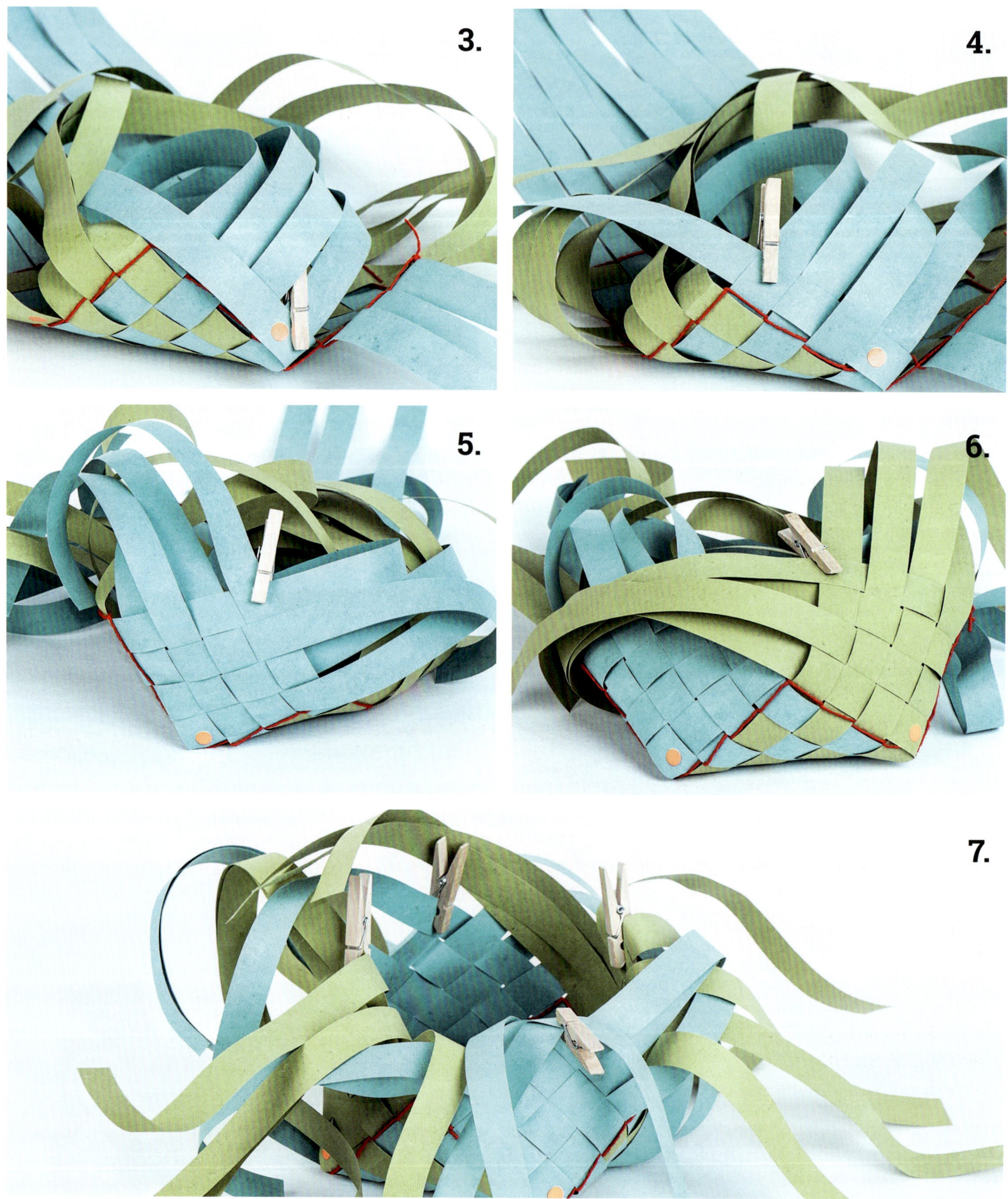
3.
4.
5.
6.
7.

ECKEN UND WAND

Beim im Folgenden beschriebenen Verfahren werden die vier Ecken und der Anfang der zukünftigen Korbwand in einem Arbeitsgang geflochten.

› Legen Sie die Arbeit entweder in Ihren Schoß oder vor sich auf den Tisch, und zwar so, dass Sie auf die zukünftige Korbaußenseite blicken – Sie flechten auf der Korbaußenseite. Legen Sie genügend Klammern in Reichweite.

› Starten Sie an einer beliebigen Seite der Grundfläche und bilden Sie zwei Gruppen aus den noch nicht verflochtenen Streifen. Halten Sie vier Elemente in der linken Hand und vier in der rechten.

› Die zwei Gruppen werden nun ineinandergeflochten. Wenn Sie möchten, können Sie die zwei Streifen direkt am zukünftigen Eckpunkt zunächst über den Hilfsfaden leicht vorbiegen – diese Elemente „wissen dann schon, was sie zu tun haben". Das am weitesten links liegende Element der rechten Gruppe (mit dem roten Punkt) faltet sich im 90-Grad-Winkel über das am weitesten rechts liegende Element der linken Gruppe. Danach mit einer Klammer sichern. **[3]**

› Bevor Sie den Streifen ganz durch die vier Elemente der linken Gruppe flechten, sollten Sie kontrollieren, ob die 1/1-Abfolge zur Unterseite des entstehenden Korbes passt. Falls dies der Fall ist, den Streifen ganz hindurchflechten und dafür sorgen, dass die Streifen an der soeben gebildeten Ecke rechtwinklig zueinander stehen. Mit einer Klammer sichern. **[4]**

› Flechten Sie die anderen drei Elemente der rechten Gruppe auf die gleiche Art nach links. Jetzt sind 4 x 4 Elemente 1/1 und rechtwinklig miteinander verflochten. **[5]**

› Drehen Sie die Arbeit im oder gegen den Uhrzeigersinn und verflechten Sie erneut zwei Gruppen à vier Elemente miteinander. Der Korb hat nun schon zwei Ecken. Die Ecke wieder mit einer Klammer sichern. **[6]**

› Auf die gleiche Art die restlichen zwei Ecken des Korbes bilden. Jetzt ist das Ganze schon eindeutig dreidimensional und Sie haben vier unifarbene Flächen erhalten. Der Arbeitsrand ist rundum zickzackförmig. **[7]**

› Nun suchen Sie die Bereiche, an denen Sie wieder je zwei Gruppen von noch nicht verflochtenen Elementen erkennen können. Nehmen Sie wieder vier Elemente in die linke Hand und vier in die rechte. Verflechten Sie sie miteinander, die Farben mischen sich wieder. Achten Sie streng darauf, dass Sie wirklich nur je 4 x 4 Elemente miteinander verflechten. Verfahren Sie auf diese Weise an allen Seitenflächen. Möglicherweise wird an der Struktur ein Drängeffekt wie auf Seite 38 beschrieben auftreten – lockerere und dichtere Partien wechseln sich ab.

RAND

Der abgebildete Korb hat einen einfachen Zackenrand wie auf Seite 126 beschrieben. Um diesen herzustellen, bringen Sie zunächst alle Flechtelemente auf eine Höhe (siehe Seite 120) und bilden Sie mit jedem Diagonalpaar eine Abschlusszacke.

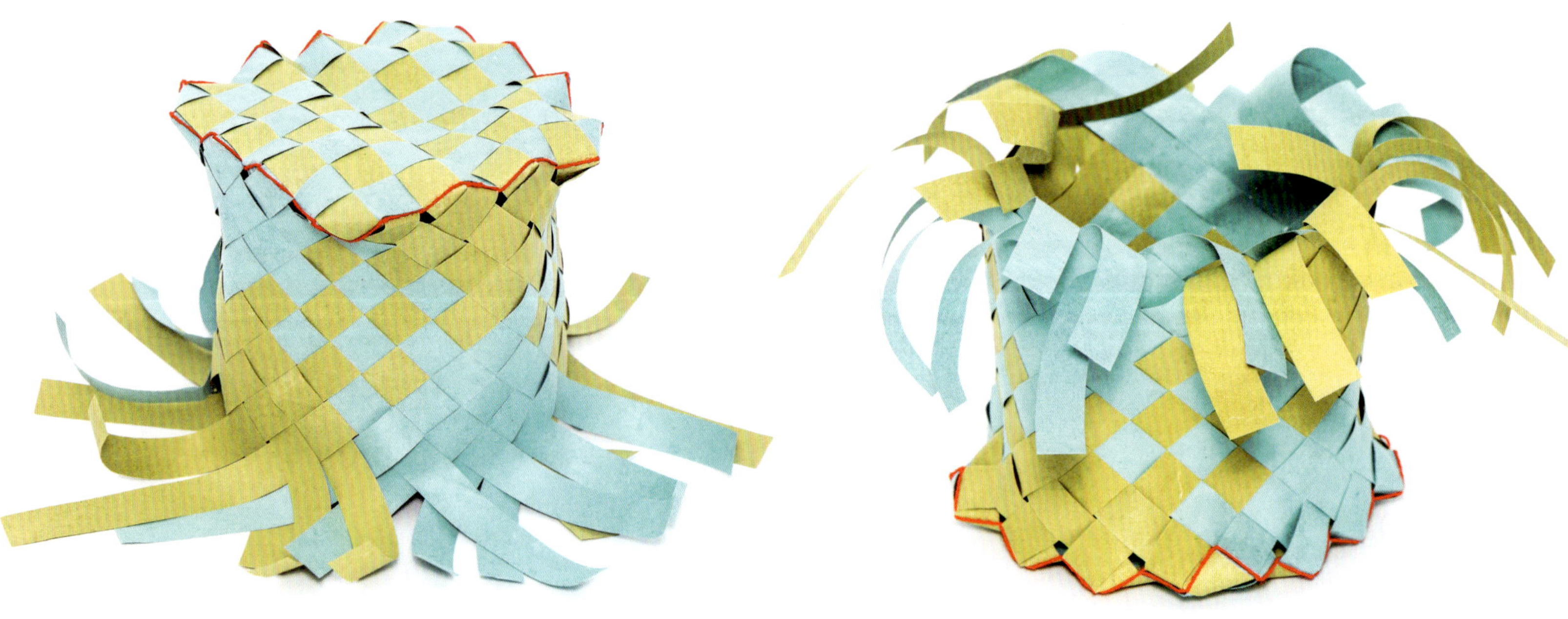

Korb mit „Zickzackeckenboden", Sicht auf Bodenfläche

Korb mit „Zickzackeckenboden", noch ohne Randbildung

Variante

Die Dose mit Deckel von Seite 19 hat mich zu einer ungewöhnlichen Version des Übergangs vom Korbboden zur Wand inspiriert. Dabei werden rund um die gesamte Grundfläche mit je zwei benachbarten Streifen Ecken gebildet. Dafür brauchen Sie am Anfang sehr viele Klammern! Anschließend flechten Sie wieder abschnittsweise mit 4 x 4 Elementen und enden mit einem zickzackförmigen Arbeitsrand wie oben beschrieben.

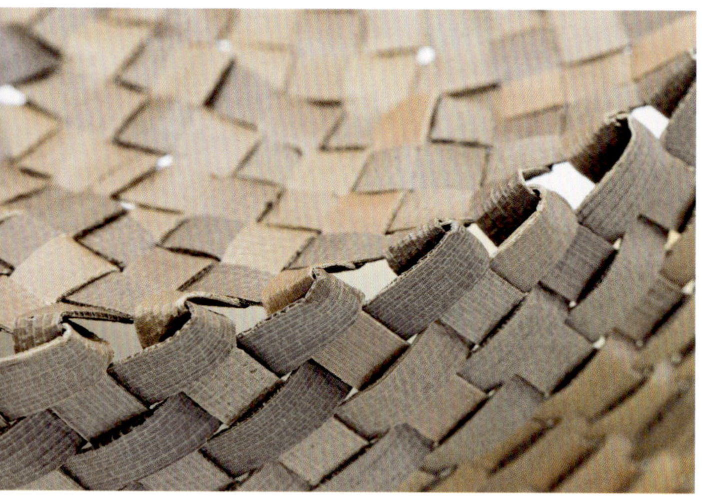

Detail des Übergangs vom Boden zur Wand an der Dose von Seite 19

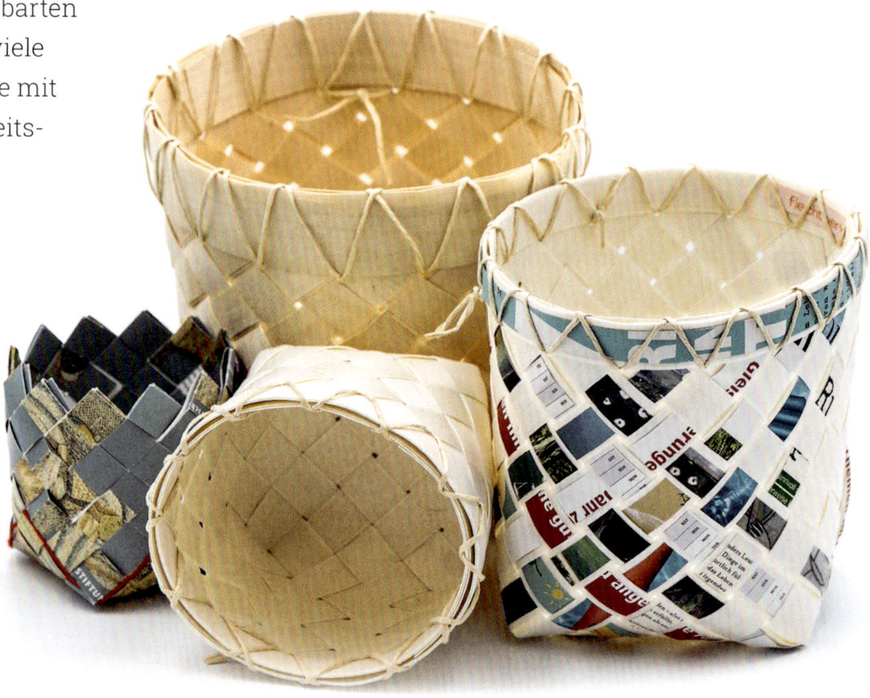

Serie mit Abwandlungen von Prototyp B, Papier, Saleen, Lindenholzspan

Papierkorb aus Plakatpapier mit Fransendekoration

Das ist ein Papierkorb im wahrsten Sinn des Wortes! Er ist genauso aufgebaut wie der oben beschriebene Prototyp B.

GRUNDFLÄCHE

- Flechten Sie eine Fläche aus 10 x 10 Elementen. Ich empfehle einen Start aus der Mitte mit Fachbildung und Klammern in allen vier Ecken. Die Einzelelemente bewusst nicht auf die gleiche Länge ausrichten, damit später beim Verlängern nicht alle gedoppelten Bereiche auf der gleichen Höhe im Geflecht zu liegen kommen.
- Die Fläche mit einer Runde in Zwirnbindung wie auf Seite 67 beschrieben sichern.

ECKEN UND WAND

- Ecken und Wand wie beim Prototyp B beschrieben herstellen.
- Die Elemente, wo nötig, verlängern, dabei die Streifen ca. 8–10 cm überlappen lassen, mit doppelseitigem Klebeband sichern.

RAND

- Sobald die gewünschte Höhe erreicht ist (das kürzeste Element gibt das vor), alle Elemente auf die gleiche Höhe bringen (siehe Seite 120).
- Eine Abschlusskante flechten, abwechselnd mit Zacken und geradem Rand wie auf den Seiten 120 und 126 beschrieben.
- Verstätete Flechtelemente an den Wandflächen mit der Schere fransig schneiden.

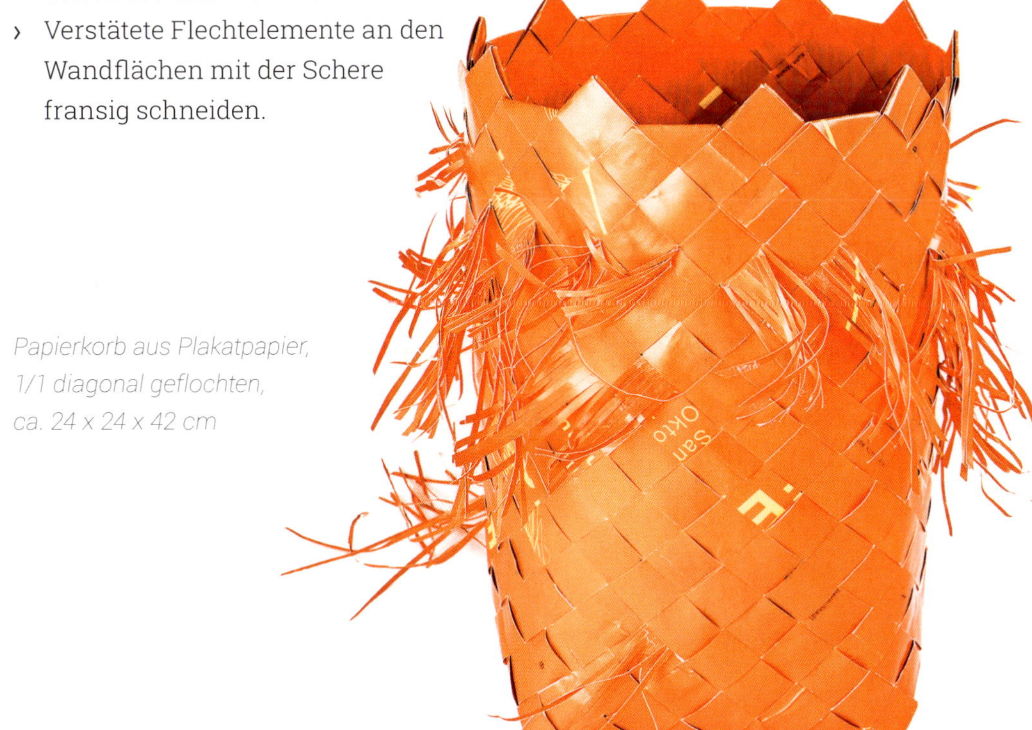

Papierkorb aus Plakatpapier, 1/1 diagonal geflochten, ca. 24 x 24 x 42 cm

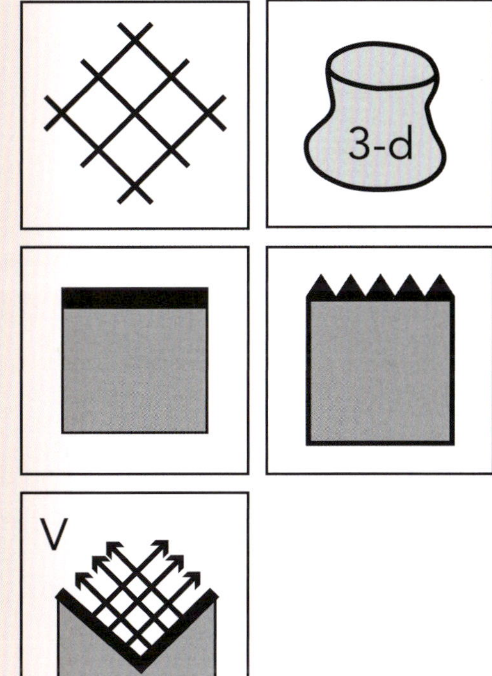

Material

Plakatpapier, 4–5 Bogen von ca. 90 x 128 cm (je zwei Bogen mit Kleister zusammenkleben, bedruckte Seiten weisen nach außen)

Für einen Korb mit einem Boden von 24 x 24 cm und einer Höhe von 42 cm (an der Zacke gemessen) benötigen Sie:

- 60 Streifen, je 3 cm breit und ca. 128 cm lang
- Doppelseitiges Klebeband

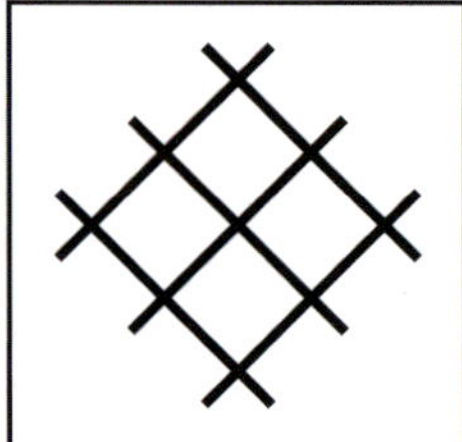
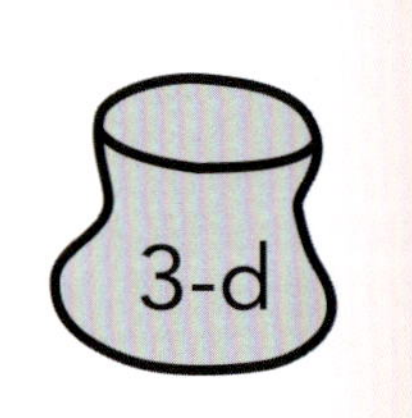

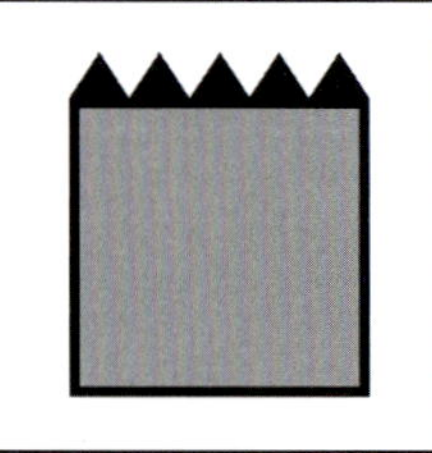
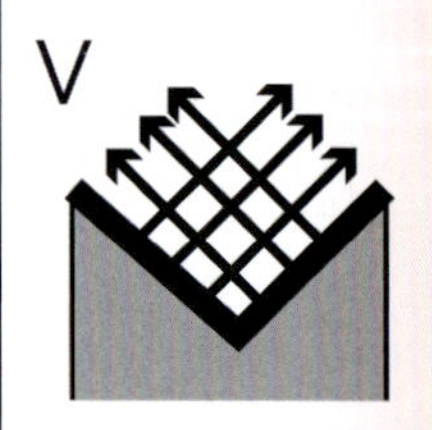

Material

Für eine Korbtasche mit einem Boden von ca. 20 x 36 cm und einer Höhe von ca. 31 cm benötigen Sie:

- 34 Saleenbandstreifen, je 2 cm breit und 150 cm lang
- Rest Baumwollgarn für die Bodensicherung

Wenn Sie sich nach diesen Angaben richten, haben die Flechtelemente von Anfang an die nötige Länge, ein Verlängern ist nicht notwendig.

Korbtasche aus Saleenband mit Bambushenkeln

Dies ist eine Variation des Prototyps B von Seite 144, die Bodenfläche ist diesmal ein Rechteck statt eines Quadrats.

GRUNDFLÄCHE

- Flechten Sie eine Grundfläche aus 17 x 17 Elementen wie auf Seite 70 beschrieben.
- Markieren Sie das Rechteck der künftigen Bodenfläche.

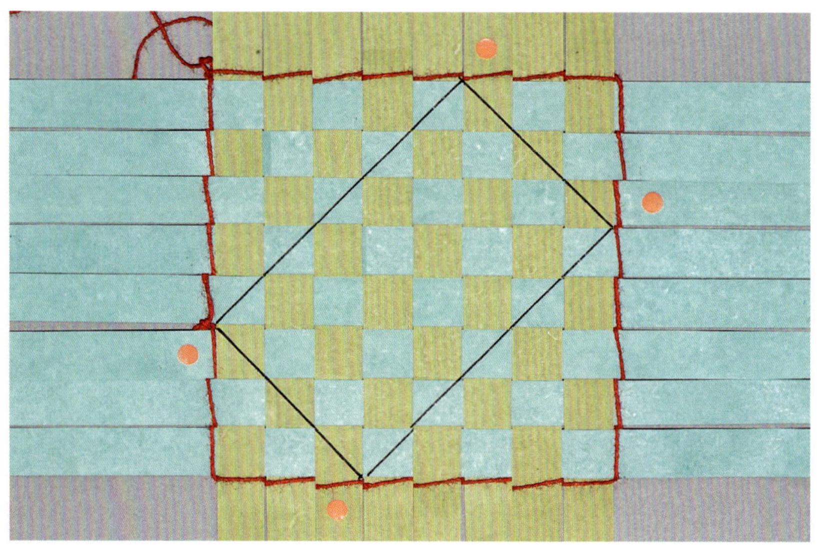

Ausgangssituation für einen rechteckigen Boden an einem diagonal geflochtenen Korb

ECKEN UND WAND

- Im Prinzip gehen Sie ganz ähnlich vor wie beim Prototyp B, allerdings bilden Sie die Ecken nicht genau in der Mitte jeder Grundflächenseite. Auf zwei gegenüberliegenden Seiten haben Sie einmal links eine Gruppe mit zehn Elementen und rechts eine Gruppe mit sieben Elementen und auf den beiden anderen Seiten besteht die linke Gruppe aus sieben Elementen, die rechte Gruppe aus zehn.
- Die Wand flechten, bis das kürzeste Flechtelement noch etwa 15 cm lang ist.

RAND

- Alle Flechtelemente auf die gleiche Höhe bringen (siehe Seite 120).
- Den Zackenrand flechten, dabei die Elemente so weit wie möglich ins Wandgeflecht zurückführen. Die Enden ca. 3–5 cm lang stehen lassen (das darf unregelmäßig werden, das heißt, es müssen nicht alle Endstücke auf der gleichen Höhe liegen).
- Mit der Schere alle Endstücke fransig schneiden.

Korbtasche aus Saleenband mit Bambushenkeln, 1/1 diagonal geflochten, ca. 20 x 36 x 31 cm

HENKEL

Für diese Tasche wurden Bambusbügel als Henkel am fertigen Geflecht verankert. Diese Bügel haben einen quer laufenden Metallsteg, der zum Einziehen ins Geflecht abgeschraubt werden kann.

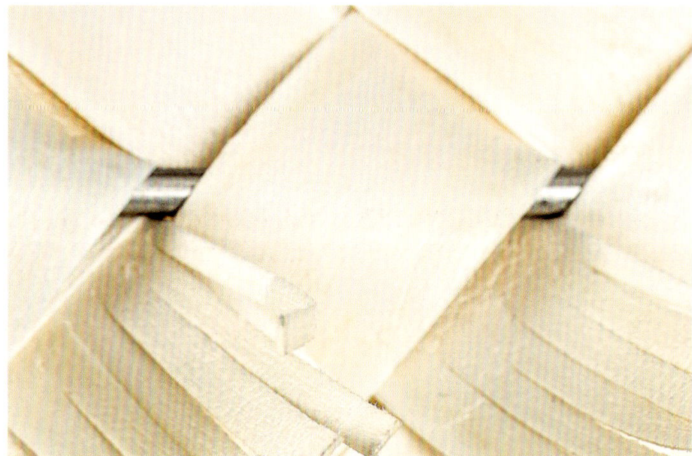

Metallsteg, quer ins Geflecht eingezogen

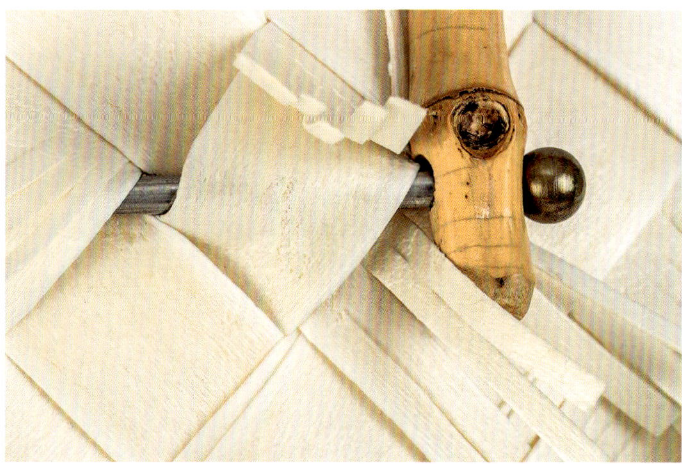

Schrauben am Bügel

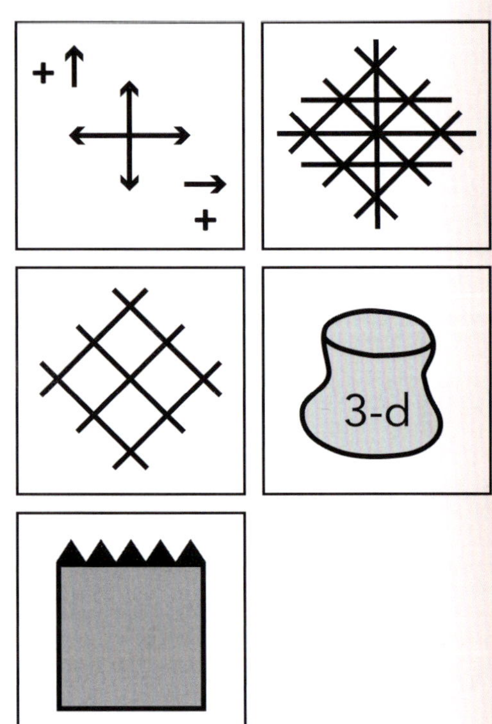

Material
Saleenband, 20–22 mm breit, in fünf Farben

Für einen Korb mit einem Bodendurchmesser von 15 cm und einer Höhe von 30 cm benötigen Sie:

- 2 Streifen in jeweils einer von vier Farben, je 125 cm lang
- 8 Streifen in der fünften Farbe, je 125 cm lang
- Stück Schnur als Hilfsfaden
- Stecknadeln und Unterlage (Karton, Bügelbrett o. Ä.)
- Klammern als Hilfsmittel

Wenn Sie sich nach diesen Angaben richten, haben die Flechtelemente von Anfang an die nötige Länge, ein Verlängern ist nicht notwendig.

Runder Korb auf sternförmigem Boden, diagonal geflochten

Diese Korbvariante verlangt den sternförmigen Boden von Seite 83.

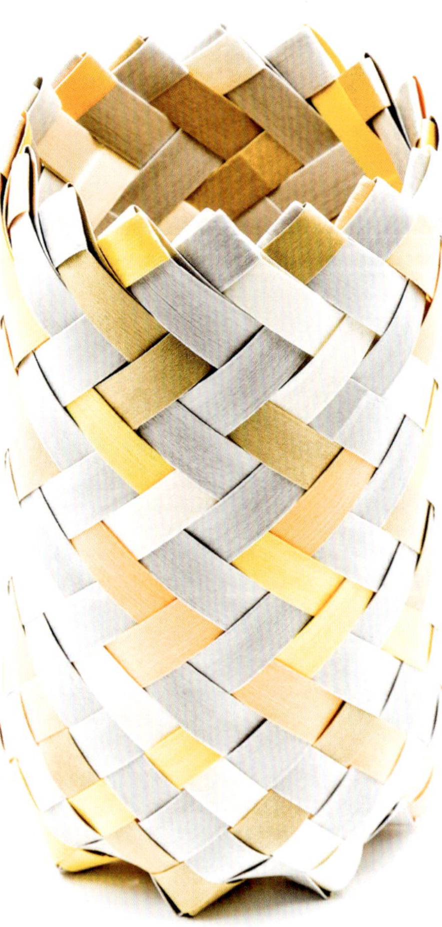

Korb aus Saleenband mit sternförmigem Boden, diagonal geflochten

BODEN

Flechten Sie einen Boden nach der Anleitung auf Seite 82.

WAND

- Nun kommen die acht Streifen in der fünften Farbe (hier Grau) ins Spiel. Sie bilden den letzten Teil des Bodengeflechts und gleichzeitig die acht Ecken dieses Korbes, bevor sie dann ins Wandgeflecht übergehen.
- Bildung der Ecken: Je zwei parallel liegende Elemente des Bodensterns werden verkreuzt und schließen dabei je ein graues Element ein. Achten Sie darauf, dass sich beim Kreuzen der Flechtrhythmus über 1/unter 1 der Bodenelemente passend fortsetzt. So arbeiten Sie insgesamt acht Ecken. Die einschließenden Elemente kommen bei diesem Verfahren rechtwinklig aufeinander zu liegen. Die Verbindung jeweils mit einer Klammer sichern.

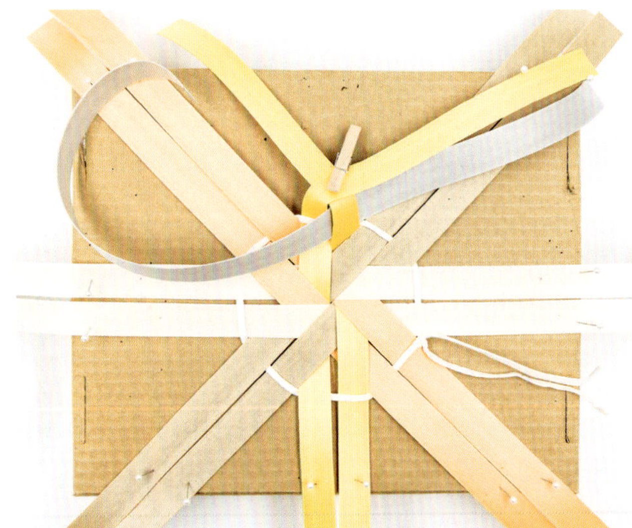

- Die eingeschlossenen Elemente in Grau auf eine gleichmäßige Länge bringen. Jetzt haben Sie alle für eine Wandbildung im Diagonalgeflecht nötigen Elemente im Boden eingearbeitet, es kommt kein weiteres Material mehr dazu.
- Zugegeben, die langen Streifen erschweren die Übersicht. Ich empfehle Ihnen deshalb, zunächst eine Runde lang immer zwei Elemente in Grau miteinander zu verflechten und mit je einer Klammer zu sichern. Danach können Sie die Gruppen von Flechtelementen deutlicher erkennen, die jeweils miteinander verflochten werden.
- Sie können die Wand durchgehend im Flechtrhythmus über 1/unter 1 flechten oder wie in meinem Beispiel ab einer gewissen Höhe zu Köper-Quergraten (siehe Seite 180) wechseln. Dazu bringen Sie zunächst alle Flechtelemente auf die gleiche Höhe wie auf Seite 120 beschrieben. Anschließend flechten Sie im Muster über 2/unter 2 in Runden weiter.

RAND

Der abgebildete Korb hat einen Zickzackrand wie auf Seite 126 beschrieben.

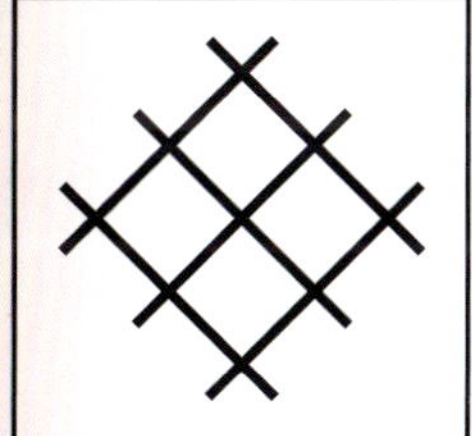

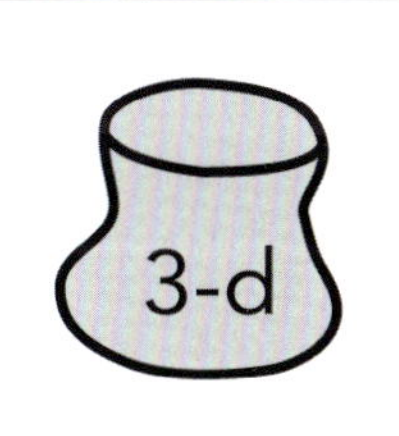

Variante

Hier noch eine verblüffende spielerische Variante:

- Ausgangslage wie auf Seite 83 beschrieben
- Keine neuen Elemente hinzunehmen, stattdessen immer zwei Elemente der gleichen Farbe rechts über links kreuzen und mit einer Klammer sichern.
- Automatisch wird die Struktur dreidimensional. In der Mitte des entstehenden Korbes befindet sich ein achteckiges Loch.
- Die Wand weiter diagonal 1/1 flechten und eine beliebige Randlösung wählen.

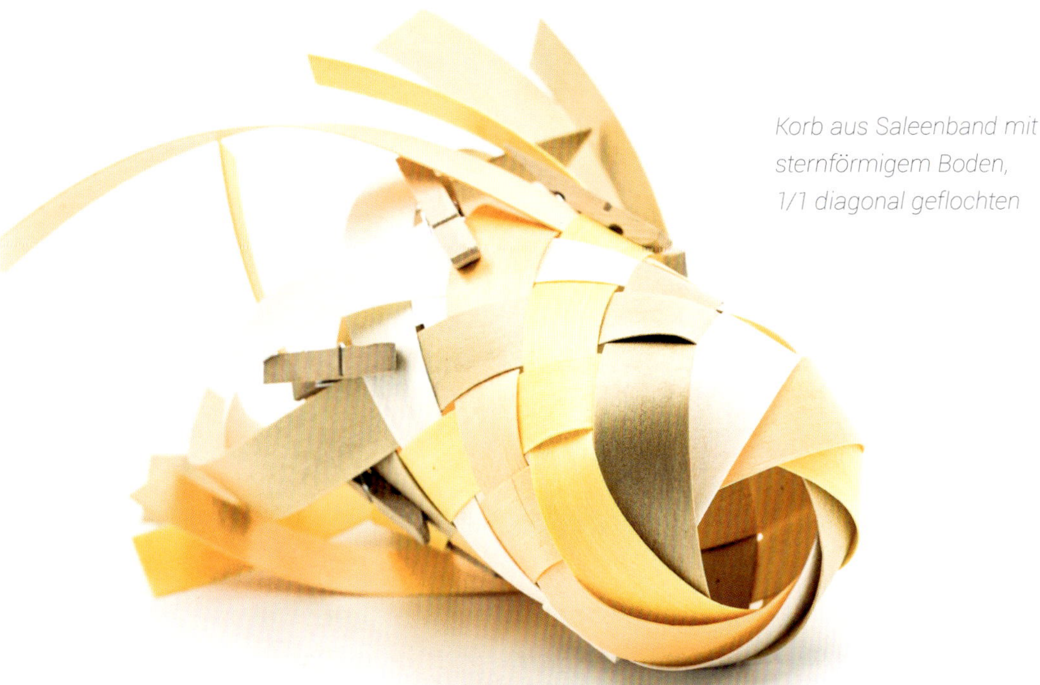

Korb aus Saleenband mit sternförmigem Boden, 1/1 diagonal geflochten

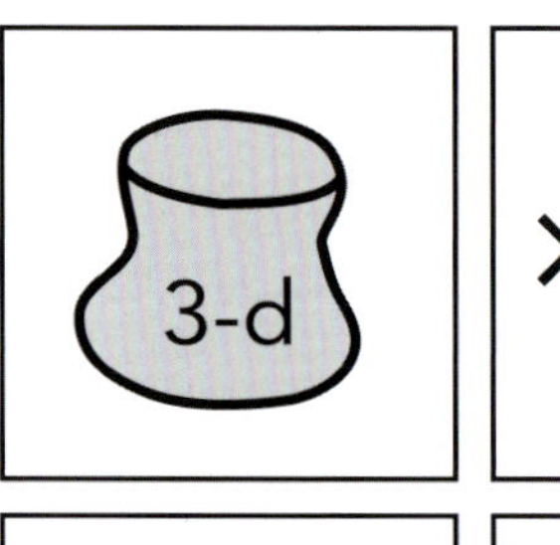

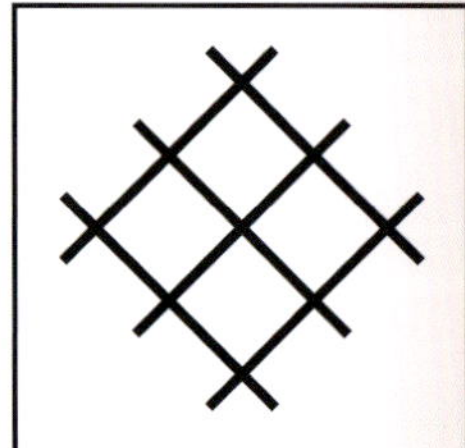
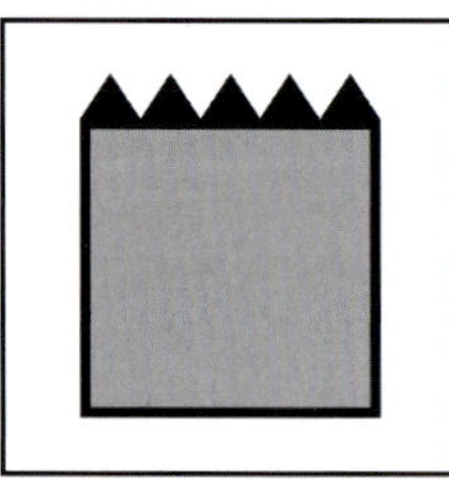

Material

Indisches Geschenkpapier aus dem Museumsshop, Bogen von ca. 76 x 56 cm, in zwei Farben

› 6 Streifen in jeder Farbe, je 2 cm breit
› Rest Baumwollgarn für die Bodensicherung

Prototyp C: Etui mit Rand nach Wahl

Die hier vorgestellte Version aus Papier ist wieder ein Prototyp, der sich gut für Abwandlungen eignet. Ein Etui hat nur zwei Ecken, nicht vier wie die zuvor beschriebenen Körbe.

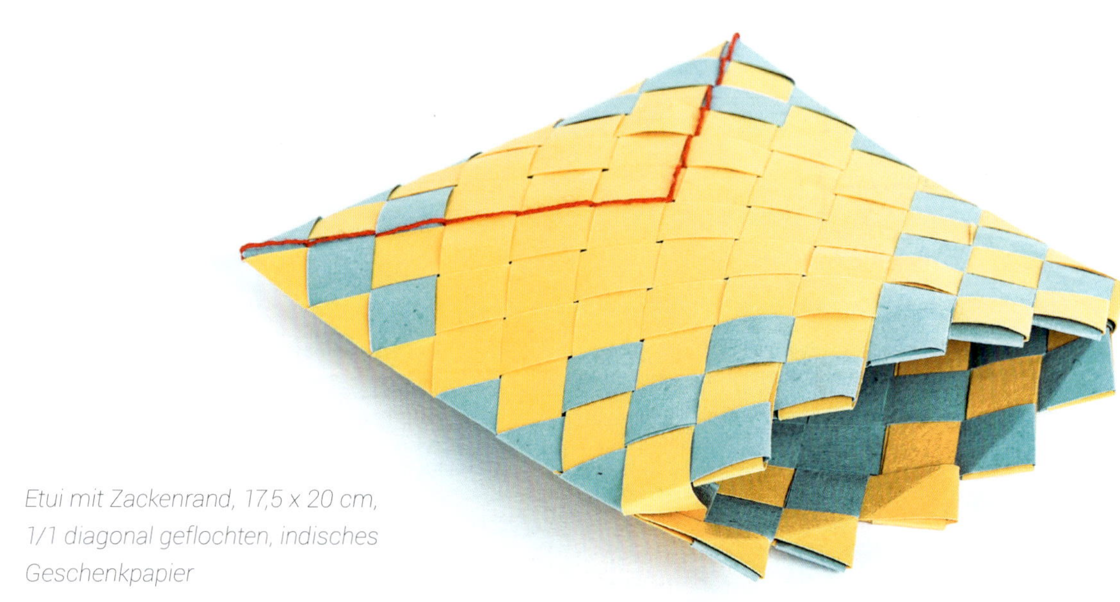

Etui mit Zackenrand, 17,5 x 20 cm, 1/1 diagonal geflochten, indisches Geschenkpapier

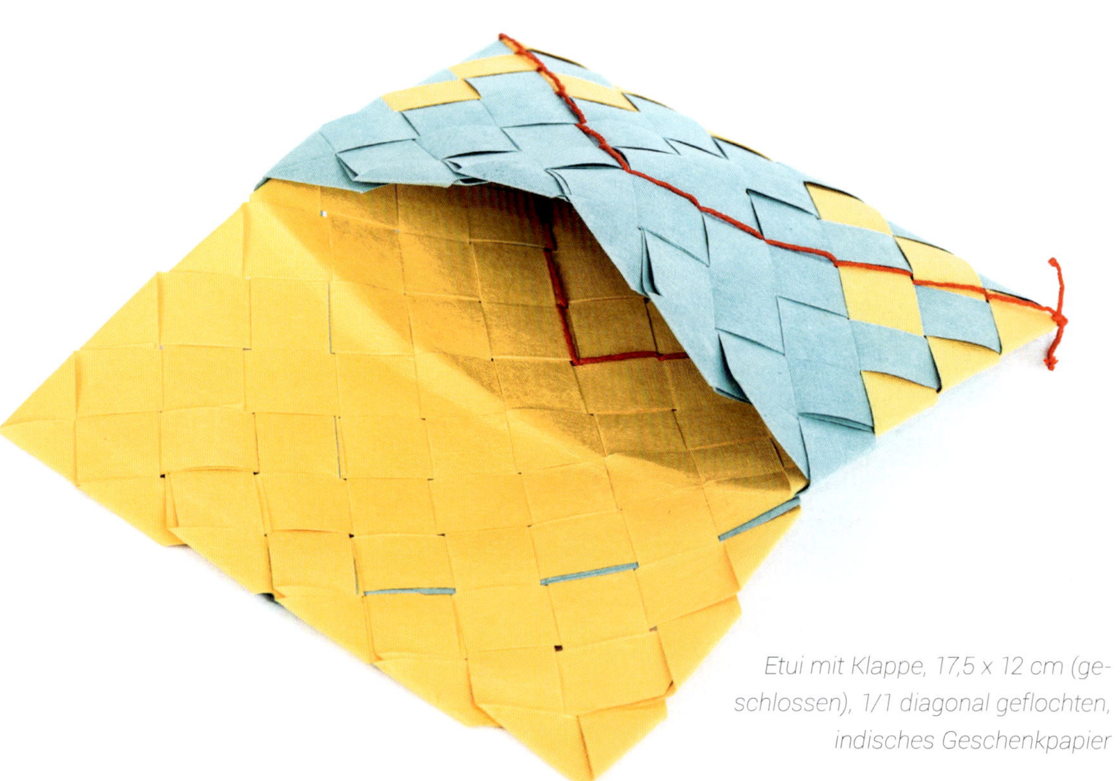

Etui mit Klappe, 17,5 x 12 cm (geschlossen), 1/1 diagonal geflochten, indisches Geschenkpapier

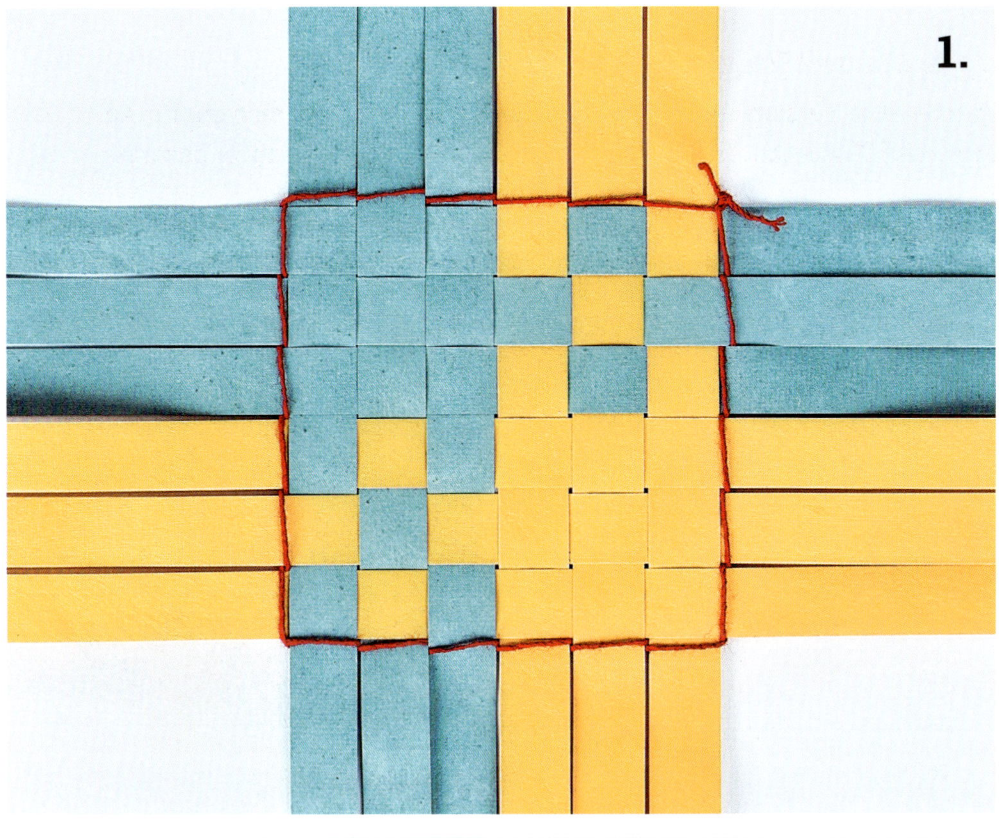

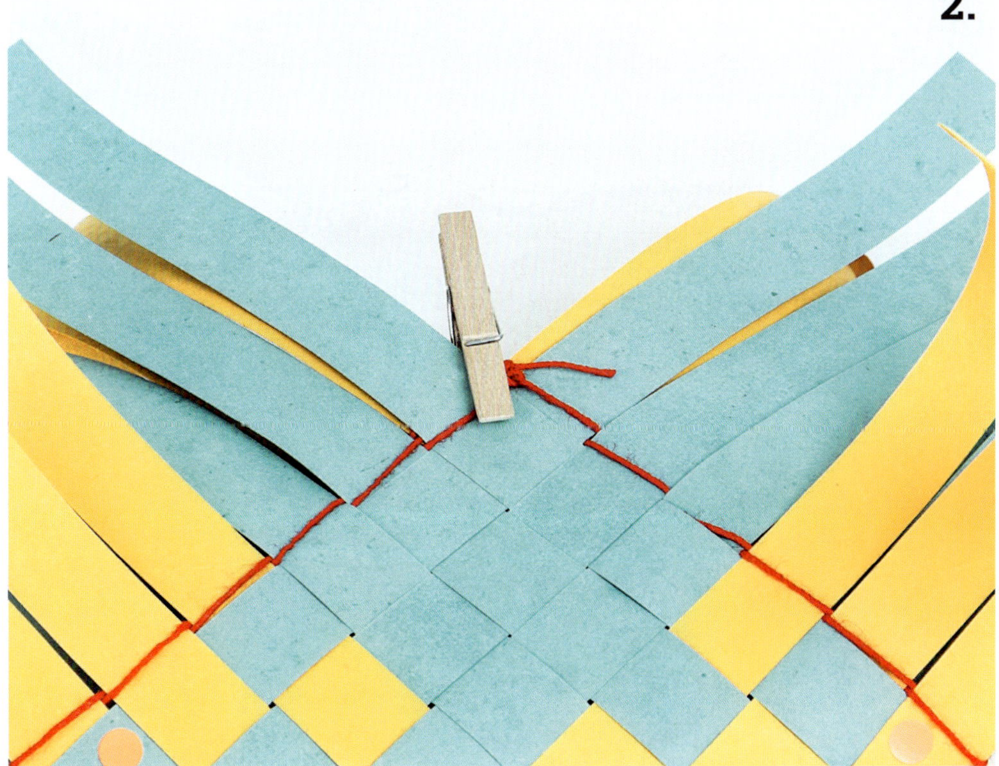

GRUNDFLÄCHE

- Flechten Sie eine Fläche aus 6 x 6 Elementen wie für den Boden des Korbes auf Seite 135.
- Die Fläche mit einer Runde in Zwirnbindung sichern. **[1]**
- Die Flechtelemente auf die gleiche Länge ausrichten.
- Falten Sie die Grundfläche wie auf Bild 2 gezeigt. Sie haben jetzt ein doppeltes Dreieck vor sich liegen. Die Spitzen der beiden Dreiecke genau aufeinanderlegen und mit einer Klammer sichern. **[2]**

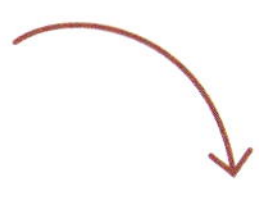

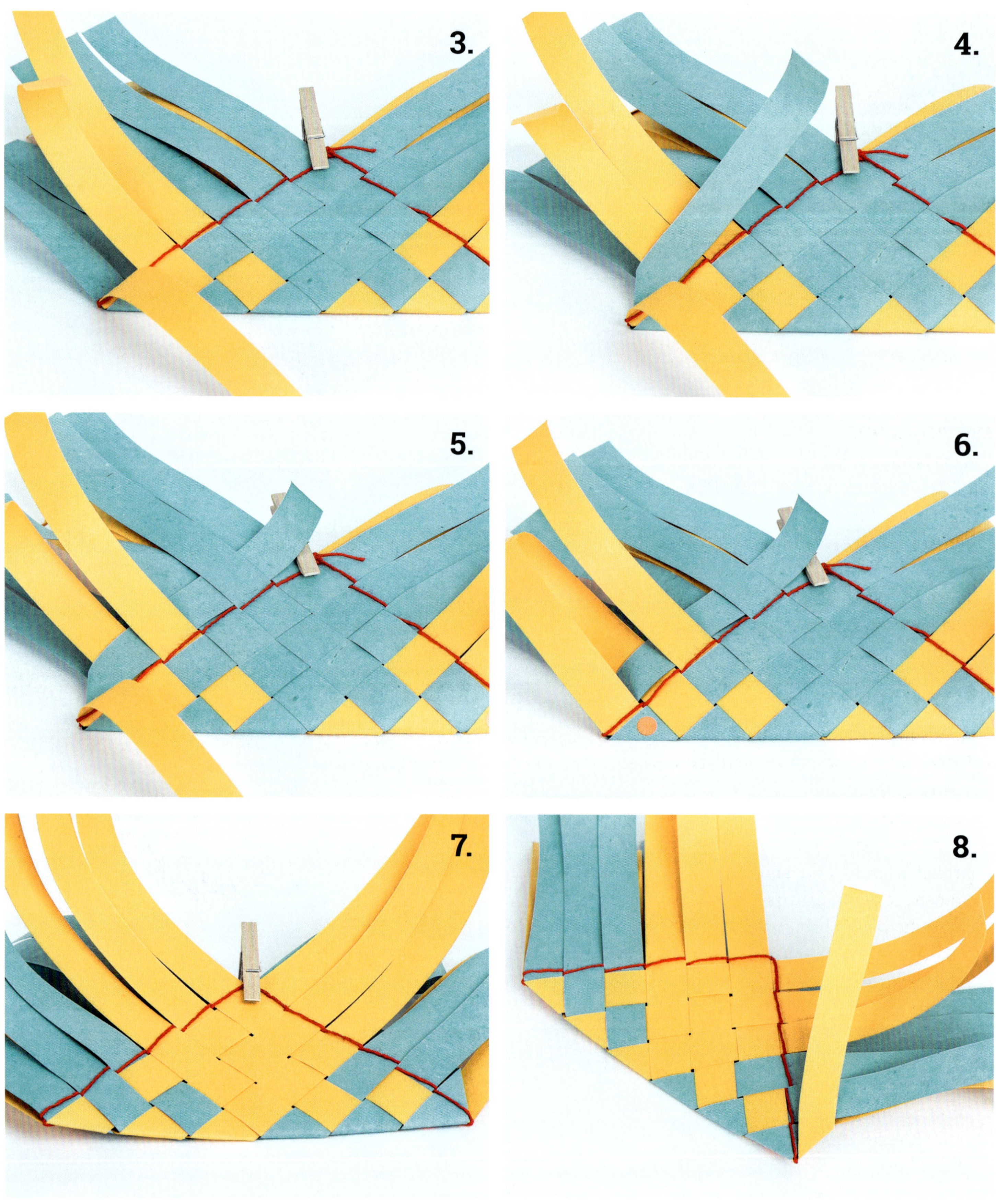
3.
4.
5.
6.
7.
8.

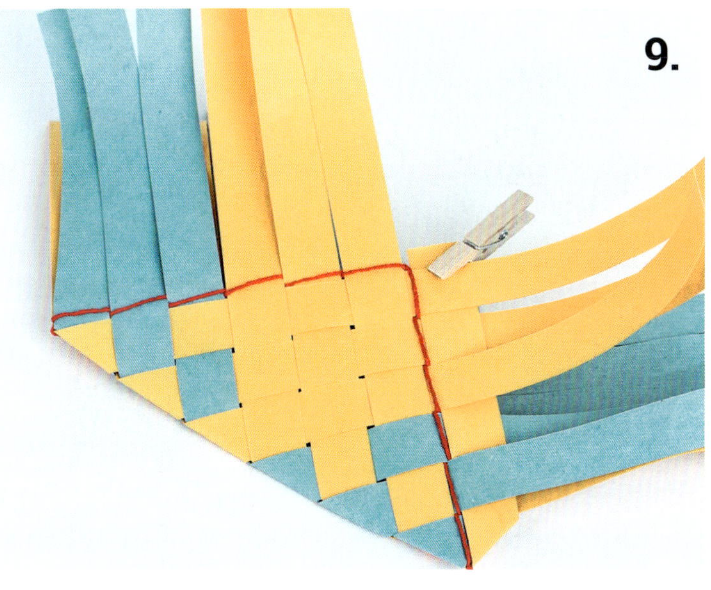

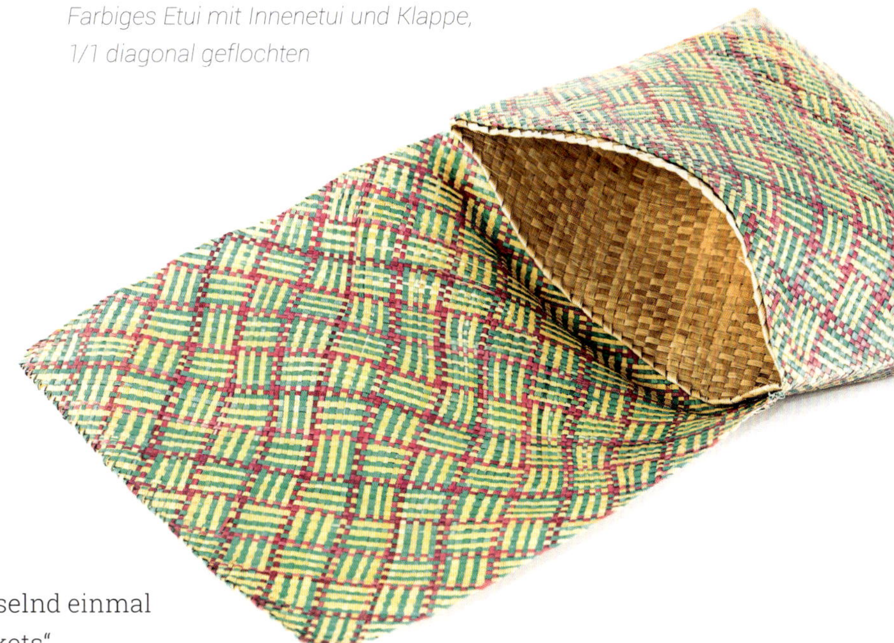

Farbiges Etui mit Innenetui und Klappe, 1/1 diagonal geflochten

SEITENKANTEN

Um die beiden Dreiecke zu verbinden, arbeiten Sie abwechselnd einmal auf der Vorderseite, dann auf der Rückseite des „Dreieckpakets".

› Am oberen Dreieck das linke gelbe Element aufklappen. **[3]**
› Auf der linken Seite das linke blaue Element des unteren Dreiecks vornüberfalten und parallel zum Hilfsfaden am oberen Dreieck ausrichten. **[4]**
› Diesen Streifen 1/1 einflechten. (Sie erfassen flechtend nur die Elemente am oberen Dreieck!) **[5]**
› Das linke gelbe Element am oberen Dreieck wieder zurückfalten. **[6]**
› Die Arbeit wenden. Nun liegt die angefangene Seitenkante rechts. **[7]**
› Auf der rechten Seite das rechte gelbe Element des unteren Dreiecks vornüberfalten und parallel zum Hilfsfaden am oberen Dreieck ausrichten. **[8]**
› Diesen Streifen 1/1 einflechten. (Sie erfassen flechtend nur die Elemente am oberen Dreieck!) **[9]**
› Das Spiel beginnt von Neuem mit Schritt 1 auf der linken Seite, diesmal ist es ein blaues Element, das zuerst aufgeklappt wird. Fahren Sie so fort, bis die beiden Dreiecke vollständig miteinander verbunden sind.
› Sorgen Sie dafür, dass die entstehenden Diagonalpaare während des Aufbaus der Seitenränder bereits auf eine Höhe ausgerichtet werden. Je höher die Seitenkanten wachsen, desto kürzer werden die Wege der flechtenden Elemente.
› Im Inneren des Etuis ergibt sich eine vollkommen gerade Kante, da alle Elemente vor dem Flechten vornübergefaltet werden.

Varianten

In einer gewissen Länge gearbeitet, mutiert ein Etui zu einer Tube: runde Öffnung, flache Anfangspartie.

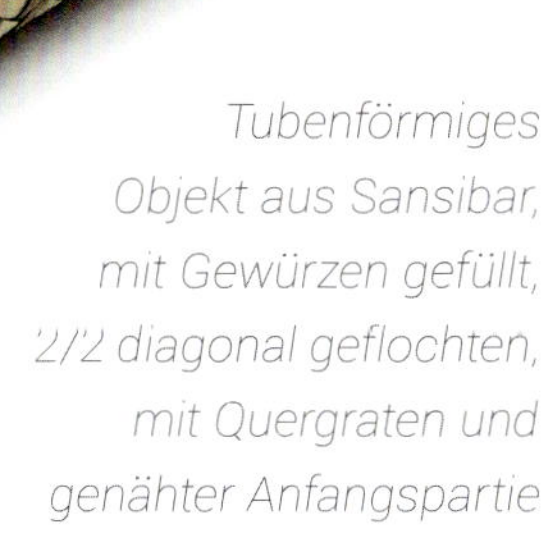

Tubenförmiges Objekt aus Sansibar, mit Gewürzen gefüllt, 2/2 diagonal geflochten, mit Quergraten und genähter Anfangspartie

RAND

Es sind alle Abschlusskanten für diagonal geflochtene Strukturen denkbar.

Wenn Sie auf der Vorderseite vorzeitig einen Rand flechten, die Rückseitenfläche jedoch weiterflechten, erhalten Sie ein Etui mit Klappe. Die Klappe wird durch die vielen ins fertige Geflecht zurückgeführten Enden sehr dick und dadurch stabil.

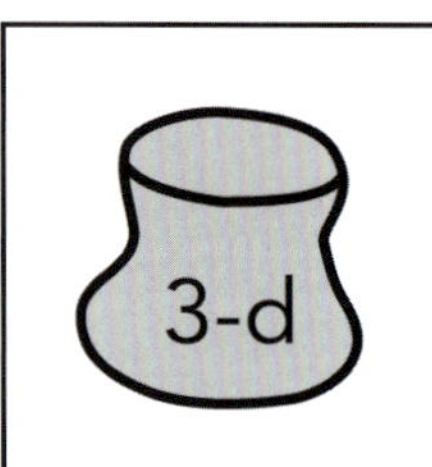

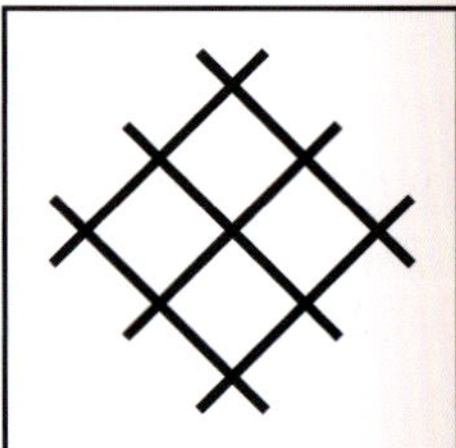

Prototyp D: Tasche mit schmalem Boden

Werden die vier Ecken eines diagonal geflochtenen Korbes anders an der Grundfläche angeordnet als weiter oben beschrieben, erhält man einen sehr schmalen Boden.

Ausgangslage für den hier beschriebenen Prototyp ist wieder die Grundfläche aus 6 x 6 miteinander verflochtenen Elementen (2 cm breit) aus gelbem und blauem Geschenkpapier. **[1]**

ECKEN UND WAND

› Markieren Sie auf der Grundfläche die zukünftigen Ecken wie auf Bild 2 gezeigt. Die zu bildenden Ecken liegen in direkter Nachbarschaft. **[2]**
› Bilden Sie die erste Ecke so, wie Sie es am Prototyp B kennengelernt haben. Achten Sie dabei auf die richtige 1/1-Abfolge der verflochtenen Elemente. Mit einer Klammer sichern. **[3]**
› Bilden Sie die zweite Ecke. **[4]**
› Die Ecken 3 und 4 bilden und die Wand flechten. **[5]**

RAND

Es sind alle Abschlusskanten für diagonal geflochtene Strukturen denkbar.

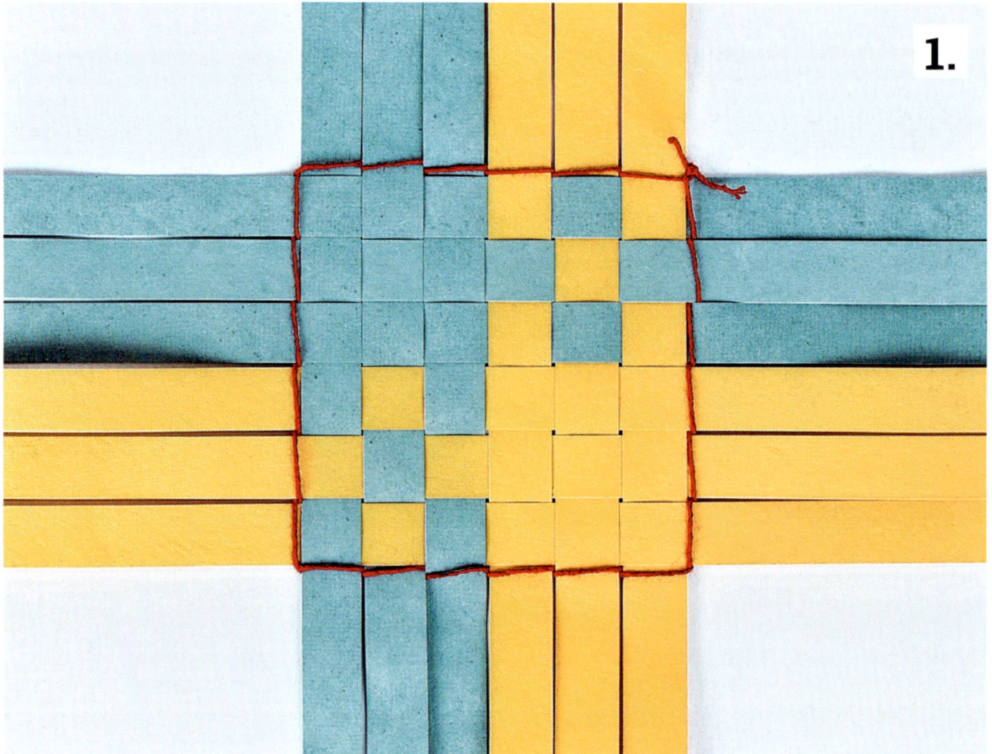

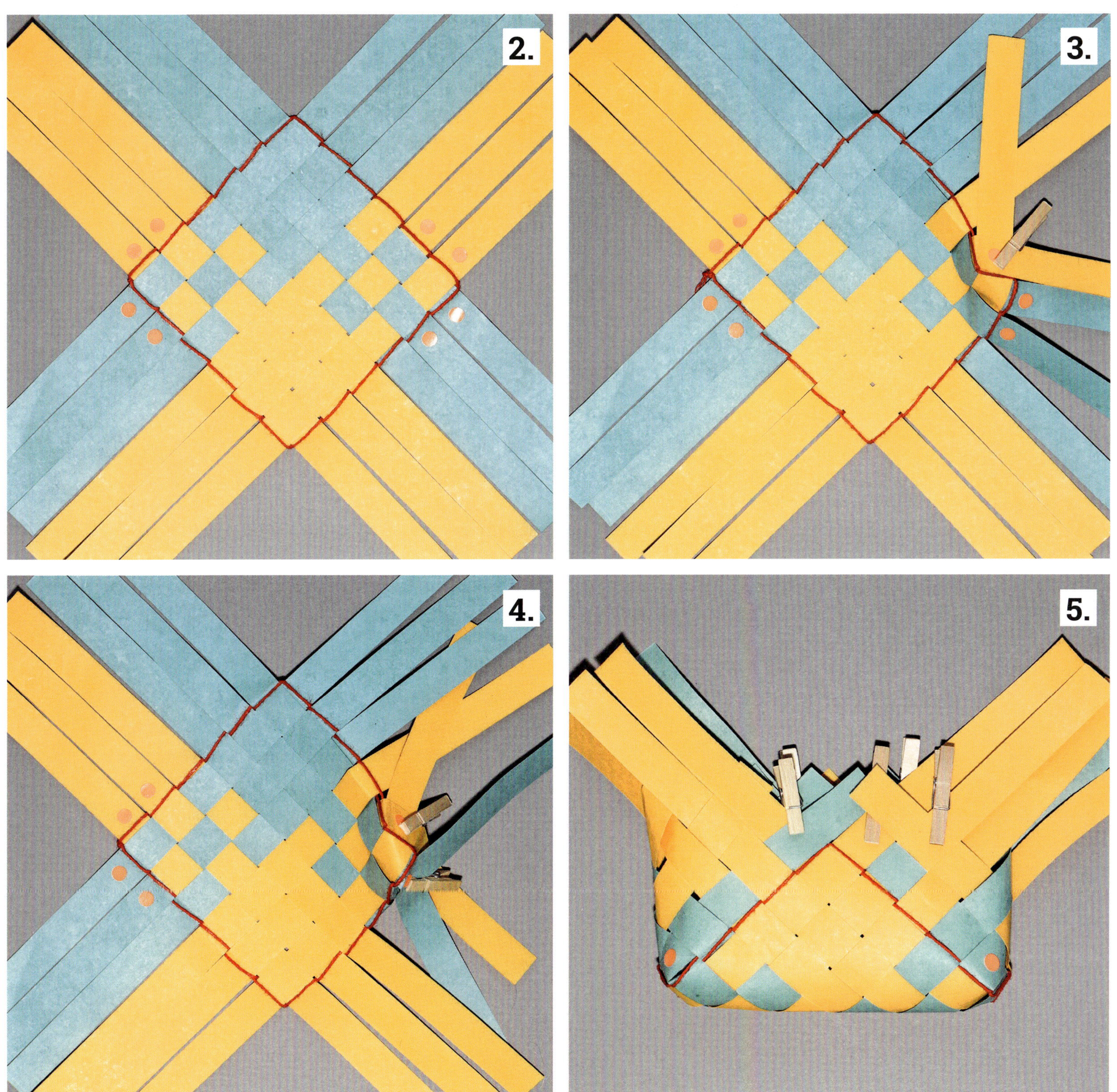

2.
3.
4.
5.

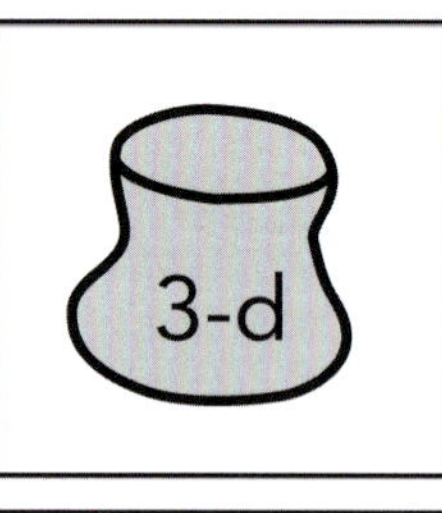

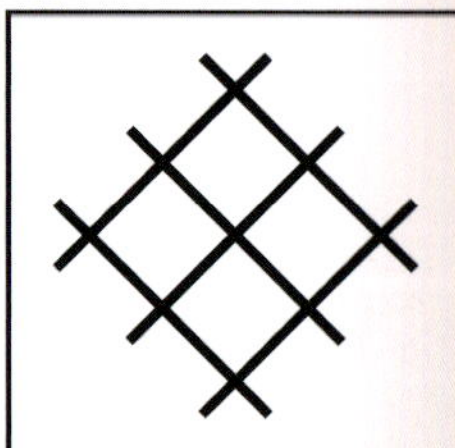

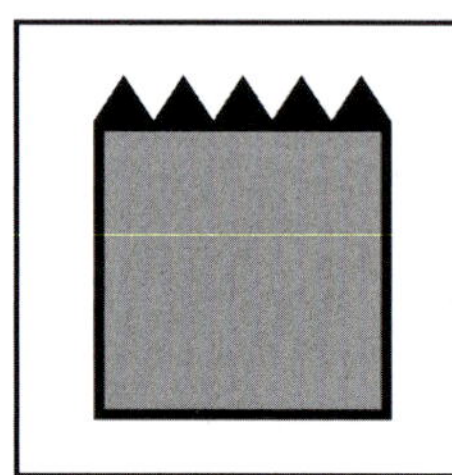

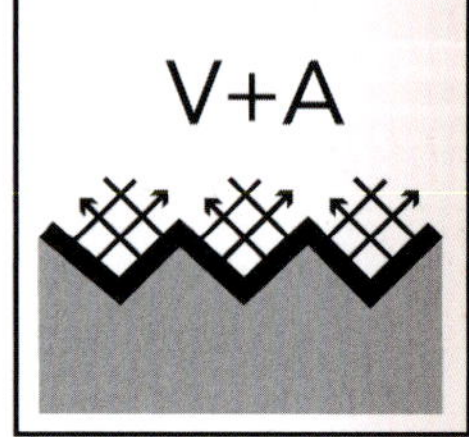

Material

SnapPap ist ein interessantes Material: ein Papier in Lederoptik, das in verschiedenen Farben im Handel erhältlich ist. Es wird in Bogen von 50 x 150 cm geliefert und sollte vor dem Verarbeiten gewaschen und gebügelt werden, das Material geht dabei etwas ein.

Für eine Tasche von 30 cm Breite und 39 cm Höhe benötigen Sie:

› 24 Streifen, je 2 cm breit und ca. 138 cm lang. Sie brauchen einen Bogen.
› Klammern als Hilfsmittel

Wenn Sie sich nach diesen Angaben richten, haben die Flechtelemente von Anfang an die nötige Länge, ein Verlängern ist nicht notwendig.

Tasche mit schmalem Boden aus veganem Leder

Diese Tasche hat keine weite Öffnung, sie eignet sich beispielsweise für einen Laptop. Sie wird wie Prototyp D geflochten.

GRUNDFLÄCHE

› Eine Grundfläche aus 10 x 10 Streifen flechten. Ich habe aus der Mitte gearbeitet und die fachbildenden Elemente jeweils leicht angehoben.
› Die Fläche mit einer Runde in Zwirnbindung sichern.
› Die Flechtelemente auf die gleiche Länge ausrichten.
› Bilden Sie vier Ecken wie am Prototyp D beschrieben, diese mit Klammern sichern.

WAND

› Achten Sie beim Aufflechten der Wand darauf, dass Sie immer abschnittsweise arbeiten wie auf Seite 114 beschrieben. Ich habe jeweils 5 x 5 Elemente miteinander verflochten, und zwar einmal von der Ecke nach rechts gehend, einmal von der Ecke nach links gehend – das ergibt einen schönen zickzackförmigen Arbeitsrand.
› Weil das Material rutscht, sollten Sie viele Klammern setzen. Der Anfang ist etwas mühsam, wenn die Struktur nach einigen Reihen kompakter wird, geht es immer besser.
› Bevor die Klammern gesetzt werden, gut auf das rechtwinklige Aufeinandertreffen der Diagonalpaare achten.

RAND

Diese Tasche hat einen einfachen Zackenrand (siehe Seite 126); eine gerade Abschlusskante wäre aber genauso gut machbar. Das kürzeste Flechtelement gibt vor, wann alle Elemente auf die gleiche Höhe gebracht werden müssen, um die Abschlusskante zu bilden. Zum Verstäten sollten die Enden mindestens noch 8 cm lang sein.

HENKEL

Es sind viele Möglichkeiten denkbar. Hier sind es Bambusbügel mit geschraubten Querstäben aus Metall. Man könnte auch eine Henkelvariante mit eingezogenen Kordeln wählen oder Schlauchgeflechte (siehe Seite 161) aus den restlichen, längs gedrittelten Streifen flechten (Schlauchlänge ca. 50 cm) und diese mit der Maschine auf beide Taschenseiten nähen. Oder man verzichtet auf Henkel und montiert einen Magnetverschluss an die Etuitasche.

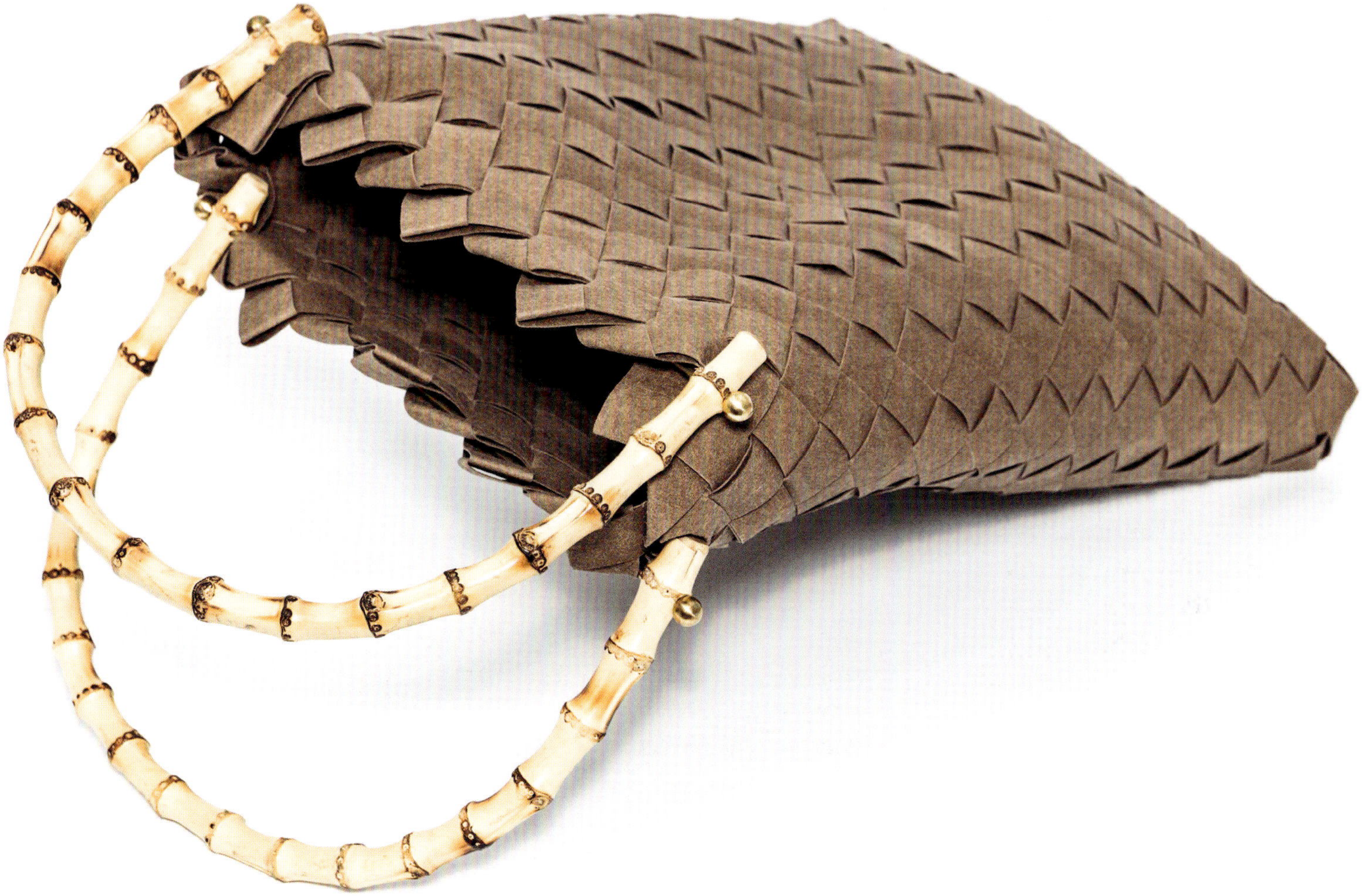

Henkeltasche mit schmalem Boden aus veganem Leder, 30 x 39 cm

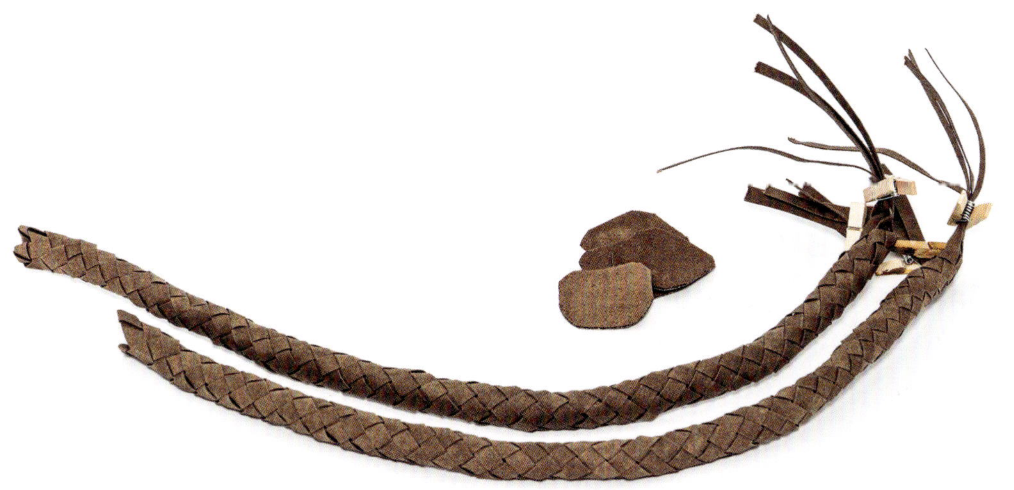

Schlauchgeflechte als Henkel-Variante

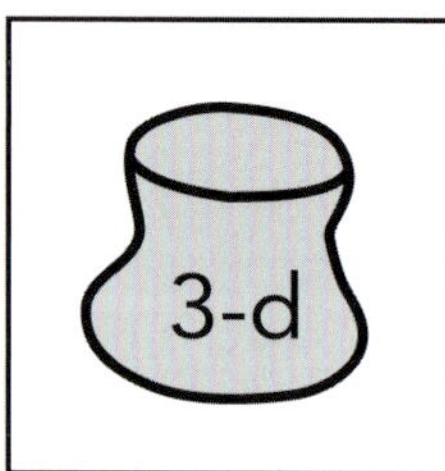

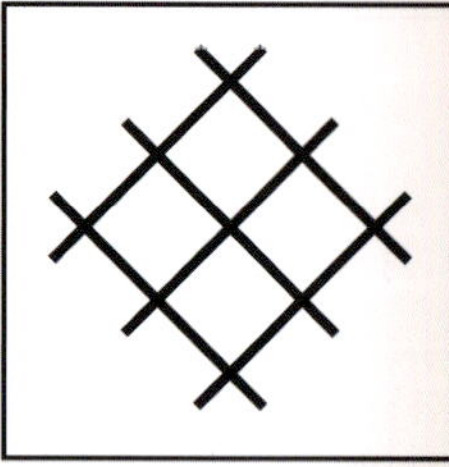

Prototyp E: Schlauch, diagonal geflochten

Dieser Schlauch wird ganz frei aus der Hand geflochten. Maniokpressen (siehe Seite 23) oder geheimnisvoll „Fingerfalle" genannte Spielzeuge (siehe Seite 24) werden so hergestellt. Auch in der Medizinaltechnik werden diagonal geflochtene Schläuche eingesetzt, etwa als Stents oder wenn ein gebrochener Fingerknochen gerichtet werden muss.

Material
Saleenband, 2 cm breit, längs halbiert, in zwei Farben

Für einen Schlauch mit einem Durchmesser von ca. 2 cm und einer Länge von 28 cm (ohne Fransen) benötigen Sie:

- 1 Streifen in Rot, längs halbiert, 1 m lang
- 1 Streifen in Weiß, längs halbiert, 1 m lang

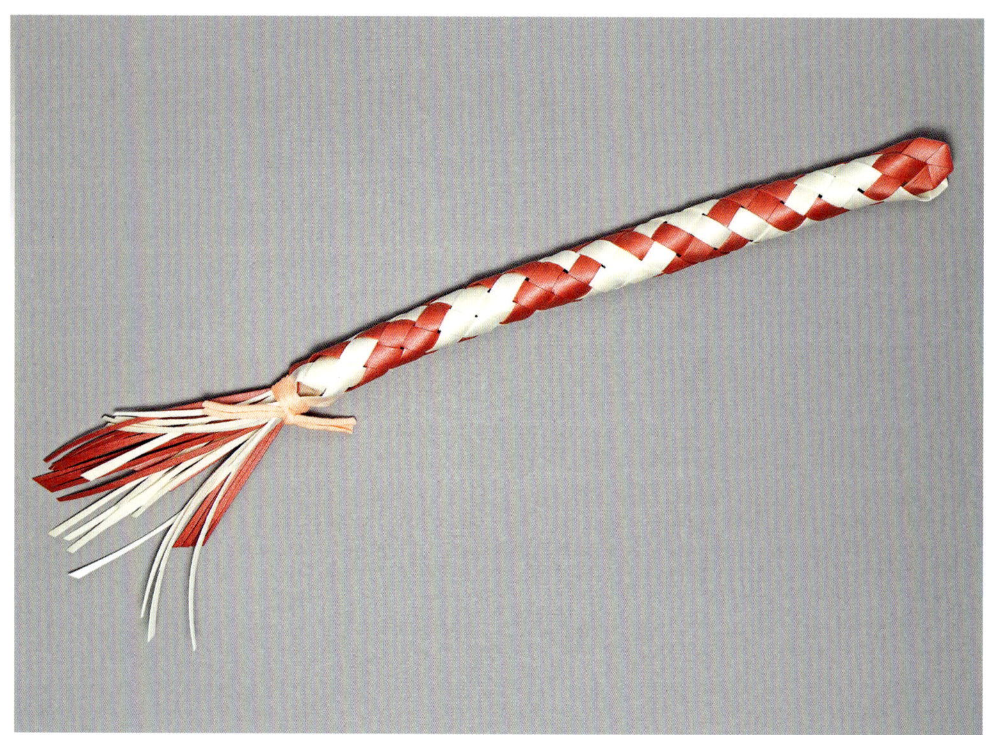

Schlauch aus Saleenband, diagonal geflochten

ANFANG

- Aus je einem roten (halben) und einem weißen (halben) Streifen zwei Anfangsgeflechte bilden wie bei der Borte auf Seite 102 beschrieben. **[1]**
- Schritt 2: Diese beiden Anfangselemente wie auf den Bildern 2 und 3 gezeigt miteinander verflechten. **[2 und 3]**

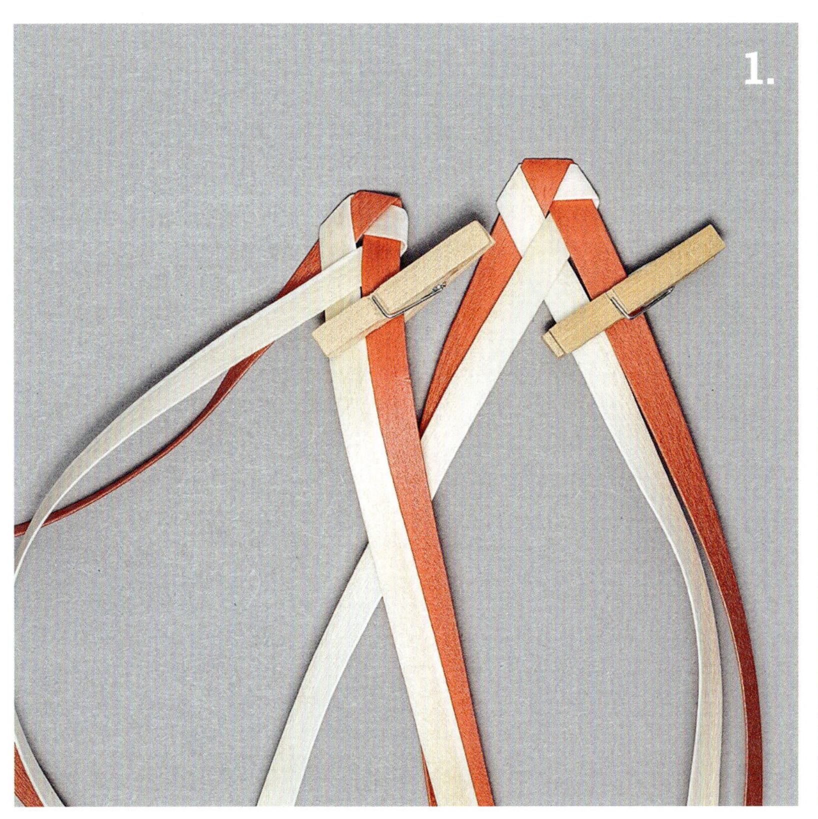
1.

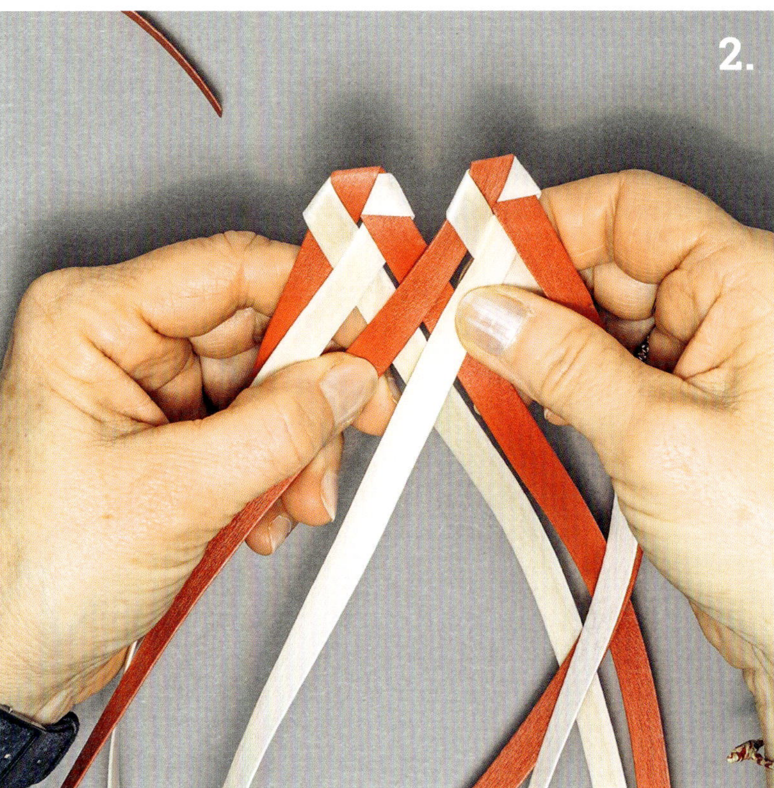
2.

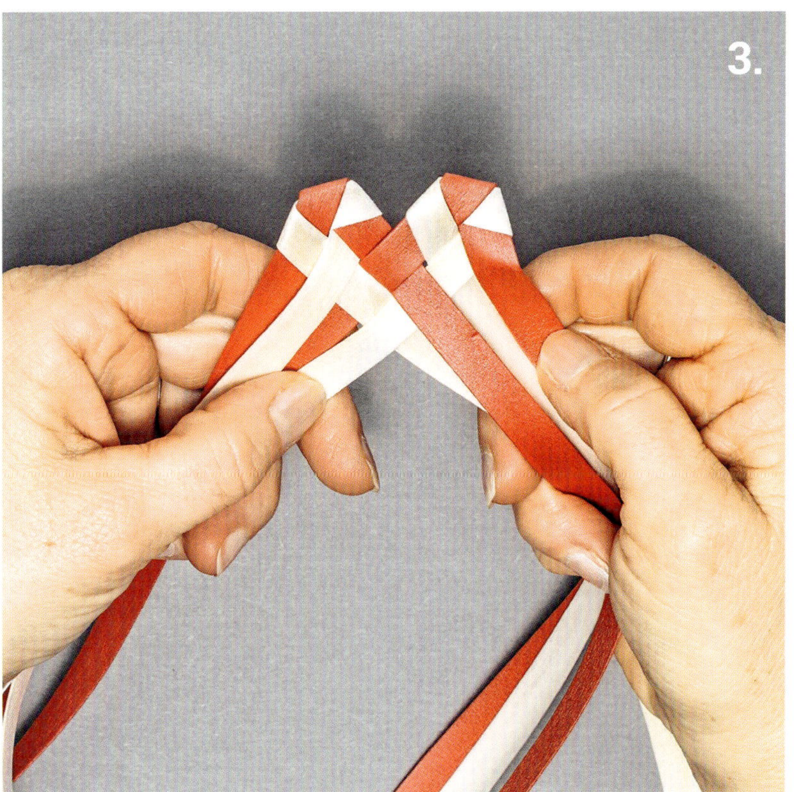
3.

SCHLAUCH

- Nehmen Sie die Arbeit in die Hände, Sie haben nun eine Gruppe diagonale Z-Elemente links und eine Gruppe diagonale S-Elemente rechts. Die Streifen jeder Gruppe müssen unbedingt immer exakt nebeneinanderliegen.
- Schritt 3: Führen Sie das rechte rote S-Element, ohne es zu verdrehen, hinter der Arbeit auf die linke Seite und flechten Sie es 1/1 durch die Gruppe der Z-Elemente wie auf Bild 4 gezeigt. **[4]**
- Das eben abgelegte Element ist nun von seinem Platz am äußersten Rand zu dem am weitesten innen liegenden Platz innerhalb der S-Gruppe gewandert. **[5]**
- Schritt 4: Das links liegende, lose Z-Element wird, ohne es zu verdrehen, hinter der Arbeit auf die rechte Seite geführt. **[6]**
- Anschließend in die S-Gruppe einflechten **[7 und 8]**, dabei wieder gut auf die 1/1-Abfolge achten.
- So sieht die Arbeit auf der Rückseite aus. **[9]**
- Diese beiden Durchgänge stets wiederholen **[10–12]**: Einmal wandert das S-Element ganz rechts in die Z-Gruppe links, einmal das Z-Element ganz links in S-Gruppe rechts.
- Nach jeweils zwei bis drei Durchgängen sorgfältig an den Flechtelementen ziehen, damit sich das Geflecht zusammenzieht. Dort, wo Sie gerade arbeiten, darf die Struktur noch locker bleiben.
- Die Enden mit der Schere in Fransen schneiden und zusammenbinden oder zu einem kleinen Zopf flechten.

Probe aufs Exempel
Den Zeigefinger oder Daumen weit in die Öffnung der Fingerfalle stecken. Mit der anderen Hand versuchen Sie, die Fingerfalle wieder wegzuziehen. Befreien können Sie sich nur, indem Sie den Schlauch durch Stoßen mit dem Finger stauchen. Ein wunderbares Beispiel für die ausgeprägte Längs- und Querelastizität von diagonal geflochtenen Strukturen!

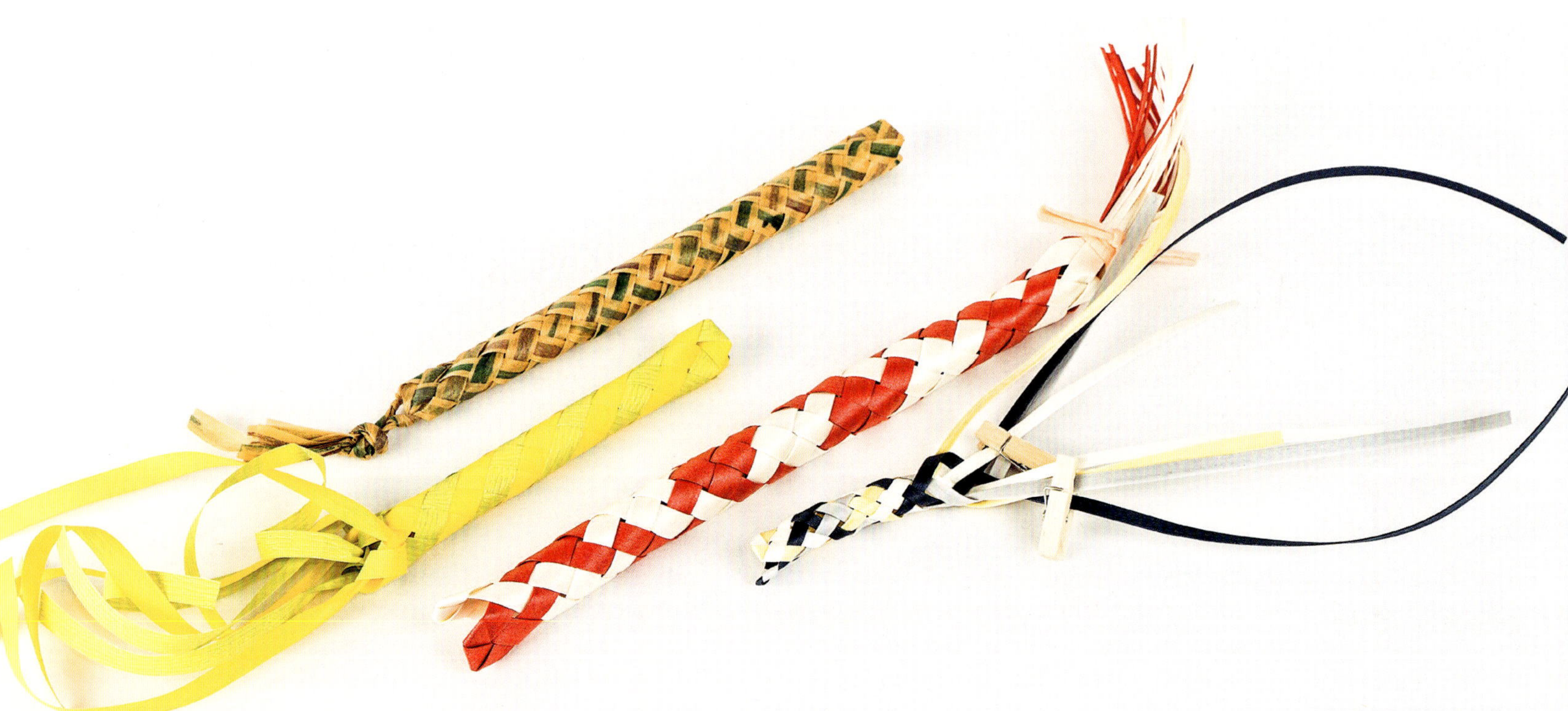

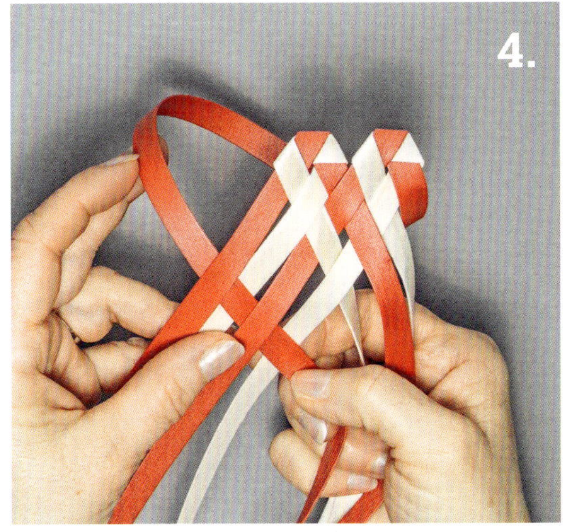

Schritt 3 für ein Schlauchgeflecht

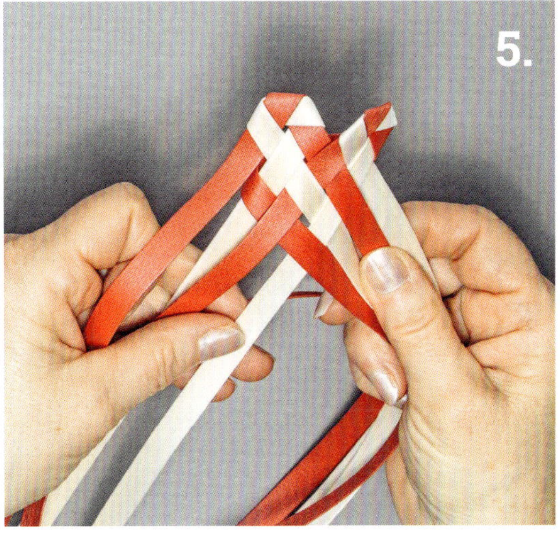

Neue S- und Z-Gruppen

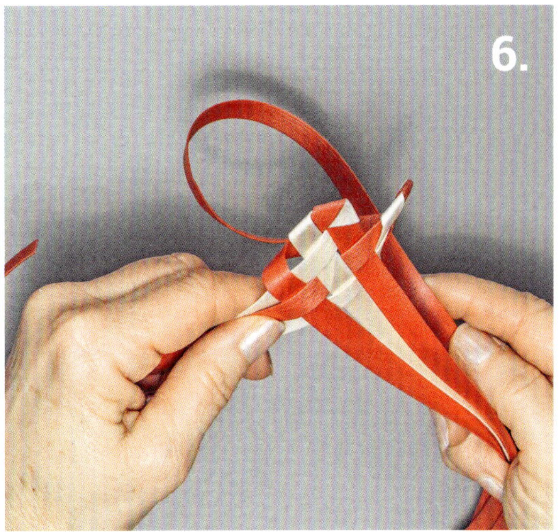

Weg des losen Z-Elements nach rechts

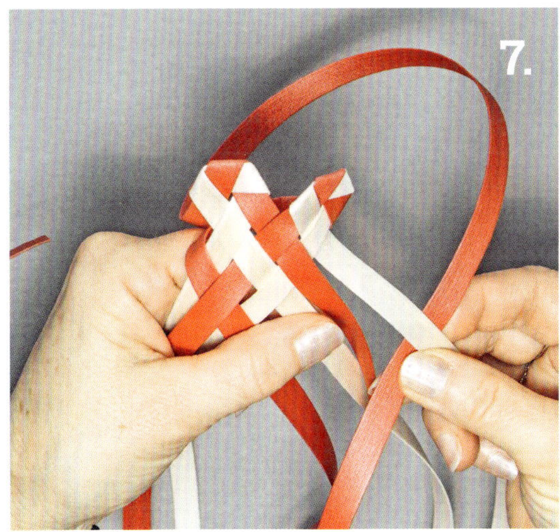

Schritt 4 für ein Schlauchgeflecht

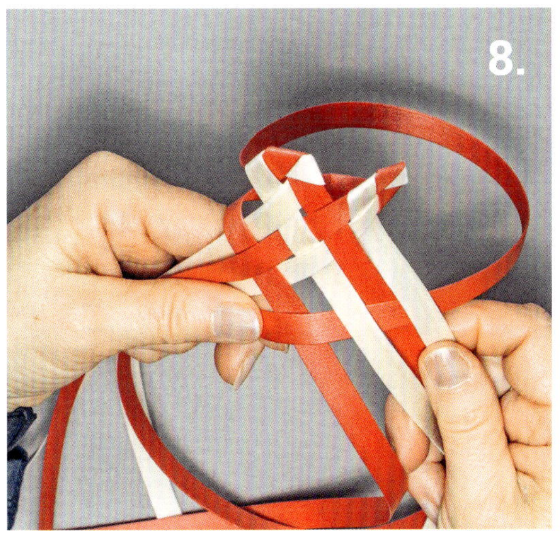

9.

Blick auf die Rückseite des entstehenden Schlauchgeflechts

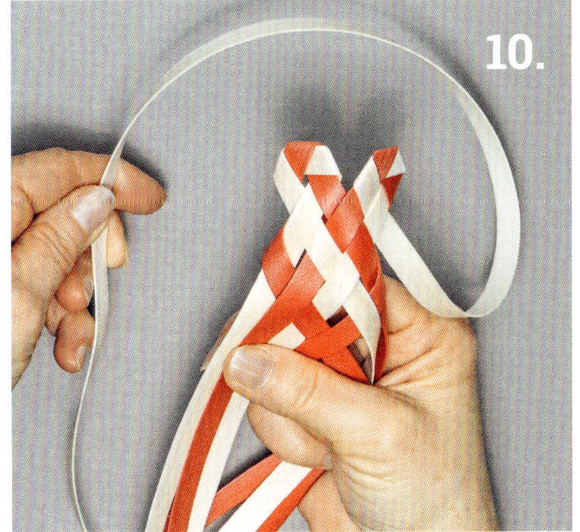

Schritt 3 wiederholen.

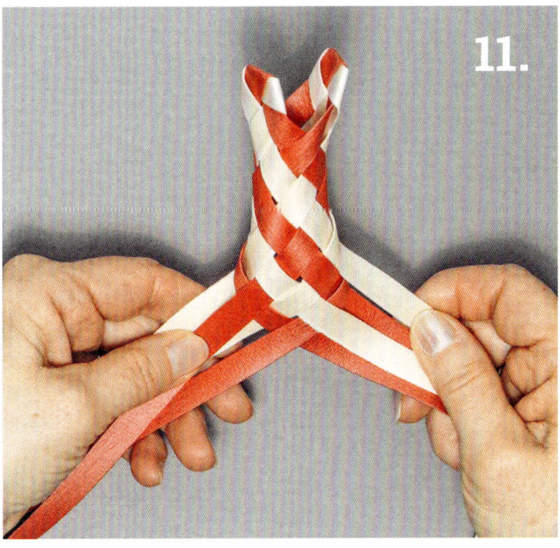

Schritt 4 wiederholen.

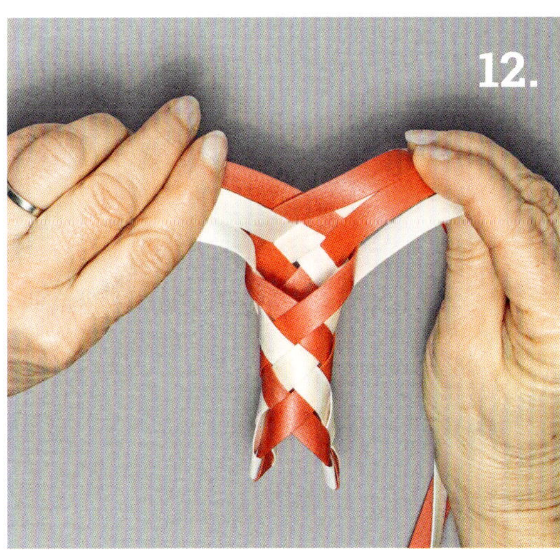

Blick auf die Rückseite des entstehenden Schlauchgeflechts

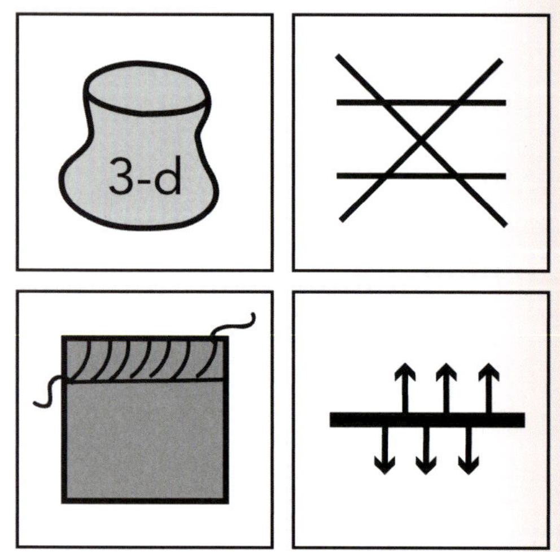

Material
Peddigschienen (oder Peddigband) von 8 mm Breite ca. 20 Minuten in kaltem Wasser einweichen und anschließend in ein nasses Tuch oder in Plastik einwickeln. Während des ganzen Flechtprozesses müssen die Peddigschienen feucht gehalten werden, beispielsweise mit einem nassen Schwamm oder mithilfe einer Sprühflasche für die Blumenpflege.

Für einen ca. 20 x 20 x 10 cm großen Korb benötigen Sie:

- 18 Streifen, je 48 cm lang
- 5 Streifen, je 75 cm lang
- Fadenmaterial zum Binden des Rands, hier Papierschnur
- Klammern als Hilfsmittel
- Schwamm oder Sprühflasche

In drei Richtungen geflochtene Objekte

Prototyp F: offenes Dreirichtungsgeflecht

Diese Art Korb wird überall auf der Welt hergestellt. Obwohl er in drei Richtungen geflochten ist und recht komplex aussieht, ist er verhältnismäßig schnell gemacht und gar nicht so schwierig zu flechten. Das mag mit ein Grund für seine Verbreitung sein. Auf Seite 15 finden Sie ein schönes Beispiel für den Einsatz dieses Geflechts in der Praxis.

Der hier präsentierte Prototyp ist aus Peddigschienen geflochten. Peddig (aus Rattanrohr geschnitten) ist in Bastelgeschäften und im Handel für Flechtbedarf erhältlich. Alternativ können Sie alle steifen Materialien verwenden, beispielsweise Saleenband, Furnierstreifen, Fotokarton und vieles mehr.

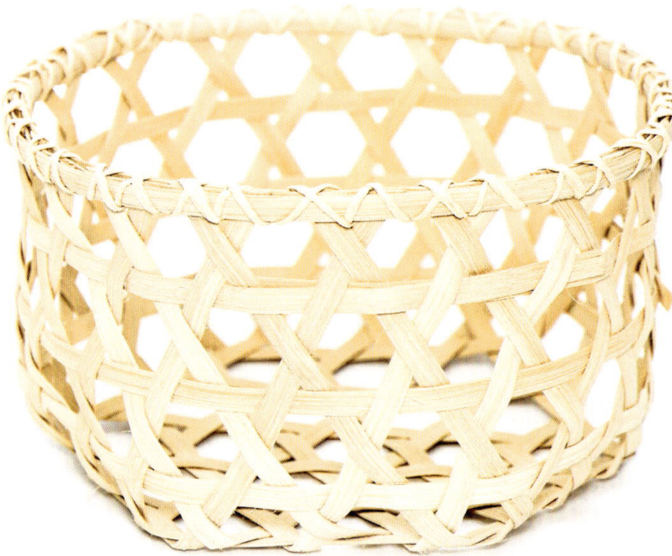

Korb, in drei Richtungen 1/1 geflochten, Peddigschienen

GRUNDFLÄCHE

- Eine Grundfläche (gleichseitiges Sechseck) aus den 18 Streifen flechten wie auf Seite 78 beschrieben, dabei die gewölbte Seite der Peddigschienen nach unten legen (Außenseite des entstehenden Korbes). **[1]**
- Sie erhalten eine sechseckige, in drei Richtungen geflochtene Fläche sowie sechs Bereiche mit jeweils losen Elementen, die in zwei diagonalen Richtungen liegen (Z-Richtung liegt unter S-Richtung).
- Alle sechs Ecken mit Klammern sichern, die Arbeit mit Wasser benetzen.

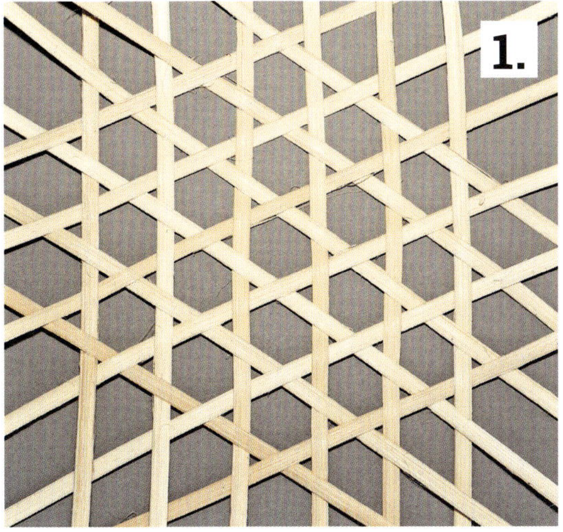

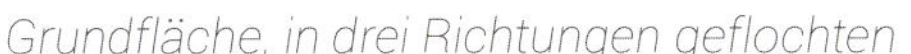

Grundfläche, in drei Richtungen geflochten

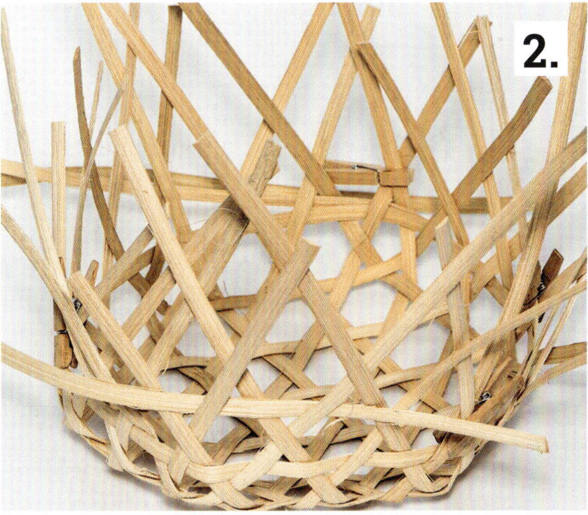

Einflechten der zweiten Zusatzschiene

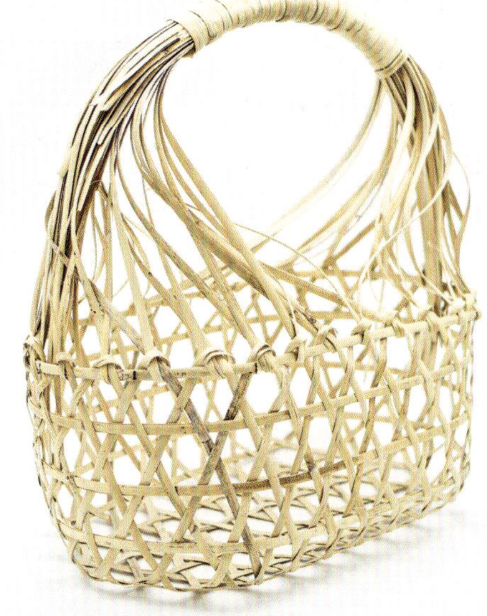

Korb nach japanischem Vorbild, 1/1 in drei Richtungen geflochten, Rattanschienen, mit Freestyle-Rand und Henkel aus den restlichen Flechtelementen

WAND

Für den Aufbau der Wand werden zusätzliche Elemente benötigt. Hier sind das die 75 cm langen Schienen, die bis jetzt eingewickelt verwahrt wurden.

- Markieren Sie die Eckpunkte des Bodensechsecks mit Bleistift.
- Biegen Sie an den sechs Seitenkanten der Bodenfläche vorsichtig alle (feuchten!) diagonal liegenden Elemente nach oben. Die Kreuzungen der beiden Diagonalen liegen dicht an den Seitenkanten der Bodenfläche aufrecht im Raum. Kontrollieren Sie, ob alle Z-Elemente unter den S-Elementen liegen.
- An beliebiger Stelle an der Bodenseitenkante beginnen Sie mit dem Einflechten der ersten Zusatzschiene. Die Wölbung der Schiene zeigt nach außen. Dabei ergeben sich kleine, dichte, 1/1 geflochtene, dreieckige Bereiche. Unterhalb der eingeflochtenen Schiene sind diese fertig, oberhalb davon sind sie im Aufbau begriffen. „Schließen" Sie alle Stellen oberhalb der Schiene so, dass die Z-Diagonale wieder unter der S-Diagonalen liegt. Sie werden feststellen, dass dies schon einen sehr guten Halt für die entstehende Struktur bewirkt.
- Der Anfang und das Ende der eingeflochtenen Zusatzelemente überlappen sich auf einer Länge von ca. 5 cm. Mit Klammern sichern und die Arbeit befeuchten.
- Zum Beobachten und Staunen: Die Löcher an den Eckpunkten des entstehenden Korbes sind fünfeckig und nicht sechseckig wie in der restlichen Struktur.
- Auf Bild 2 sehen Sie, wie die zweite Zusatzschiene eingeflochten wird. **[2]**
- Kontrollieren Sie beim Einflechten der weiteren Zusatzschienen die Form des entstehenden Korbes.

RAND

Sind die diagonalen Elemente zu kurz geworden zum Einflechten weiterer Schienen, arbeiten Sie eine Abschlusskante mit Zusatzelementen wie auf Seite 127 beschrieben.

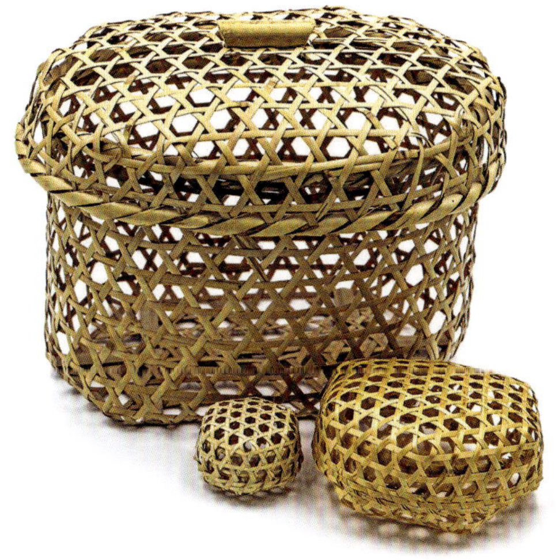

Licht geflochtene Deckelkörbe, Bambus, in drei Richtungen geflochten, Laos und Indonesien

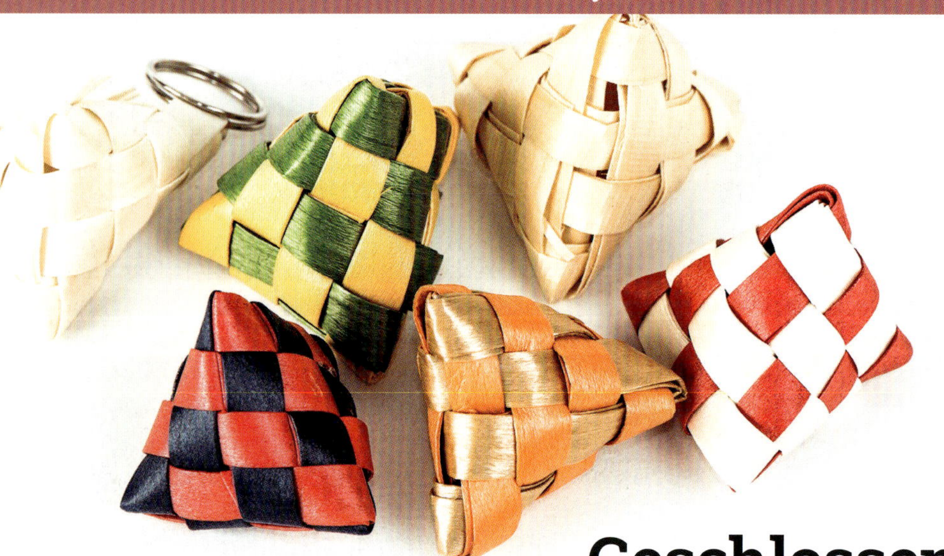

Serie von Tetraedern aus Saleenband

Geschlossene dreidimensionale Objekte

Das sind Objekte, deren Flechtelemente sich schließen, also wieder an ihren Ausgangspunkt zurückkommen, und beliebig oft geschichtet werden können. Die Strukturen können sowohl dicht als auch licht geflochten sein. Ein schönes Beispiel für dicht geflochtene, geschlossene Objekte sind die Rattanbälle auf Seite 24. Die Objekte haben geometrische Formen; es handelt sich um Würfel, Tetraeder oder Kugeln.

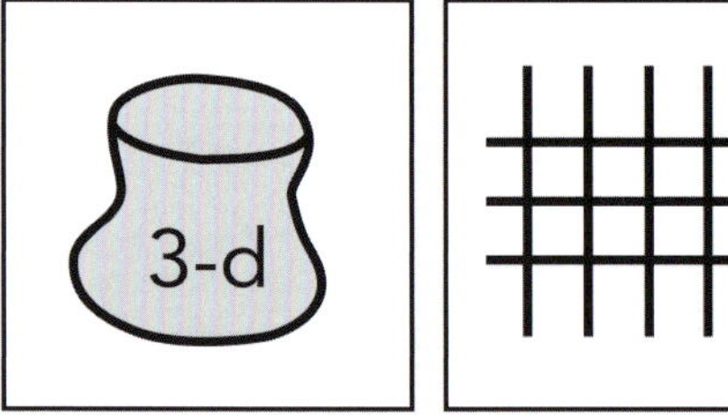

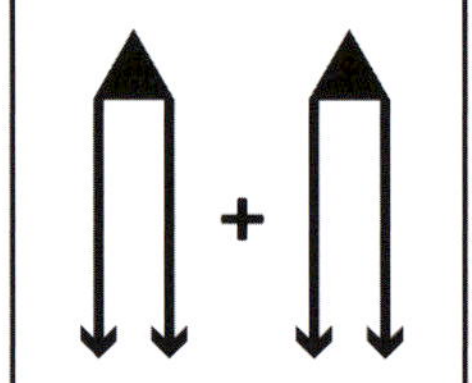

Würfel, 1/1 orthogonal geflochten

Ein wunderbares Objekt für steife Materialien, egal ob ganz klein oder riesengroß. Der hier vorgestellte Prototyp besteht aus 2 cm breitem Saleenband.

Material

Saleenband, 2 cm breit, in zwei Farben

Für einen Würfel mit einer Kantenlänge von ca. 5,5 cm benötigen Sie:

- 1 Streifen in Rot, 1 m lang
- 2 Streifen in Grau, je 1 m lang
- Klammern als Hilfsmittel

Varianten

- Vor dem Schließen der Objekte Gegenstände, beispielsweise kleine Glöckchen, in den Hohlraum geben.
- In der letzten Schicht einen Schlüsselring einfügen.
- Geschlossene Objekte eignen sich hervorragend zum Aufreihen oder Auffädeln.

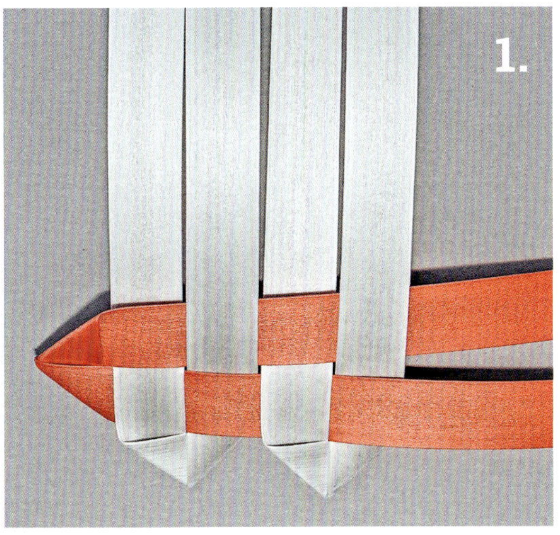

Ausgangslage zum Flechten des Würfels

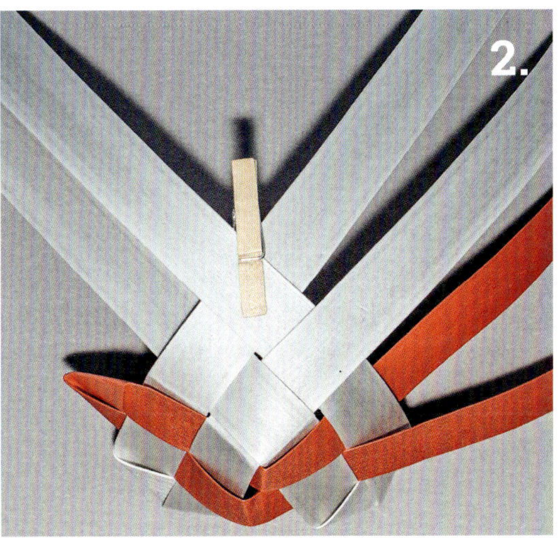

Die erste Ecke des Würfels bilden.

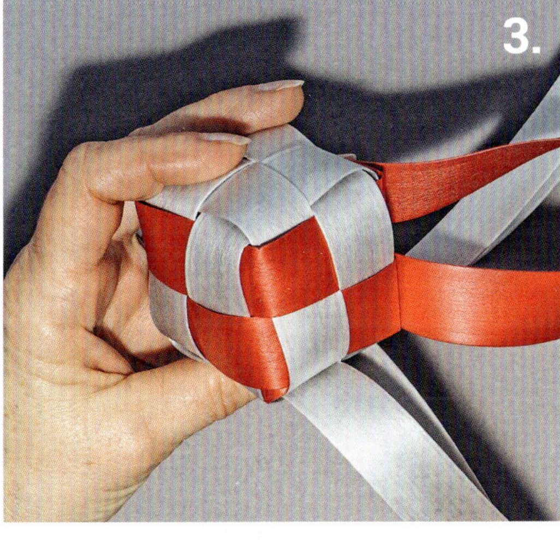

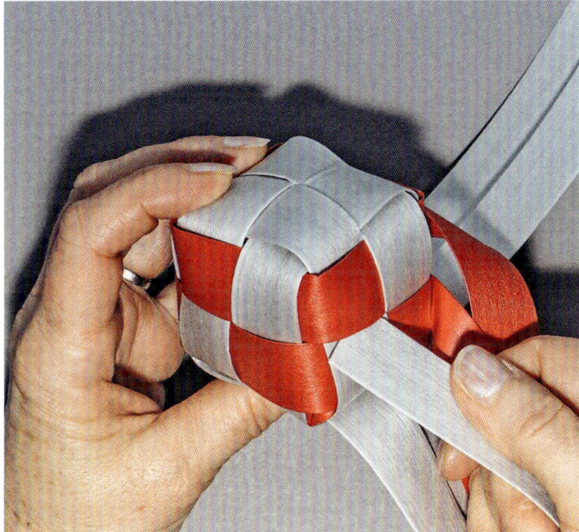
Flechtelemente fortlaufend verstäten.

AUSGANGSLAGE

- Aus jedem Streifen eine Pfeilspitze falten.
- Die drei Pfeilspitzen wie auf Bild 1 gezeigt miteinander verflechten. **[1]**

AUFBAU DER WÜRFELFORM

- Verflechten Sie die vier grauen Elemente 1/1 miteinander wie auf Bild 2 gezeigt, es bildet sich eine Ecke und eine kleine Fläche. Mit einer Klammer sichern. **[2]**
- Rechts liegen nun vier Elemente nebeneinander, zwei graue und zwei rote. Flechten Sie aus den beiden mittleren Streifen dieser Viererreihe wieder eine Ecke und eine kleine Fläche, mit einer Klammer sichern.
- Nun haben Sie linker Hand eine neue Vierergruppe erhalten. Mit dieser flechten Sie wiederum eine Ecke und eine kleine Fläche aus den beiden Mittelstreifen, wieder mit einer Klammer sichern.
  Rechter Hand haben Sie wieder eine Vierergruppe erhalten. Achten Sie darauf, dass die Flechtelemente rechtwinklig zueinander liegen.
- Biegen Sie linker Hand die drei Spitzen der Anfangselemente in Richtung Innenseite des entstehenden Würfels.
- Mit der letzten Vierergruppe wieder die Ecke und die kleine Fläche flechten. Sie haben nun die vollständige Grundform des Würfels geflochten.
- Schließen Sie den Würfel, indem Sie die losen Flechtelemente in die bereits geflochtenen Würfelflächen einflechten. Das Geflecht bildet nun miteinander verflochtene Schichten – es handelt sich um eine Art fortlaufendes Verstäten. **[3]**
- Achten Sie auf eine gleichmäßige Form.
- Je öfter Sie so übereinanderflechten, desto kompakter und härter wird der Würfel. Zum Schluss alle Enden kürzen.

Orthogonal geflochtener Würfel aus Saleenband

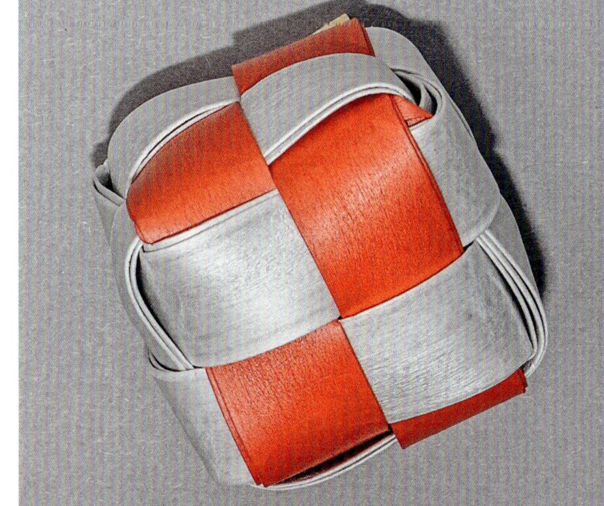

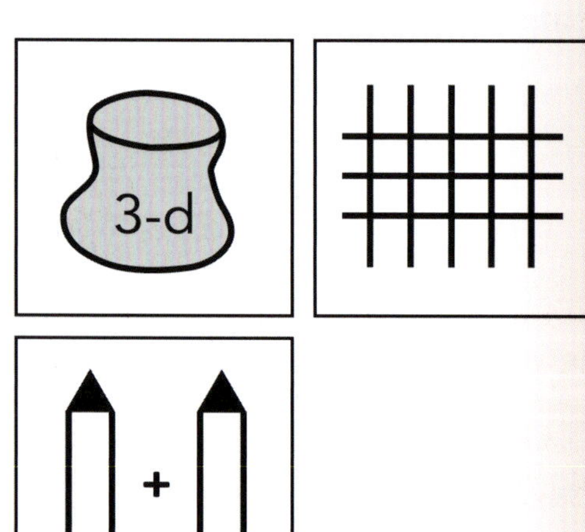

Material

Saleenband, 2 cm breit, in zwei Farben

Für einen Tetraeder mit einer Kantenlänge von ca. 10 cm benötigen Sie:

- 1 Streifen in Rot, 1,5 m lang
- 2 Streifen in Grau, 1,5 m lang
- Klammern als Hilfsmittel

Tetraeder, 1/1 orthogonal geflochten

Der Tetraeder sieht aus, als sei er sowohl orthogonal als auch diagonal geflochten, es handelt sich jedoch eher um ein Orthogonalgeflecht. Der hier vorgestellte Prototyp besteht aus 2 cm breitem Saleenband.

AUSGANGSLAGE

- Aus jedem Streifen eine Pfeilspitze falten.
- Die drei Pfeilspitzen wie auf Bild 1 gezeigt miteinander verflechten. **[1]**

AUFBAU DES TETRAEDERS

- Biegen Sie das untere der beiden roten Elemente um das graue und machen Sie einen Kniff, der festlegt, wie das Element später im Geflecht liegen wird. Das Element wieder loslassen.
- Die linke Hand hält die laufende Arbeit fest, die rechte Hand führt die Flechtelemente: Führen Sie das obere rote Element 1/1 durch die vier grauen Elemente, ohne Ober- und Unterseite zu vertauschen. **[2 und 3]**
- Das eingeflochtene Element festziehen und alle Winkel kontrollieren. **[4]**
- Das andere rote Element (mit dem Kniff) 1/1 durch die vier grauen Elemente flechten wie auf Bild 5 gezeigt. **[5]**
- Dieses Element festziehen und mit einer Klammer sichern. **[6]** Nun weisen die beiden roten Elemente nach links.
- Mit diesen Elementen genauso wie zuvor verfahren, allerdings auf der anderen Seite. Nun hält die rechte Hand die Arbeit und die linke führt die Flechtelemente. **[7–10]** Jeweils die Winkel kontrollieren und die Flechtelemente festziehen. Die beiden roten Elemente weisen jetzt wieder nach rechts.
- Das Ganze noch einmal wiederholen: Führen Sie die beiden roten Elemente wieder nach links.
- Bevor Sie diese Elemente wieder nach rechts führen, biegen Sie die drei Spitzen der Anfangselemente in Richtung Innenseite des entstehenden Körpers.
- Jetzt die beiden roten Elemente noch einmal nach rechts flechten. Das Geflecht beginnt, Schichten zu bilden. Die Winkel jeweils kontrollieren.
- Zuerst die grauen Elemente in die erste Schicht verstäten, dann die roten. Wenn Sie die Struktur genau beobachten und die Winkel stimmen, sehen Sie, welche Wege die Elemente nun einschlagen müssen. Alle Elemente festziehen. Je öfter Sie übereinanderflechten, desto kompakter und härter wird der Tetraeder. **[11]**
- Zum Schluss alle Enden kürzen.

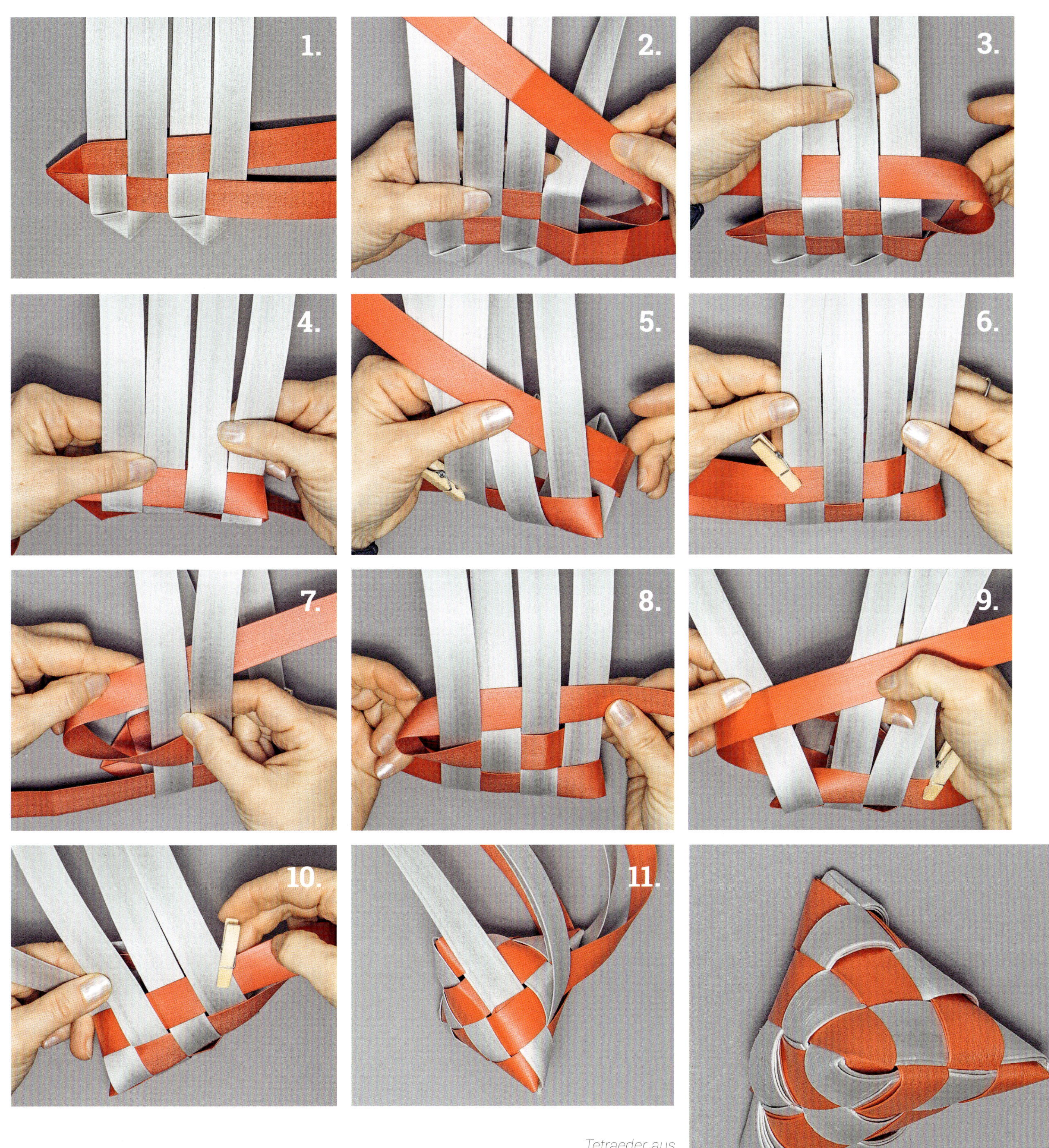

Tetraeder aus Saleenband

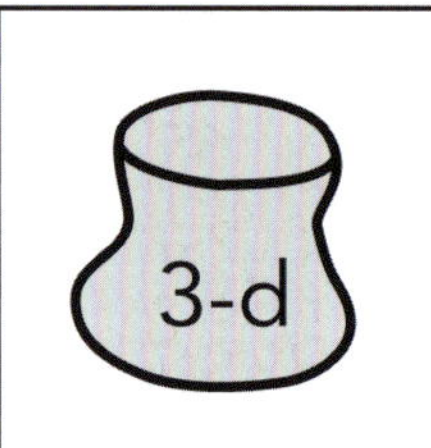

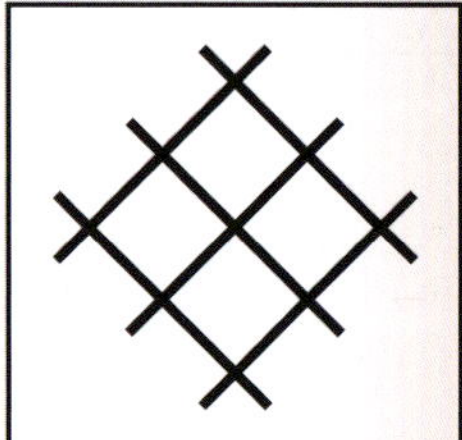

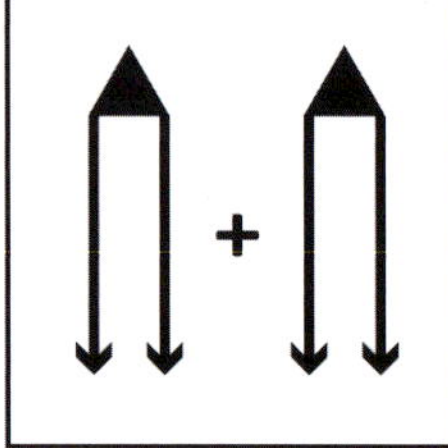

Material

Saleenband, 2 cm breit, in zwei Farben

Für einen Würfel mit einer Kantenlänge von ca. 4,5 cm benötigen Sie:

- 1 Streifen in Rot, 1 m lang
- 1 Streifen in Grau, 1 m lang

Würfel, 1/1 diagonal geflochten

Ein eher rundlicher Würfel: ein schönes Objekt, das sich für steife Materialien eignet. Der hier vorgestellte Prototyp ist aus 2 cm breitem Saleenband gefertigt.

AUSGANGSLAGE

- Aus jedem Streifen eine Pfeilspitze falten.
- Die beiden Pfeilspitzen wie für die Borte auf Seite 95 miteinander verflechten. **[1]**

AUFBAU DER WÜRFELFORM

- Beginnen Sie, eine sich windende Borte zu flechten. Verhindern Sie jedoch, dass sich die Borte nach links windet, und steuern Sie das Ganze so, dass sich die Borte auf sich selbst legt. **[2–4]**
- Biegen Sie die beiden Pfeilspitzen in Richtung Innenseite des entstehenden Geflechts.
- Wiederholen Sie die Flechtschritte einer sich windenden Borte einige Male, bis Sie gut erkennen können, wie sich das Geflecht aufschichtet. Das wird etwa fünf Durchgänge erfordern. Achten Sie auf eine gleichmäßige Form, die Flechtelemente sollen immer rechtwinklig zueinander liegen.
- Beginnen Sie dann damit, die Flechtelemente entsprechend dem Verlauf der bereits verflochtenen Teile zu verstäten. Je öfter Sie so übereinanderflechten, desto kompakter und härter wird der Würfel. **[5]**
- Zum Schluss alle Enden kürzen.

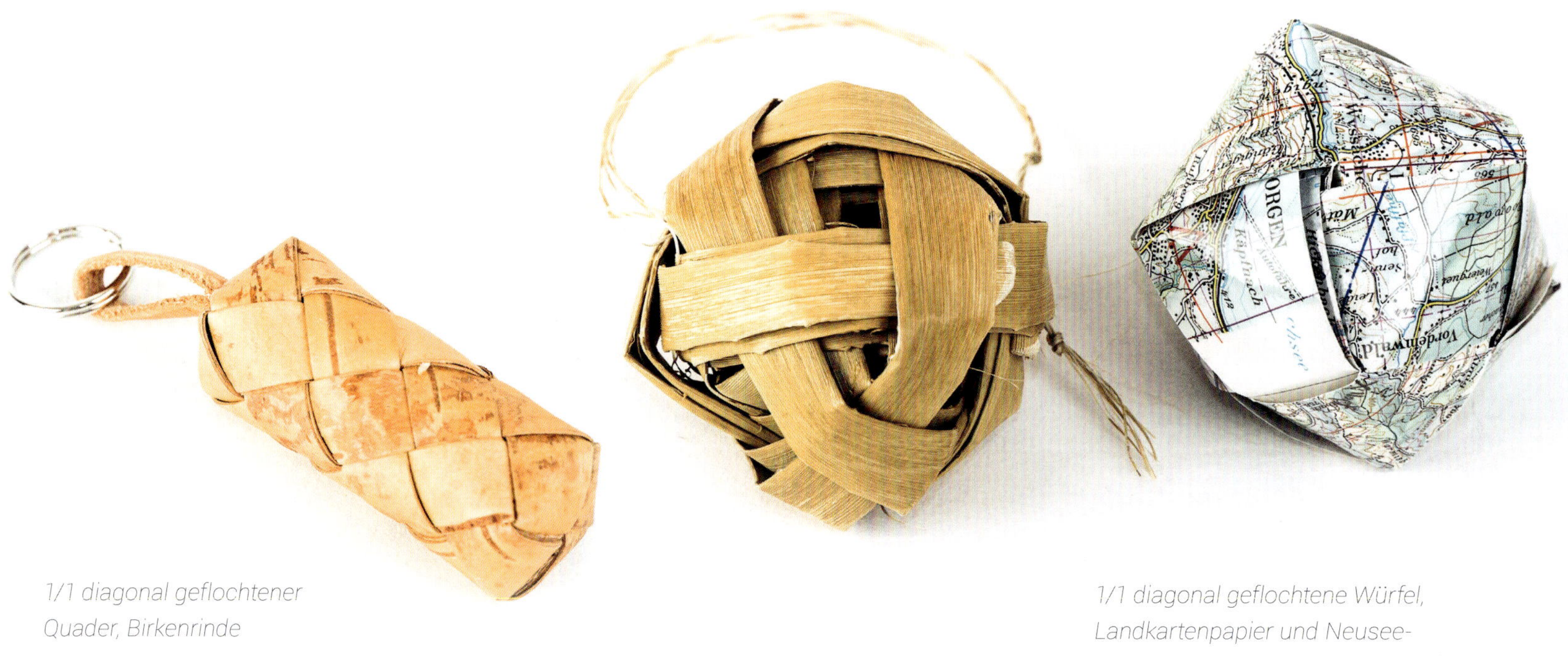

1/1 diagonal geflochtener Quader, Birkenrinde

1/1 diagonal geflochtene Würfel, Landkartenpapier und Neuseelandflachs

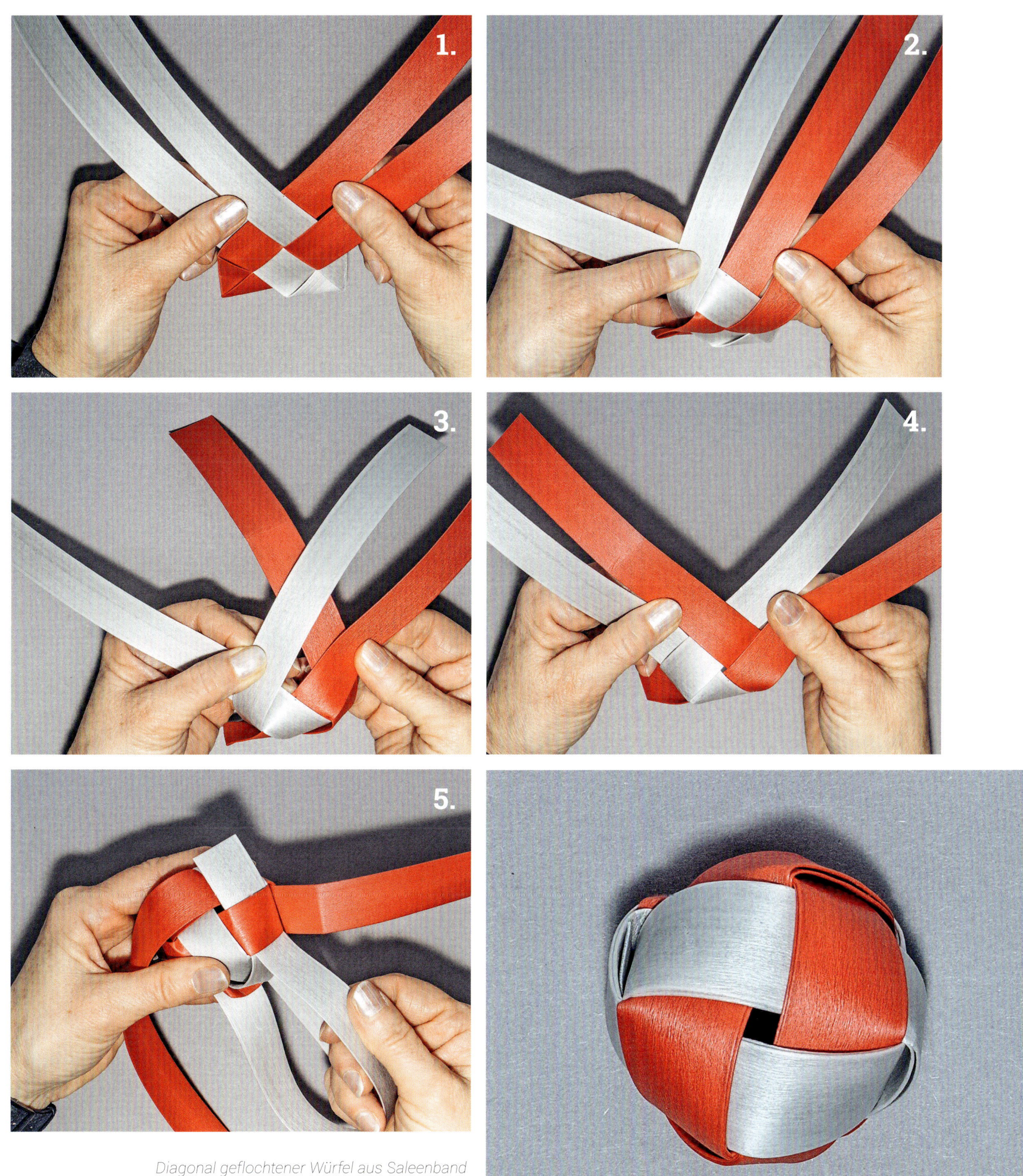

Diagonal geflochtener Würfel aus Saleenband

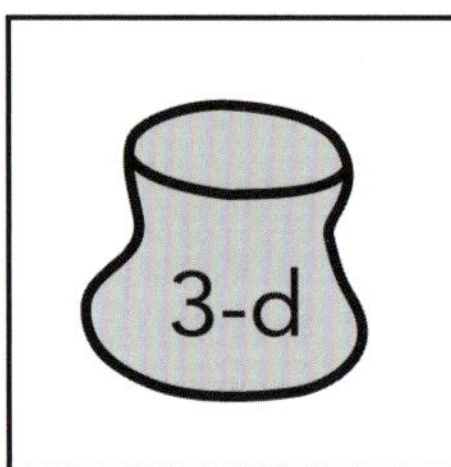

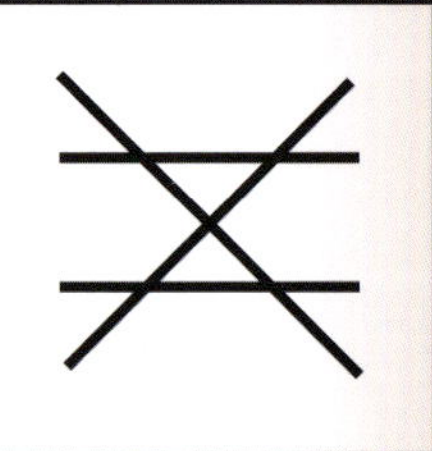

Material

Damit sich das Objekt in die dritte Dimension wölben kann, müssen die Streifen für die Flechtelemente zwingend steif sein: Saleenband, starkes Zeichenpapier, Fotokarton, Furnierstreifen, Peddigband u. Ä. sind geeignet.

Wichtig: Das Verhältnis der Streifenbreite zur Streifenlänge beträgt rund 1 : 20.

Für das hier gezeigte Beispiel benötigen Sie:

- 5 Streifen in Grau, 2 cm breit und 40 cm lang
- 1 Streifen in Orange, 2 cm breit und 40 cm lang
- Klammern als Hilfsmittel

Offene Kugel, in drei Richtungen geflochten

Das ist ein richtiges kleines Wunder: Aus sechs gleich langen Streifen lässt sich eine Kugel flechten. Sie besteht aus zwölf fünfeckigen Löchern und 20 gleichseitigen Dreiecken. Wären auch die Löcher Flächen, so erhielte man einen Ikosidodekaeder.

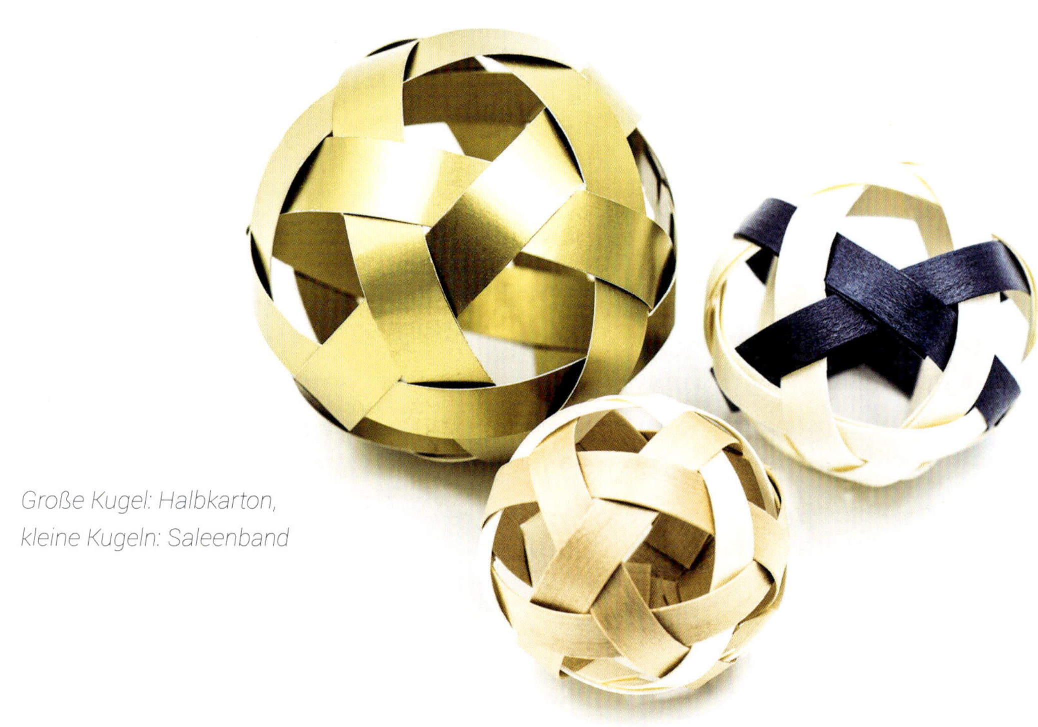

Große Kugel: Halbkarton, kleine Kugeln: Saleenband

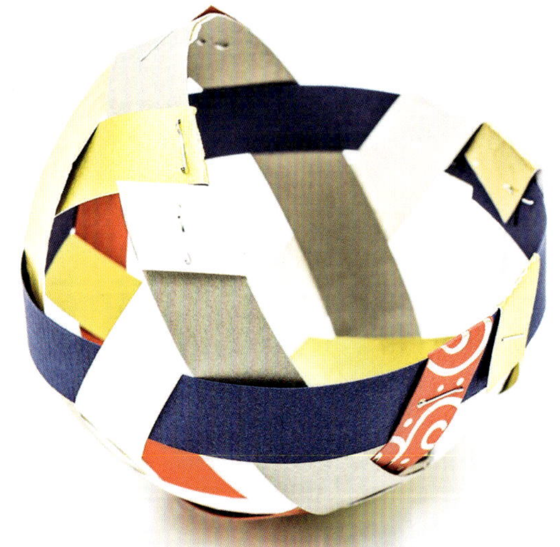

Abwandlung als Kugelkorb

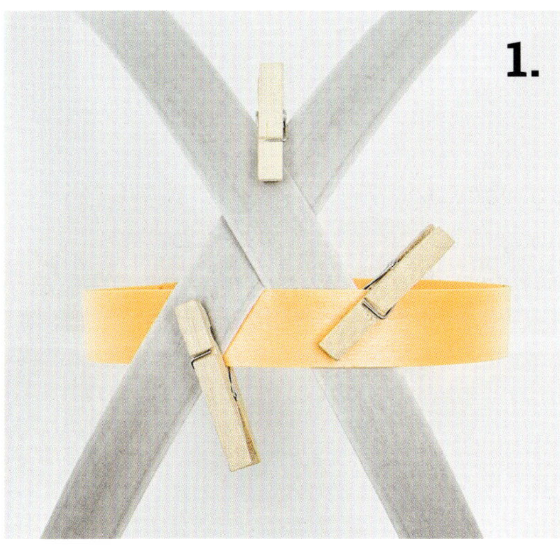

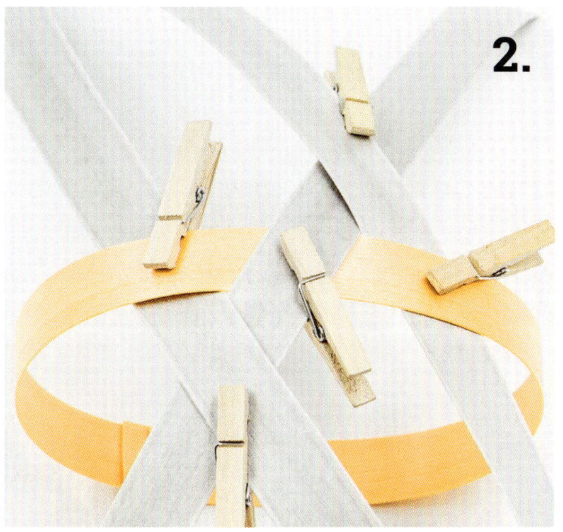

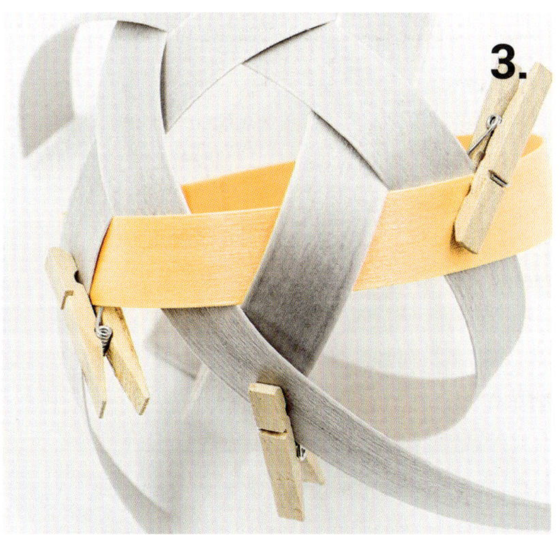

AUFBAU DER KUGEL

- An jedem Streifen beidseitig Schlitze für eine Steckverbindung (siehe Seite 49) anbringen, ca. 8–10 mm vom Streifenende entfernt.
- Den orangefarbenen Streifen zum Ring schließen.
- Schritt 1: Zwei graue Streifen diagonal so zueinander auf den orangefarbenen Ring flechten wie auf Bild 1 zu sehen. Es bildet sich eine kleine, grau-orange, dreieckige Fläche (gleichseitiges Dreieck, 60-Grad-Winkel), die oberhalb des orangefarbenen Rings sitzt. Alles mit Klammern sichern. **[1]**
- Schritt 2: Mit einem weiteren grauen Streifen links unterhalb des orangefarbenen Rings ein weiteres grau-oranges Dreieck flechten, mit Klammern sichern. **[2]**
- Schritt 3: Ein weiteres graues Element so einflechten wie auf Bild 3 zu sehen. Es bildet sich ein großes fünfeckiges Loch und am orangefarbenen Ring ein neues grau-oranges Dreieck. Die Arbeit beginnt sich zu wölben. Das Ganze mit Klammern sichern. **[3]**
- Schritt 4: Suchen Sie nach der Stelle oberhalb des ersten fünfeckigen Lochs, wo das letzte graue Element mit anderen bereits eingeflochtenen Elementen wieder ein fünfeckiges Loch bilden kann. Flechten Sie den letzten Streifen ein, wie auf Bild 4 zu sehen ist. **[4]**
- Sie können diesen Streifen nach links und rechts weiter 1/1 einflechten, die Arbeit wird sich weiter wölben. Danach kommen keine neuen Elemente mehr dazu.
- Bilden Sie fortlaufend neue fünfeckige Löcher und dichte Dreiecke, wo immer Sie können. Dadurch werden alle Streifen zu ihrem Anfang zurückgeführt und können dort dank der vorbereiteten Schlitze zu Ringen geschlossen werden. Kontrollieren Sie, ob wirklich überall die Abfolge über 1/unter 1 eingehalten ist.
- Vorsichtig alle Steckverbindungen unter ein graues Dreieck zupfen, damit die Ringe schön glatt aussehen.

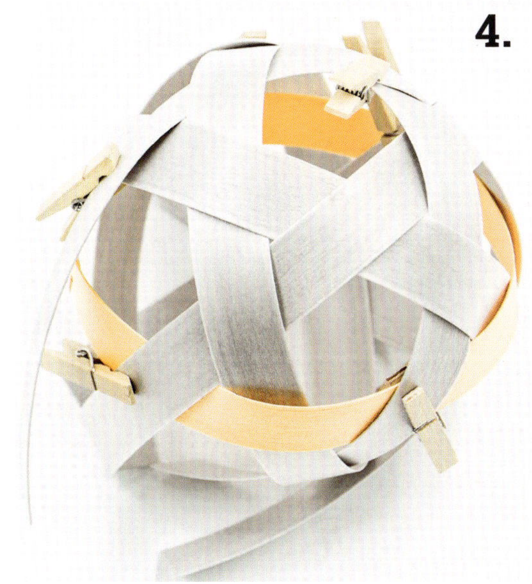

Kugel, in drei Richtungen geflochten, mit fünfeckigen Löchern

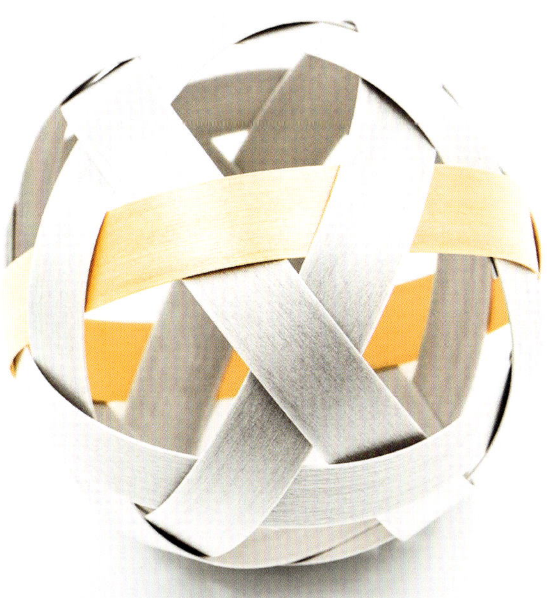

Muster und Dekoration

Es gibt zwei Gruppen von Mustern und Dekorationen:

1. Muster, die gleichzeitig mit der Struktur des Geflechts gebildet werden
2. Muster und Dekorationen, die in einem zweiten Arbeitsgang auf die fertige Struktur des Geflechts aufgebracht werden

Die Möglichkeiten dabei sind sehr vielfältig. Besonders im kulturgeschichtlichen und ethnologischen Zusammenhang ließe sich viel darüber berichten: Muster verschönern nicht nur Strukturen, sie dienen auch der Überlieferung von Geschichten und Traditionen und sind für viele Menschen von größter Bedeutung. Die flechtende Person setzt bei der Musterbildung ein außerordentliches handwerkliches Wissen und Geschick ein und ein unglaubliches Vorstellungsvermögen.

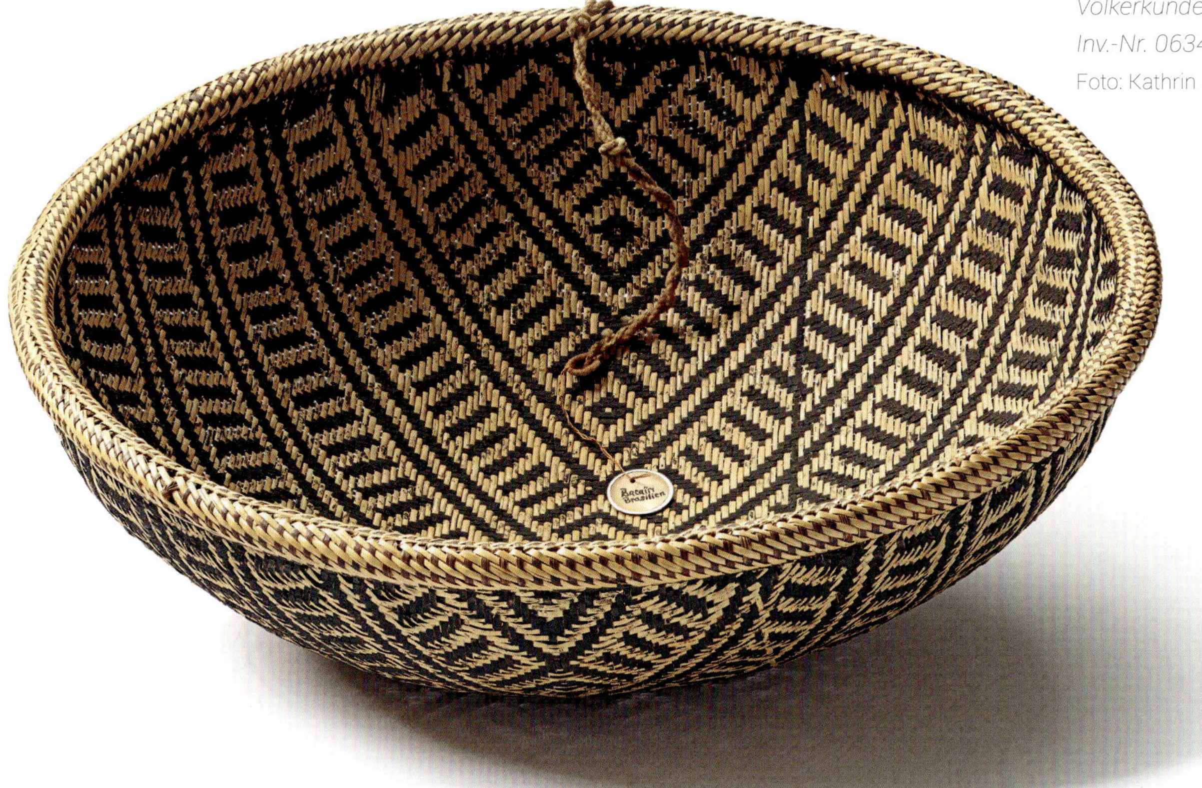

Runder Korb/Sieb; Herkunft: Brasilien, Mato Grosso; Material: Holz, Pflanzenstreifen, zum Teil einseitig schwarz bemalt, Köpergeflecht; Randverstärkung: eingearbeiteter Holzring, überflochten, Baumwollschnur (Z-Zwirn) als Schlaufe am Rand; Durchmesser: 39,5 cm, Tiefe: 14 cm. Völkerkundemuseum Universität Zürich, Inv.-Nr. 06347a.

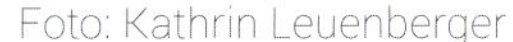

Foto: Kathrin Leuenberger

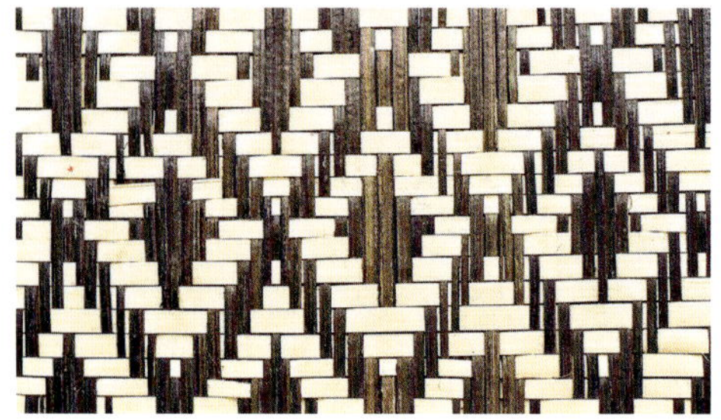

Köpermuster, orthogonal geflochten

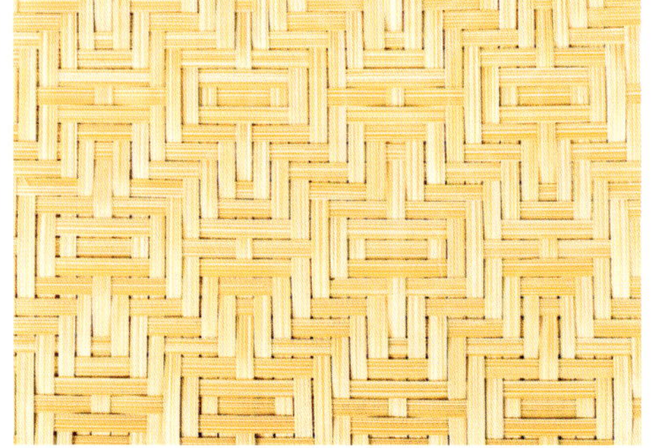

Detail eines Tischsets aus Bambusstreifen, Köpermusterung, orthogonal geflochten

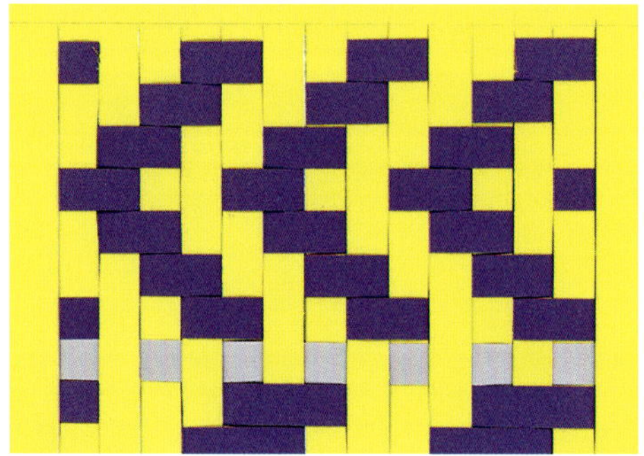

Köpermuster, orthogonal geflochten, Papierstreifen auf geschlitztem Halbkarton

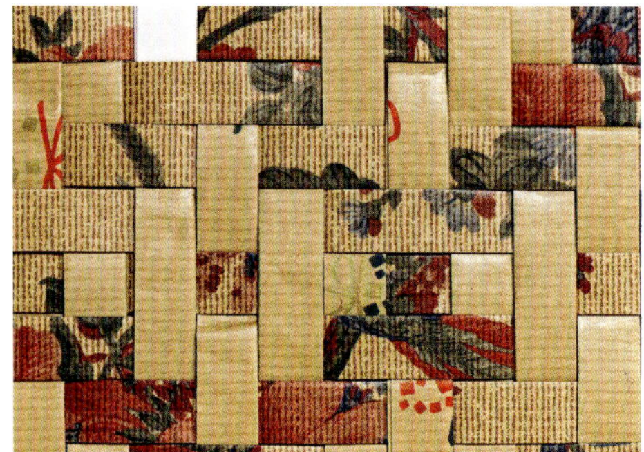

Köpermuster, orthogonal geflochten, bedrucktes Packpapier

Strukturbedingte Muster

Diese entstehen gleichzeitig mit dem Flechtprozess, es gibt folgende Möglichkeiten:

› Variation des Flechtrhythmus, z. B. über 1/unter 1, kombiniert mit über 2/unter 2
› Verwendung von verschiedenfarbigem Material, z. B. rote und blaue Papierstreifen
› Verwendung von unterschiedlich beschaffenem Material, beispielsweise weiße Papierstreifen und weiße Kunststoffbänder
› Teilung des Materials während des Flechtprozesses in schmalere Streifen
› Temporäres Verdrehen einzelner Flechtelemente, Bildung von Lochmustern
› Lockige oder fransige Gestaltung der Enden von Flechtelementen

KÖPERMUSTER

Das sind wahrscheinlich die beliebtesten und häufigsten Muster, die während des Flechtprozesses gebildet werden können. Die Beispiele in Museen, Shops und Büchern sind zahllos. Man findet einfarbige, mehrfarbige, orthogonale und diagonale Köpermuster. Die Flechtschritte sind immer größer als 1/1, beispielsweise 2/2-Köper, 3/3-Köper usw. Köpermuster zeigen sich als markante Grate/Linien im fertigen Geflecht.

Köpermuster, orthogonal geflochten

Orthogonal geflochtene Köpermuster lassen sich gut auf einer geraden Anfangslinie aufbauen, beispielsweise mit einer Reihe von Pfeilspitzen oder auch einfach mit einer Reihe von durch Klebeband gesicherten Längselementen. Die Querelemente werden (mit oder ohne Fachbildung) nach einem Abzählmuster eingeflochten. Orthogonal geflochtene Köpermuster erscheinen als diagonal gerichtete Grate (wie in der Weberei). Auf Karopapier lassen sich Muster spielerisch entwerfen, die Übersetzung auf die geflochtene Struktur ist nicht schwierig. Vorgefertigte Flechtblätter/Webblätter (Schulbedarf) eignen sich ebenfalls gut zum Musterentwerfen.

Köpermuster, diagonal geflochten

Sehr viel komplexer sind diagonal geflochtene Köpermuster, da diese aus den bereits liegenden Flechtelementen gebildet werden.

Auffallend an diagonal geflochtenen Köpermustern sind die markanten Grate, die sich bilden, entweder als Längsgrate oder als Quergrate oder kombiniert.

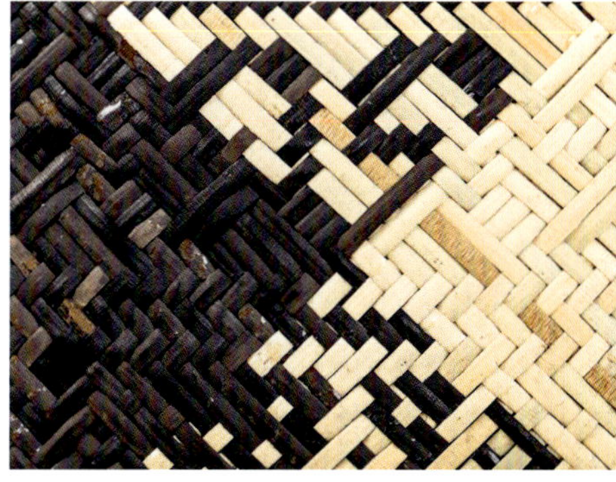

Detail einer zweifarbigen Köpermusterung an einer Tasche aus Nordkalimantan, Rattanstreifen, diagonal geflochten

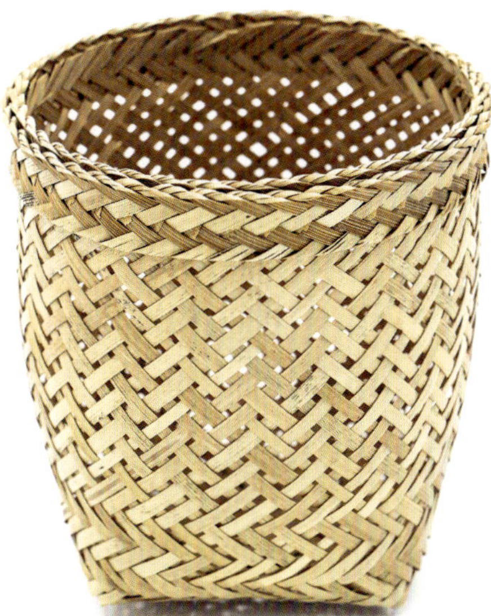

Korb mit hoher Wand, Bambus, diagonal geflochten, Köpermuster mit Längs- und Quergraten, Bhutan

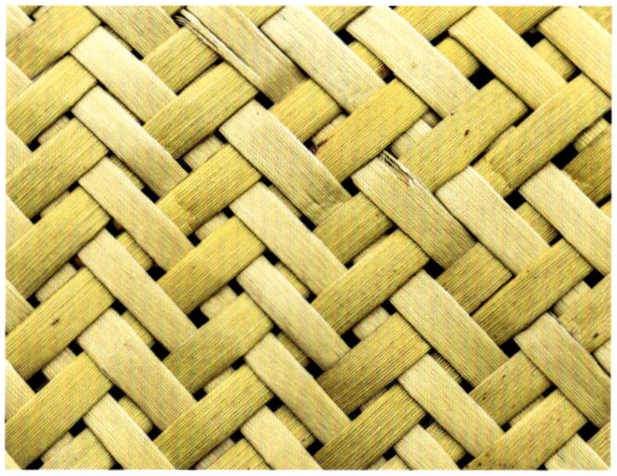

Detail einer Tasche aus Neuseelandflachs (Phormium tenax), 2/2-Köper, diagonal geflochten, mit Längs- und Quergraten

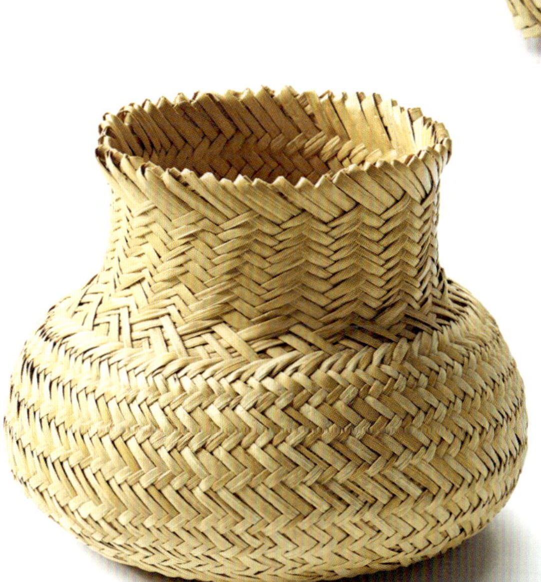

Vasenförmiger Korb; Herkunft: Guatemala; Durchmesser: 15 cm, Höhe: 18 cm.
Völkerkundemuseum Universität Zürich, Inv.-Nr. 24395a.
Foto: Kathrin Leuenberger

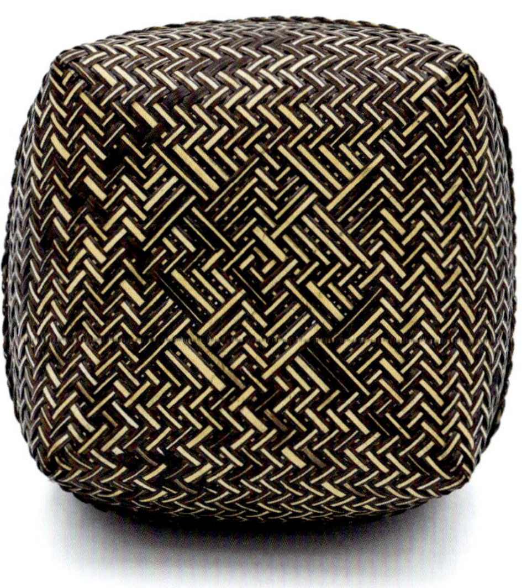

Bodenpartie an einem Korb, virtuose Köpermusterung, diagonal geflochten

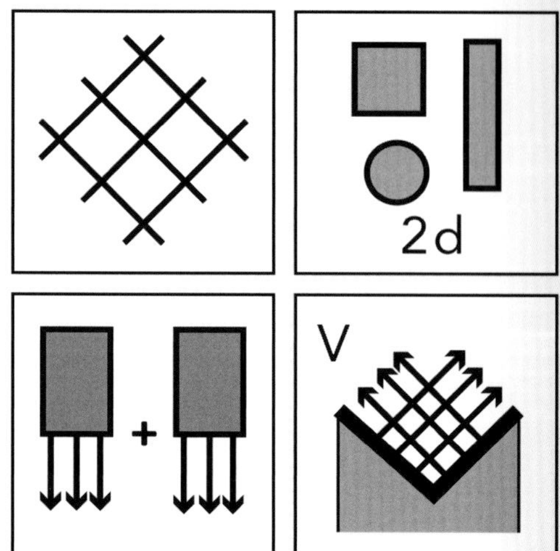

Köpermuster, 2/2 diagonal geflochten, nach polynesischem Vorbild

Wendy Arbeit schreibt in ihrem Buch „Baskets in Polynesia“ über in ganz Polynesien verbreitete Methoden zur Herstellung von Köpermustern mit Längs- und Quergraten, bei denen pro Arbeitsschritt immer vier Flechtelemente musterbildend miteinander verflochten werden. Zum Ausprobieren eignet sich Saleenband, 2 cm breit, einmal längs aufgeschnitten (nicht ganz durchschneiden!). Sie gehen folgendermaßen vor:

› Zunächst eine Reihe aus Streifengruppen herstellen wie ab Seite 112 beschrieben, im Bildbeispiel sind es drei Päckchen à vier Elemente.
› Auf den Bildern ist ein kleiner V-förmiger Arbeitsrand markiert, das ist eine Schlüsselstelle: Die vier Elemente an diesem Arbeitsrand werden nach bestimmten Regeln miteinander verflochten. Sowohl für Längs- wie für Quergrate wechseln sich zwei Reihen mit unterschiedlichen Arbeitsschritten ab.
› Für diese Arbeitsschritte werden die vier Elemente sehr steil am Arbeitsrand angehoben, sodass man eine gute Sicht hat. Mit jeder Hand je zwei Elemente steuern/führen. **[1]**

Hinweis: Das Bild 1 wurde bei fortgeschrittener Flächenbildung aufgenommen. Die übrigen Bilder zeigen Situationen im Anfangsbereich der Flächenbildung.

QUERGRATE:

› Sie arbeiten auf einer zickzackförmigen Arbeitslinie.
› In der Mitte ist ein V-förmiger Arbeitsrand mit je zwei S- und zwei Z-Elementen zu erkennen (auf Bild 2 schwarz markiert). Das linke Paar (unten liegend) ist Z-gerichtet, das rechte S-gerichtet. **[2]**
› Links bleiben vier S-Elemente stehen, rechts vier Z-Elemente, diese werden später zum Einsatz kommen.
› Bei der Bildung von **Quergraten** wird (nach dem Anheben aller Elemente, siehe Bild 1) das **linke Z-Paar** durch das **rechte S-Paar** geflochten.
› Beim Aufbau von Quergraten wechseln zwei unterschiedliche Arbeitsreihen miteinander ab:

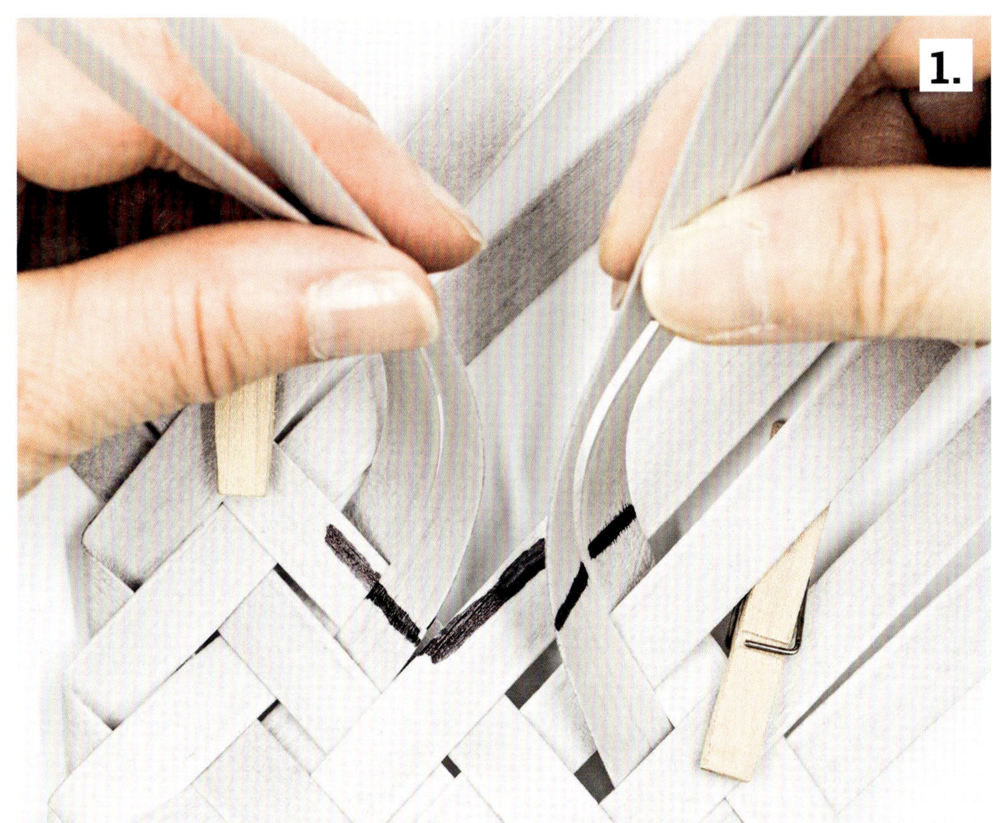

Situation am V-förmigen Arbeitsrand: Mit jeder Hand zwei Elemente steil anheben.

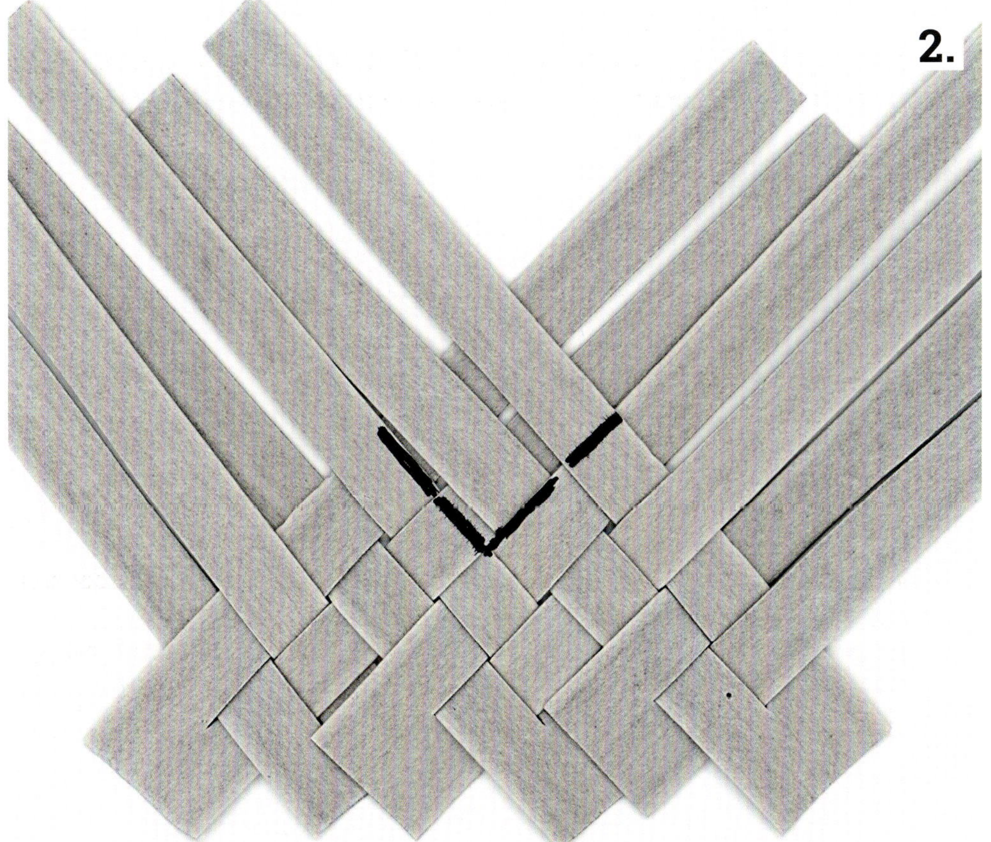

Ausgangslage vor dem Anheben der Elemente

Flechtschritt in der ersten Reihe:

- Das näher am V liegende Z-Element wird unter den beiden S-Elementen hindurchgeführt, anschließend wandert das zweite Z-Element unter 1/über 1 durch die S-Elemente. **[3]**
- Mit einer Klammer sichern. Wichtig: Diese vier Elemente bewegen sich in dieser Arbeitsreihe nicht mehr.
- Die nächste Gruppe am V-förmigen Arbeitsrand suchen und genauso verfahren.
- An den Seitenrändern so viele Elemente wie nötig wenden, damit wieder Vierergruppen auf V-förmigem Arbeitsrand entstehen.
- Mit je sechs S- und Z-Elementen wie auf der Anordnung von Bild 2 ergeben sich am Ende der ersten Reihe drei geflochtene kleine Flächen auf jetzt A-förmigem Arbeitsrand sowie zwei neue Bereiche mit V-förmigen Arbeitsrändern.

Flechtschritt in der zweiten Reihe:

- In der zweiten Reihe arbeiten Sie auf diesen neuen V-förmigen Arbeitsrändern.
- Das näher am V liegende Z-Element wandert über zwei S-Elemente, anschließend wird das zweite Z-Element über 1/unter 1 durch die S-Elemente geflochten. **[4]**
- Mit einer Klammer sichern. Wichtig: Diese vier Elemente bewegen sich in dieser Arbeitsreihe nicht mehr.
- Die nächste Gruppe am V-förmigen Arbeitsrand suchen und genauso verfahren.
- An den Seitenrändern so viele Elemente wie nötig wenden, damit wieder Vierergruppen auf V-förmigem Arbeitsrand entstehen.
- Bei einer Anordnung wie auf Bild 2 ergeben sich am Ende der zweiten Reihe zwei kleine Flächen auf jetzt A-förmigem Arbeitsrand sowie ein neuer Bereich mit V-förmigem Arbeitsrand. Je zwei Elemente an den Seitenkanten wenden; das ergibt insgesamt drei Bereiche mit V-förmigen Arbeitsrändern.
- Die Reihen 1 und 2 fortlaufend wiederholen, es bauen sich deutliche Quergrate in der wachsenden Struktur auf. **[5]**

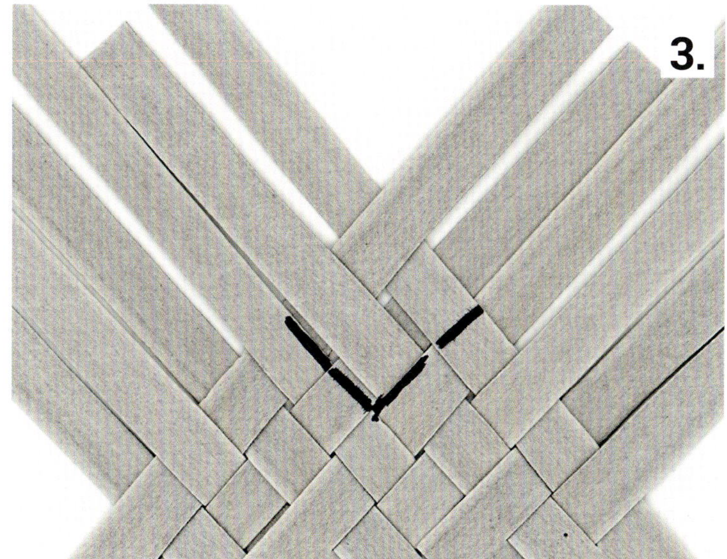

Lage der Elemente nach Beendigung des Flechtschritts in der ersten Reihe

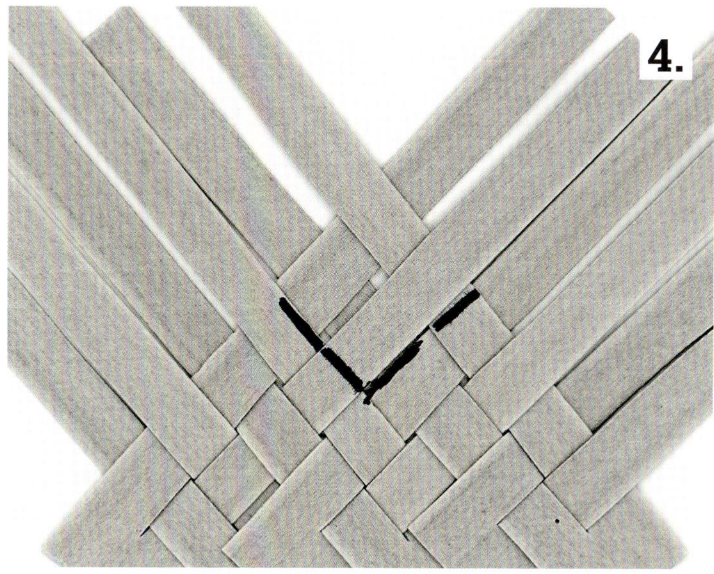

Lage der Elemente nach Beendigung des Flechtschritts in der zweiten Reihe

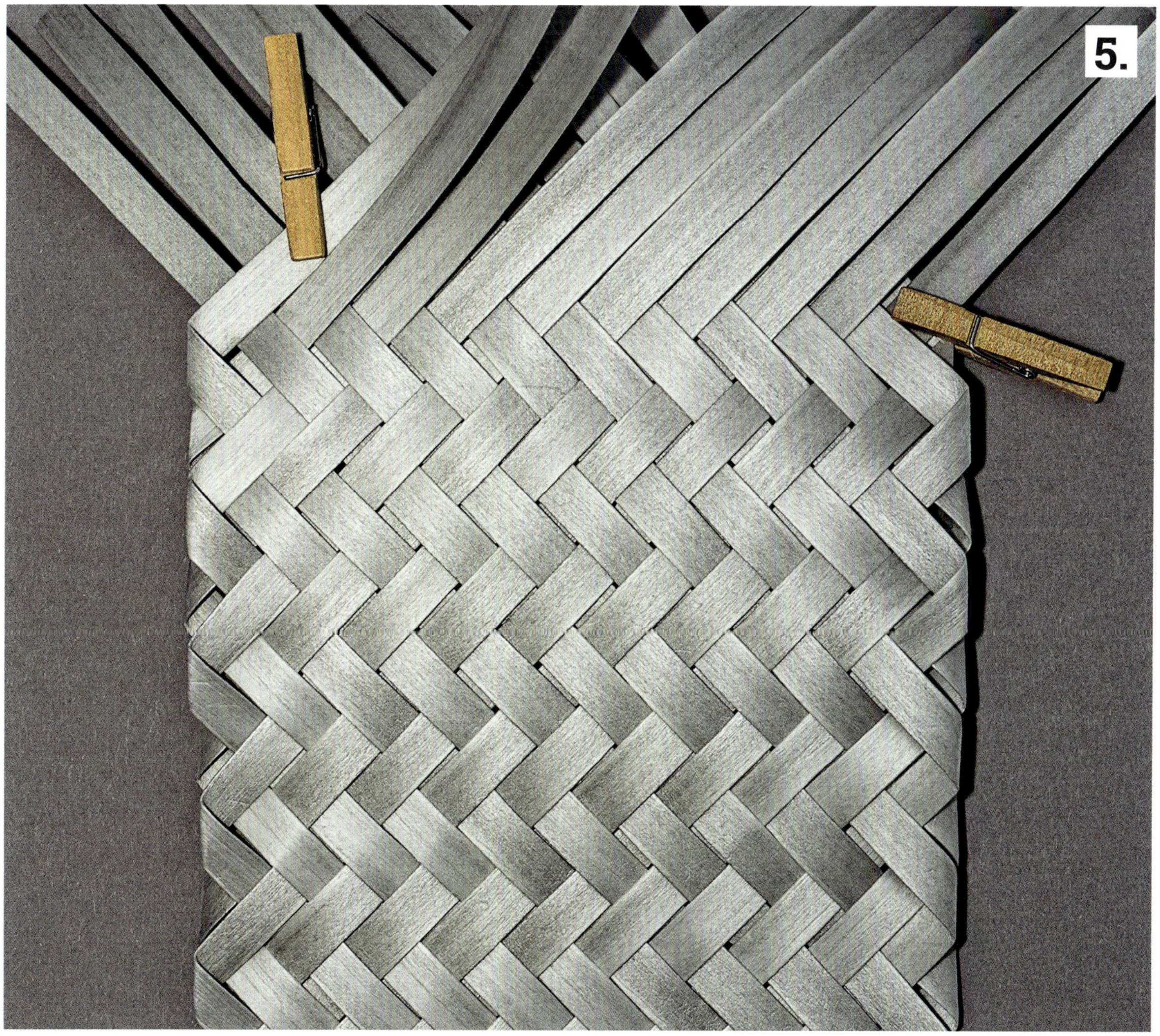

5.

Köpermuster, diagonal geflochten, Quergrate, Saleenband

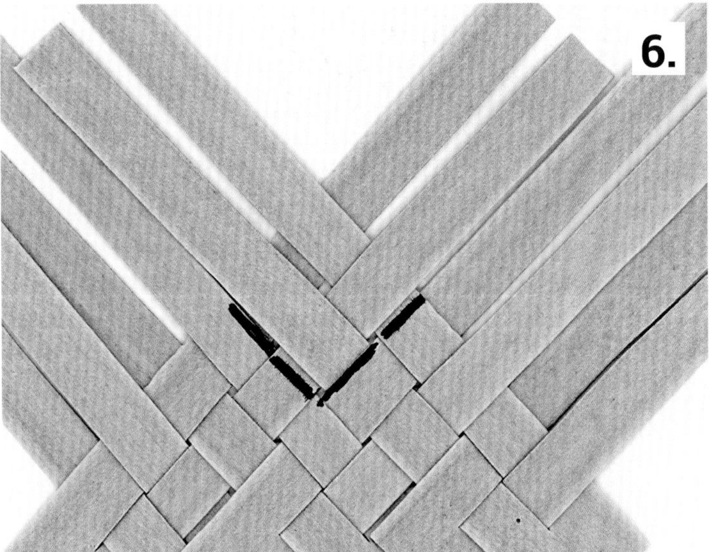

Lage der Elemente nach Beendigung des Flechtschritts in der ersten Reihe

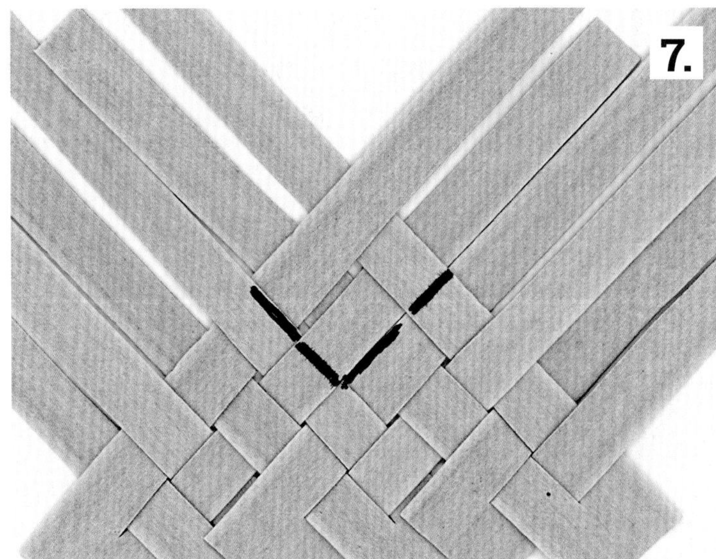

Lage der Elemente nach Beendigung des Flechtschritts in der zweiten Reihe

LÄNGSGRATE:

- Sie arbeiten auf einer zickzackförmigen Arbeitslinie.
- In der Mitte ist ein V-förmiger Arbeitsrand mit je zwei S- und zwei Z-Elementen zu erkennen (auf Bild 2 schwarz markiert). Das linke Paar (unten liegend) ist Z-gerichtet, das rechte S-gerichtet. **[2]** (Bild 2 siehe Seite 181)
- Links bleiben vier S-Elemente stehen, rechts vier Z-Elemente, diese werden später zum Einsatz kommen.
- Bei der Bildung von **Längsgraten** wird das **rechte S-Paar** durch das **linke Z-Paar** geflochten.
- Beim Aufbau von Längsgraten wechseln zwei unterschiedliche Arbeitsreihen miteinander ab:

Flechtschritt in der ersten Reihe:

- Das näher am V liegende S-Element wandert über zwei Z-Elemente, anschließend wird das zweite S-Element unter 1/über 1 durch die Z-Elemente geflochten. Mit einer Klammer sichern. **[6]**
- Die nächste Gruppe am V-förmigen Arbeitsrand suchen und genauso verfahren.
- An den Seitenrändern so viele Elemente wie nötig wenden, damit wieder Vierergruppen auf V-förmigem Arbeitsrand entstehen.
- Mit je sechs S- und Z-Elementen wie auf der Anordnung von Bild 2 ergeben sich am Ende der ersten Reihe drei geflochtene kleine Flächen auf jetzt A-förmigem Arbeitsrand sowie zwei neue Bereiche mit V-förmigen Arbeitsrändern.

Flechtschritt in der zweiten Reihe:

- In der zweiten Reihe arbeiten Sie auf diesen neuen V-förmigen Arbeitsrändern.
- Das näher am V liegende S-Element wandert unter zwei Z-Elementen hindurch, anschließend wird das zweite S-Element über 1/unter 1 durch die Z-Elemente geflochten. Mit einer Klammer sichern. **[7]**
- Die ganze Reihe so flechten, an den Seitenrändern so viele Elemente wie nötig wenden, damit wieder Vierergruppen auf V-förmigem Arbeitsrand entstehen.
- Bei einer Anordnung wie auf Bild 2 ergeben sich am Ende der zweiten Reihe zwei kleine Flächen auf jetzt A-förmigem Arbeitsrand sowie ein neuer Bereich mit V-förmigem Arbeitsrand. Je zwei Elemente an den Seitenkanten wenden; das ergibt insgesamt drei Bereiche mit V-förmigen Arbeitsrändern.
- Die Reihen 1 und 2 fortlaufend wiederholen, es bauen sich deutliche Längsgrate in der Struktur auf. **[8]**

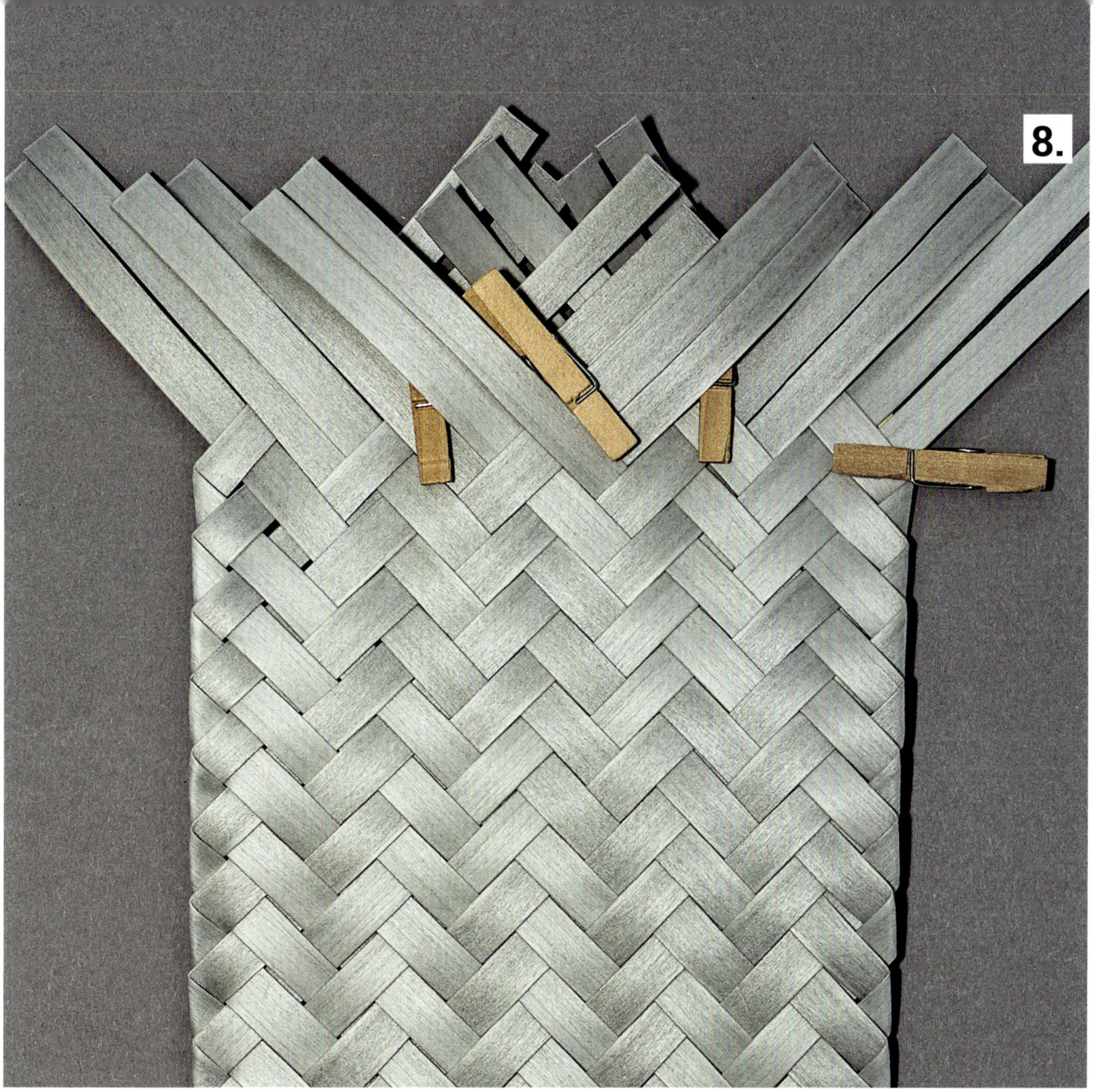

Köpermuster, diagonal geflochten, Längsgrate, Saleenband

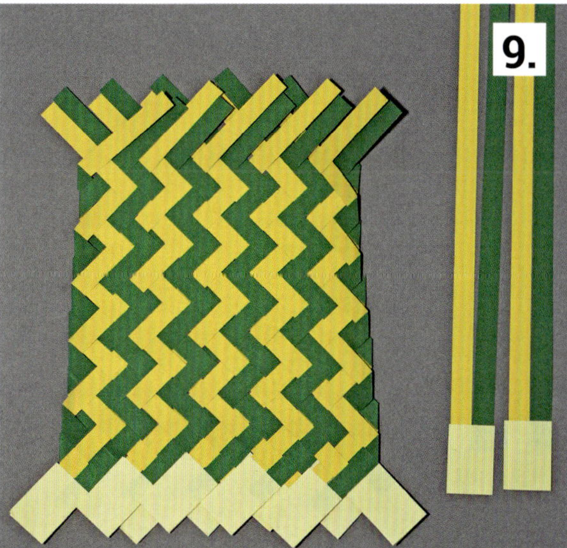

Zweifarbig geflochten wirken Quergrate wie gezackte Längsstreifen.

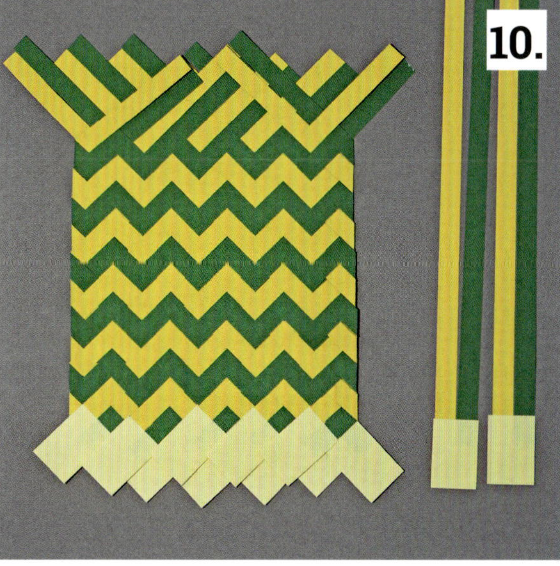

Zweifarbig geflochten wirken Längsgrate wie gezackte Querstreifen.

Hinweise:

› In der Fläche ist die Randbildung sehr knifflig: Achten Sie genau darauf, wie Sie die Elemente wenden müssen, damit das Flechtbild 2/2 stimmt.

› Das Arbeiten in Runden hingegen ist angenehm, die Anzahl der Flechtelemente muss durch vier teilbar sein.

› Kombiniert mit farbigen Flechtelementen geschieht Erstaunliches. **[9 und 10]**

Muster durch **farbige Flechtelemente**

Bereits beim Start der Flechtarbeit wird bestimmt, welches Farbmuster am Geflecht erzielt werden soll. Sie haben die Möglichkeit zu experimentieren oder auf Karopapier zu planen – probieren Sie es aus!

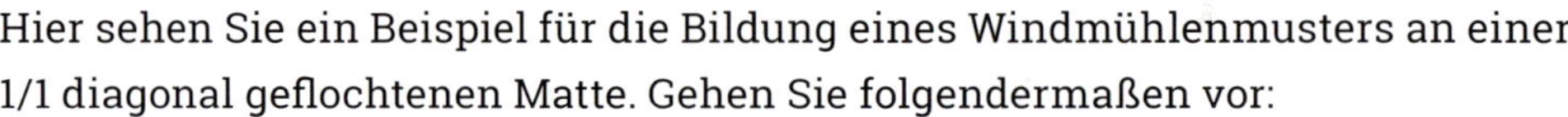

Hier sehen Sie ein Beispiel für die Bildung eines Windmühlenmusters an einer 1/1 diagonal geflochtenen Matte. Gehen Sie folgendermaßen vor:

- Mithilfe von Klebezetteln zwei Streifengruppen in Gelb und zwei Streifengruppen in Grün aus jeweils 2 x 2 gleichfarbigen Streifen herstellen (siehe Seite 112).
- Die Streifengruppen seitlich miteinander verbinden, dabei die Farben der Gruppen abwechseln und stets abschnittsweise 4 x 4 Streifen miteinander verflechten wie auf Seite 113 beschrieben.
- An den Rändern und Seitenkanten sorgfältig auf die richtige Abfolge achten.
- Es baut sich ein windmühlenartiges Muster auf, besonders markant bei großem Hell-Dunkel-Kontrast der Päckchen.

Das farbige Gestalten ganz ohne ein bestimmtes Muster macht auch Freude – Überraschungen sind garantiert!

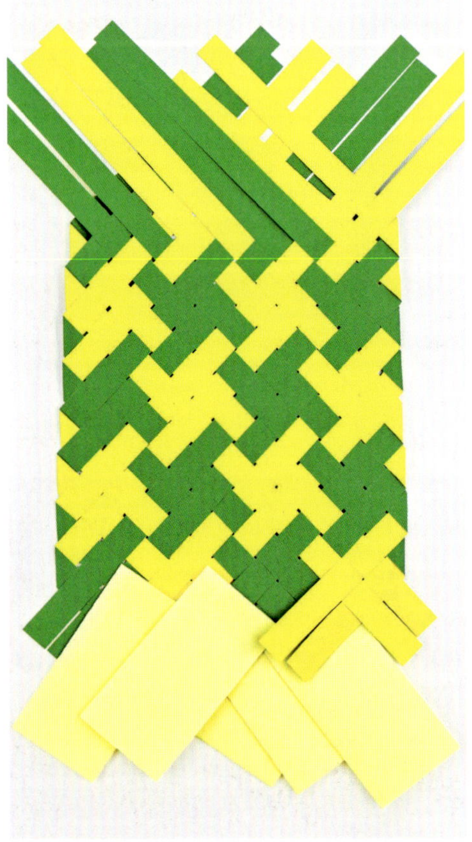

Experiment mit gelben und grünen Streifen

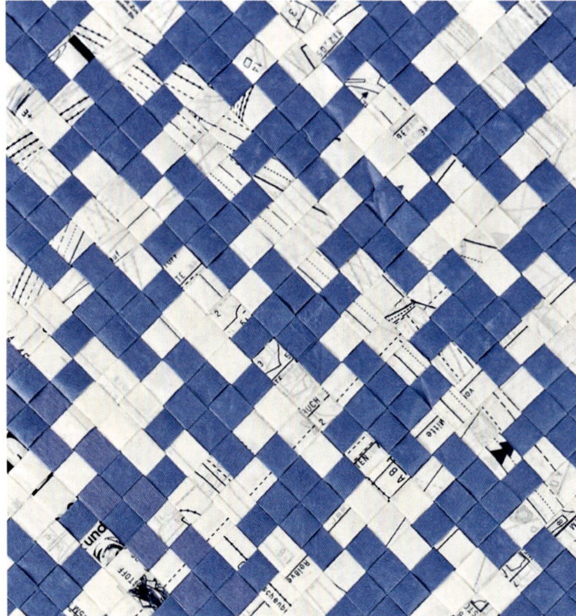

Matte mit zweifarbigem Muster, 1/1 diagonal geflochten, Seidenpapier und Schnittmusterpapier, vierfach gefaltet

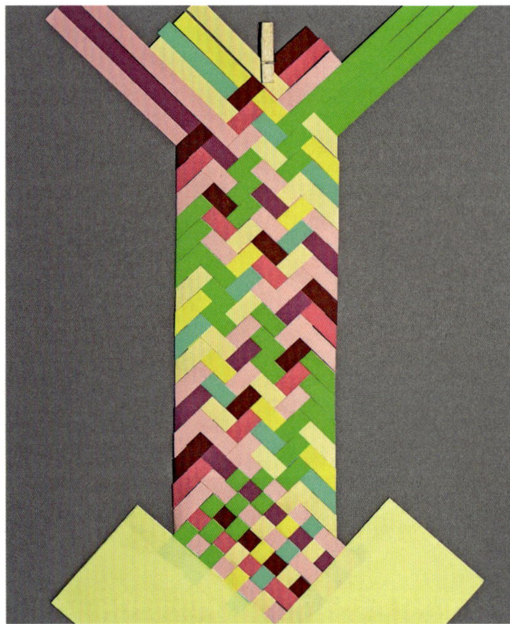

Freestyle-Farbkombination

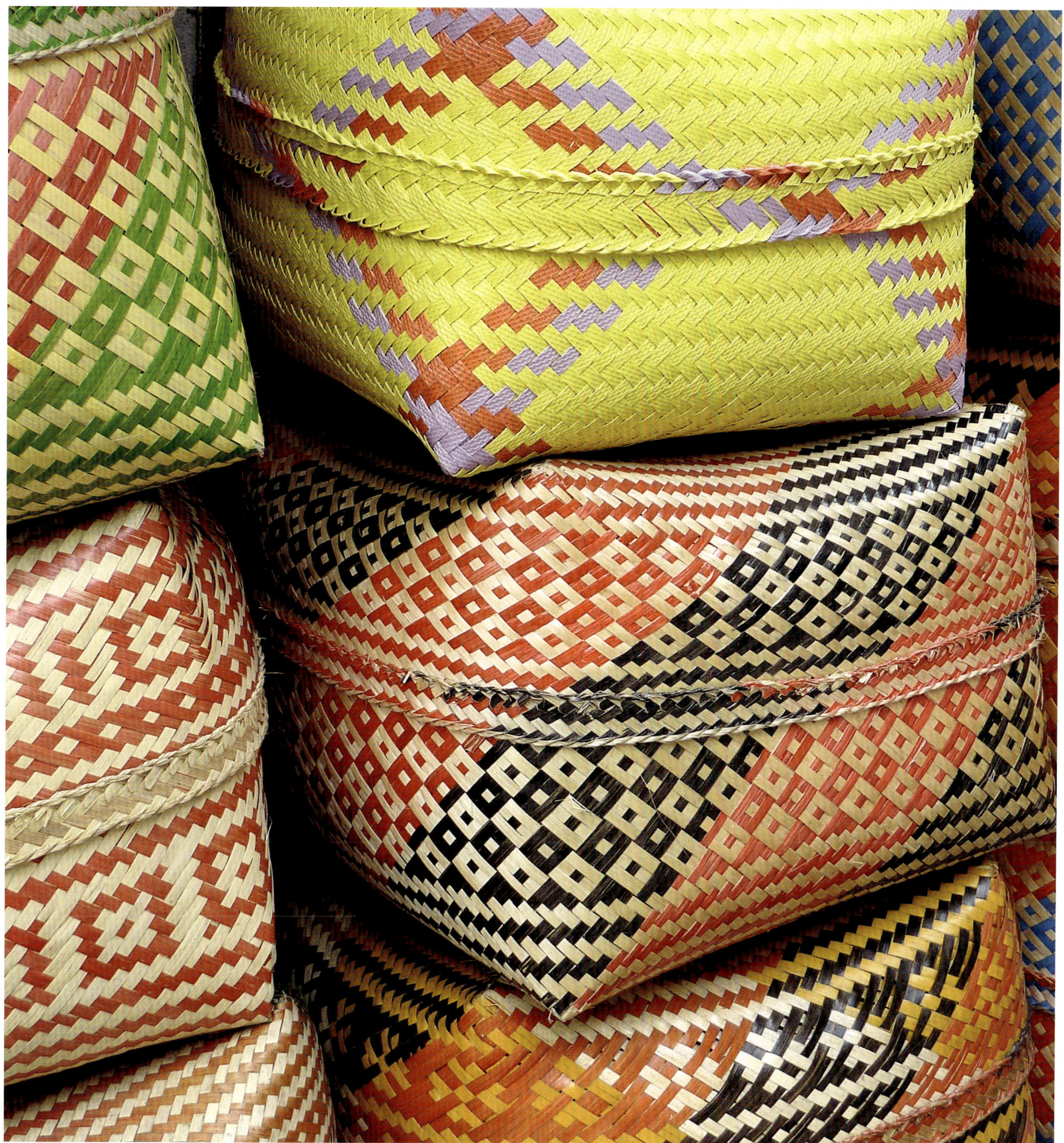

Fröhlich farbige Körbe auf einem Markt in Bali. Foto: Christian Mühlethaler

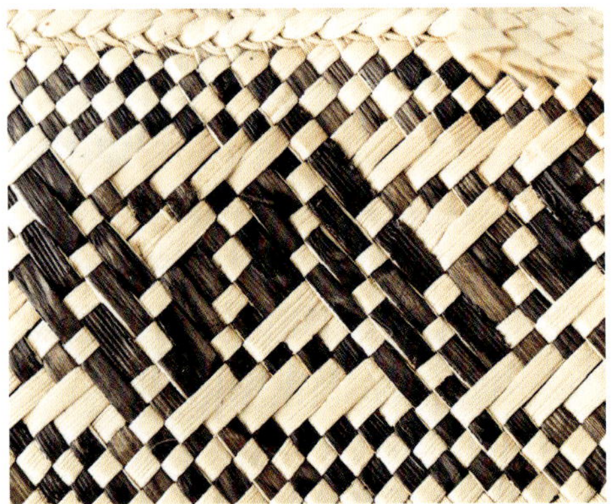

Detail einer Tasche von den Salomonen, Pandanus, mit Musterung aus nachträglich eingeflochtenen Streifen, 1/1 und Köper, diagonal geflochten

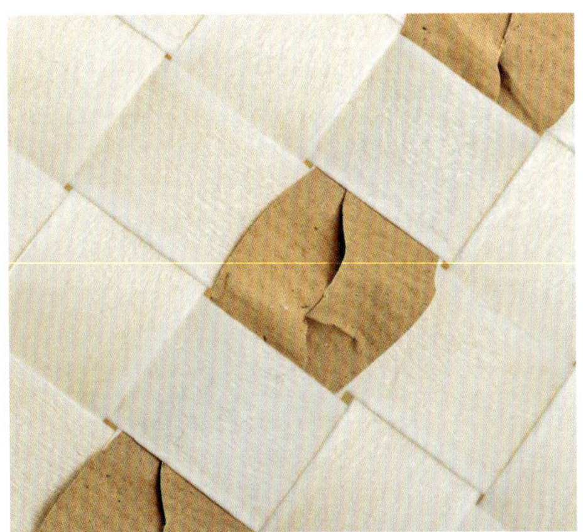

Buckel aus Packpapier auf Saleenband

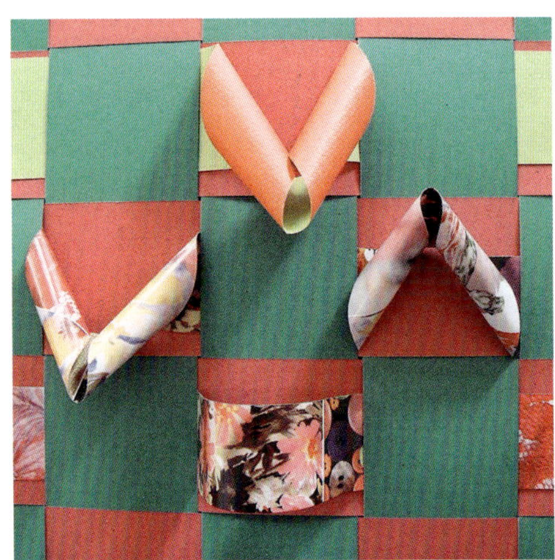

Locken und Bänder einflechten

Nachträglich aufgebrachte Muster und Dekorationen

Diese Muster werden nicht durch den Flechtprozess gebildet, sondern erst nachträglich auf das fertige Geflecht aufgebracht. Dazu gibt es viele Möglichkeiten:

Muster in eine fertige Struktur einflechten

Das ist eine sehr einfache und effiziente Art, zu mustern und zu dekorieren. Man kann dabei dem ursprünglichen Flechtverlauf folgen oder auch nicht. Sehr oft wird mit farbigen Streifen gemustert. Die Muster wirken dann, als wenn sie direkt mit der Grundstruktur geflochten worden wären.

BUCKEL EINFLECHTEN

Eine attraktive Abwandlung des Einflechtens von Mustern in eine fertige Struktur sind die buckelartigen und lockenähnlichen Dekorationen, die man oft an Geflechten aus Südostasien findet. Sie können das leicht selbst ausprobieren:

› Arbeiten Sie auf einer 1/1 geflochtenen Struktur, das geht besonders leicht!
› Sie brauchen pro Reihe zwei Streifen, die ca. 1–2 mm schmaler sind als die Flechtstreifen der Grundstruktur.
› Legen Sie beide Streifen aufeinander und verankern Sie sie im Grundgeflecht.
› Die beiden Streifen einmal kreuzen, beispielsweise den rechten Streifen über den linken, dann beide Streifen wieder genau aufeinanderlegen.
› Die aufeinandergelegten Streifen im Flechtrhythmus unter einem Element der fertigen Struktur hindurchführen, durchziehen und wieder kreuzen, die Streifen dann wieder genau aufeinanderlegen.
› Auf diese Weise fortfahren. Die beiden Streifen bäumen sich auf der Oberseite des Geflechts buckelartig auf.

LOCKEN EINFLECHTEN

Hierfür werden Einzelstreifen in die fertige Struktur eingeflochten:

› Den Anfangsstreifen im Geflecht verankern.
› Erster Schritt: Den Streifen einmal um sich selbst drehen und in dieser Position festhalten.
› Zweiter Schritt: Den Streifen in Gegenrichtung noch einmal um sich selbst drehen, bevor er unter einem Element der fertigen Struktur hindurchgeführt wird.

Eine fertige Struktur besticken

Wenn Sie beispielsweise eine der Abschlusskanten mit Zusatzelementen versehen möchten wie auf Seite 127 erklärt, können Sie diese gut mit Stickstichen befestigen. Durch die kleinen Löcher in einem Geflecht aus Streifen können Nadel und Faden mühelos ihren musterbildenden Weg über das fertige Geflecht ziehen. Wird Flechtmaterial durchstochen, brauchen Sie zusätzlich eine Ahle und eine geeignete Unterlage zum Vorstechen. Beim Sticken können auch weitere schmückende Elemente wie Muscheln, Samen oder Perlen hinzukommen.

Eine fertige Struktur bedrucken oder beschriften

Ein Geflecht aus Streifen hat oft eine genügend flache und glatte Oberfläche, um beschriftet oder bedruckt zu werden. So können auch komplizierte Muster aufgebracht werden, die allein mit Flechttechniken nicht gelingen würden. Schon einfachste Stempel oder Schablonen ergeben interessante Resultate. Auch das Beschriften mit breiten Stiften ist möglich.

Die Musterbildung durch Drucktechniken ist ein großes Forschungsgebiet in der Ethnologie.

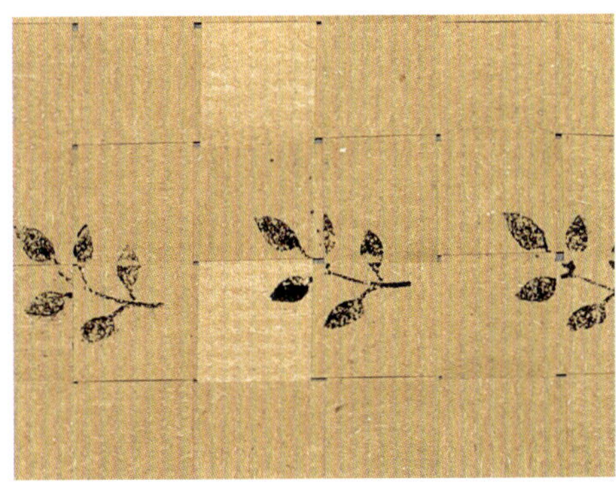

Bedrucken mit einem Stempel

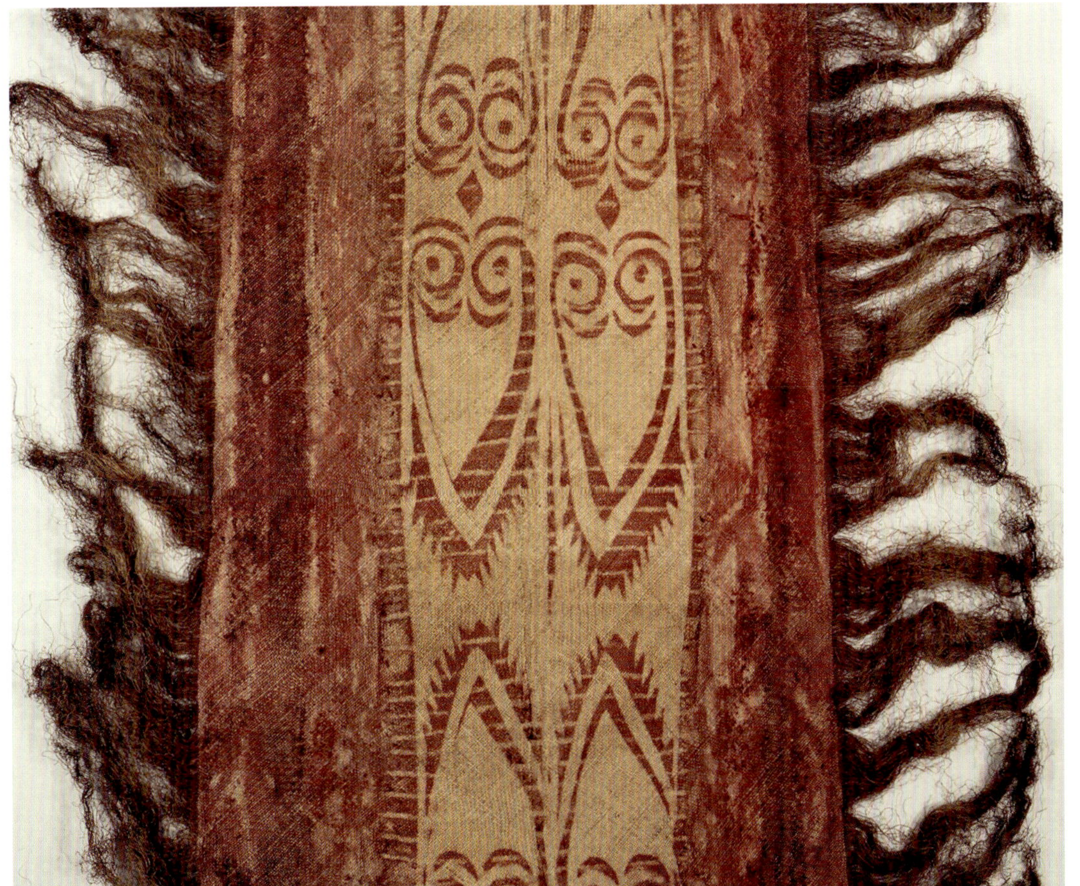

Geldmatte (Vorderseite), Pflanzenfasern, Pigmente, Pentecôte, Vanuatu, Sammlung Felix Speiser, vor 1912, © (F)Vb4435, Museum der Kulturen Basel.

Foto: Peter Horner, 1983

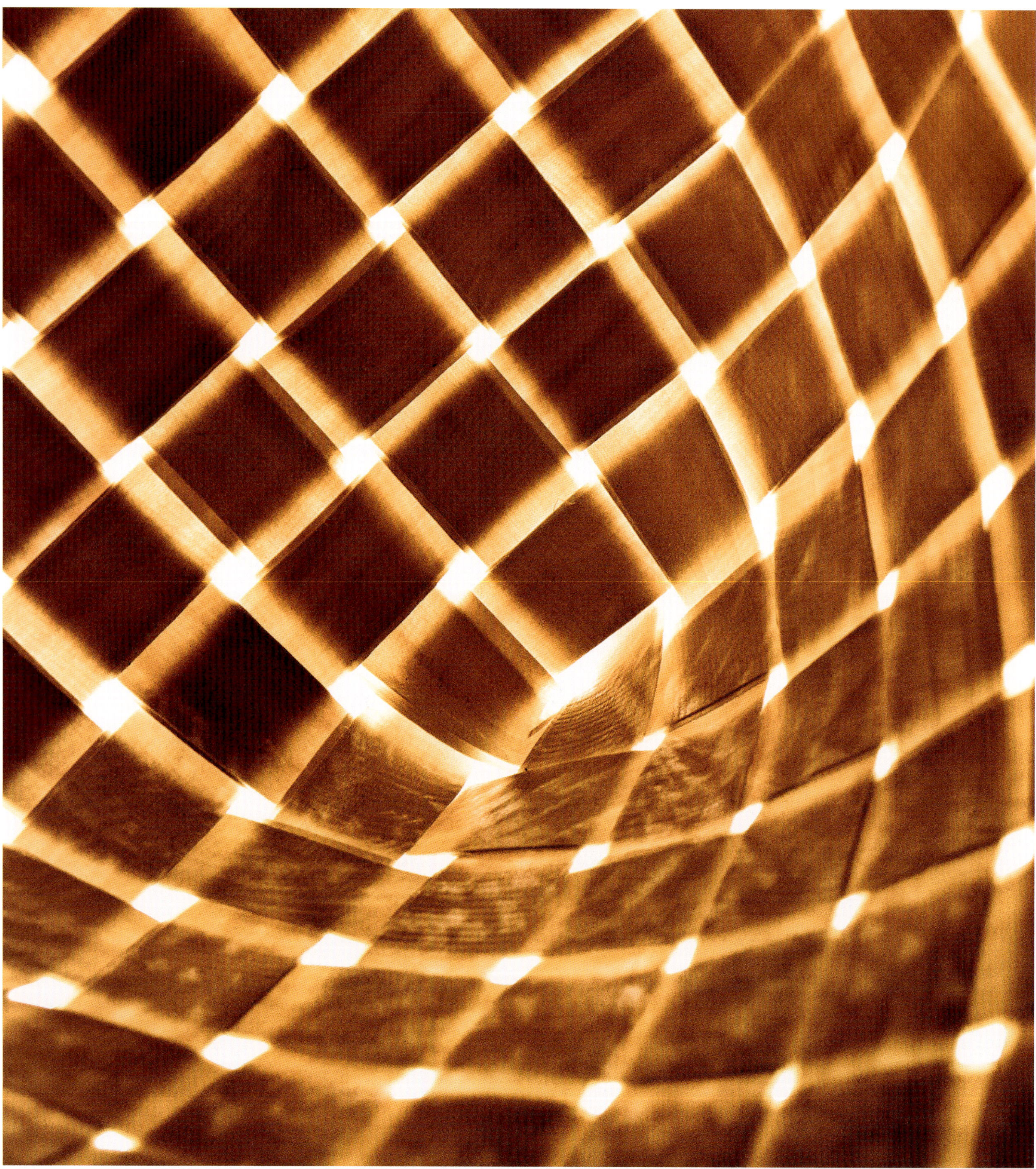

Zum **Ausklang**

Ich konnte Ihnen längst nicht alles über Strukturen aus streifenförmigem Material erzählen – es gäbe noch viel zu entdecken! Und es würde mich nicht wundern, wenn Sie nach der Lektüre dieses Buches überall Streifen erkennen und diese mit ganz neuen Augen sehen!

LEGENDE
Zum Schluss noch eine kleine Geschichte aus Hawaii – aus dem Buch von A. Bird/S. Goldsberry/P. Bird: „The Craft of Hawaiian Lauhala Weaving“:

Of the many Polynesian legends about the sky, there is one of interest for lauhala weavers.

It is said by some that night came when a large, tightly-woven basket made by the gods was placed over the islands.

The stars were sunlight shining through the tiny holes in the weave.

Even today basket weavers examine the quality of their work by placing baskets over their heads. If the holes are as small as stars, the weavers know they have done a good job.

Unter den zahlreichen polynesischen Legenden über den Himmel gibt es eine, die für Lauhala-Flechter interessant ist.
Man erzählt sich, dass die Nacht entstand, indem ein großer, von Göttern gefertigter, dicht geflochtener Korb über die Inseln gestülpt wurde.
Die Sterne waren das Sonnenlicht, das durch die feinen Löchlein des Geflechts schien.
Noch heute prüfen die Korbmacher die Qualität ihrer Arbeit, indem sie die Körbe über ihre Köpfe stülpen. Erscheinen die Löcher so klein wie Sterne, wissen die Korbflechter, dass sie eine gute Arbeit vollbracht haben.
(übersetzt von Monika Künti)

Innensicht eines diagonal geflochtenen Korbes aus Lindenholzspan

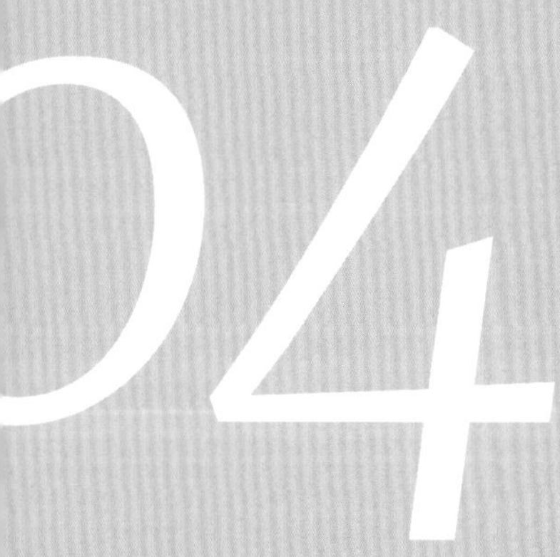

Die Piktogramme und ihre Bedeutung

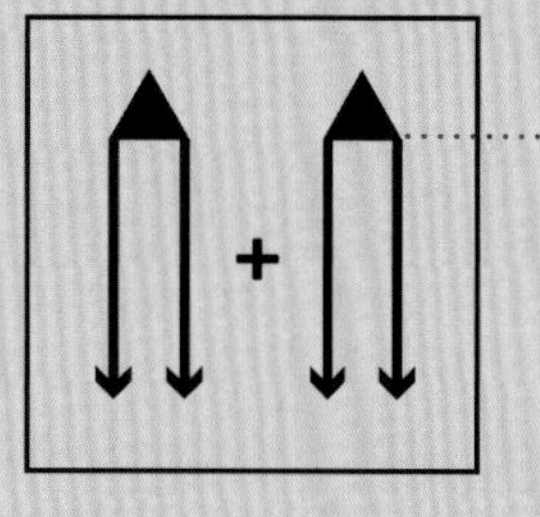

Gefaltete Pfeilspitzenelemente

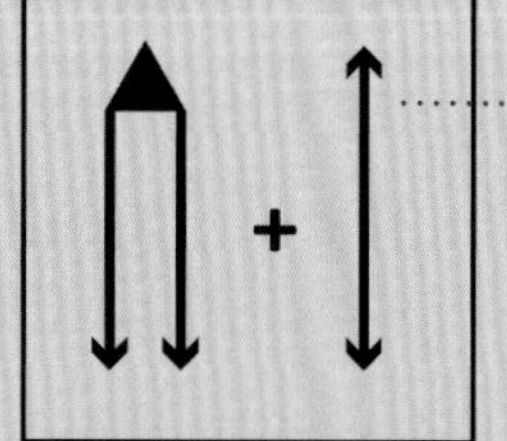

Pfeilspitze und Eintragselement

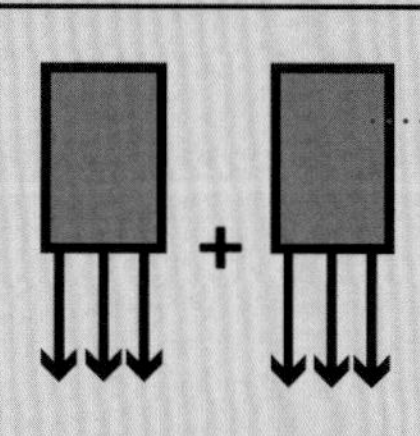

An der Basis zusammengewachsene Elemente

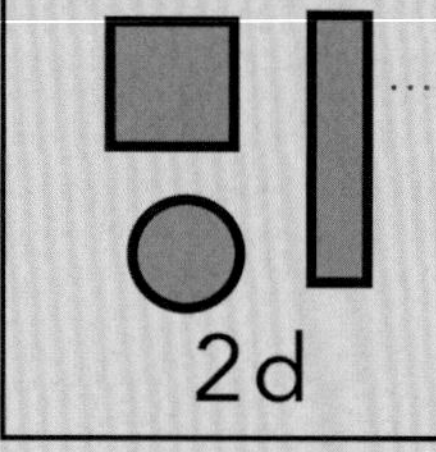

Flächen oder Bänder, zweidimensional

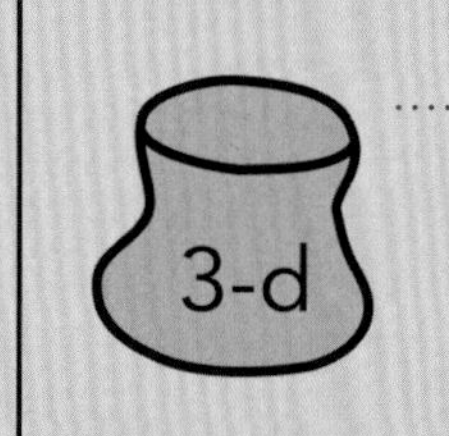

Dreidimensionale Körper

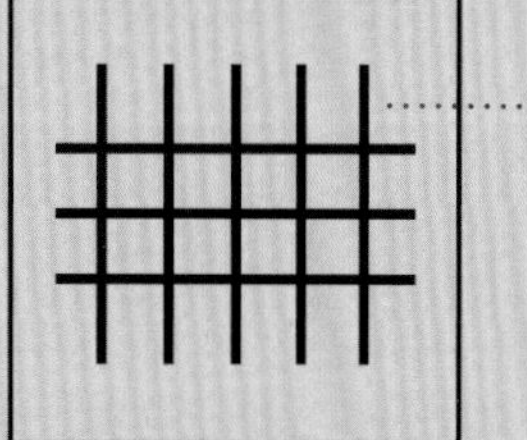

Orthogonal geflochten

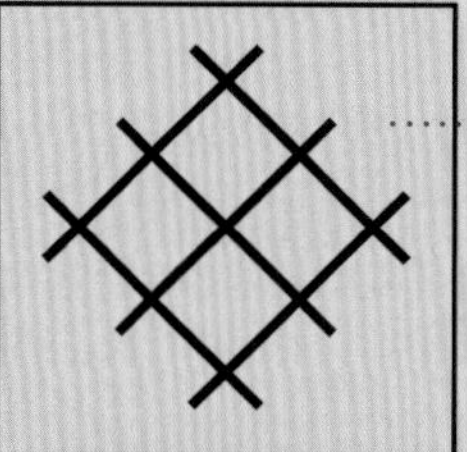

Diagonal geflochten

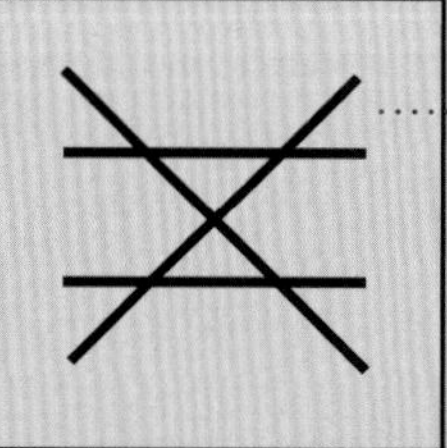

In drei Richtungen geflochten

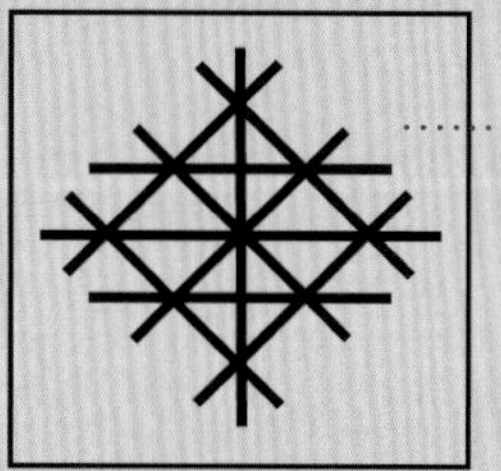

In vier Richtungen geflochten

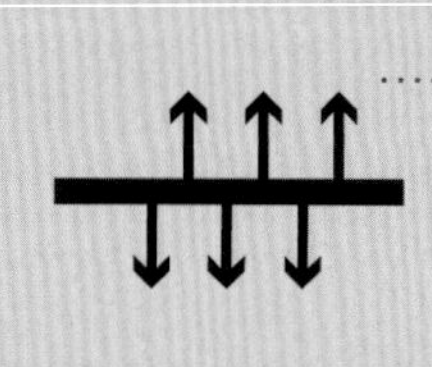

Waagerechter Arbeitsrand

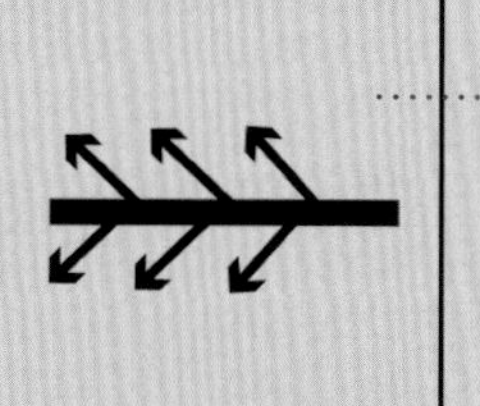

Laufkreuzender Arbeitsrand

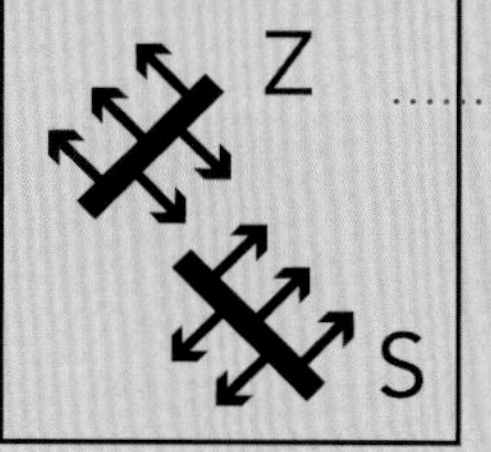

Laufgerichteter Arbeitsrand, S- oder Z gerichtet

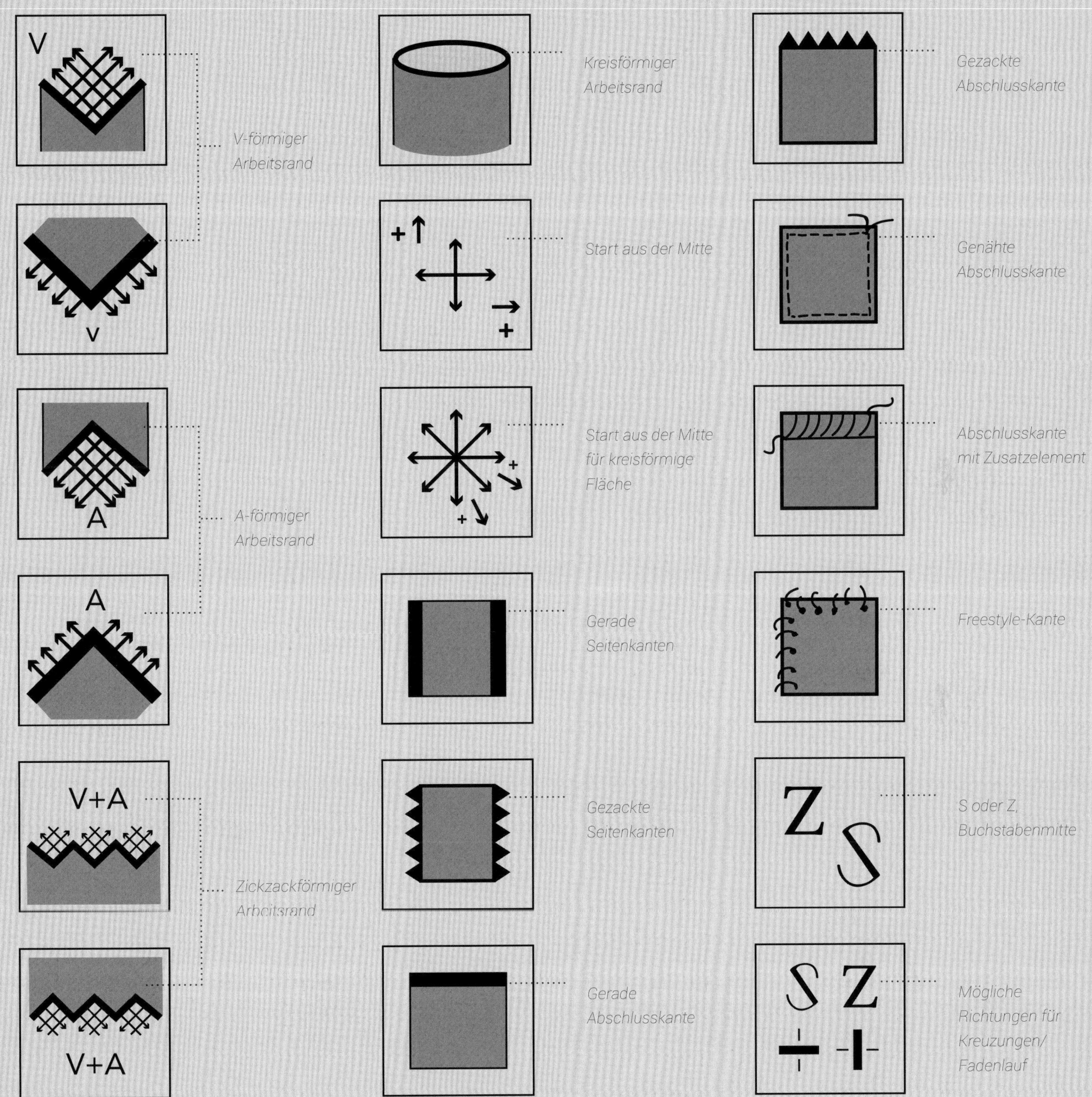
V
v
A
A
V+A
V+A
V-förmiger
Arbeitsrand
A-förmiger
Arbeitsrand
Zickzackförmiger
Arbeitsrand
Kreisförmiger
Arbeitsrand
Start aus der Mitte
Start aus der Mitte
für kreisförmige
Fläche
Gerade
Seitenkanten
Gezackte
Seitenkanten
Gerade
Abschlusskante
Gezackte
Abschlusskante
Genähte
Abschlusskante
Abschlusskante
mit Zusatzelement
Freestyle-Kante
Z S
S oder Z,
Buchstabenmitte
S Z
Mögliche
Richtungen für
Kreuzungen/
Fadenlauf

Anhang

Quellen

Folgende Quellen sind für meine Arbeit von grundsätzlicher Bedeutung:

WERKE ZUR TEXTILSYSTEMATIK

Allgemeine Bemerkungen zur Systematik von textilen Strukturen

Es gibt zwei grundsätzlich verschiedene Möglichkeiten, textile Strukturen zu untersuchen und zu gliedern:

1. Nach Herstellungsprozess
2. Nach Beschaffenheit und Aussehen

Beide Arten sagen noch nichts über historische, geografische, gesellschaftliche, kultur- und kunstgeschichtliche Entwicklungen – man betrachtet lediglich die Objekte und will entweder wissen, wie sie gemacht wurden, oder man beschreibt ihre Beschaffenheit und Struktur.

Die „Basler Systematik" – Gliederung nach Herstellungsverfahren

Dies ist die erste Systematik, die ich im Museum der Kulturen Basel kennengelernt habe.

Gliederung in vier Hauptteile:

1. Die Techniken der Fadenbildung
2. Die Techniken der Stoffbildung
3. Die Techniken der Stoffverzierung
4. Die Techniken der Stoffverarbeitung

Für mich relevant ist der zweite Teil, „Die Techniken der Stoffbildung", der unterteilt ist in:

a) Primäre stoffbildende Techniken (keine oder wenig Hilfsmittel und Werkzeuge)

b) Höhere stoffbildende Techniken (zum Teil komplizierte Hilfsmittel und Werkzeuge)

Die in diesem Buch behandelten Thematiken gehören zu 2a).

Die Klassifikation von Noémi Speiser

Diese Klassifikation ist bisher unveröffentlicht. Für mich persönlich ist sie die anschaulichste, die ich kenne. Der Fokus liegt klar auf der Herstellungsweise, auf dem Arbeitsprozess. Während unserer jahrelangen Zusammenarbeit hat mich die analytische und systematische Denkweise von Noémi Speiser sehr beeinflusst.

Gliederung in drei Hauptkategorien/ Superkategorien:

I. Die Arbeit mit einem Faden

II. Das Verarbeiten eines Fadensatzes

III. Das Einarbeiten von Fäden in einen vorbereiteten Fadensatz

Die Superkategorien lassen sich in Subkategorien unterteilen bis hinunter zum Einzelfall.

Die in diesem Buch vorgestellten Flechttechniken gehören mehrheitlich in die zweite und dritte Superkategorie.

LITERATUR ZUM FLECHTWERK

Noémi Speiser und ihr Buch „The Manual of Braiding"

Dieses Grundlagenbuch ist 1983 erstmals erschienen und befasst sich mit Bändern und Borten – diagonal geflochtene Strukturen (aus Superkatergorie II, siehe oben) aus meist rundquerschnittigem Material. Beim Arbeiten mit diesem Buch wurde mir bewusst, wie weit gefächert und interessant eine einzige Technikgruppe sein kann. An den aus Streifen geflochtenen Beispielen entdeckte ich die clevere Möglichkeit des Vornüber- bzw. Hintenüberfaltens eines Streifens und das Prinzip der Pfeilspitzen.

Ein Glück, dass das vergriffene Buch als Reprint im Haupt Verlag nun wieder greifbar ist.

Peter Collingwood und sein Buch zu textilen Strukturen

Dieses Buch hat mir manches Aha-Erlebnis beschert und viele Ideen für Produkte geliefert! Es ist unter dem Titel „Textile and Weaving Structures" 1987 erstmals erschienen und wurde 1988 unter dem Titel „Textile Strukturen. Eine Systematik der Techniken aus aller Welt" im Haupt Verlag auf Deutsch veröffentlicht (inzwischen vergriffen). Das Buch überzeugt nicht nur durch fundierte Informationen zu Herstellungstechnik und Materialien von textilen Objekten, sondern auch wegen der Hinweise auf den jeweiligen Verwendungszweck und die Menschen, welche die Objekte herstellten oder gebrauchten. Obwohl auch dieses Buch kein Anleitungsbuch im eigentlichen Sinne ist, helfen das ausgezeichnete Bildmaterial und die klaren Skizzen einzelner Strukturdetails beim autodidaktischen Tüfteln.

Johannes Lehmann und seine „Systematik und geographische Verbreitung der Geflechtsarten"

Dies ist die älteste deutschsprachige Systematik, die ich bisher gefunden habe. Sie bezieht sich hauptsächlich auf Geflechte und Knoten. Johannes Lehmann hat diese Arbeit 1907 veröffentlicht. Die Strukturen werden in einem ausgeklügelten mathematischen Formelsystem (das ich bisher erfolglos zu ergründen versuchte) dargestellt und mit Bild- und Zeichnungstafeln ergänzt. Interessant finde ich, dass Johannes Lehmann bei den Flechtelementen Geflechtsstränge und Geflechtsstreifen unterscheidet, also ob das Material rund oder flach im Querschnitt ist.

Peter Buck und seine ethnografischen Bücher

Als ich Mitte der 1990er-Jahre meine Recherchen aufnahm, lieferten mir die Universitätsbibliotheken mit ihrem ethnologischen und ethnografischen Material wertvolle Informationen. Dabei bin ich auf die Bücher von Peter Buck gestoßen, der mit seinem Maori-Namen Te Rangi Hīroa hieß. Er war ein bedeutender Spezialist für Kulturtechniken aus Ozeanien und Polynesien und hatte seine Forschungen zu Flechttechniken mit sehr detaillierten Zeichnungen illustriert, die mir beim Ausprobieren und Experimentieren eine große Hilfe waren.

Jack Lenor Larsen und Betty Freudenheim und ihr Buch „Interlacing: The Elemental Fabric"

Dieses längst vergriffene Buch habe ich jahrelang immer wieder aus der Bibliothek nach Hause getragen und dann endlich 2011 antiquarisch kaufen können. Mit seinen Bildern, Tabellen und Zeichnungen ist es ein Schlüsselwerk für meine eigenen Forschungen und Experimente. Leider haben wir auf Deutsch keine exakte Übersetzung für das fabelhafte englische Wort „interlacing", das in etwa „verschränken" bedeutet (wie wenn Arme unter- und übereinandergeführt werden).

Literatur zur Korbflechterei

Als ausgebildete Korb- und Flechtwerkgestalterin sind natürlich alle Bücher über die Korbflechterei interessante Quellen für mich. Allerdings steht da selten etwas über meine Lieblingstechniken aus streifenförmigem Material.

Und ich tausche mich sehr gerne mit Berufskolleginnen aus aller Welt aus, was dank Internet so einfach geworden ist!

WEITERE QUELLEN

Museen und Ausstellungen

In Museen mit geschichtlichem, volkskundlichem und völkerkundlichem Schwerpunkt und in Ausstellungen entdecke ich immer wieder Objekte, die mir Einblick in die Strukturen oder Herstellungsverfahren von primären stoffbildenden Techniken geben. Es lohnt sich, in Museen abzuklären, ob Bibliotheken, Depots oder Studiensammlungen zugänglich sind. Weiter unten finden Sie Adressen.

Internet

Das Internet ist heute eine gute Informationsquelle – wenn man sich darüber im Klaren ist, dass nicht alles, was im World Wide Web zu finden, auch wahr ist! YouTube-Filme mit Arbeitsanleitungen finden sich inzwischen zu sehr vielen Techniken.

Vorschläge für Suchbegriffe:

- ur- und frühgeschichtliche Textilien
- archäologische Textilien
- weaving
- basket weaving
- mat weaving
- ketupat
- twill woven
- plaiting techniques
- mathematische-basteleien.de

Kunstschaffende im Bereich Flechtwerk (Auswahl)

- Bacon, Laura Ellen
- Bundesinnungsverband des deutschen Flechthandwerks, flechtwerkgestalter.de
- Butcher, Mary
- Drury, Chris
- Fisch, Arline M.
- Gill Barnes, Dorothy
- IGK SCHWEIZ, korbflechten.ch
- Jamart, Susan

- Laky, Gyöngy
- Linder, Margrit
- Moore Bess, Nancy
- O'Sullivan, Annemarie
- Odon (Guy Houdouin)
- PET-Lampen, petlamp.org
- Rossbach, Ed
- Schmid, Franz R.
- verein flechtwerk, flechtwerk-ev.de
- Westphal, Katherine
- Zentrum europäischer Flechtkultur Lichtenfels, flechtkultur.eu

Quellen für Objekte

- Flohmärkte
- Secondhandläden
- Haushaltsauflösungen
- Museumsshops und Weltläden
- Internet

LITERATURVERZEICHNIS (AUSWAHL)

Araseki, Mayumi: eco craft. Japan: Little Bird, 2013

Arbeit, Wendy: Baskets in Polynesia. Honolulu: University of Hawaii Press, 1990

Arndt, Ingo. Architektier. München: Knesebeck Verlag, 2015

Ashley, Clifford W.: The Ashley Book of Knots. Boston und London: Faber & Faber, 1993

Bird, Adren J.; Goldsberry, Steven; Bird, J. Puninani Kanekoa: The Craft of Hawaiian Lauhala Weaving. Honolulu: University of Hawaii Press, 1982

Buchet, Martine: Panama. Chapeau de Légende. Paris: Editions Assouline, 1995

Bühler-Oppenheim, Kristin und Alfred: Grundlagen zur Systematik der gesamten textilen Techniken. Basel: Denkschriften der Schweizerischen Naturforschenden Gesellschaft, Band LXXVIII, Abh. 2, 1948

Butcher, Mary: Contemporary International Basketmaking. London: Merrell Holberton Publishers Limited, 1999

Collingwood, Peter: Textile Strukturen. Eine Systematik der Techniken aus aller Welt. Bern und Stuttgart: Haupt Verlag, 1988

Collingwood, Peter: The Maker's Hand. A Close Look at Textile Structures. London: Bellew Publishing, 1987, 1998

Dendel, Esther Warner: African Fabric Crafts. Sources of African Design & Technique. New York: Taplinger Pub. Co., 1974

Deutsches Korbmuseum Michelau. Begleitbuch zur Dauerausstellung. Schriften des Deutschen Korbmuseums Michelau Nr. 2, 1994

Emery, Irene: The Primary Structures of Fabrics. Washington, D.C.: Thames & Hudson, 1966

FEDEAU (Fedération pour le Dévéloppement de l'Artisanat Utilitaire): Vannerie du Monde. Paris, 1980

Fisch, Arline M.: Textile Techniken in Metall. Bern und Stuttgart: Haupt Verlag, 1998

Gliszczynski, Vanessa von; Suhrbier, Mona; Raabe, Eva Ch. (Hrsg.): Der rote Faden. Gedanken Spinnen Muster Bilden. Bielefeld: Kerber Verlag, 2016

Grant, Bruce: Encyclopedia of Rawhide and Leather Braiding. Centreville, Maryland: Cornell Maritime Press, Inc., 1972

Harvey, Virginia I.: The Techniques of Basketry. New York: Van Nostrand Reinhold Company, 1974

James Cook und die Entdeckung der Südsee (Ausstellungskatalog). Zürich: Verlag Neue Zürcher Zeitung, 2009

Jensen, Elizabeth: Korbflechten. Das Handbuch. Bern und Stuttgart: Haupt Verlag, 1994

Knöpfli, Hans: Grasland. Eine afrikanische Kultur. Wuppertal: Peter Hammer Verlag, 2008

Kobayashi, Keiko: From Thread to Fabric, Tokio: Nichibou Shuppan Sha, 2013

Küchler, Susanne; Were, Graeme: Pacific Pattern. London: Thames & Hudson, 2005

Kuhn, Dieter; Wohler, Anton; Hohl, Marcela; Littmann, Birgit: Strohzeiten. Geschichte und Geschichten der aargauischen Strohindustrie. Aarau: AT Verlag, 1991

LaPlantz, Shereen: The Mad Weave Book, New York: Dover Publications Inc. Mineaola, 1984

Lang-Harris, Elizabeth; St. John, Charlene: Hex Weave & Mad Weave. Atglen PA: Schiffer Publishing Ltd, 2013

Larsen, Jack Lenor; Freudenheim, Betty: Interlacing the Elemental Fabric. New York und Japan: Kodansha International Ltd., 1986

Lehmann, Johannes: Systematik und geographische Verbreitung der Geflechtsarten. In: Abhandlungen und Berichte des Königl. Zoologischen und Anthropologisch-Ethnographischen Museums zu Dresden. Leipzig: Teubner, 1907

Maihi, Toi Te Rito; Lander, Maureen: He Kete He Korero. Every Kete Has a Story. Auckland: Reed Publishing, 2006

Main, Veronica: Zauberhaftes Stroh. Herstelltechniken aus dem Freiamt. Bucks: Main Collins Publishing, 2003

Marks, Andreas: Modern Twist. Contemporary Japanese Bamboo Art. Washington, D.C.: International Arts & Artists, 2012

McGuire, John: Basketry. The Shaker Tradition. New York: Lark Books, 2004

Mellgren, Jette: Flechten mit Naturmaterial. Stuttgart: Frech Verlag, 2011

Pendergrast, Mick: Fun with Flax. Auckland: Reed Publishing, 2007

Pendergrast, Mick: Māori Fibre Techniques. Auckland: Reed Publishing, 2005

Pendergrast, Mick: Te Mahi Kete. Māori Flaxcraft for Beginners. Auckland: Reed Publishing, 2000

Rast-Eicher, Antoinette und Dietrich, Anne: Neolithische und bronzezeitliche Gewebe und Geflechte. Monographien der Kantonsarchäologie Zürich 46. Zürich, 2015

Ribalta, Marta (Hrsg.): Volkskunst Amerikas. Bern und Stuttgart: Hallwag Verlag, 1981

Rossbach, Ed: Flechtkunst. Ravensburg: Otto Maier Verlag, 1979

Rossbach, Ed: The Nature of Basketry. Pennsylvania: Schiffer Publishing Ltd., 1986

Rowe, Ann Pollard; Stevens, Rebecca A.T: Ed Rossbach. 40 Years of Exploration and Innovation in Fiber Art. Washington, D.C.: Lark Books, 1990

Schindlbeck, Markus, (Hrsg.): Von Kokos zu Plastik: Südseekulturen im Wandel. Berlin: Dietrich Reimer Verlag, 1993

Seiler-Baldinger, Annemarie: Systematik der Textilen Techniken. Basler Beiträge zur Ethnologie Band 32. Basel: Ethnologisches Seminar der Universität und Museum für Völkerkunde, in Kommission bei Wepf & Co. AG Verlag, 1991

Sellato, Bernard (Hrsg.): Plaited Arts from the Borneo Rainforest. Honolulu: University of Hawaii Press, 2012

Sennett, Richard: Handwerk. Berlin: Berliner Taschenbuch Verlag, 2009

Sentance, Bryan. Atlas der Flechtkunst. Bern und Stuttgart: Haupt Verlag, 2001

Speiser, Noémi. The Manual of Braiding. Eigenverlag, 1991; Reprint, Bern und Stuttgart: Haupt Verlag, 2018

Stiftung Freiämter Strohmuseum Wohlen (Hrsg.): Freiämter Strohmuseum Wohlen. Trimbach: Nord-West-Druck, 1995

Ströse, Susanne: Werken mit Palmblatt und Binsen. München: Don Bosco Verlag, 1966

Sudduth, Billie Ruth: Korb-Design. Inspirationen und Projekte. Bern und Stuttgart: Haupt Verlag, 2001

Takamiya, Noriko; Tanikawa, Tsuruko; Honma Kazue: Basketry. Tokio: Nihon Vogue-Sha, 1998

Textil: Technik Design Funktion. Basel: Museum der Kulturen, 2000

Thode-Arora, Hilke: Weavers of Men and Women. Berlin: Dietrich Reimer Verlag, 2009

Verdet-Fierz, Regula und Bernard: Anleitung zum Flechten mit Weiden. Bern und Stuttgart: Haupt Verlag, 2. Aufl., 2004

Westfall, Carol; Glashausser, Suellen: Plaiting Step-by-Step. Watson-Guptill Publications, 1976

Will, Christoph: Die Korbflechterei. München: Callwey Verlag, 1978

World Art Collections Exhibition, Sainsbury Centre for Visual Arts, University of East Anglia, Norwich: Basketry. Making Human Nature. 2011

BEZUGSQUELLEN FÜR MATERIAL (AUSWAHL)

Deutschland

Papier, Papierstreifen:

- » www.buttinette.com
- » www.modulor.de
- » www.origami-papier.eu
- » www.boesner.com
- » www.gerstaecker.de

Papierband:

- » www.finnische-papierschnur.de
- » www.webgarne.de

Peddigband, Peddigschienen, Strohborten, Saleenband:

- » www.schardt-kg.de
- » www.hans-ender.de

Veganes Leder/SnapPap:

- » www.snap-pap.de

Österreich
Peddigband, Peddigschienen, Stroh:
» www.dieroff.at

Papier:
» www.boesner.at
» www.gerstaecker.at

Veganes Leder/SnapPap:
» www.stoffschwester.at

Schweiz
Bänder:
» www.tressa.ch

Bastelspan, Filzband, Korkband, Lederstreifen, Strohhalme:
» www.leibundgutag.ch

Papier, Papierstreifen:
» www.bauundhobby.ch
» www.leibundgutag.ch
» www.boesner.ch
» www.gerstaecker.ch

Papierband:
» www.webkante.ch

Peddigband, Peddigschienen:
» www.leibundgutag.ch
» www.peddig-keel.ch

Saleenband:
» www.fehr-erlen.ch
» www.peddig-keel.ch

Strohbänder:
» www.getreidedeko.ch

Veganes Leder/SnapPap:
» www.arpagaustextil.ch

Japan
Papierband (wrapfun):
» https://global.rakuten.com/en/store/wrapfun/

MUSEEN (AUSWAHL)

Auckland War Memorial Museum, The Auckland Domain, Parnell, NZ-Auckland, www.aucklandmuseum.com

Bernice Pauahi Bishop Museum, 1525 Bernice Street, Honolulu, HI 96817, www.bishopmuseum.org

Bernisches Historisches Museum, Einsteinmuseum, Helvetiaplatz 5, CH-3005 Bern, www.bhm.ch

British Museum, Great Russell Street, London, GB-WC1B 3DG, www.britishmuseum.org

Ethnologisches Museum Berlin, www.smb.museum (zurzeit geschlossen, Wiedereröffnung im Humboldt-Forum ca. Ende 2019)

Grassi-Museum für Völkerkunde zu Leipzig, Johannisplatz 5–11, D-04103 Leipzig, https://grassi-voelkerkunde.skd.museum

Laténium, parc et musée d'archéologie de Neuchâtel, Espace Paul Vouga, CH-2068 Hauterive, www.latenium.ch

Linden-Museum Stuttgart, Staatliches Museum für Völkerkunde, Hegelplatz 1, D-70174 Stuttgart, www.lindenmuseum.de

Musée du quai Branly, 37 Quai Branly, F-75007 Paris, www.quaibranly.fr

Museum am Rothenbaum, Kulturen und Künste der Welt, Rothenbaumchaussee 64, D-20148 Hamburg, www.markk-hamburg.de

Museum der Kulturen Basel, Münsterplatz 20, CH-4001 Basel, www.mkb.ch

Museum der Strohverarbeitung, Kapellenweg 2, 27239 D-Twistringen, www.strohmuseum.de

Museum Fünf Kontinente, Maximilianstraße 42, D-80538 München, www.museum-fuenf-kontinente.de

Museum für Archäologie und Ökologie Ditmarschen, Bahnhofstraße 29, D-25767 Albersdorf, www.museum-albersdorf.de

Museum für Völkerkunde Dresden, Japanisches Palais, Palaisplatz 11, D-01097 Dresden, https://voelkerkunde-dresden.skd.museum

Museum of New Zealand Te Papa Tongarewa, 55 Cable Street, NZ-Wellington 6011, www.tepapa.govt.nz

Museum Rietberg, Zürich, Gablerstrasse 15, CH-8002 Zürich, www.rietberg.ch

Strohmuseum im Park, Bünzstrasse 5, CH-5610 Wohlen AG, www.strohmuseum.ch

Textilmuseum St. Gallen, Vadianstrasse 2, CH-9000 St. Gallen, www.textilmuseum.ch

Tropenmuseum Amsterdam, Linnaeusstraat 2, NL-1092 CK Amsterdam, www.tropenmuseum.nl

Übersee-Museum Bremen, Bahnhofsplatz 13, D-28195 Bremen, www.uebersee-museum.de

Völkerkundemuseum der Universität Zürich, Pelikanstrasse 40, CH-8001 Zürich, www.musethno.uzh.ch

Weltmuseum Wien, Heldenplatz, A-1010 Wien, www.weltmuseumwien.at

Stichwort- und Personenverzeichnis

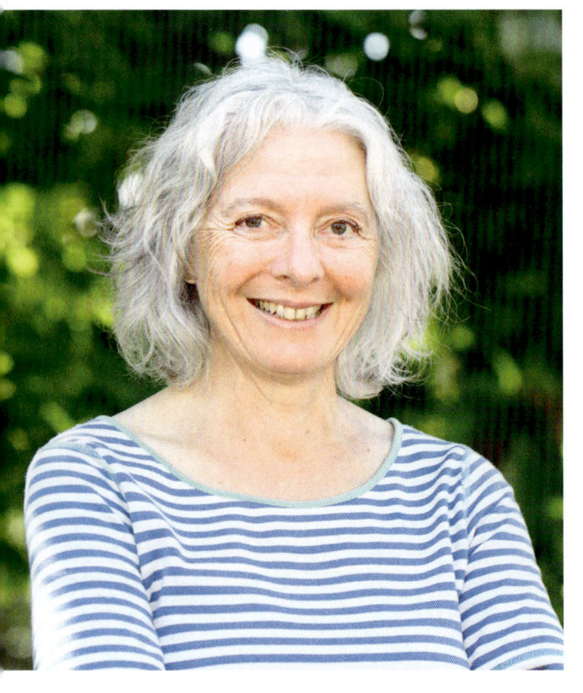

Über die Autorin

Mein Wissensschatz umfasst u.a. jahrelanges autodidaktisches Lernen, ein Ethnologiegrundstudium und eine Lehre als Korb-und Flechtwerkgestalterin. Neugierig suche ich nach neuen Horizonten in den jahrtausendealten, webstuhlunabhängigen Textilen Techniken. Dabei gibt es für mich zwei Themenschwerpunkte: die Einhänge- und Verschlingtechniken und das Flechten. Mich fasziniert das Verbindung schaffende Drunter und Drüber der einzelnen Elemente – in alle Richtungen und beliebige räumliche Dimensionen. Zunächst erforsche und erprobe ich die traditionellen Arbeitsweisen, um dann experimentierend eigene Ideen zu verfolgen: Was ist alles möglich, auch mit ungewöhnlichen Materialien und eigenwillig interpretierten Technikvariationen?

www.flechtwerk.ch

Impressum

Gestaltung und Satz: Christina Diwold, A-Linz
Lektorat: der springende Punkt/Eva Hauck, D-Berlin,
www.derspringendepunkt.de
Fotografien, wenn nicht anders angegeben:
Samuel Künti, CH-Bern;

1. Auflage: 2019

Diese Publikation ist in der Deutschen Nationalbibliografie verzeichnet. Mehr Informationen dazu finden Sie unter http://dnb.dnb.de

978-3-258-60197-7

Gedruckt in Deutschland.

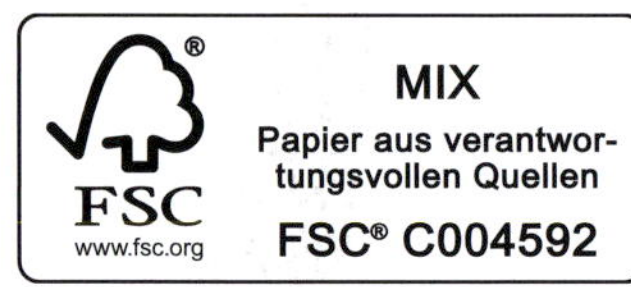

Der Haupt Verlag wird vom Bundesamt für Kultur mit einem Strukturbeitrag für die Jahre 2016–2020 unterstützt.

Wünschen Sie regelmäßig Informationen über unsere neuen Titel zum Gestalten?
Möchten Sie uns zu einem Buch ein Feedback geben?
Haben Sie Anregungen für unser Programm?
Dann besuchen Sie uns im Internet auf www.haupt.ch.
Dort finden Sie aktuelle Informationen zu unseren Neuerscheinungen und können unseren Newsletter abonnieren.

www.haupt.ch

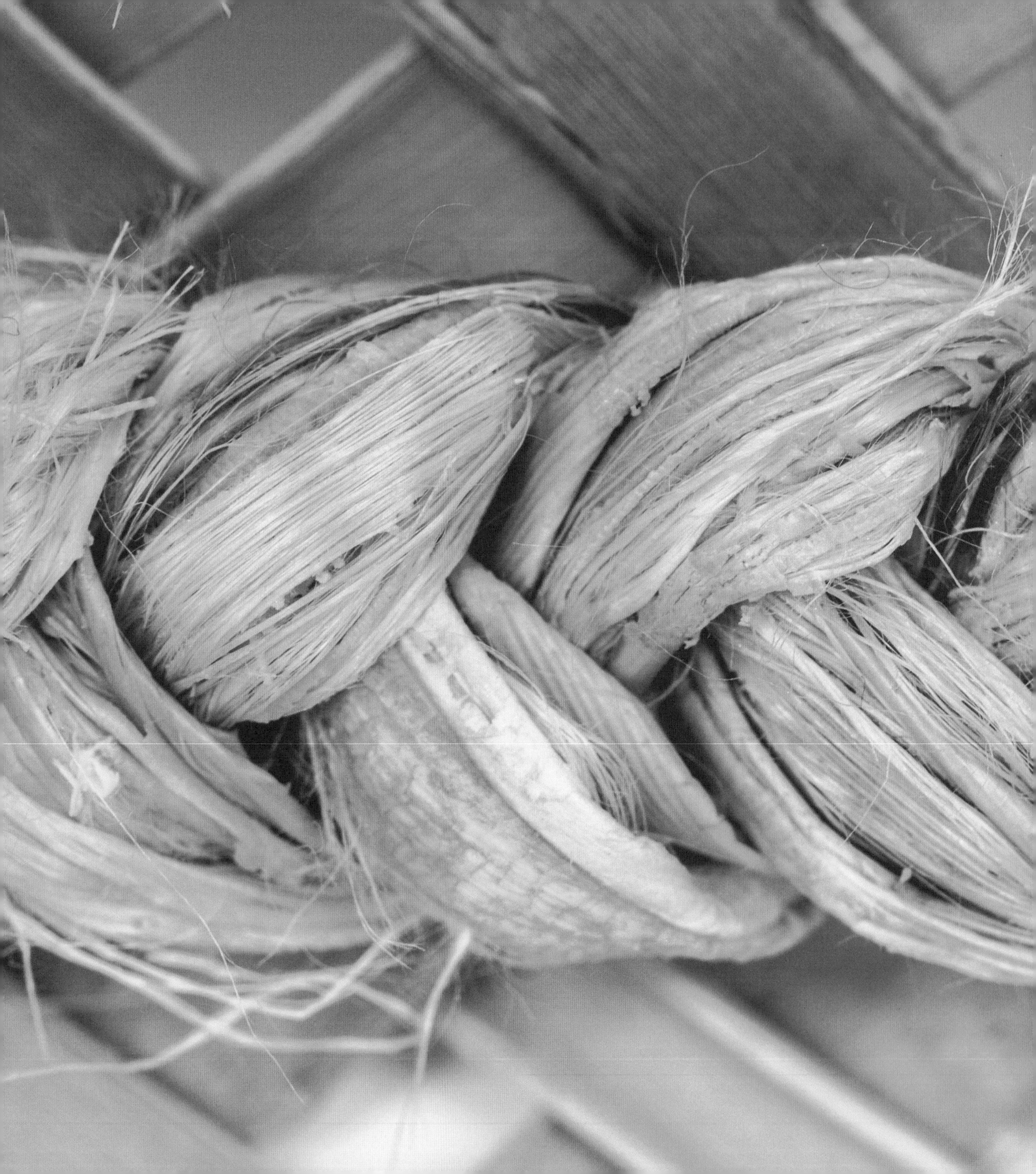